2024-25年合格目標

大卒程度

公務員試験

⑥ 人文科学Ⅱ

（地理・思想・文学・芸術）

はしがき

1　「最新の過去問」を掲載

2023年に実施された公務員の本試験問題をいち早く掲載しています。公務員試験は年々変化しています。今年の過去問で最新の試験傾向を把握しましょう。

2　段階的な学習ができる

公務員試験を攻略するには，さまざまな科目を勉強することが必要です。したがって，勉強の効率性は非常に重要です。『公務員試験 本気で合格！過去問解きまくり！』では，それぞれの科目で勉強すべき項目をセクションとして示し，必ずマスターすべき必修問題を掲載しています。このため，何を勉強するのかをしっかり意識し，必修問題から実践問題（基本レベル→応用レベル）とステップアップすることができます。問題ごとに試験種ごとの頻出度がついているので，自分にあった効率的な勉強が可能です。

3　満足のボリューム（充実の問題数）

本試験問題が解けるようになるには良質の過去問を繰り返し解くことが必要です。『公務員試験 本気で合格！過去問解きまくり！』は，なかなか入手できない地方上級の再現問題を収録しています。類似の過去問を繰り返し解くことで知識の定着と解法パターンの習得を図れます。

4　メリハリをつけた効果的な学習

公務員試験の攻略は過去問に始まり過去問に終わるといわれていますが，実際に過去問の学習を進めてみると戸惑うことも多いはずです。『公務員試験 本気で合格！過去問解きまくり！』では，最重要の知識を絞り込んで学習ができるインプット（講義ページ），効率的な学習の指針となる出題傾向分析，受験のツボをマスターする10の秘訣など，メリハリをつけて必要事項をマスターするための工夫が満載です。

※本書は，2023年10月時点の情報に基づいて作成しています。

みなさんが本書を徹底的に活用し，合格を勝ち取っていただけたら，わたくしたちにとってもそれに勝る喜びはありません。

2023年11月吉日

株式会社　東京リーガルマインド
LEC総合研究所　公務員試験部

国家公務員（人事院・裁判所）の基礎能力試験が変わります！

人事院や裁判所をはじめ，国家公務員試験で課される基礎能力試験が2024（令和６）年度から大きく変更されます。変更内容は出題数・試験時間・出題内容と多岐にわたっています。2024（令和６）年度受験生は要注意です！

1. 基礎能力試験の問題数・時間・出題内容の変更

2023（令和５）年度以前		2024（令和６）年度以降
〈総合職・院卒者試験〉		
30題／２時間20分 ［知能分野24題］ 文章理解⑧ 判断・数的推理（資料解釈を含む）⑯ ［知識分野６題］ 自然・人文・社会（時事を含む）⑥	⇒	30題／２時間20分 ［知能分野24題］ 文章理解⑩ 判断・数的推理（資料解釈を含む）⑭ ［知識分野６題］ 自然・人文・社会に関する時事，情報⑥
〈総合職・大卒程度試験〉		
40題／３時間 ［知能分野27題］ 文章理解⑪ 判断・数的推理（資料解釈を含む）⑯ ［知識分野13題］ 自然・人文・社会（時事を含む）⑬	⇒	30題／２時間20分 ［知能分野24題］ 文章理解⑩ 判断・数的推理（資料解釈を含む）⑭ ［知識分野６題］ 自然・人文・社会に関する時事，情報⑥
〈一般職/専門職・大卒程度試験〉		
40題／２時間20分 ［知能分野27題］ 文章理解⑪ 判断推理⑧ 数的推理⑤ 資料解釈③ ［知識分野13題］ 自然・人文・社会（時事を含む）⑬	⇒	30題／１時間50分 ［知能分野24題］ 文章理解⑩ 判断推理⑦ 数的推理④ 資料解釈③ ［知識分野６題］ 自然・人文・社会に関する時事，情報⑥
〈裁判所職員総合職（院卒）〉		
30題／２時間25分 ［知能分野27題］ ［知識分野３題］	⇒	30題／２時間20分 ［知能分野24題］ ［知識分野６題］
〈裁判所職員総合職（大卒）・一般職（大卒）〉		
40題／３時間 ［知能分野27題］ ［知識分野13題］	⇒	30題／２時間20分 ［知能分野24題］ ［知識分野６題］

2023年８月28日現在の情報です。

<変更点>
・[共通化]：原則として大卒と院卒で出題の差異がなくなります。
・[問題数削減・時間短縮]：基本的に出題数が30題となります（総合職教養区分除く）。それに伴い，試験時間が短縮されます。
・[比率の変更]：出題数が削減された職種では，知能分野より知識分野での削減数が多いことから，知能分野の比率が大きくなります（知能分野の出題比率は67.5%→80%へ）
・[出題内容の変更①]：単に知識を問うような出題を避けて時事問題を中心とする出題となります。従来，時事問題は，それのみを問う問題が独立して出題されていましたが，今後は，知識分野と時事問題が融合した出題になると考えられます。
・[出題内容の変更②]：人事院の場合，「情報」分野の問題が出題されます。

2. 時事問題を中心とした知識

「単に知識を問うような出題を避けて時事問題を中心とする出題」とはどんな問題なのでしょうか。

人事院は，例題を公表して出題イメージを示しています。

人事院公表例題

【No.　】世界の動向に関する記述として最も妥当なのはどれか。

1．英国では，2019年にＥＵからの離脱の是非を問う国民投票と総選挙が同時に行われ，それらの結果，ＥＵ離脱に慎重であった労働党の首相が辞任することとなった。ＥＵは1990年代前半に発効したリスボン条約により，名称がそれまでのＥＣから変更され，その後，トルコやウクライナなど一部の中東諸国や東欧諸国も2015年までの間に加盟した。

社会科学の知識で解ける部分

2．中国は，同国の人権問題を厳しく批判した西側諸国に対し，2018年に追加関税措置を始めただけでなく，レアアースの輸出を禁止した。中国のレアアース生産量は世界で最も多く，例えば，レアアースの一つであるリチウムは自然界では単体で存在し，リチウムイオン電池は，充電できない一次電池として腕時計やリモコン用電池に用いられている。

自然科学（化学）の知識で解ける部分

3．ブラジルは，自国開催のオリンピック直後に国債が債務不履行に陥り，2019年に年率10万％以上のインフレ率を記録するハイパーインフレに見舞われた。また，同年には，アマゾンの熱帯雨林で大規模な森林火災が発生した。アマゾンの熱帯雨林は，パンパと呼ばれ，多種多様な動植物が生息している。

人文科学（地理）の知識で解ける部分

4．イランの大統領選で保守穏健派のハメネイ師が2021年に当選すると，米国のバイデン大統領は，同年末にイランを訪問し，対イラン経済制裁の解除を約束した。イランや隣国のイラクなどを流れる，ティグリス・ユーフラテス両川流域の沖積平野は，メソポタミア文明発祥の地とされ，そこでは，太陽暦が発達し，象形文字が発明された。

人文科学（世界史）の知識で解ける部分

5．（略）

この例題では，マーカーを塗った部分は，従来の社会科学・自然科学・人文科学からの出題と完全にリンクします。そして，このマーカーの部分にはそれぞれ誤りが含まれています。

この人事院の試験制度変更発表後に行われた，2023（令和５）年度本試験でも，翌年以降の変更を見越したような出題がなされています。

2023（令和５）年度国家総合職試験問題

【No. 30】自然災害や防災などに関する記述として最も妥当なのはどれか。

1．日本列島は，プレートの沈み込み帯に位置し，この沈み込み帯はホットスポットと呼ばれ，活火山が多く分布している。太平洋プレートとフィリピン海プレートの境界に位置する南海トラフには奄美群島の火山があり，その一つの西之島の火山では，2021年に軽石の噴出を伴う大噴火が起こり，太平洋沿岸に大量の軽石が漂着して漁船の運航などに悪影響を及ぼした。

2．太平洋で発生する熱帯低気圧のうち，気圧が990 hPa未満になったものを台風という。台風の接近に伴い，気象庁が大雨警報を出すことがあり，この場合，災害対策基本法に基づき，都道府県知事は鉄道会社に対して，計画運休の実施を指示することとなっている。2022年に台風は日本に５回上陸し，その度に計画運休などで鉄道の運行が一時休止した。

3．線状降水帯は，次々と発生する高積雲（羊雲）が連なって集中豪雨が同じ場所でみられる現象で，梅雨前線の停滞に伴って発生する梅雨末期特有の気象現象である。2021年７月，静岡県に線状降水帯が形成されて発生した「熱海土石流」では，避難所に指定された建物が大規模な崖崩れにより崩壊するなどして，避難所の指定の在り方が問題となった。

4．巨大地震は，海洋プレート内で起こる場合が多い。地震波のエネルギーはマグニチュード（M）で示され，マグニチュードが１大きくなるとそのエネルギーは４倍大きくなる。2022年にM8.0を超える地震は我が国周辺では発生しなかったものの，同年１月に南太平洋のトンガで発生したM8.0を超える地震により，太平洋沿岸などに10 m以上の津波が押し寄せた。

5．（略）

自然科学（地学）の知識で解ける部分

この出題でも，マーカーを塗った部分には，それぞれ誤りが含まれています。そのうえ，すべて自然科学（地学）の知識で判別することができます。

マーカーを塗っていない箇所は，時事的な話題の部分ですが，この部分にも誤りが含まれています。

これらから言えることは，まず，時事の部分の判断で正答を導けるということ。そして，時事の部分について正誤の判断がつかなくても，さらに社会・人文・自然科学の知識でも正解肢を判断できるということです。つまり，２つのアプローチで対応できるわけです。

3. 知識問題の効果的な学習方法

① 社会科学

社会科学は多くの専門科目（法律学・経済学・政治学・行政学・国際関係・社会学等）の基礎の位置づけとなる守備範囲の広い科目です。もともと「社会事情」として社会科学の知識と最新トピックが融合した出題はよく見られました。そのため，基本的に勉強の方法や範囲に変更はなく，今回の試験内容の見直しの影響はあまりないといえるでしょう。時事の学習の際は，前提となる社会科学の知識にいったん戻ることで深い理解が得られるでしょう。

② 人文科学

ある出来事について出題される場合，出来事が起こった場所や歴史的な経緯について，地理や日本史，世界史の知識が問われることが考えられます。時事を人文科学の面から学習するにあたっては，その国・地域の理解の肝となる箇所を押さえることが重要です。ニュースに触れた際に，その出来事が起こった国や地域の地理的条件，その国を代表する歴史的なトピック，周辺地域との関係や摩擦，出来事に至るまでの経緯といった要素を意識することが大事です。

③ 自然科学

自然科学は，身の回りの科学的なニュースと融合しやすいため，出題分野が偏りやすくなります。たとえば，近年の頻出テーマである環境問題，自然災害，DXや，宇宙開発，産業上の新技術，新素材といった題材では，主に化学や生物，地学と親和性があります。自然科学の知識が身の回りや生活とどう関わりあっているのか，また，科学的なニュースに触れたときには，自分の持つ自然科学の知識を使って説明できるかを意識しながら学習することを心がけていきましょう。

本書の効果的活用法

STEP1 出題傾向をみてみよう

各章の冒頭には，取り扱うセクションテーマについて，過去９年間の出題傾向を示す一覧表と，各採用試験でどのように出題されたかを分析したコメントを掲載しました。志望先ではどのテーマを優先して勉強すべきかがわかります。

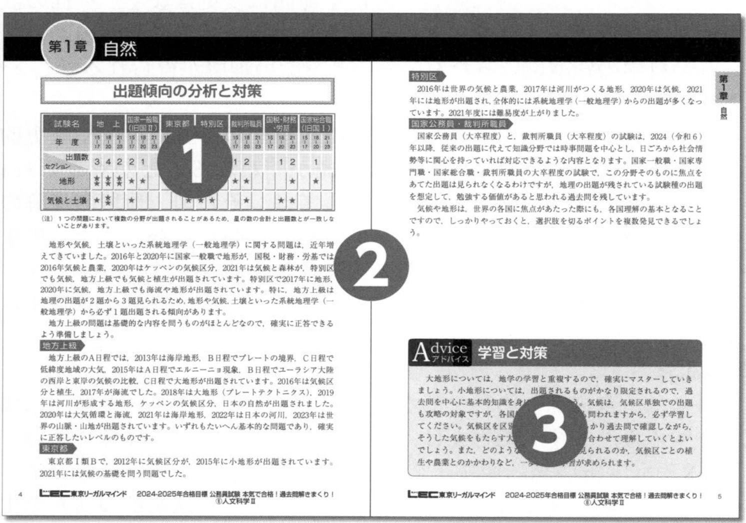

第1章 自然

出題傾向の分析と対策

試験名	地上			国家一般職（旧国Ⅱ）			東京都			特別区			裁判所職員			国税・財務・労基			国家総合職（旧国Ⅰ）		
年度	15-17	18-20	21-23	15-17	18-20	21-23	[illegible]	[illegible]	[illegible]	[illegible]	[illegible]	[illegible]	15-17	18-20	21-23	15-17	18-20	21-23	15-17	18-20	21-23
出題数 セクション	3	4	2	2	1		[illegible]	[illegible]	[illegible]	[illegible]	[illegible]	[illegible]	1	2			1	2		1	
地形	★★	★★	★★	★	★		[illegible]	[illegible]	[illegible]	[illegible]	[illegible]	[illegible]	★	★				★		★	
気候と土壌	★	★★		★					★	★	★			★			★	★			

（注）１つの問題において複数の分野が出題されることがあるため，星の数の合計と出題数とが一致しないことがあります。

地形や気候，土壌といった系統地理学（一般地理学）に関する問題は，近年増えてきていました。2016年と2020年に国家一般職で地形が，国税・財務・労基では2016年気候と農業，2020年はケッペンの気候区分，2021年は気候と森林が，特別区でも気候，地方上級でも気候と植生が出題されています。特別区で2017年に地形，2020年に気候，地方上級でも海流や地形が出題されています。特に，地方上級は地理の出題が２題から３題見られるため，地形や気候，土壌といった系統地理学（一般地理学）から必ず１題出題される傾向があります。

地方上級の問題は基礎的な内容を問うものがほとんどなので，確実に正答できるよう準備しましょう。

地方上級

地方上級のA日程では，2013年は海岸地形，B日程でプレートの境界，C日程で低緯度地域の大気，2015年はA日程でエルニーニョ現象，B日程でユーラシア大陸の西岸と東岸の気候の比較，C日程で大地形が出題されています。2016年は気候区分と植生，2017年が海流でした。2018年は大地形（プレートテクトニクス），2019年は河川が形成する地形，ケッペンの気候区分，日本の自然が出題されました。2020年は大気循環と海流，2021年は海岸地形，2022年は日本の河川，2023年は世界の山脈・山地が出題されています。いずれもたいへん基本的な問題であり，確実に正答したいレベルのものです。

東京都

東京都Ⅰ類Bで，2012年に気候区分が，2015年に小地形が出題されています。2021年には気候の基礎を問う問題でした。

4 LEC東京リーガルマインド 2024-2025年合格目標 公務員試験 本気で合格！過去問解きまくり！ ⑥人文科学Ⅱ

第1章 自然

特別区

2016年は世界の気候と農業，2017年は河川がつくる地形，2020年は気候，2021年には地形が出題され，全体的には系統地理学（一般地理学）からの出題が多くなっています。2021年度には難易度が上がりました。

国家公務員・裁判所職員

国家公務員（大卒程度）と，裁判所職員（大卒程度）の試験は，2024（令和６）年以降，従来の出題に代えて知識分野では時事問題を中心とし，日ごろから社会情勢等に関心を持っていれば対応できるような内容となります。国家一般職・国家専門職・国家総合職・裁判所職員の大卒程度の試験で，この分野そのものに焦点をあてた出題は見られなくなるわけですが，地理の出題が残されている試験種の出題を想定して，勉強する価値があると思われる過去問を残しています。

気候や地形は，世界の各国に焦点があたった際にも，各国理解の基本となることですので，しっかりやっておくと，選択肢を切るポイントを複数発見できるでしょう。

Advice アドバイス 学習と対策

大地形については，地学の学習と重複するので，確実にマスターしていきましょう。小地形については，出題されるものがかなり限定されるので，過去問を中心に基本的知識を身[illegible]う。気候は，気候区単独での出題も攻略の対象ですが，各国[illegible]も問われますから，必ず学習してください。気候区を区別[illegible]かり過去問で確認しながら，そうした気候をもたらす大[illegible]合わせて理解していくとよいでしょう。また，どのような[illegible]見られるのか，気候区ごとの植生や農業とのかかわりなど，一歩[illegible]習が求められます。

LEC東京リーガルマインド 2024-2025年合格目標 公務員試験 本気で合格！過去問解きまくり！ ⑥人文科学Ⅱ 5

❶ 出題傾向一覧

章で取り扱うセクションテーマについて，過去９年間の出題実績を数字や★で一覧表にしています。出題実績も９年間を３年ごとに区切り，出題頻度の流れが見えるようにしています。志望先に★が多い場合は重点的に学習しましょう。

❷ 各採用試験での出題傾向分析

出題傾向一覧表をもとにした各採用試験での出題傾向分析と，分析に応じた学習方法をアドバイスします。

❸ 学習と対策

セクションテーマの出題傾向などから，どのような対策をする必要があるのかを紹介しています。

●公務員試験の名称表記について

本書では公務員試験の職種について，下記のとおり表記しています。

地上	地方公務員上級（※1）
東京都	東京都職員
特別区	東京都特別区職員
国税	国税専門官
財務	財務専門官
労基	労働基準監督官
裁判所職員	裁判所職員（事務官）／家庭裁判所調査官補（※2）
裁事	裁判所事務官（※2）
家裁	家庭裁判所調査官補（※2）
国家総合職	国家公務員総合職
国Ⅰ	国家公務員Ⅰ種（※3）
国家一般職	国家公務員一般職
国Ⅱ	国家公務員Ⅱ種（※3）
国立大学法人	国立大学法人等職員

（※1）道府県，政令指定都市，政令指定都市以外の市役所などの職員

（※2）2012年度以降，裁判所事務官（2012～2015年度は裁判所職員）・家庭裁判所調査官補は，教養科目に共通の問題を使用

（※3）2011年度まで実施されていた試験区分

STEP2 「必修」問題に挑戦してみよう

「必修」問題はセクションテーマを代表する問題です。まずはこの問題に取り組み，そのセクションで学ぶ内容のイメージをつかみましょう。問題文の周辺には，そのテーマで学ぶべき内容や覚えるべき要点を簡潔にまとめていますので参考にしてください。

本書の問題文と解答・解説は見開きになっています。効率よく学習できます。

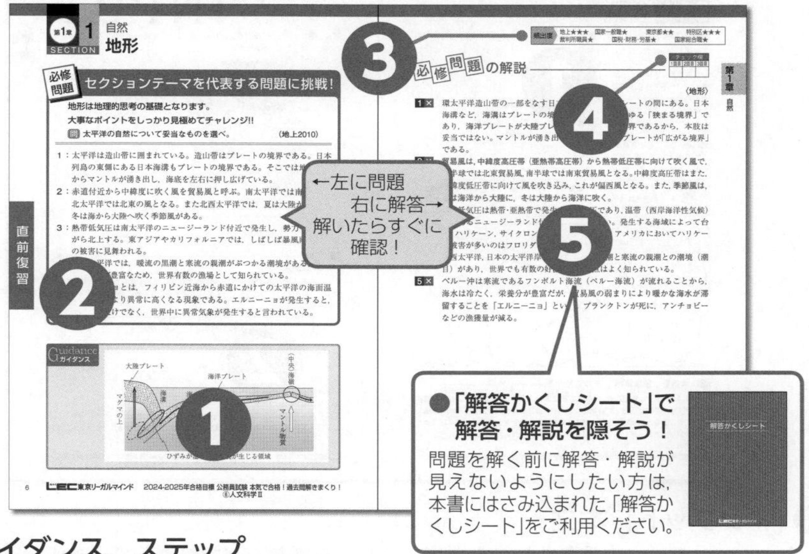

❶ガイダンス，ステップ

「ガイダンス」は必修問題を解くヒント，ひいてはテーマ全体のヒントです。

「ステップ」は必修問題において，そのテーマを理解するために必要な知識を整理したものです。

❷直前復習

必修問題と，後述の実践問題のうち，ＬＥＣ専任講師が特に重要な問題を厳選しました。試験の直前に改めて復習しておきたい問題を表しています。

❸頻出度

各採用試験において，この問題がどのくらい出題頻度が高いか＝重要度が高いかを★の数で表しています。志望先に応じて学習の優先度を付ける目安となります。

❹チェック欄

繰り返し学習するのに役立つ，書き込み式のチェックボックスです。学習日時を書き込んで復習の期間を計る，正解したかを○×で書き込んで自身の弱点分野をわかりやすくするなどの使い方ができます。

❺解答・解説

問題の解答と解説が掲載されています。選択肢を判断する問題では，肢１つずつに正誤と詳しく丁寧な解説を載せてあります。また，重要な語句や記述は太字や色文字などで強調していますので注目してください。

STEP3 テーマの知識を整理しよう

必修問題の直後に，セクションテーマの重要な知識や要点をまとめた「インプット」を設けています。この「インプット」で，自身の知識を確認し，解法のテクニックを習得してください。

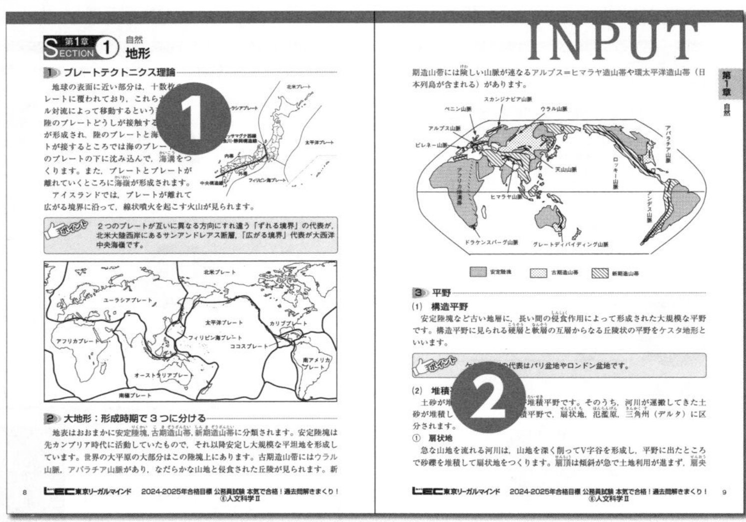

第1章 SECTION ① 自然 地形

INPUT

1 プレートテクトニクス理論

地球の表面に近い部分は，十数枚の
レートに覆われており，これらが
ル対流によって移動するという
陸のプレートどうしが接触する
が形成され，陸のプレートと海
トが接するところでは海のプレー
のプレートの下に沈み込んで，海溝をつくります。また，プレートとプレートが離れていくところに海嶺が形成されます。

アイスランドでは，プレートが離れて広がる境界に沿って，線状噴火を起こす火山が見られます。

ポイント　２つのプレートが互いに異なる方向にすれ違う「ずれる境界」の代表が，北米大陸西岸にあるサンアンドレアス断層，「広がる境界」代表が大西洋中央海嶺です。

2 大地形：形成時期で３つに分ける

地表はおおまかに安定陸塊，古期造山帯，新期造山帯に分類されます。安定陸塊は先カンブリア時代に活動していたもので，それ以降安定し大規模な平坦地を形成しています。世界の大平原の大部分はこの陸塊上にあります。古期造山帯にはウラル山脈，アパラチア山脈があり，なだらかな山地と侵食された丘陵が見られます。新期造山帯には険しい山脈が連なるアルプス＝ヒマラヤ造山帯や環太平洋造山帯（日本列島が含まれる）があります。

3 平野

(1)　構造平野

安定陸塊など古い地層に，長い間の侵食作用によって形成された大規模な平野です。構造平野に見られる硬層と軟層の互層からなる丘陵状の平野をケスタ地形といいます。

ポイント　ケ…の代表はパリ盆地やロンドン盆地です。

(2)　堆積…

土砂が堆…堆積平野です。そのうち，河川が運搬してきた土砂が堆積し…積平野で，扇状地，氾濫原，三角州（デルタ）に区分されます。

①　扇状地

急な山地を流れる河川は，山地を深く削ってV字谷を形成し，平野に出たところで砂礫を堆積して扇状地をつくります。扇頂は傾斜が急で土地利用が進まず，扇央

8　LEC東京リーガルマインド　2024-2025年合格目標 公務員試験 本気で合格！過去問解きまくり！ ⑥人文科学Ⅱ

LEC東京リーガルマインド　2024-2025年合格目標 公務員試験 本気で合格！過去問解きまくり！ ⑥人文科学Ⅱ　9

❶「インプット」本文

セクションテーマの重要な知識や要点を，文章や図解などで整理しています。重要な語句や記述は太字や色文字などで強調していますので，逃さず押さえておきましょう。

❷サポートアイコン

「インプット」本文の内容を補強し，要点を学習しやすくする手助けになります。以下のようなアイコンがありますので学習に役立ててください。

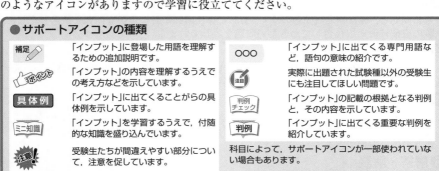

●サポートアイコンの種類

補足	「インプット」に登場した用語を理解するための追加説明です。
ポイント	「インプット」の内容を理解するうえでの考え方などを示しています。
具体例	「インプット」に出てくることがらの具体例を示しています。
ミニ知識	「インプット」を学習するうえで，付随的な知識を盛り込んでいます。
注意！	受験生たちが間違えやすい部分について，注意を促しています。
○○○	「インプット」に出てくる専門用語など，語句の意味の紹介です。
注目	実際に出題された試験種以外の受験生にも注目してほしい問題です。
判例チェック	「インプット」の記載の根拠となる判例と，その内容を示しています。
判例	「インプット」に出てくる重要な判例を紹介しています。

科目によって，サポートアイコンが一部使われていない場合もあります。

STEP4 「実践」問題を解いて実力アップ!

「インプット」で知識の整理を済ませたら，本格的に過去問に取り組みましょう。「実践」問題ではセクションで過去に出題されたさまざまな問題を，基本レベルから応用レベルまで収録しています。

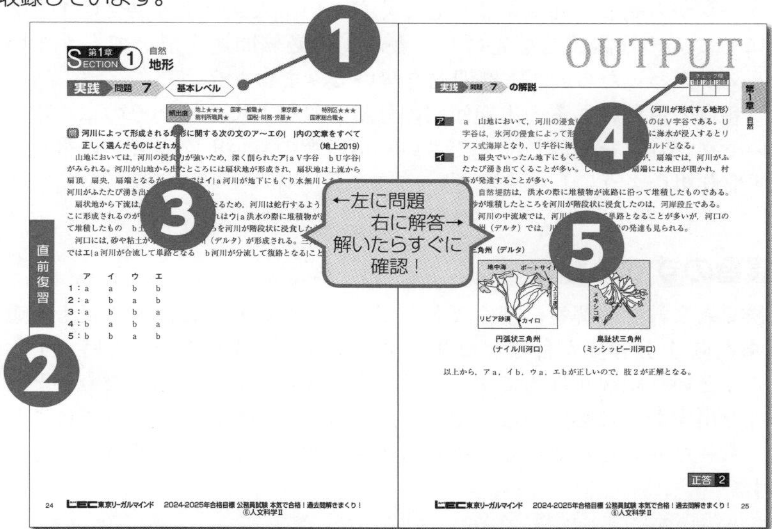

❶難易度

収録された問題について，その難易度を「基本レベル」「応用レベル」で表しています。

1周目は「基本レベル」を中心に取り組んでください。2周目からは，志望先の採用試験について頻出度が高い「応用レベル」の問題にもチャレンジしてみましょう。

❷直前復習，❸頻出度，❹チェック欄，❺解答・解説

※各項目の内容は，STEP 2をご参照ください。

STEP5 「章末CHECK」で確認しよう

章末には，この章で学んだ内容を一問一答形式の問題で用意しました。
知識を一気に確認・復習しましょう。

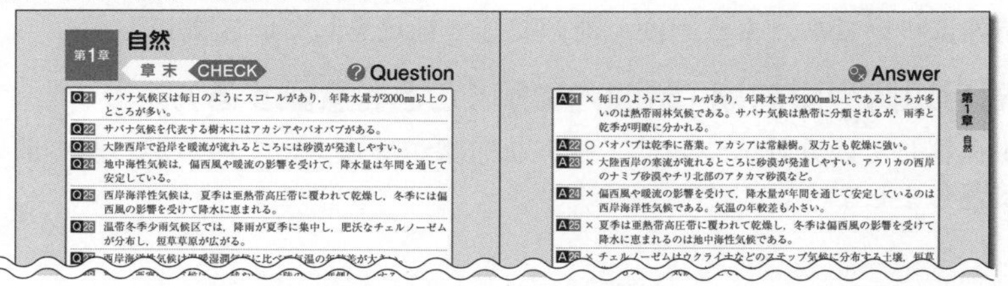

LEC専任講師が，『過去問解きまくり！』を使った「オススメ学習法」をアドバイス！⇒

講師のオススメ学習法

どこから手をつければいいのか?

まず本書の流れを確認してください。各セクションは，①最初に必修問題に挑戦し，そのセクションで学ぶ内容のイメージをつけてください。②続いて必修問題の次ページから始まる知識確認をしてください。人文科学の場合は①と②の順序を逆にして②の知識確認を先にしてから①の必修問題を解いてもかまいません。①と②が終わったら，③実践問題を解いてみましょう。

次に，各章の最初にある「出題傾向の分析と対策」を見て，その章の中で出題数が多いセクションを確認してください。出題数の多いセクションは得点源ですから必ず取り組むようにしてください。

演習のすすめかた

本試験で人文科学の解答に割くことができる時間の目安は，他科目も考慮すると 1 問あたり 1 分程度が目標となります。問題文を読み終わった時点で，答えが出ているという状況が理想です。この場合，知っているか知らないかということが解答を出すために必要なことであり，解き方等が特にあるわけではありませんから，キーワードだけでなく，その周辺を説明する文章にも慣れていくことが必要です。

❶1周目（何が問われているか・何を覚えるのかを知る）

人文科学の場合は一連の知識がどのように問題で問われるのかを確認し，どの知識を覚えておけば選択肢の正誤を判断できるのかを確認していきましょう。また，その場合，問題文や解説文は時間をかけてしっかり読みましょう。1 つの知識について，単にキーワードではなく，周辺の知識を合わせて理解することを意識してください。

❷2周目（知識が定着しているかを確認する）

問題集をひととおり終えて 2 周目に入ったときは，知識が定着しているかどうかを確認しながら解いてください。この段階では 1 周目で学習したことが理解できているかをチェックするとともに，インプットも確認してください。また，周辺の情報についても，もう一度，問題文等で補足をしていきましょう。

❸3周目以降や直前期（時間内に解くことを意識する）

必ず正答したい分野について，確実な知識が身についているか，基本問題を中心に演習しましょう。

一般的な学習のすすめかた（目標正答率60～80%）

過去問はあくまで過去問なので，まったく同じ問題が出題されるわけではありませんが，繰り返し出題されているなどのテーマについては，どのような問題が出題されても正答できるように，応用問題の解説にもきちんと目を通し，覚えていきましょう。地理はどの試験でも出題がありますから，気候・土壌・農業，各国の特徴は必ずマスターしてください。また，思想は裁事・家裁や国家公務員では必ず正答したい科目ですので，応用問題までしっかりやってください。一方，県庁や市役所ではほとんど出題されないので，第一志望がどこかによって，戦略的に取り組んでください。文芸は近年ほとんど出題が見られませんが，日本史や世界史でも問われる文化はステップアップとしてやっておくべきです。

人文科学の場合は，これが典型問題だというような決まりきった問題は近年出題されていないので，問題を解きながらインプット部分を再度確認していく作業がとても大事になります。

短期間で学習する場合のすすめかた（目標正答率50～60%）

必修問題と下表の「講師が選ぶ『直前復習』50問」に掲載されている問題を解いてください。これらの問題には問題ページの左側に「直前復習」のマークがつけられています。文芸は「直前復習」の問題のみでよいでしょう。地理は，必修問題と「直前復習」にプラスして，得意な分野についてはきちんと実践問題を解いてください。

直前復習

必修問題20問 ＋ 講師が選ぶ「直前復習」50問

実践2	実践16	実践37	実践60	実践97
実践6	実践17	実践45	実践62	実践100
実践7	実践19	実践47	実践65	実践104
実践8	実践22	実践51	実践68	実践106
実践9	実践25	実践52	実践75	実践107
実践10	実践27	実践53	実践77	実践109
実践11	実践28	実践54	実践81	実践121
実践12	実践31	実践55	実践85	実践133
実践13	実践33	実践57	実践90	実践137
実践15	実践34	実践59	実践92	実践139

目次 CONTENTS

NOTE

人文科学をマスターする10の秘訣

❶ 頻出の分野からマスターする。

❷ 重要問題は繰り返せ！

❸ 誤肢を切るポイントを確認せよ！

❹ 解説は熟読すべし。

❺ 地図帳の参照を欠かさずに！

❻ 気候・土壌・農業はセットで勉強。

❼ 地理は生き物！世界の動向に注意すべし。

❽ 思想家のキーワードを覚えよ！

❾ 文芸で得点しやすいのは日本文学。

❿ 美術館，コンサートも文芸の学習の場。

人文科学

第1編
地理

第1章

自然

SECTION

① 地形
② 気候と土壌

第1章 自然

出題傾向の分析と対策

試験名	地上			国家一般職（旧国Ⅱ）			東京都			特別区			裁判所職員			国税・財務・労基			国家総合職（旧国Ⅰ）		
年度	15-17	18-20	21-23	15-17	18-20	21-23	15-17	18-20	21-23	15-17	18-20	21-23	15-17	18-20	21-23	15-17	18-20	21-23	15-17	18-20	21-23
出題数 / セクション	3	4	2	2	1		1		1	2	1	1	1	2			1	2		1	
地形	★★	★★	★★	★	★		★			★		★	★	★				★		★	
気候と土壌	★	★★		★					★	★	★			★			★	★			

（注） 1つの問題において複数の分野が出題されることがあるため，星の数の合計と出題数とが一致しないことがあります。

地形や気候，土壌といった系統地理学（一般地理学）に関する問題は，近年増えてきていました。2016年と2020年に国家一般職で地形が，国税・財務・労基では2016年気候と農業，2020年はケッペンの気候区分，2021年は気候と森林が，特別区でも気候，地方上級でも気候と植生が出題されています。特別区で2017年に地形，2020年に気候，地方上級でも海流や地形が出題されています。特に，地方上級は地理の出題が2題から3題見られるため，地形や気候，土壌といった系統地理学（一般地理学）から必ず1題出題される傾向があります。

地方上級の問題は基礎的な内容を問うものがほとんどなので，確実に正答できるよう準備しましょう。

地方上級

地方上級のA日程では，2013年は海岸地形，B日程でプレートの境界，C日程で低緯度地域の大気，2015年はA日程でエルニーニョ現象，B日程でユーラシア大陸の西岸と東岸の気候の比較，C日程で大地形が出題されています。2016年は気候区分と植生，2017年が海流でした。2018年は大地形（プレートテクトニクス），2019年は河川が形成する地形，ケッペンの気候区分，日本の自然が出題されました。2020年は大気循環と海流，2021年は海岸地形，2022年は日本の河川，2023年は世界の山脈・山地が出題されています。いずれもたいへん基本的な問題であり，確実に正答したいレベルのものです。

東京都

東京都Ⅰ類Bで，2012年に気候区分が，2015年に小地形が出題されています。2021年には気候の基礎を問う問題でした。

特別区

2016年は世界の気候と農業，2017年は河川がつくる地形，2020年は気候，2021年には地形が出題され，全体的には系統地理学（一般地理学）からの出題が多くなっています。2021年度には難易度が上がりました。

国家公務員・裁判所職員

国家公務員（大卒程度）と，裁判所職員（大卒程度）の試験は，2024（令和６）年以降，従来の出題に代えて知識分野では時事問題を中心とし，日ごろから社会情勢等に関心を持っていれば対応できるような内容となります。国家一般職・国家専門職・国家総合職・裁判所職員の大卒程度の試験で，この分野そのものに焦点をあてた出題は見られなくなるわけですが，地理の出題が残されている試験種の出題を想定して，勉強する価値があると思われる過去問を残しています。

気候や地形は，世界の各国に焦点があたった際にも，各国理解の基本となることですので，しっかりやっておくと，選択肢を切るポイントを複数発見できるでしょう。

Advice アドバイス 学習と対策

大地形については，地学の学習と重複するので，確実にマスターしていきましょう。小地形については，出題されるものがかなり限定されるので，過去問を中心に基本的知識を身につけましょう。気候は，気候区単独での出題も攻略の対象ですが，各国地誌の問題の中でも問われますから，必ず学習してください。気候区を区別するポイントをしっかり過去問で確認しながら，そうした気候をもたらす大気の循環についても合わせて理解していくとよいでしょう。また，どのようなところに地形が見られるのか，気候区ごとの植生や農業とのかかわりなど，一歩進んだ学習が求められます。

第1章 SECTION 1 自然

地形

必修問題 セクションテーマを代表する問題に挑戦！

地形は地理的思考の基礎となります。

大事なポイントをしっかり見極めてチャレンジ!!

問 太平洋の自然について妥当なものを選べ。 （地上2010）

1：太平洋は造山帯に囲まれている。造山帯はプレートの境界である。日本列島の東側にある日本海溝もプレートの境界である。そこでは地球内部からマントルが湧き出し，海底を左右に押し広げている。

2：赤道付近から中緯度に吹く風を貿易風と呼ぶ。南太平洋では南東の風，北太平洋では北東の風となる。また北西太平洋では，夏は大陸から海へ，冬は海から大陸へ吹く季節風がある。

3：熱帯低気圧は南太平洋のニュージーランド付近で発生し，勢力を強めながら北上する。東アジアやカリフォルニアでは，しばしば暴風雨や高潮の被害に見舞われる。

4：北西太平洋では，暖流の黒潮と寒流の親潮がぶつかる潮境がある。プランクトンが豊富なため，世界有数の漁場として知られている。

5：エルニーニョとは，フィリピン近海から赤道にかけての太平洋の海面温度が，平年より異常に高くなる現象である。エルニーニョが発生すると，近隣地域だけでなく，世界中に異常気象が発生すると言われている。

直前復習

Guidance ガイダンス

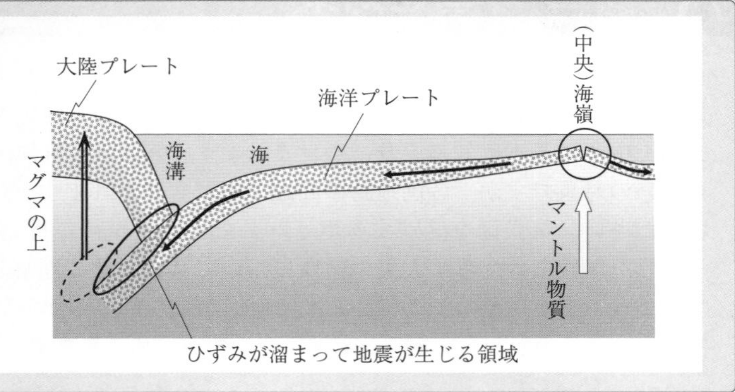

必修問題の解説

チェック欄
1回目	2回目	3回目

〈地形〉

1 × 環太平洋造山帯の一部をなす日本列島は４つのプレートの間にある。日本海溝など，海溝はプレートの境界にあたるが，いわゆる「狭まる境界」であり，海洋プレートが大陸プレートにもぐり込む境界であるから，本肢は妥当ではない。マントルが湧き出すのはプレートとプレートが「広がる境界」である。

2 × 貿易風は，中緯度高圧帯（亜熱帯高圧帯）から熱帯低圧帯に向けて吹く風で，北半球では北東貿易風，南半球では南東貿易風となる。中緯度高圧帯はまた，高緯度低圧帯に向けて風を吹き込み，これが偏西風となる。また，季節風は，夏は海洋から大陸に，冬は大陸から海洋に吹く。

3 × 熱帯低気圧は熱帯・亜熱帯で発生する低気圧であり，温帯（西岸海洋性気候）区にあるニュージーランド付近では発生しない。発生する海域によって台風，ハリケーン，サイクロンなどよび方があるが，アメリカにおいてハリケーン被害が多いのはフロリダである。

4 ○ 北西太平洋，日本の太平洋岸において暖流の黒潮と寒流の親潮との潮境（潮目）があり，世界でも有数の好漁場となる点はよく知られている。

5 × ペルー沖は寒流であるフンボルト海流（ペルー海流）が流れることから，海水は冷たく，栄養分が豊富だが，貿易風の弱まりにより暖かな海水が滞留することを「エルニーニョ」という。プランクトンが死に，アンチョビーなどの漁獲量が減る。

正答 4

Step ステップ 自然地理→人文地理という把握の方法については，気候→農業，海流→漁業，産出する鉱山資源・エネルギー→工業立地などがその典型となる。自然地理は系統的な理解が可能であり，これで地球を大づかみに把握しておくと，あとで人文地理のこまごましたことを入れるのにとても役立つ。

第1章 SECTION 1 自然

地形

1 プレートテクトニクス理論

地球の表面に近い部分は，十数枚のプレートに覆われており，これらがマントル対流によって移動するという理論です。陸のプレートどうしが接触すると**大山脈**が形成され，陸のプレートと海のプレートが接するところでは海のプレートが陸のプレートの下に沈み込んで，**海溝**(かいこう)をつくります。また，プレートとプレートが離れていくところに**海嶺**(かいれい)が形成されます。

アイスランドでは，プレートが離れて広がる境界に沿って，線状噴火を起こす火山が見られます。

> ポイント　２つのプレートが互いに異なる方向にすれ違う「ずれる境界」の代表が，北米大陸西岸にあるサンアンドレアス断層，「広がる境界」代表が大西洋中央海嶺です。

2 大地形：形成時期で３つに分ける

地表はおおまかに**安定陸塊**(りくかい)，**古期造山帯**(こきぞうざんたい)，**新期造山帯**(しんきぞうざんたい)に分類されます。安定陸塊は先カンブリア時代に活動していたもので，それ以降安定し大規模な平坦地を形成しています。世界の大平原の大部分はこの陸塊上にあります。古期造山帯には**ウラル山脈**，**アパラチア山脈**があり，なだらかな山地と侵食された丘陵が見られます。新期造山帯には険しい山脈が連なるアルプス＝ヒマラヤ造山帯や環太平洋造山帯（日本列島が含まれる）があります。

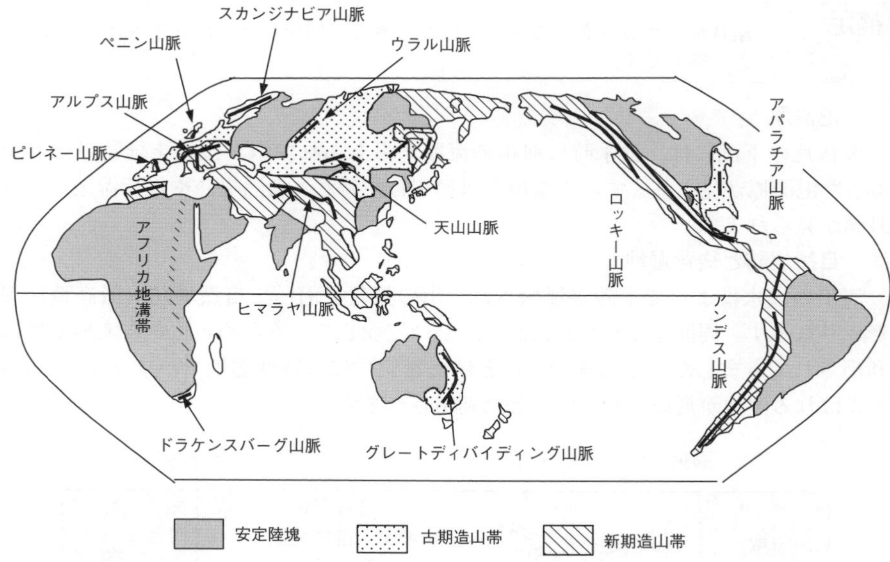

3 平野

(1) 構造平野

安定陸塊など古い地層に，長い間の侵食作用によって形成された大規模な平野です。構造平野に見られる硬層と軟層の互層からなる丘陵状の平野を**ケスタ地形**といいます。

ケスタ地形の代表はパリ盆地やロンドン盆地です。

(2) 堆積平野

土砂が堆積してできた平野が**堆積平野**です。そのうち，河川が運搬してきた土砂が堆積してできた平野が**沖積平野**で，**扇状地**，**氾濫原**，**三角州（デルタ）**に区分されます。

① 扇状地

急な山地を流れる河川は，山地を深く削ってV字谷を形成し，平野に出たところで砂礫を堆積して扇状地をつくります。**扇頂**は傾斜が急で土地利用が進まず，**扇央**

は水が得にくいため桑畑や果物栽培などに利用します。扇端では泉も湧き，集落が発達します。

扇状地は土質が荒いため透水性が大きく，扇央では河川が水無川となることも多いです。

②　氾濫原

扇状地の下流には，洪水時に河川の流路からあふれた水が土砂を堆積させてつくった氾濫原が見られます。氾濫原では河川は蛇行し，自然堤防や後背湿地，三日月湖が見られます。

③　自然堤防と後背湿地

河川の洪水によって土砂が運搬され，川の蛇行に沿って**自然堤防**（微高地）が形成されます。周囲よりわずかに高く，かつ乾燥しているため古くから宅地や畑に利用されてきました。その背後（川とは反対側）には**後背湿地**（バックマーシュ）とよばれる湿地が形成され水田などに利用されます。

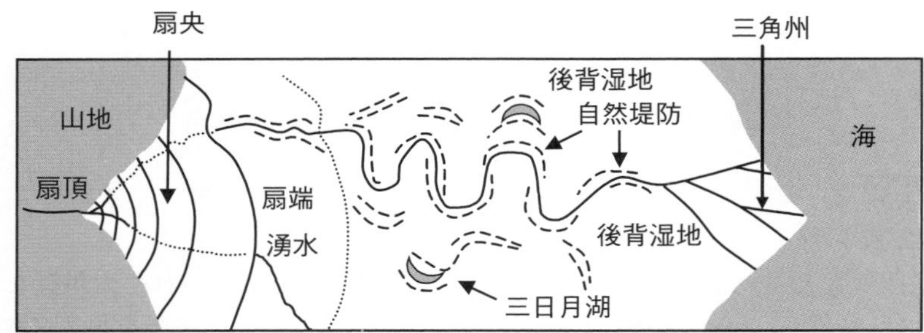

④　三角州（デルタ）

河川が運んできた粘土や砂などが河口付近に堆積した平野です。地盤が緩く低湿地となります。

⑤　エスチュアリ（三角江）

ラッパ状の河口が特徴です（ラプラタ川，テムズ川など）。

リアス式海岸

フィヨルド

エスチュアリ

(3) 海岸地形

① リアス式海岸

山地の沈降（海面の相対的上昇）によってＶ字谷に海水が浸入して形成された**沈水海岸**（ちんすい）です。屈曲（くっきょく）の激しい複雑な海岸線を形成します。

② フィヨルド

氷河の侵食によって形成された**氷食谷（U字谷）**に，海面の上昇や陸地の沈下などによって海水が浸入してできた入り江をフィヨルドといいます。

フィヨルドの海岸はU字谷の谷壁にあたるため，高く険しく，入り江や湾の奥行きが長い海岸になります。

③ 海岸平野

海底の堆積面が地盤の隆起により海面上に現れて形成されたのが海岸平野です。九十九里平野がその代表です。

④ 海岸段丘

かつて海面下にあった土地が，地盤の隆起や相対的な海面の下降で地表に現れたものです。

(4) 火山

火山の大部分は，プレートが広がる境界である中央海嶺や大地溝帯，狭まる境界の沈み込み帯に分布しています。ハワイ諸島のようにホットスポット上にある火山もあります。火山は数千年にわたって活動を休止した後に活動を再開した事例もあることから，現在は「概ね過去１万年以内に噴火した火山及び現在活発な噴気活動のある火山」を活火山と定義しています。日本には2017年以降，現時点で111の活火山がありますが，近畿・中国・四国地方には活火山がほとんど見られません。

(5) その他

① カルスト地形

カルスト地形は石灰岩が二酸化炭素を含む雨水や地下水に溶食されてできた地形です。地表には**ドリーネ**などの凹地，地下には**鍾乳洞**ができます。

カルスト地形に関係の深い土壌として地中海沿岸などに分布する石灰岩を母岩とするテラロッサがあります。

② カルデラ

火山の爆発や陥没で形成された凹地（おうち）に水が溜まるとカルデラ湖となります。このほかに爆発に伴う泥流，火山灰などによって河川が堰き止められて生じた湖を堰（せ）き止め湖といいます。

自然 地形

実践 問題 1　基本レベル

頻出度	地上★★★　国家一般職★　東京都★★★　特別区★★★ 裁判所職員★　国税·財務·労基★　国家総合職★

問 プレートテクトニクスに関する以下の文章中の下線部ア～エのうちには，妥当なものが二つある。それらはどれか。　(地上2018)

プレートテクトニクスには，プレート同士が離れるように動く「広がる境界」と，プレートがぶつかる「狭まる境界」がある。「狭まる境界」には，プレート同士が衝突する衝突帯と海洋プレートが他のプレートの下にもぐりこむ沈み込み帯がある。ア衝突帯の例として日本列島が，沈み込み帯の例としてヒマラヤ山脈がある。イ広がる境界の例として，太平洋や大西洋の海底に連なる海底山脈が挙げられる。

プレートと火山活動の関係についてみると，ウ「狭まる境界」では火山活動が盛んで，多くの火山列がみられるが，「広がる境界」では火山活動がみられない。また，マントル深部にある高温物質が上昇して火山活動がみられるホットスポットがみられるが，これはプレートが移動しても位置がほとんど変わることはない。エホットスポットの代表例としてハワイ島が挙げられる。

1：ア，イ
2：ア，エ
3：イ，ウ
4：イ，エ
5：ウ，エ

チェック欄

1回目	2回目	3回目

実践 問題 1 の解説

〈プレートテクトニクス〉

ア× 日本列島は沈み込み帯に位置し，ヒマラヤ山脈は衝突帯に位置する。

イ○ 海底にある広がる境界には，地球内部のマントルからマグマが噴出して，海嶺とよばれる海底火山がつくられる。太平洋には東太平洋海嶺が，大西洋には大西洋中央海嶺がある。

ウ× 火山活動は，プレートとプレートの境界に見られ，「狭まる境界」だけでなく「広がる境界」でも中央海嶺上のアイスランドやアフリカ大陸東部の大地溝帯など，活発な火山活動が見られる。

エ○ プレートの境界でないところで火山活動が活発なところは，ホットスポットとよばれる。ホットスポットの位置はほとんど変わらないため，プレートが年に数cm動くにつれ，地表（海上面）に現れる火山の位置が少しずつ動いていくが，ホットスポットから離れるにつれて冷され，点々と島が形成される。

以上から，イとエが妥当であるので，肢4が正解となる。

正答 4

自然
地形

実践 問題 2 基本レベル

頻出度	地上★★★ 国家一般職★ 東京都★★★ 特別区★★★ 裁判所職員★ 国税·財務·労基★ 国家総合職★

問 世界の大地形に関する記述として最も妥当なのはどれか。（国家一般職2016）

1：オーストラリア大陸のようなプレートの境界に当たる地域を変動帯といい，火山や断層が多く，地殻変動が活発である。一方，南アメリカ大陸のような安定大陸は，地殻変動の影響を受けないため地震や火山活動はほとんどなく，新たに変動帯になることはない。

2：プレートどうしが反対方向に分かれて離れていく境界は「広がる境界」と呼ばれ，主に陸上にあり，アフリカ大陸のサンアンドレアス断層に代表される。そのような断層の周辺では何度も大きな地震が起きている。

3：海洋プレートが大陸プレートの下に潜り込むと海底には海嶺が形成され，これが長期間かけて陸上に隆起すると，弧状列島という弓なりの島列や火山列が形成される。ハワイ諸島はその典型例であり，キラウェア山などでは火山活動が活発である。

4：大陸プレートどうしがぶつかり合うと，一方が他方に向かってのし上がる逆断層が生じたり，地層が波状に曲がる褶曲が起きたりする。これらにより，ヒマラヤ山脈やアルプス山脈のような高く険しい山脈が作られる。

5：二つのプレートが互いに異なる方向にすれ違う「ずれる境界」では，正断層が生まれ，活断層による大規模な地震が頻発する。アイスランド島では，プレートの「ずれる境界」に沿ってトラフと呼ばれる裂け目ができ，線状噴火を起こす火山が見られる。

直前復習

実践 問題 2 の解説

チェック欄		
1回目	2回目	3回目

〈大地形〉

1 × オーストラリア大陸は安定陸塊であり，プレートの境界にあたる地域ではない。変動帯で火山や断層が多く，地殻活動が活発なのはアリューシャン列島や日本列島などである。また，南アメリカ大陸の東側一帯は安定陸塊であるが，太平洋側のアンデス山脈は新期造山帯であるため，地震や火山活動も多い。

2 × プレートとプレートが反対方向に分かれて離れていく境界は「広がる境界」であるが，「広がる境界」は主に海底に見られる。海底の「広がる境界」では，内部のマントルからマグマが噴出して，海嶺(かいれい)とよばれる海底山脈が形成される。また，サンアンドレアス断層は北米大陸の西側にある「ずれる断層」の代表である。アフリカ大陸にあるのはアフリカ大地溝帯(ちこうたい)である。

3 × 海洋プレートが大陸プレートの下にもぐり込むと，海底には海溝が形成される。海嶺ではない。また，ハワイ諸島はホットスポットの典型例である。ホットスポットはプレート境界とは関係なく活動している火山の拠点であり，地球内部からマントル上部の高温物質が絶えず上昇している場所である。

4 ○ 大陸プレートどうしがぶつかりあう「せばまる境界」では，アルプス山脈やヒマラヤ山脈のような高く険しい山脈がつくられる。こうした造山運動は厚く堆積した地層が褶曲(しゅうきょく)運動や断層運動を受けて起こるもので，褶曲運動は水平な地層に水平方向から力が働き，地層が曲げられる現象であり，ある面を境にずれる現象を断層という。

5 × 「ずれる境界」の代表はサンアンドレアス断層でこれは横ずれ（トランスフォーム）断層ある。アイスランドは大西洋の海底に連なる大西洋中央海嶺「広がる境界」上に位置するとともに，ホットスポットも重複していることから，「広がる境界」の裂け目に沿って線状噴火を起こす火山が見られる島である。

正答 4

自然

地形

実践 問題 3 基本レベル

頻出度	地上★★★	国家一般職★	東京都★★★	特別区★★★
	裁判所職員★	国税・財務・労基★	国家総合職★	

問 地形に関する記述として最も妥当なものはどれか。 （裁判所職員2018）

1：中生代以降に造山運動がおきた新期造山帯の地域には，石炭を産出することが多く，大規模な炭田がある。

2：古期造山帯の山脈は，起伏が大きい山地が多い。

3：楯を伏せたような形状の，なだらかな楯状地は，主に西ヨーロッパなどに見られる。

4：数億年前に地殻変動によってでき，その後は大きな地殻変動がなく，穏やかな沈降や隆起といった造陸運動か繰り返されてきた地域を安定陸塊という。

5：大地がわずかに沈降して浅い海底になり，土砂が堆積して，のちに再び隆起して陸地となると，起伏の多い台地になるが，このような地形を卓状地という。

チェック欄

1回目	2回目	3回目

実践 問題 3 の解説

〈大地形〉

1 × 石炭を産出することが多く，大規模な炭田があるのは**古期造山帯**である。**新期造山帯**はプレートの狭まる境界と一致し，金・銀・銅・亜鉛などの金属資源が豊富に産出する。

2 × 古期造山帯は，古生代に起こった造山運動によってつくられた山脈であり，造山運動が止まった後，長い期間，侵食を受けているため，緩やかな起伏を示す山脈が多い。起伏が大きいのは，現在まで活動が続いている新期造山帯である。

3 × 楯を伏せたような**楯状地**は，カナダ楯状地やアフリカ楯状地，ブラジル楯状地など，西ヨーロッパ以外に大規模なものが見られる。

4 ○ 安定陸塊の説明として妥当である。**安定陸塊**は，楯を伏せたような楯状地と，テーブルのような台地状の平原である卓状地，侵食が進み平坦化された大規模な平野である侵食平野などからなる。

5 × **卓状地**の形成のされ方は正しいが，水平な地層でできた卓状地は，構造平野となることが多く，表面は極めて平坦である。起伏の多い台地とあるのは妥当でない。

正答 4

第1章 SECTION 1 自然 地形

実践 問題 4 基本レベル

頻出度	地上★★★	国家一般職★	東京都★★★	特別区★★★
	裁判所職員★	国税·財務·労基★	国家総合職★	

問 地形の成り立ちや特徴に関する記述として最も妥当なのはどれか。

(国税・財務・労基2023)

1：地球の地形は，外的営力と内的営力によって形成される。外的営力は，火山活動や地殻変動をもたらす力で，隆起により平野を形成する。内的営力は，風化・侵食作用と運搬・堆積作用を引き起こす力で，急峻な地形を形成する。

2：河川が山地から出るところでは，河川により運搬された砂や礫(れき)が堆積しやすいため，扇状地が形成される。扇央は，水が地下に浸透しやすく，畑よりも水田として利用される。一方，扇端は，砂や礫から成る厚い堆積物に覆われるため，水無川ができやすく，集落が多い。

3：U字谷は，大陸氷河が谷を流れ下りながら，谷底や谷壁を深くえぐり取ることで形成される。U字谷の谷底は貴重な平坦地となっており，牧畜業が営まれていることが多い。また，U字谷に海水が浸入して陸地に深く入り込んだ入り江はラグーン（潟湖(せきこ)）と呼ばれる。

4：海岸の地形は，海面変動などの影響を受けやすく，起伏の大きい海底山脈が海面から隆起することで沈水海岸が発達する。リアス海岸は沈水海岸の一つであり，水深が深く，入り組んでいるため，津波の波高が緩和され，沿岸では被害を受けにくい。

5：カルスト地形は，石灰岩層から成る地域において，岩の主な成分である炭酸カルシウムが弱酸性の雨水や地下水と化学反応を起こし，岩の溶食が生じることで形成される。鍾乳洞やタワーカルストなどによる景観が観光資源となっているところもある。

チェック欄

1回目	2回目	3回目

実践 問題 4 の解説

〈地形の成り立ちや特徴〉

1 × **内的営力**とは，地球内部にエネルギー源をもつ火山活動や地殻変動のことで，山脈を形成するなど，地球表面の起伏を大きくする方向に働く。一方，**外的営力**とは，地球の外側から作用し，地表の物質を風化，侵食，運搬，堆積して地形を変える。具体的には風，流水，氷河，波などで，最終的に地表を平らにする方向に働く。

2 × **扇状地**の扇央は，水が地下に浸透しやすいので，水無川ができやすく，水田には向かないことから畑に利用される。一方，扇端では，再び水が湧くので，水田や集落が発達する。

3 × **U字谷**に海水が浸入して形成されるのは**フィヨルド**である。**ラグーン**（潟湖）は，**砂州**などによって外海と隔てられた水域をいう。

4 × **沈水海岸**は，地盤の沈降または海水面の上昇によって，もともと陸地であったところが海に沈み込んで形成される。海底山脈が隆起するのではない。また，**リアス式海岸**が沈水海岸の１つであることは正しいが，湾奥で波が高くなるので，津波の被害を受けやすい。

5 ○ カルスト地形の説明として妥当である。鍾乳洞は日本でも観光地になっているが，桂林のタワーカルストは世界自然遺産にも登録され，世界中から多くの観光客を集めている。

正答 5

実践 問題 5 基本レベル

頻出度	地上★★	国家一般職★	東京都★★★	特別区★★★
	裁判所職員★	国税·財務·労基★	国家総合職★	

問 世界の地形に関する記述として，妥当なのはどれか。 （特別区2021）

1：地球表面の起伏である地形をつくる営力には，内的営力と外的営力があるが，内的営力が作用してつくられる地形を小地形といい，外的営力が作用してつくられる地形を大地形という。

2：地球の表面は，硬い岩石でできたプレートに覆われており，プレートの境界は，狭まる境界，広がる境界，ずれる境界の３つに分類される。

3：新期造山帯は，古生代の造山運動によって形成されたものであり，アルプス＝ヒマラヤ造山帯と環太平洋造山帯とがある。

4：河川は，山地を削って土砂を運搬し，堆積させて侵食平野をつくるが，侵食平野には，氾濫原，三角州などの地形が見られる。

5：石灰岩からなる地域では，岩の主な成分である炭酸カルシウムが，水に含まれる炭酸と化学反応を起こして岩は溶食され，このことによって乾燥地形がつくられる。

チェック欄

1回目	2回目	3回目

実践 問題 5 の解説

〈世界の地形〉

1 × 内的営力とは，地殻変動など地球内部からのエネルギーによって働く力であり，世界的な規模の地形である大地形をつくる。一方，外的営力とは流水や波，氷河などの地殻の外部からのエネルギーによって働く力であり，比較的規模の小さい小地形を形成する。

2 ○ プレートテクトニクスの説明として妥当である。プレートの境界にあたる地域は，隣りあうプレートがお互いに異なった方向に移動するため常に不安定であり（変動帯），地震や火山が多い。

3 × 古生代の造山運動によって形成されたのは古期造山帯である。新期造山帯は，中生代末期から現在まで造山運動が起こっているところである。アルプス＝ヒマラヤ造山帯と環太平洋造山帯が新期造山帯に属することは正しい。

4 × 河川が山地を削って土砂を運搬し，堆積させて形成されたのは堆積平野である。侵食平野とは，安定陸塊において，長い年月をかけて侵食されて形成された平野で，堆積平野よりも一般的に大きい。氾濫原や三角州などの地形は堆積平野に見られる。

5 × 石灰岩からなる地域では炭酸カルシウムでできた石灰岩が，二酸化炭素を含む水に溶食されてカルスト地形が形成される。地表にはドリーネとよばれるくぼ地が形成され，地下には鍾乳洞がつくられる。

正答 2

第1章 SECTION 1 自然 地形

実践 問題 6 基本レベル

頻出度				
	地上★★★	国家一般職★	東京都★★★	特別区★★★
	裁判所職員★	国税·財務·労基★		国家総合職★

問 次の文は，河川がつくる地形に関する記述であるが，文中の空所A～Dに該当する語の組合せとして，妥当なのはどれか。（特別区2017）

傾斜が急な山地を流れる河川は，山地を深く削って［A］をつくり，山地を侵食した河川は，平野に出ると砂礫(れき)を堆積して［B］をつくる。［B］の下流には，川からあふれた水が土砂を堆積してつくった［C］が広がり，川に沿った部分には［D］ができる。

	A	B	C	D
1：	U字谷	自然堤防	後背湿地	氾濫原
2：	U字谷	扇状地	氾濫原	自然堤防
3：	U字谷	扇状地	氾濫原	後背湿地
4：	V字谷	自然堤防	後背湿地	氾濫原
5：	V字谷	扇状地	氾濫原	自然堤防

直前復習

チェック欄		
1回目	2回目	3回目

実践 問題 6 の解説

〈河川がつくる地形〉

A **V字谷** 傾斜が急な山地を流れる河川は，山地を深く削ってA：**V字谷**をつくる。V字谷は河川（水流）による浸食によって形成された谷で，横断面がV字の形をしていることからその名がある。一方，**U字谷**は，氷河の侵食によって形成された谷で，横断面がU字の形をしている。V字谷に海水が入り込むとリアス式海岸に，U字谷に海水が入り込むとフィヨルドとなる。

B **扇状地** 河川が平野に出ると砂礫（されき）を堆積してB：**扇状地**をつくる。扇状地は山地と隣接する上流部の扇頂と中央部の扇央，末端部の扇端の3つに区分される。扇央では河川水が伏流して涸れ川（水無川）となることが多く，水を得にくいため果樹園などに利用されている。

C **氾濫原** 河川は扇状地の扇端で再び湧出し，その後，蛇行しながら海に向かっていくが，川からあふれた水が土砂を堆積してつくったC：氾濫原が広がる。**後背湿地**は，洪水の際に氾濫原いっぱいに広がった河川水が，水が引いていく際に自然堤防にさえぎられ残留した部分で，自然堤防の背後（川と反対側）に形成される。

D **自然堤防** 河川の氾濫によって運ばれた土砂が川に沿って堆積して形成されるのはD：**自然堤防**である。自然堤防の上は水はけがよく，洪水による被害が少ないため，集落や畑に利用されてきた。氾濫原が，河川の氾濫時に浸水する部分全体に広がるのに対し，河川に沿って土砂が堆積した部分が自然堤防である。

以上から，肢5が正解となる。

正答 5

自然
地形

実践 問題 7 基本レベル

頻出度	地上★★★	国家一般職★	東京都★	特別区★★★
	裁判所職員★	国税·財務·労基★	国家総合職★	

問 河川によって形成される地形に関する次の文のア～エの{ }内の文章をすべて正しく選んだものはどれか。 (地上2019)

山地においては，河川の浸食力が強いため，深く削られた**ア**{a V字谷　b U字谷}がみられる。河川が山地から出たところには扇状地が形成され，扇状地は上流から扇頂，扇央，扇端となるが，扇端では**イ**{a 河川が地下にもぐり水無川となる　b 河川がふたたび湧き出てくる}ことが多い。

扇状地から下流は，河川の速度が遅くなるため，河川は蛇行するようになる。ここに形成されるのが自然堤防である。これは**ウ**{a 洪水の際に堆積物が流路に沿って堆積したもの　b 土砂が堆積したところを河川が階段状に浸食したもの}である。

河口には，砂や粘土が堆積して三角州（デルタ）が形成される。三角州（デルタ）では**エ**{a 河川が合流して単路となる　b 河川が分流して復路となる}ことが多い。

	ア	イ	ウ	エ
1：	a	a	b	b
2：	a	b	a	b
3：	a	b	b	a
4：	b	a	b	a
5：	b	b	a	b

直前復習

実践 問題 7 の解説

〈河川が形成する地形〉

ア a　山地において，河川の浸食によって形成されるのはV字谷である。U字谷は，氷河の侵食によって形成された谷。V字谷に海水が浸入するとリアス式海岸となり，U字谷に海水が浸入するとフィヨルドとなる。

イ b　扇央でいったん地下にもぐって水無川となるが，扇端では，河川がふたたび湧き出てくることが多い。したがって，扇端には水田が開かれ，村落が発達することが多い。

ウ a　**自然堤防**は，洪水の際に堆積物が流路に沿って堆積したものである。土砂が堆積したところを河川が階段状に浸食したのは，**河岸段丘**である。

エ b　河川の中流域では，河川が合流して単路となることが多いが，河口の三角州（デルタ）では，川が分流して鳥趾状の発達も見られる。

■三角州（デルタ）

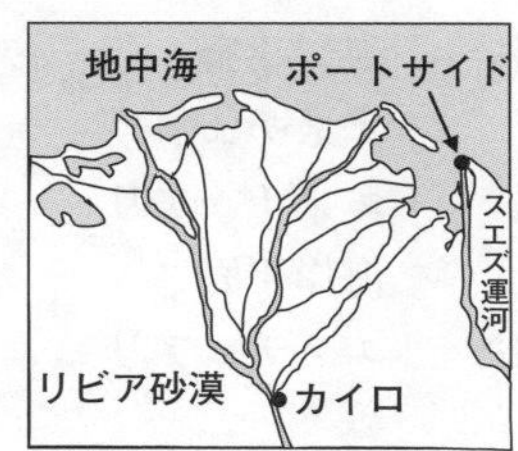

円弧状三角州
（ナイル川河口）

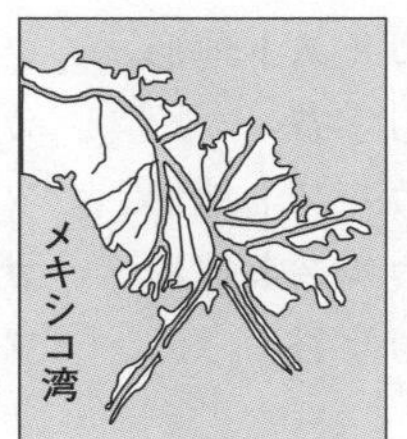

鳥趾状三角州
（ミシシッピー川河口）

以上から，アａ，イｂ，ウａ，エｂが正しいので，肢２が正解となる。

正答 2

自然
地形

実践 問題 8 基本レベル

頻出度 地上★★★ 国家一般職★ 東京都★★★ 特別区★★★ 裁判所職員★ 国税·財務·労基★ 国家総合職★

問 地形に関する次の文章の空欄A～Dに当てはまる語句の組合せとして，妥当なのはどれか。 (東京都Ⅰ類B2015)

地殻変動により陸地が沈降したり，気候温暖化により海面が上昇したりすると，陸地は沈水する。山地が広範囲に沈水すると，三陸海岸のように小さな入り江と岬が隣り合う鋸(きょ)歯状の海岸線の［A］ができる。またノルウェー西海岸には，かつて氷河の侵食でできた［B］が沈水し，湾の最奥部が［A］に比べて広い［C］とよばれる細長い入江がみられる。そして，大きな河川の河口部が沈水すると，河口がラッパ状の入江となり，［D］がつくられる。これらのように沈水によってつくられた海岸を沈水海岸といい，出入りの多い複雑な海岸となることが多い。

	A	B	C	D
1：	河岸段丘	カルスト地形	フィヨルド	海岸平野
2：	河岸段丘	U字谷	カール	エスチュアリ
3：	河岸段丘	カルスト地形	フィヨルド	エスチュアリ
4：	リアス海岸	カルスト地形	カール	海岸平野
5：	リアス海岸	U字谷	フィヨルド	エスチュアリ

直前復習

チェック欄

1回目	2回目	3回目

実践 問題 8 の解説

〈小地形〉

A リアス海岸　三陸海岸は，山地が広範囲に沈水したリアス海岸である。

B U字谷　氷河の侵食でできたのはU字谷（氷食谷）である。

C フィヨルド　ノルウェー西岸に，氷河の侵食によってできたU字谷が沈水して形成されたのはフィヨルドである。フィヨルドのほうがリアス海岸に比べて，湾の最奥部が広い。

D エスチュアリ　大きな河川の河口が沈水して形成されるラッパ状の入り江はエスチュアリである。

以上から，肢5が正解となる。

沈水海岸（土地の沈降や海面の上昇で陸地が海面下に没して形成された海岸地形）	リアス海岸	起伏の大きな山地が海面下に沈んで形成。ギザギザの海岸線。三陸海岸。
	フィヨルド	氷河の侵食を受けた深い谷に海水が浸入してできた湾入りの深い入り江。
	エスチュアリ	平野を流れる河川の河口部が沈水してラッパ状に開いた入り江。広大な後背地を控え，良港となることが多い。
離水海岸（土地が隆起や海面下の土地が陸化することによってできた海岸地形）	海岸平野	浅い海の堆積面が陸化してできた平野。海岸に向かって緩く傾斜している。九十九里浜。
	海岸段丘	海底でつくられた平坦面が海岸に沿って階段状になっている地形。

正答 5

自然
地形

実践 問題 9 基本レベル

頻出度 地上★★★ 国家一般職★ 東京都★★★ 特別区★★★ 裁判所職員★ 国税·財務·労基★ 国家総合職★

問 日本の地形に関する次の記述のうち，妥当なのはどれか。

（市役所B日程2017）

1：日本列島はユーラシアプレート，太平洋プレートなど複数のプレートの境界に位置しており，各プレートは互いに離れていこうとしている。

2：現在，活火山とは「概ね過去1万年以内に噴火した火山及び現在活発な噴気活動のある火山」と定義されている。日本の活火山の多くは中国地方，四国地方，近畿地方に多い。

3：日本の中央部をほぼ南北にフォッサマグナが走る。日本列島はフォッサマグナにより東北日本と西南日本に分かれるが，東北日本は東西に，西南日本は南北に山脈が走る。

4：日本列島は山地，台地，低地に分けられる。そのうち，山地が国土の4割を，残り6割は台地と低地が占めている。

5：日本列島は降水量が多いため侵食作用，堆積作用が活発である。このため山にV字谷が形成されたり，河川の河口では沖積平野が形成されることが多い。

チェック欄		
1回目	2回目	3回目

実践 問題 9 の解説

〈日本の地形〉

1 × **日本列島**がユーラシアプレートや太平洋プレートなど複数のプレートの境界に位置していることは正しいが，各プレートが互いに接近する**「狭まる境界」に位置している**。日本海溝は，太平洋プレート（海洋プレート）が北米プレート（大陸プレート）の下に沈み込む位置にあたる。

2 × かつては噴火の記録のある火山および，現在活発な噴気活動のある火山が活火山と定義されていたが，近年では噴火に関する歴史的な記録がなくても火山噴出物の調査により噴火の証拠が見出せることも多くなったこと，また，数千年にわたって活動を休止した後に活動を再会した火山の事例があることから，過去１万年間の噴火履歴により活火山の定義がなされるようになった。この点については正しい。ただし，現在，日本の活火山は111となっているが，**中国地方，四国地方，近畿地方にはほとんど活火山がない**（気象庁HPより）。

3 × 日本の中央部にフォッサマグナが走り，日本列島を東北日本と西南日本に分けていることは正しいが，**東北日本は**奥羽山脈に見られるように**南北に山脈が走り**，**西南日本では**，紀伊山脈や四国山脈，中国山脈など，**東西に山脈が走る**。

4 × **日本は国土の約６割が山地**であり，残りの４割が台地や丘陵地，低地となっている。日本列島は山がちであることが特徴であり，台地や低地など居住に適した平地よりも山地の割合が高い。

5 ○ 温暖湿潤気候や冷帯湿潤気候の下にある日本列島は，降水量が多い。また，河川は急な山地の斜面を短時間で下るため，侵食作用が活発であり，山地には河川の侵食によりV字谷が形成される。山から削り取られた土砂は河川によって運ばれ，河口には沖積平野が形成される。

正答 5

自然
地形

実践 問題 10 基本レベル

頻出度	地上★★★　国家一般職★　東京都★★★　特別区★★★ 裁判所職員★　国税･財務･労基★　国家総合職★

問 日本の平野地形に関する記述として最も適当なものはどれか。

（裁判所職員2016）

1：地質時代の洪積世の堆積物によってできた平野が隆起して台地となった地形を洪積台地といい，高燥であるため住宅地として好まれ，早い時代から開発が行われてきた。

2：河川が上流からの土砂を河口に堆積させてできた低平な地形を三角州といい，水が得やすいため良好な水田地帯となることが多く，また都市の発達もみられる。

3：陸地に近い浅い海底堆積面が，土地の隆起や海面低下によって陸地となった地形を沈水海岸といい，入り江の多い複雑な海岸線が形成される。

4：河川が山地から平地に出る所で，上流からの土砂を広く堆積させてできる地形を扇状地といい，その中央部では水の便が良いため，水田として利用されることが多い。

5：河川の中・下流域において，氾濫を繰り返しながら土砂を河道の両側に帯状に堆積させてできる微高地を自然堤防といい，水が得やすいことから水田として利用されることが多い。

直前復習

チェック欄

1回目	2回目	3回目

実践 問題 10 の解説

〈平野地形〉

1 × 洪積台地（こうせきだいち）は地下水面が深く水を得にくいことが多いので，低平な沖積平野（ちゅうせきへいや）に比べて開発が遅れた。早い時代から開発が行われてきた，とあるのは誤り。近世以降は，用水路が建設されて田畑や住宅地として開発されてきた。

2 ○ 適当である。河川の河口に形成される三角州（デルタ）は，アジアでは水田として利用されることが多い。また，三角州（デルタ）は，細かい砂泥（さでい）がゆっくりと堆積して形成されるため，低湿で軟弱な地盤からなるが，古代より運送の中心は海から河川をさかのぼる水運が中心であったことから，交通の要衝として発展するところも多かった。近年では埋め立てにより臨海工業用地や空港にされているところもある。

3 × 陸地に近い浅い海底堆積面が，土地の隆起や海面低下（相対的な海面の下降）によって陸地となった地形を，離水海岸（りすい）という。沈水海岸（ちんすい）は，山地など，もともと陸地であったところの地盤の低下や海面上昇（相対的な海面の上昇）により形成される地形である。入り江の多い複雑な海岸線が形成されるのは沈水海岸である（リアス式海岸やフィヨルド）。**離水海岸は海底面であったところが海岸となるので，海岸線は単調である（九十九里浜）**。

4 × 扇状地の中央部では，河川がいったん地下にもぐり，水無川となることから水が得にくく，水田ではなく果樹園として利用されている。水が再び湧き，水田が開かれるのは扇状地の扇端の部分である。

5 × 自然堤防が形成される仕組みについては正しいが，自然堤防は微高地ゆえに水害に遭わないように村落が形成される。畑は開かれるが河川よりも高いところに位置するため，水田には利用されない。水田は自然堤防の背後に広がる後背湿地に開かれることが多い。

正答 2

自然
地形

実践 問題 11 基本レベル

頻出度	地上★★★ 国家一般職★ 東京都★★★ 特別区★★★ 裁判所職員★ 国税·財務·労基★ 国家総合職★

問 我が国の地形に関する記述として最も妥当なのはどれか。（国家一般職2020）

1：河川が上流で岩石を侵食し，下流へ土砂を運搬して堆積させることにより，様々な地形が作られる。山地の急流では侵食・運搬作用が働き，これに山崩れや地滑りなどが加わることで，横断面がU字型をしたU字谷が形成される。そこに上流からの土砂が堆積すると氾濫原が作られる。

2：河川が山地から平野に出ると，侵食された砂礫（れき）のうち，軽い砂から順に堆積する。氾濫のたびに河川は流路を変え，礫は扇状に堆積し，扇状地が形成される。湧水を得やすい扇央は畑や果樹園などに利用されやすく，水を得にくい扇端には集落が形成されやすい。

3：河川の氾濫が多い場所では，堤防などで河川の流路が固定されることがある。このため，砂礫の堆積が進んで河床が高くなり，再び氾濫の危険が高まる。更に堤防を高くしても河床の上昇は続くため，周囲の平野面よりも河床が高い天井川が形成されることがある。

4：河川が運んできた土砂や別の海岸の侵食により生じた土砂が沿岸流によって運搬され，堆積することにより岩石海岸が形成される。ダムや護岸が整備されると，河川により運搬される土砂が増加するため，海岸侵食が進んで海岸線が後退することがある。

5：土地の隆起や海面の低下によって海面下にあった場所が陸地になると，谷が連続して海岸線が入り組んだリアス海岸が形成される。平地が少なく内陸との交通も不便であり，内湾では波が高いため，養殖業や港が発達しにくい。

チェック欄

1回目	2回目	3回目

実践 問題 11 の解説

〈地形〉

1 × 山地の急流で河川の浸食作用によって形成されるのは**V字谷**である。V字谷に上流からの土砂が堆積すると，谷底平野が形成される。**氾濫原**は，河川が山地から平地に出た後，蛇行しながら河口まで流れていく流路に沿う一帯が，洪水時に浸水することによって形成される地形である。

2 × 侵食された砂礫のうち，重いものから順に堆積する。また，河川が山地から平野に出るところで形成される**扇状地**では，中央の扇央はいったん河川が伏流して，**水無川**となるため，水が得にくく，果樹園などに利用されることが多い。一方，扇端になると，再び水が湧くので，集落が形成されやすい。

3 ○ **天井川**の説明として妥当である。

4 × 河川が運んできた土砂が堆積して河口に形成するのは**三角州**（デルタ），沿岸流によって運ばれた砂が堆積したのが**砂嘴**（さし）である。岩石海岸は，土砂が堆積したのではなく，基盤の岩石が露出する海岸である。また，ダムや護岸が整備されると，河川により運搬される土砂が減るため（ダム湖の底に土砂が堆積する），海岸侵食が進んで海岸線が後退することがある。

5 × **リアス海岸**は土地の沈降，または海面の上昇により，陸地であったところが海水面に沈水することで形成される地形である。土地の隆起や海面の低下によって，海水面であったところが陸地になると，平坦な海岸線の海岸平野になる。リアス海岸の内湾は，深度があり波が穏やかなことから，養殖業や港が発達している。

正答 3

第1章 SECTION 1 自然

地形

実践 問題 12 基本レベル

頻出度	地上★★★　国家一般職★　東京都★★　特別区★★ 裁判所職員★　国税·財務·労基★　国家総合職★

問 世界の海域に関する次に記述の下線部のうち，妥当なものを二つ選べ。

（地上2017）

・日本の近海には黒潮と親潮が流れている。(ア)黒潮は暖流で九州から四国にかけて太平洋沿岸を流れる。一方，(イ)親潮は寒流で，日本海沿岸に沿って流れている。

・大西洋の西から流れるメキシコ湾流の延流である北大西洋海流は(ウ)寒流で，西ヨーロッパの気候を一年中冷涼なものとしている原因となっている。

・南米大陸の沿岸を流れるペルー（フンボルト）海流は，南米大陸に沿って(エ)南下している。南米大陸西沿岸にはアタカマ砂漠が広がっているが，これは(オ)ペルー海流が海水温を低下させ，沿岸部分を乾燥させているからである。

1：ア，ウ
2：ア，オ
3：イ，エ
4：イ，オ
5：ウ，エ

直前復習

チェック欄

1回目	2回目	3回目

実践 問題 12 の解説

〈世界の海域〉

ア○ 黒潮（日本海流）は，太平洋を北上する暖流である。沖縄付近で日本海を北上する対馬海流を分流し，銚子沖から三陸沖まで北上する。

イ× 親潮（千島海流）が寒流であることは正しいが，日本海沿岸に沿って流れるのはリマン海流である。親潮（千島海流）は，千島列島から北海道，東北日本の太平洋側を南下する。

ウ× 北大西洋海流は暖流である。暖流である北大西洋海流が沿岸を流れていることが，西ヨーロッパの気候を緯度のわりに温暖なものとしている。

エ× ペルー（フンボルト）海流は，南米大陸の西岸を北上する寒流である。

オ○ ペルー（フンボルト）海流は寒流であり，蒸発する水蒸気量が極めて少なく，大陸西岸を流れていることから偏西風の影響もあって，沿岸にアタカマ砂漠が広がっている。同様に，アフリカ大陸の西岸にもベンゲラ海流（寒流）が流れているため，沿岸にナミブ砂漠が広がっている。

以上から，アとオが妥当であるので，正解は肢２である。

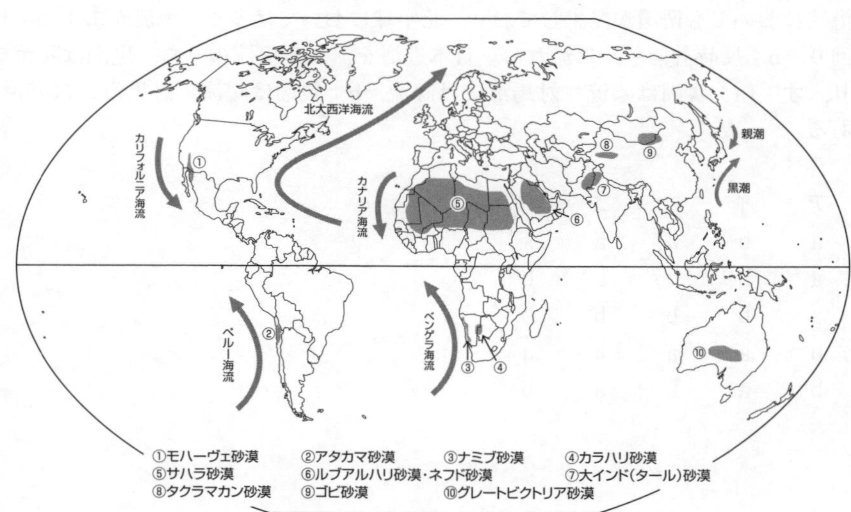

正答 2

自然
地形

実践 問題 13 基本レベル

頻出度 地上★★★ 国家一般職★ 東京都★★ 特別区★★ 裁判所職員★ 国税·財務·労基★ 国家総合職★

問 大気や海流の循環に関する次の文中の空欄ア～オに入る語a，bを正しく組み合わせたものはどれか。 （地上2020）

単位面積あたりの太陽エネルギーの入射量は，高緯度ほど低くなり，気温も低くなるが，低緯度地域から高緯度地域に熱を運ぶ大気の循環があるため，低緯度地域と高緯度地域の温度差が小さくなっている。

赤道付近では，熱エネルギーを多く受けて暖められた空気が上に移動し，緯度20～30度の地域に運ばれる。これにより，上昇気流が生じる赤道付近には**ア**：(a：低圧帯，b：高圧帯）が形成される。また，緯度20～30度付近では，下降気流が生じるため，この付近には**イ**：(a：低圧帯，b：高圧帯）が形成される。緯度20～30度で下降した空気は，低緯度に流れる空気と高緯度に流れる空気に分流し，このうち，低緯度に流れる空気は，**ウ**：(a：東寄りの風が吹く貿易風，b：西寄りの風が吹く偏西風）となる。

海流においても循環が発生しており，北半球においては多くの海流が**エ**：(a：時計回り，b：反時計回り）に流れる。日本近海を流れる海流のうち，黒潮は暖流であり，**オ**：(a：親潮は寒流，対馬海流は暖流，b：親潮は暖流，対馬海流は寒流）である。

	ア	イ	ウ	エ	オ
1：	a	b	a	a	a
2：	a	b	b	a	b
3：	a	b	b	b	b
4：	b	a	a	b	a
5：	b	a	b	a	b

直前復習

チェック欄

1回目	2回目	3回目

実践 問題 13 の解説

〈大気や海流の循環〉

ア a　赤道付近では，暖められた空気が上昇し，a低圧帯が形成される。

イ b　緯度20～30度付近では，下降気流が生じるため，b高圧帯が形成される（亜熱帯高圧帯）。

ウ a　緯度20～30度で下降した空気は，低緯度に流れる空気，a貿易風と，高緯度に流れる空気，偏西風に分流する。

エ a　北半球においては，多くの海流がa時計回りに流れる。

オ a　日本近海を流れる海流のうち，a親潮（千島海流）は寒流，対馬海流は暖流である。

以上から，肢1が正解となる。

正答 1

第1章 SECTION 1 自然 地形

実践 問題 14 基本レベル

頻出度	地上★★★ 国家一般職★★ 東京都★★★ 特別区★★★ 裁判所職員★★ 国税･財務･労基★★ 国家総合職★★

問 エルニーニョ現象に関する次の文中のア～ウの{ }内のいずれも妥当なのを選んでいるのはどれか。 **(地上2015)**

エルニーニョ現象は，中部太平洋赤道域から南米沿岸までの海域の海面温度が，平年よりも高い状態が半年から１年程度続く現象である。

この現象は，大気と海洋の相互作用により起こるとされており，大気については，この赤道域の海域を東から西へ吹く**ア**{a 貿易風／b 偏西風}が弱まり，海洋については，太平洋東部の海洋の中層から湧き上がる湧昇水が**イ**{a 強まる／b 弱まる}ことが原因とされている。

エルニーニョ現象が発生すると，世界各地で異常気象が起こりやすくなる。例えば，日本では，夏の北太平洋高気圧（小笠原高気圧）が**ウ**{a 強く／b 弱く}なり，梅雨明けが遅くなったり，梅雨末期に集中豪雨が発生したり，冷夏になったりしやすくなるといわれている。

	ア	イ	ウ
1：	a	a	a
2：	a	b	a
3：	a	b	b
4：	b	a	b
5：	b	b	a

チェック欄		
1回目	2回目	3回目

実践 問題 14 の解説

〈エルニーニョ現象〉

ア a 貿易風 「赤道域の海域を東から西へ吹く」から貿易風であることがわかる。南米大陸西沿岸には，極方面から寒流のペルー海流が赤道方向に流れており，さらに貿易風が東から吹くことにより，通常は南米大陸の赤道域の海水温は低い。

イ b 弱まる ペルー海流は，海洋の中層から湧きあがる冷たい湧昇水により，プランクトンの豊富な海流であるが，この湧昇水が弱まることにより，海水温が上がる。

ウ b 弱く もともと赤道域では，貿易風により暖かい水が東から西に運ばれるため，太平洋の西部には暖かい海水が溜まる。しかし，貿易風が弱まって暖かい水が東から西に運ばれないと，海水温は太平洋西部で平年に比べて低く，太平洋東部で高くなる。太平洋西部の海水温が平年より低いと，北太平洋高気圧（小笠原高気圧）が発達せず，梅雨明けが遅くなったり，梅雨の末期に集中豪雨が発生したりする。

以上から，肢3が正解となる。

【平常な状態】

貿易風（東風）
暖水
冷水
インドネシア近海
南米

【エルニーニョ現象の状態】

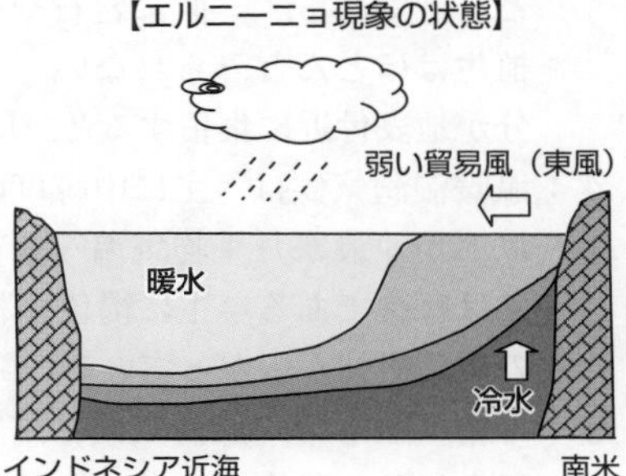

正答 3

気候と土壌

必修問題 セクションテーマを代表する問題に挑戦！

気候は農業と合わせて出題されることが多い分野です。
両者の関係をしっかり見極めてチャレンジ!!

問 ケッペンの気候区分に関する記述として最も妥当なのはどれか。

（国税・財務・労基2020）

1：ケッペンの気候区分では，気温，降水量，土壌，植生の四つの指標を用いて，世界を，熱帯，乾燥帯，温帯，冷帯（亜寒帯），寒帯の五つの気候帯に区分している。このうち，乾燥帯を除く全ての気候帯は，樹木が生育可能な気候帯である。

2：サバナ気候は，熱帯雨林気候よりも高緯度側に分布し，一年を通して降水量が多く，雨季，乾季は明瞭ではない。痩せた土壌が多いが，インドのデカン高原では，テラローシャと呼ばれる玄武岩が風化した肥沃な土壌が広がる。

3：砂漠気候は，主に中緯度帯に分布し，年降水量が250mm以下の地域がほとんどである。一面に岩石や砂が広がっており，オアシス周辺を除いて植生はほとんどみられない。土壌からは水分の蒸発が盛んで，地中の塩分が地表付近に集積すると，塩性土壌がみられる。

4：温暖湿潤気候は，主に中緯度の大陸西部に分布し，最暖月平均気温22℃以上かつ最寒月平均気温－３℃以下の地域となるため，夏は高温多湿で冬は寒冷である。主に褐色森林土が分布し，オリーブやコルクがしなど，の硬葉樹林が広がっている。

5：冷帯（亜寒帯）温潤気候は，主に北緯40度以北の広い地域に分布し，一年を通して降水があり，夏は比較的高温である。北部では，タイガと呼ばれる寒さに強い常緑広葉樹林が広がり，泥炭を大量に含んだ強酸性の痩せたプレーリー土がみられる。

チェック欄

1回目	2回目	3回目

必修問題の解説

〈ケッペンの気候区分〉

1 × ケッペンが5つの気候帯に区分をしていることは正しいが，乾燥帯のほか，ツンドラ気候や氷雪気候などの寒帯気候区でも樹木の生育は不可能である。

2 × **サバナ気候の特徴は，雨季と乾季がはっきりと区別される点にある**。したがって，1年を通して降水量が多いとの記述も妥当でない。1年を通して降水量が多いのは，熱帯雨林気候である。また，インドのデカン高原にはサバナ気候が広がるが，そこに分布する土壌は**レグール**である。**テラローシャ**はブラジル高原南部に分布する土壌で，肥沃でコーヒー栽培に適している。

3 ○ 砂漠気候の説明として妥当である。中緯度の亜熱帯高圧帯は，赤道付近で上昇した大気が下降するところで，降水量が極端に少なく乾燥が著しい。こうした乾燥気候のもとでは，土壌から塩分を含んだ水が蒸発し，地表に塩を集積させる。

4 × オリーブやコルクガシなどの硬葉樹林が広がっているのは，地中海性気候区である。地中海性気候は夏の乾燥が厳しいため，オリーブやコルクガシなど，乾燥に強い植物が栽培されている。また，温暖湿潤気候は，主に中緯度の大陸東部に分布している。なお，温暖湿潤気候の最寒月の平均気温は－3℃以上である。最寒月の平均気温が－3℃未満となるのは冷帯。

5 × 冷帯（亜寒帯）湿潤気候の北部に広がる**タイガは，針葉樹を主体とする森林である**。常緑広葉樹が分布するのは，熱帯から亜熱帯，温帯である。泥炭を大量に含んだ強酸性のやせた土壌は**ツンドラ土**である。タイガが広がる冷帯（亜寒帯）湿潤気候の下に見られるのは，灰白色で酸性の強いポドゾルである。なお，**プレーリー土**は，アメリカ中央部に分布する肥沃な土壌である。

正答 3

第1章 SECTION 2 自然

気候と土壌

1 気候区分

(1) 熱帯気候

① Af（熱帯雨林気候）

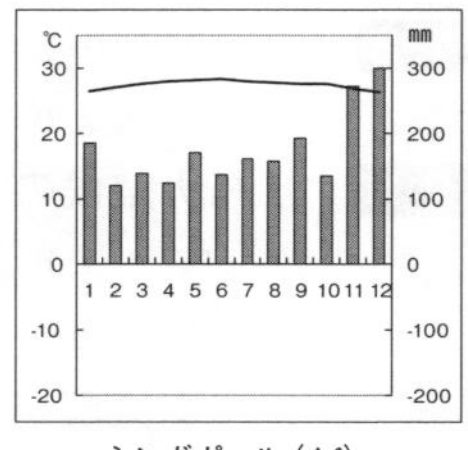
シンガポール（Af）

一年中暑くて降水があり，気温の年較差は小さいものの日較差は比較的大きく，スコールが見られます。アマゾン川流域（セルバ），コンゴ盆地，インドネシアなどに分布し，熱帯雨林が発達していますが，焼畑やプランテーション農業，開発による森林破壊が問題になっています。熱帯雨林は多様な樹種からなる常緑広葉樹林です。

② Aw（熱帯サバナ気候）

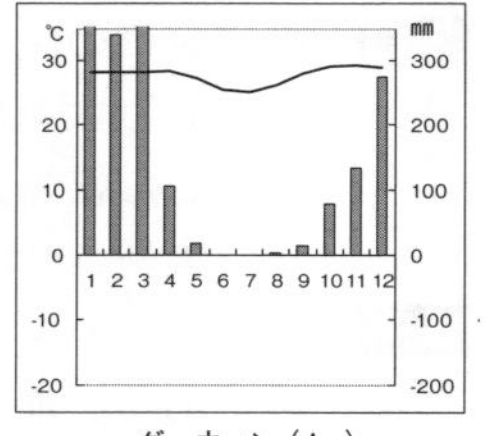
ダーウィン（Aw）

熱帯雨林気候区の周囲に発達する雨季と乾季がはっきり分かれる気候区です。インドシナ半島，ブラジル（カンポ）などに分布し，疎林と低木が点在するサバナとよばれる長草草原が特徴です。サトウキビ，綿花，コーヒーなどの生産が行われます。ダーウィンはオーストラリア北部に位置する都市です。タイのバンコクも熱帯サバナ気候です。

補足 モンスーンの影響で雨季と弱い乾季を持つのが熱帯モンスーン気候（Am）です。Afの周辺のインドシナ西部，ジャワ島などに分布します。

(2) 乾燥気候

① BW（砂漠気候）

降水量が少ないため砂漠が発達します。中緯度高圧帯の下，大山脈の風下側（アルゼンチンのパタゴニア地方）や海から遠いところ（モンゴル高原にあるゴビ砂漠），寒流が流れる大陸西岸（ナミブ砂漠）などに分布します。気温の日較差は大。

② BS（ステップ気候）

サハラ砂漠南部のサヘル地域，オーストラリアなど，砂漠の周辺に発達します。年降水量が少ないため樹木が生育せず，広大な短草草原（ステップ）が広がり，遊牧や企業的牧畜，灌漑農業が行われます。

ミニ知識 アラビア半島は，ほぼ全体が砂漠気候で，ベドウィンとよばれる遊牧民が主にらくだなどの遊牧を行っています。オーストラリア大陸は沿岸部を除き，大半が乾燥気候となっています。

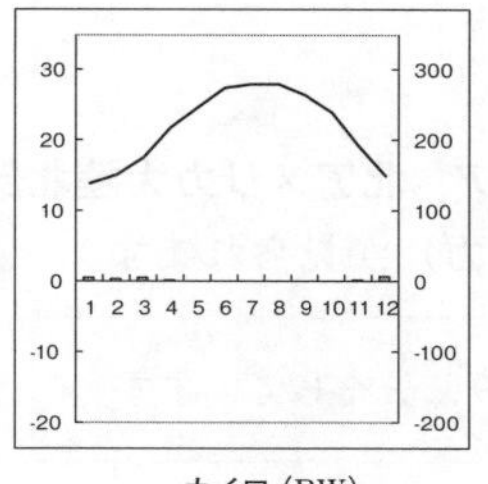

カイロ（BW）

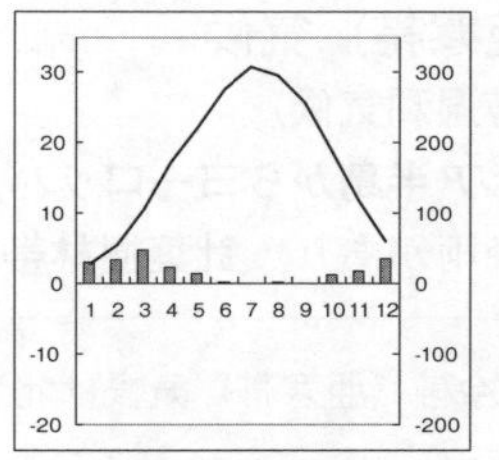

テヘラン（BS）

(3) 温帯気候

① Ｃｗ（温帯冬季少雨気候，温帯夏雨気候）

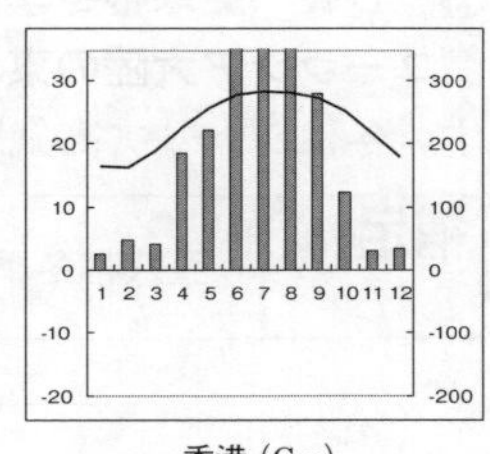

香港（Ｃw）

降水は夏に集中し，冬場はかなり乾燥することが特徴です。中国南部からインド，アフリカ中南部など熱帯気候に隣接して分布します。温帯冬季少雨気候区では，夏の降雨はモンスーンや熱帯低気圧によってもたらされ，冬の降雨の10倍以上になります。

② Ｃｆａ（温暖湿潤気候）

大陸東岸の季節風の影響を受ける地域に分布します。南米のパンパ，日本，アメリカ合衆国南東部などに分布し，四季が明瞭なことが特徴です。

③ Ｃｓ（地中海性気候）

夏は中緯度高圧帯に入り高温で乾燥しますが，冬は湿潤温暖です。地中海沿岸，カリフォルニアやチリの沿岸部，オーストラリア南部などに分布します。オリーブなどの硬葉樹が多く，柑橘類の栽培が盛んです。

ミニ知識 地中海性気候はオリーブ気候ともよばれます。

④ Ｃｆｂ，Ｃｆｃ（西岸海洋性気候）

主に大陸の西側に発達します。偏西風と暖流の影響により気温の年較差は小さく，降雨も年間を通じて平均化しています。西ヨーロッパ，ニュージーランドなどに分布しています。

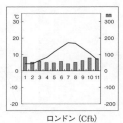

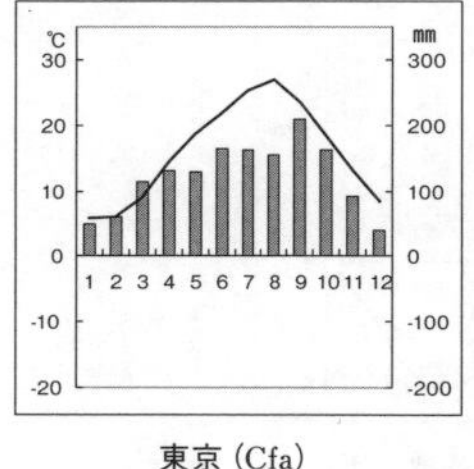

東京（Cfa）

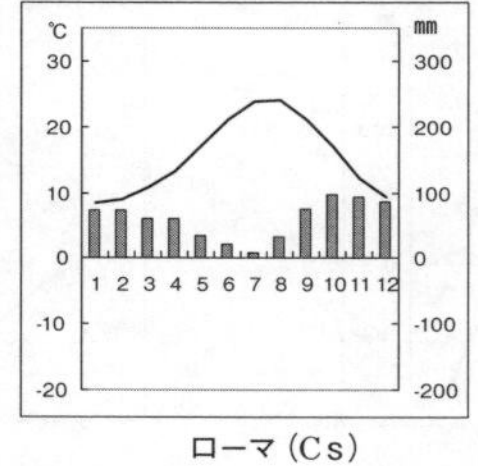

ローマ（Ｃs）

ロンドン（Cfb）

(4) 冷帯（亜寒帯）気候

① Ｄｆ（冷帯湿潤気候）

スカンジナビア半島からヨーロッパ，ロシア，**北アメリカ大陸北部**に分布します。年間を通して降雨があり，**針葉樹林帯（タイガ）**が見られます。

冷帯（亜寒帯）気候は北半球のみに分布しています。

② Ｄｗ（亜寒帯冬季少雨気候）

ユーラシア大陸の東北部（中国東北部からロシア東部にかけて）にのみ分布します。冬はシベリア高気圧のため降水量が少なく低温で乾燥します。

亜寒帯冬季少雨気候は気温の年較差が極めて大きいのが特徴です。

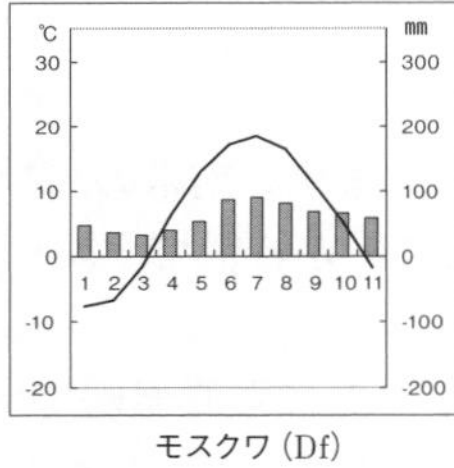

モスクワ（Df）

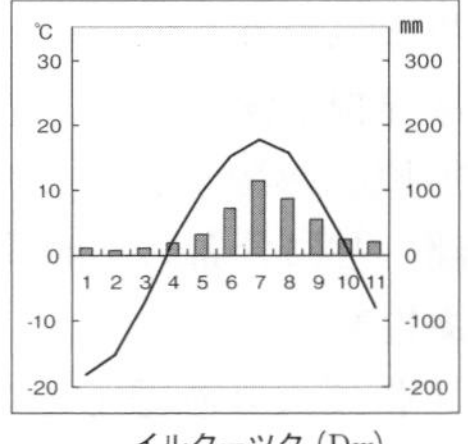

イルクーツク（Dw）

(5) 寒帯気候

① ＥＴ（ツンドラ気候）

最暖月の平均気温が０℃以上になります。この短い夏には地表の氷が溶解して**地衣類**（ちいるい）や**蘚苔類**（せんたいるい）**が生育**します。北極海沿岸などに分布します。

② ＥＦ（氷雪気候）

最暖月の平均気温でも０℃以上になることはなく，一年中，氷や雪に覆われています。なお，バローはアラスカ最北部に位置する都市です。

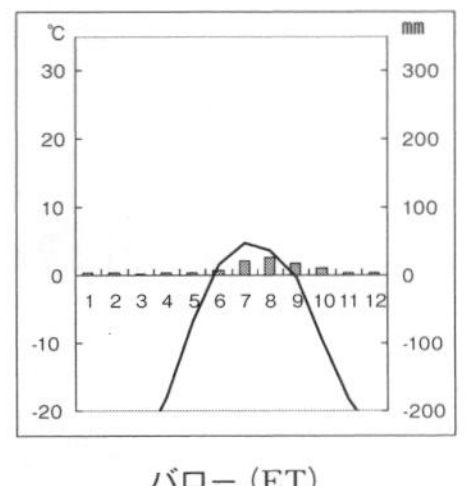

バロー（ET）

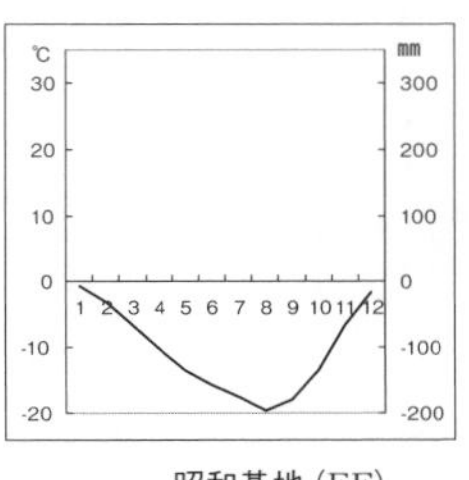

昭和基地（EF）

2 土壌

(1) 成帯土壌（せいたい）

気候の影響を強く受けて生成された土壌を成帯土壌とよびます。

① ラトソル（ラテライト性土壌）・赤色土

熱帯・亜熱帯に分布する土壌で，多雨のため有機物が流失し，鉄やアルミナが地表に集積して**赤色**やレンガ色となります。**肥沃度は極めて低い**です。

補足 褐色森林土は主に温帯に分布する土壌で，農業に適しています。栗色土はステップ気候区に見られます。ともに肥沃度は高いです。

② ポドゾル

冷帯気候区のタイガの下に分布します。低温のため有機物の分解が進まず，**酸性が強く**，地表には石英が多く**灰白色**をしています。

③ プレーリー土

アメリカ合衆国の中央部（プレーリー）に分布する草の腐植の多い肥沃土で，小麦やトウモロコシなどを栽培する企業的穀物農業などが行われています。

④ チェルノーゼム（黒土）

黒色土で有機物を含み，肥えた土壌です。**ウクライナから西シベリアに分布**し，**世界的な小麦地帯を形成**しています。

(2) 間帯土壌（かんたい）

母岩や地下水の状況など局地的条件の影響を強く受けて形成される土壌を間帯土壌とよびます。

① テラローシャ

ブラジル高原に分布する肥沃な赤紫色土壌です。長く**コーヒー栽培**に利用されてきました。

② テラロッサ

地中海沿岸の石灰岩地帯に分布する石灰岩の風化土壌です。赤褐色をしています。

③ レグール

インドのデカン高原に分布する玄武岩が風化した肥沃な黒色土です。**綿花栽培**に適していることから黒色綿花土ともよばれます。

自然
気候と土壌

実践 問題 15 基本レベル

頻出度 地上★★★ 国家一般職★ 東京都★★★ 特別区★★★ 裁判所職員★ 国税･財務･労基★ 国家総合職★

問 世界の気候に関する次のA～Dの記述のうち，妥当なもののみを全て挙げているものはどれか。 **(裁判所職員2020)**

A：熱帯雨林気候区は，雨季には激しい雨が降るが，乾季はほとんど降水がないため，乾燥に強い樹木がまばらにはえている。

B：ステップ気候区は，乾燥帯のうち，雨季にやや降水が多くなる地域であるため，雨季には草丈の低い草原が広がる。

C：地中海性気候区は，冬は温暖だが，夏は降水量が少なく乾燥が激しいため，乾燥に強い常緑樹が育つ。

D：冷帯湿潤気候区は，おもにヨーロッパ中央部から北西部にかけて分布しており，落葉針葉樹林のタイガが広がっている。

直前復習

1：A，B
2：A，C
3：B，C
4：B，D
5：C，D

チェック欄

1回目	2回目	3回目

実践 問題 15 の解説

〈世界の気候〉

A × 熱帯雨林気候は，一年中暑くて降水量が多く，雨季と乾季に分かれていない。雨季と乾季が明瞭に分かれているのは，熱帯サバナ気候である。したがって，熱帯雨林気候では熱帯林が生い茂り，熱帯サバナ気候では，樹木はまばらで，長草草原が分布している。

B ○ ステップ気候は乾燥帯であるが，砂漠気候よりは降水が多く，樹木は育たないが，草丈の低い草原（ステップ）が広がる。

C ○ 地中海性気候の特徴は夏の乾燥である。このため，コルクガシやオリーブ，柑橘類といった乾燥に強い常緑樹が育つ。

D × 冷帯湿潤気候区は，ヨーロッパ中央部から北東部（シベリア）にかけて分布している。また，冷帯湿潤気候区に見られるタイガは針葉樹からなる森林であるが，針葉樹は一般に常緑高木である。ヨーロッパ北西部に分布するのは西岸海洋性気候である。

以上から，ＢとＣが妥当であるので，肢３が正解となる。

正答 3

第1章 SECTION 2 自然

気候と土壌

実践 問題 16 基本レベル

頻出度	地上★★★ 国家一般職★ 東京都★★★ 特別区★★★ 裁判所職員★ 国税·財務·労基★ 国家総合職★

問 **世界の気候に関する記述として，妥当なのはどれか。** （特別区2016）

1：サバナ気候は，夏又は冬に降水量がやや多くなる雨季があり，丈の短い草原が広がり，牧草を求めて広い範囲を移動する遊牧がみられ，降水量が比較的多い地域では肥沃な黒土が形成され，世界的な穀倉地帯になっている。

2：ステップ気候は，降水量が季節的に変化して，雨の多い雨季と乾燥する乾季にはっきり分かれ，丈の長い草原の中に樹木がまばらに生えるステップが広がり，コーヒー，綿花やさとうきびの栽培が行われている。

3：西岸海洋性気候は，偏西風の影響を受けて一年中降水がみられ，気温の年較差が大きく，肥沃で農業に適したポドゾルが分布しており，混合農業や酪農がさかんである。

4：亜寒帯（冷帯）冬季少雨気候は，冬に大陸上で発達するシベリア高気圧のため，降水量が少なく低温で，気温の年較差が大きく，タイガと呼ばれる針葉樹林が広がっており，林業がさかんである。

5：氷雪気候は，一年の大半が雪と氷で閉ざされているものの。短い夏の間だけ気温が上がり，草，低木やコケ類が育つが，農耕は行われず，アザラシの狩猟やトナカイの遊牧が行われている。

直前復習

チェック欄

1回目	2回目	3回目

実践 問題 16 の解説

〈世界の気候〉

1 × 丈の短い草原が広がり，遊牧などが行われているのは**ステップ気候**である。ステップ気候区では，3カ月程度の弱い雨があるが，そのうち，降水量が比較的多い地域では，肥沃な黒土が形成され，世界的な穀倉地帯になっている。

2 × 雨季と乾季にはっきりと分かれているのは**熱帯サバナ気候**である。丈の長い草原の中に樹木がまばらに生えるサバナが広がる。コーヒー，綿花，サトウキビは熱帯サバナ気候で栽培されることの多い作物である。

ステップ気候	乾燥気候	短草草原	例：モンゴル高原
サバナ気候	熱帯気候	長草草原と疎林	例：アフリカのサバンナ

3 × **西岸海洋性気候**について，偏西風の影響を受けて一年中降水が見られることは正しいが，**気温の年較差は小さい**。また，**ポドゾルは冷帯気候区に分布する酸性の土壌で肥沃ではない**。西岸海洋性気候が分布する西ヨーロッパでは，比較的肥沃な褐色森林土が分布している。

4 ○ 亜寒帯（冷帯）冬季少雨気候の説明として妥当である。東シベリアや中国東北部に分布する。

5 × **氷雪気候**は一年中，雪と氷で閉ざされている気候で，最暖月の平均気温も0℃未満である。短い夏の間だけ気温が上がり，草や低木やコケ類が育つのは**ツンドラ気候**である。ツンドラ気候区では農業は不可能であるため，アザラシの狩猟やトナカイの遊牧が行われている。

ツンドラ気候	寒帯	最暖月平均気温が0℃以上10℃未満　コケ 例：アラスカ北部
氷雪気候	寒帯	一年中，0℃以下　例：南極大陸

正答 4

第1章 SECTION 2 自然
気候と土壌

実践 問題 17 基本レベル

頻出度	地上★★★ 国家一般職★ 東京都★★★ 特別区★★★ 裁判所職員★ 国税･財務･労基★ 国家総合職★

問 ケッペンの気候区分による気候区と，その植生について妥当な記述2つを組み合わせたものはどれか。（地上2016）

ア：熱帯雨林気候は，赤道付近の低緯度地域で一年中降水量が多く，気温も高い。非常に多くの種類の樹木があり，腐植層が蓄えられた肥沃な黒土が広がっている。

イ：砂漠気候は，一年を通して降水量が極めて少なく，気温の日較差が大きい。植生はほとんど見られず，灌漑などが原因となって土壌の塩類化が起こっている。

ウ：温暖湿潤気候は，四季の変化が明瞭である。夏の気温が高い地域にはシイやカシなどの常緑広葉樹（照葉樹）林が見られ，冬の気温が低い地域はブナなどの落葉広葉樹林が見られる。

エ：南北両極の付近では，年間を通じて寒さが厳しいツンドラ気候や氷雪気候が分布している。ツンドラ気候では針葉樹林が見られ，氷雪気候では森林は見られないが，夏には永久凍土の上にコケや草が生えている。

1：ア，イ
2：ア，ウ
3：ア，エ
4：イ，ウ
5：ウ，エ

直前復習

チェック欄

1回目	2回目	3回目

実践 問題 17 の解説

〈ケッペンの気候区分と植生〉

ア× 熱帯雨林気候の特徴として，赤道付近の低緯度地域で一年中降水量が多く，気温も高く，非常に多くの種類の樹林が見られることは正しいが，毎日のように激しい降雨（スコール）が見られるため，有機質分（養分）が流され，鉄やアルミニウムの酸化物が集積する肥沃度の低い赤色土が分布する。ラトソルが典型である。

イ○ 妥当である。砂漠気候区でも灌漑によって農業が可能であるが，降水が少なく高温で蒸発量が多いと，水だけが蒸発して塩類は地表に残り，白く蓄積して農作物が育ちにくくなる塩類化という現象が見られる。ステップ気候区でも灌漑によって農業を行っているところは同様の土壌の塩類化が大きな問題となっている。

ウ○ 妥当である。常緑広葉樹（シイ，カシ）は暖帯林を形成し，落葉広葉樹（ブナ）は温帯林の代表的な樹木である。温暖湿潤気候区では，夏の気温が高い地域には常緑広葉樹林，冬の気温が低い地域では落葉広葉樹林が見られる。高緯度の地域や高地では針葉樹が多くなり，混合林帯となっている。

エ× 夏に永久凍土の上にコケや草が生えるのはツンドラ気候である。氷雪気候は1年を通じて気温が0℃以上にならないため，氷と雪に覆われた気候である。

以上から，イとウが妥当であるので，肢4が正解となる。

正答 4

第1章 SECTION ② 自然

気候と土壌

実践 問題 18 基本レベル

頻出度 地上★★ 国家一般職★★ 東京都★★ 特別区★★ 裁判所職員★★ 国税·財務·労基★★ 国家総合職★★

問 世界の気候と森林に関する記述として最も妥当なのはどれか。

(国税・財務・労基2021)

1：熱帯雨林気候は，ケニアなどの赤道直下のアフリカ東部やベトナムなどにみられ，一年中気温は高く年較差は小さいが，半年ごとの雨季と乾季に分かれている。この気候の地域では，ユーカリや月桂樹などの照葉樹が分布している。

2：ステップ気候は，アフリカの北回帰線付近やブラジル北部などにみられ，年間降水量が少なく，地表に草木はほとんどみられない。しかし，ワジやカールなど湧水が発生している場所では，アブラヤシやコーヒーなどの疎林がみられる。

3：地中海性気候は，ヨーロッパ中西部やオーストラリア南東部など，北半球では大陸の西岸，南半球では東岸の比較的高緯度地域でみられ，四季を通じて降水量に変化が少ない。ヨーロッパでは，シュバルツバルト（黒森）と呼ばれるマングローブ林がみられる。

4：温帯夏雨（温帯冬季少雨）気候は，アルゼンチン南部や中央アジアなどの中緯度地域にみられ，雨は夏の数か月に集中して降る。気温の年較差が大きく，温帯の中では，冬は寒さが厳しく乾燥している。この気候の地域では，ブナやヒノキなどの常緑広葉樹が分布している。

5：亜寒帯（冷帯）湿潤気候は，シベリアやカナダなど北半球の高緯度地域でみられ，冬は長く寒冷で，夏は短いが比較的湿潤である。この気候の南部の地域では，シラカバやカエデなどの落葉広葉樹と，針葉樹が混生する混合林がみられる。

チェック欄		
1回目	2回目	3回目

実践 問題 18 の解説

〈世界の気候と森林〉

1 × 熱帯雨林気候が分布するのは，赤道直下のアフリカ西部（コンゴ盆地），インドネシアやマレーシアである。また，熱帯雨林気候は一年中気温が高く，降水量も一年中多い。これに対し，**雨季と乾季が明確に分かれているのはサバナ気候**である。なお，ユーカリはオーストラリア大陸，月桂樹は地中海沿岸が原産である。

2 × 年間降水量が少なく，地表に草木はほとんど見られないのは砂漠気候である。ステップ気候は，砂漠よりも湿潤なので，樹木は生育できないが草丈の短い草原が広がる。また，**ワジは砂漠地帯において，雨が降った時だけ水が流れる水無川**，カールは山腹斜面に形成される氷食地形である。砂漠地帯で湧水が発生しているのはオアシスである。オアシスや外来河川から水を引いて，油ヤシなどを栽培するのがオアシス農業である。コーヒーは主にサバナ気候のプランテーションで栽培されている。

3 × ヨーロッパ中西部やオーストラリア東南部などに見られ，四季を通じて降水量に変化が少ないのは，西岸海洋性気候である。マングローブ林とは，熱帯気候地域の潮の満ち引きがある海岸地域に広がる森林であり，ドイツのシュバルツバルト（黒森）はマングローブ林ではない。

4 × 温帯気候の中で気温の年較差が比較的大きいのは，温帯湿潤気候である。アルゼンチン南部のパンパ周辺は温帯湿潤気候であり，アルゼンチン北部は温帯夏雨気候である。また，中央アジアは海から遠いため，タクラマカン砂漠やゴビ砂漠などが広がる乾燥気候である。なお，ブナは落葉広葉樹，ヒノキは針葉樹である。

5 ○ 亜寒帯（冷帯）湿潤気候の説明として妥当である。南部には，落葉広葉樹と針葉樹の混合林が見られるが，北部は針葉樹林が広がる。

正答 5

第1章 SECTION 2 自然 気候と土壌

実践 問題 19 基本レベル

頻出度				
	地上★★★	国家一般職★★	東京都★★	特別区★★★
	裁判所職員★		国税·財務·労基★★	国家総合職★★

問 ケッペンの気候区分と世界の都市に関する記述として最も妥当なのはどれか。

（国家一般職2015）

1：気温が年間を通じて高温で年較差が小さい熱帯気候は，年間を通じて雨の多い熱帯雨林気候や乾季・雨季が明確なサバナ気候などに分けられる。アジアでは，熱帯雨林気候に属する都市として赤道付近のシンガポールが，サバナ気候に属する都市としてバンコクが挙げられる。

2：降水量が蒸発量と等しい乾燥帯気候は，土壌の乾燥の度合いによって砂漠気候とステップ気候に分けられる。アフリカでは，砂漠気候に属する都市としてナイロビが，ステップ気候に属する都市としてカイロが挙げられる。

3：温暖で四季が明確な温帯気候は，気温の年較差が大きく降水量が多い西岸海洋性気候や気温の年較差が小さく降水量の変動も小さい温暖湿潤気候などに分けられる。北中米では，西岸海洋性気候に属する都市としてワシントンD.C.が，温暖湿潤気候に属する都市としてメキシコシティが挙げられる。

4：冷涼で夏と冬の日照時間の差が少ない亜寒帯（冷帯）気候は，年間を通じて降水のある冷帯湿潤気候と降水量が少ない冷帯冬季少雨気候に分けられる。南米では，冷帯湿潤気候に属する都市としてブエノスアイレスが，冷帯冬季少雨気候に属する都市としてリマが挙げられる。

5：年の平均気温が０℃未満の極寒の寒帯気候は，樹木の生育の有無によって，ツンドラ気候と氷雪気候に分けられる。氷雪気候は人間が生活することが困難であるが，ツンドラ気候は生活可能であり，ダブリンは国の首都として唯一ツンドラ気候に属する。

チェック欄

1回目	2回目	3回目

実践 問題 19 の解説

〈ケッペンの気候区分と世界の都市〉

1 ○ 一年中高温多湿な熱帯雨林気候は，南米ブラジルのアマゾン川流域，アフリカのコンゴ川流域，東南アジアの一部など，赤道に最も近い地域に分布する。サバナ気候は，雨季と乾季の区別が明瞭なことが特徴であり，サトウキビやコーヒー，綿花などの栽培が行われる。熱帯雨林気候の周辺に分布する。

2 × 乾燥気候は年蒸発量が年降水量を上回る地域である。降水量と蒸発量が等しいのではない。また，ナイロビはケニアの首都であり，ケニアは海岸に面した地域はサバナ気候であるが，首都ナイロビのある内陸のハイランド地域は，年間を通じて平均気温が15～20℃と比較的冷涼で降水量も多い。したがって，砂漠気候ではない。砂漠気候に属する代表的な都市はカイロ（エジプト）である。カイロがステップ気候に属するという点も誤り。

3 × 気温の年較差が大きく降水量が多いのが温暖湿潤気候であり，気温の年較差が小さく降水量が少ないのが西岸海洋性気候である。ワシントンD.Cは温暖湿潤気候，メキシコシティは温帯冬季少雨気候である。

4 × 亜寒帯（冷帯）が分布するのはユーラシア大陸北部と北アメリカ大陸北部など，緯度の高い地域なので夏と冬の日照時間の差が大きい。また，亜寒帯（冷帯）気候は北半球のみに分布し，南米には見られない。アルゼンチンの首都ブエノスアイレスは温暖湿潤気候，リマは高山気候である。

5 × ケッペンの気候区分では，最暖月平均気温が10℃に満たない地域を寒帯とし，最暖月平均気温が０℃以上10℃未満をツンドラ気候，０℃未満を氷雪気候に分けた。ツンドラ気候区では，最暖月が０℃以上であることから，草や低木，コケ類が育つ。なお，ダブリンはアイルランドの首都であるが，北大西洋海流の影響を受けた西岸海洋性気候に属する。

正答 1

第1章 SECTION 2 自然

気候と土壌

実践 問題 20 基本レベル

頻出度 地上★★★ 国家一般職★★ 東京都★★★ 特別区★★★ 裁判所職員★★ 国税·財務·労基★★ 国家総合職★★

問 次の文は，温帯の気候に関する記述であるが，文中の空所A～Dに該当する語の組合せとして，妥当なのはどれか。 （特別区2020）

温帯は，四季の変化がはっきりした温和な気候に恵まれ，人間活動が活発にみられるのが特徴である。

ヨーロッパの西岸では，（　A　）が吹くため，冬は温和で夏は涼しく，季節にかかわらず適度な降水があり，穀物栽培と牧畜が組み合わされた混合農業や（　B　）が広く行われている。また，森林では，（　C　）が多くみられる。

東アジアでは，（　D　）が吹くため，夏は高温で冬は寒冷となっており，稲作が広く行われている。

	A	B	C	D
1：	季節風	遊牧	針葉樹	極偏東風
2：	季節風	酪農	落葉広葉樹	偏西風
3：	極偏東風	酪農	落葉広葉樹	季節風
4：	偏西風	遊牧	針葉樹	極偏東風
5：	偏西風	酪農	落葉広葉樹	季節風

チェック欄

1回目	2回目	3回目

実践 問題 20 の解説

〈温帯の気候〉

A **偏西風**　ヨーロッパの西岸に吹くのは偏西風である。このため，冬は温和で夏は涼しく，季節にかかわらず適度な降水のある，西岸海洋性気候が広がっている。

B **酪農**　ヨーロッパ西部は，緯度のわりに温暖な西岸海洋性気候であり，混合農業のほか，緯度の高いオランダやデンマーク，イギリスなどでは，酪農が行われてきた。遊牧は，乾燥気候やツンドラ気候など，穀物生産ができないところで行われてきた農業の形態である。乾燥気候では羊やヤギ，ラクダ，ツンドラ気候ではトナカイなどの遊牧が行われてきた。

C **落葉広葉樹**　温帯の森林に見られるのは，落葉広葉樹である。針葉樹が多く見られるのは冷帯気候である。

D **季節風**　季節風は冬と夏で風向きがほぼ反対になる風であるが，これは大陸と海洋の比熱の差により生じる。東アジアなど，大陸東岸では，季節風の影響を受け，稲作が盛んである。

以上から，肢５が正解となる。

正答 5

第1章 SECTION ② 自然

気候と土壌

実践 問題 21 基本レベル

頻出度 地上★★★ 国家一般職★ 東京都★★ 特別区★★★ 裁判所職員★ 国税·財務·労基★ 国家総合職★

問 次の文は，冷帯と寒帯の気候に関する記述であるが，文中の空所A～Dに該当する語の組合せとして，妥当なのはどれか。 **(特別区2012)**

冷帯は，主に北半球の高緯度地域に分布する。北部には，タイガと呼ばれる［ A ］が広がり，タイガの下には養分に乏しい灰白色で［ B ］性のポドゾルが発達している。

寒帯は，短い夏の間だけ地衣類や蘚苔(せんたい)類などが生える［ C ］気候と，冬にはブリザードがおこる［ D ］気候とに分かれる。

	A	B	C	D
1：	針葉樹林	酸	ツンドラ	氷雪
2：	針葉樹林	アルカリ	ツンドラ	氷雪
3：	針葉樹林	酸	氷雪	ツンドラ
4：	永久凍土	酸	氷雪	ツンドラ
5：	永久凍土	アルカリ	氷雪	ツンドラ

チェック欄

1回目	2回目	3回目

実践 問題 21 の解説

〈冷帯と寒帯の気候〉

A **針葉樹林**　北アメリカやユーラシア大陸北部の冷帯気候区の下の針葉樹林をタイガと総称する。樹種は多くないが，トウヒ，モミ，ツガ，カラマツなどを主体とする純林（同一種類の樹木からなる森林）であることから，大規模な林業地帯となる。永久凍土は，0℃以下の温度を保つ土壌層で，冷帯気候から寒帯気候にかけて広がる。

B **酸**　タイガの下に広がるのは**ポドゾル**であるが，ポドゾルは酸性の成帯土壌である。冷帯で気温が上がらないため，有機質の分解が進まず，**灰白色**である。このため，そのままでは農業には向かない土壌である。

C **ツンドラ**　寒帯はツンドラ気候と氷雪気候に分かれるが，ツンドラ気候区では短い夏の間だけ永久凍土(とうど)の表層が解けて地衣類(ちいるい)や蘚苔類(せんたいるい)が生える。夏には**トナカイ**や**ホッキョクギツネ**も見られ，**イヌイット**（エスキモー）や**サーミ**（ラップ）の生活地域である。

D **氷雪**　寒帯のうち，南極大陸の大半やグリーンランド内陸部のように，一年中氷や雪に覆われ，最暖月でも月平均気温が0℃未満の気候である。ブリザードとは猛烈な地吹雪を伴う寒冷な極地方における地方風（局地風）である。

よって，正解は肢1である。

【冷帯気候区と寒帯気候区】

冷帯	冷帯湿潤気候（Df）	針葉樹林（タイガ）。
	冷帯冬季少雨気候（Dw）	東シベリア・中国東北部のみ。
寒帯	ツンドラ気候（ET）	短い夏に永久凍土が解ける。地衣類。
	氷雪気候（EF）	一年中，氷や雪に覆われている。

正答 1

第1章 SECTION ② 自然

気候と土壌

実践 問題 22 基本レベル

頻出度	地上★★★　国家一般職★　東京都★★　特別区★★ 裁判所職員★　国税･財務･労基★　国家総合職★

問 気候や土壌及び植生に関する次の記述のうち，妥当なのはどれか。

（市役所C日程2009）

1：熱帯雨林気候区では，多様な種類の常緑広葉樹が繁茂する。それにより，腐葉土が厚く蓄積し，養分の豊富な土壌が広がっている。

2：ステップ気候区では，背の低い草原が広がっている。土壌は肥沃な栗色土や黒色土であるが，砂漠化や灌漑農業による表土の塩類化の危険がある。

3：地中海性気候区では，やせた白色の土壌が広がり，暑く乾燥の激しい夏には，植物は夏枯れ状態となってしまうため，農業には適さない。

4：亜寒帯湿潤気候区では，肥沃な土壌であるポドゾルが分布し，温帯以上に多様な樹種からなるタイガと呼ばれる森林が広がっている。

5：ツンドラ気候区では，泥炭層が形成される。冬季には土壌が凍結するが，短い夏には表土の氷雪や永久凍土が融けて泥炭層の湿地があらわれ，農業に適する。

直前復習

チェック欄

1回目	2回目	3回目

実践 問題 22 の解説

〈気候・土壌〉

1 × **熱帯雨林気候区**で多様な種類の常緑広葉樹が繁茂することは正しいが，高温多湿で微生物や昆虫の働きが活発なため，有機物がすぐに分解されてしまうとともに，毎日のように降るスコールにより，養分も流出してしまうことから，熱帯雨林に分布する**ラトソル（ラテライト）**の肥沃度は低い。酸化鉄やアルミナを多量に含むので赤色を呈する。

2 ○ **ステップ気候区**では，降水量が少ないため樹木は育たず，背の低い草原（ステップ）が広がっている。比較的降水量の多い地域では，草の密度が高く，乾季に草が枯れて腐植になるため，土壌は**肥沃な栗色土や黒色土が分布**する。

3 × 「やせた白色の土壌」とは，冷帯気候区に分布する**ポドゾル**である。地中海性気候区である地中海沿岸には，石灰岩が風化した赤橙色のテラロッサとよばれる土壌が分布している。また，**地中海性気候区**では，夏は暑く乾燥が激しいが，乾燥に強いオレンジやブドウなどの果樹栽培や，オリーブ，コルクガシなどを栽培する。「植物が夏枯れ状態になってしまうため，農業には適さない」というのは適切ではない。

4 × **亜寒帯湿潤気候区**に分布する灰白色のポドゾルは，低温のため有機物の分解が進まず強い酸性で農業生産力が低い。また，温帯林は比較的多様な樹種によって構成されるが，亜寒帯湿潤気候区に見られる**タイガ**は，針葉樹林の純林である。

5 × **ツンドラ気候区**では，短い夏に表土の氷雪や永久凍土が溶けて泥炭層(でいたんそう)の湿地が現れるが，地衣類や蘚苔類が生育するのみで，農業には不適である。

熱帯雨林気候	多種類の常緑広葉樹　スコール　ラトソル(ラテライト)
ステップ気候	背の低い草　乾燥気候　栗色土・黒色土
地中海性気候	夏の乾燥と冬の湿潤　地中海式農業
亜寒帯湿潤気候	タイガ（針葉樹林）　灰白色のポドゾル
ツンドラ気候	夏に凍土が溶けるが農業が不可能　ツンドラ土

正答 2

第1章 SECTION 2 自然

気候と土壌

実践 問題 23 基本レベル

頻出度	地上★★★ 国家一般職★ 東京都★★ 特別区★★★ 裁判所職員★ 国税･財務･労基★ 国家総合職★

問 次の文は，大気の大循環に関する記述であるが，文中の空所Ａ～Ｃに該当する語の組合せとして，妥当なのはどれか。　　　　(特別区2009)

赤道付近の赤道低圧帯は，空気の対流が活発で，そこで上昇した空気は，高緯度側の30度付近で降下し，中緯度高圧帯を形成する。中緯度高圧帯から赤道低圧帯に向かって吹く風を［ A ］，高緯度低圧帯に向かって吹く風を［ B ］と呼ぶ。

これらの風系のほかに，主に大陸の東岸部には，大陸と海洋の季節による気圧の差により風向きが変わる［ C ］がみられ，気温や降水量の季節的変化の大きな気候をつくっている。

	A	B	C
1：	貿易風	偏西風	モンスーン
2：	貿易風	モンスーン	偏西風
3：	モンスーン	偏西風	貿易風
4：	モンスーン	貿易風	偏西風
5：	偏西風	貿易風	モンスーン

実践 問題 23 の解説

〈風系〉

A 貿易風　中緯度高圧帯（亜熱帯高圧帯）から赤道低圧帯に向かって吹く風は貿易風である。

B 偏西風　中緯度高圧帯から高緯度低圧帯に向かって吹くのは偏西風である。

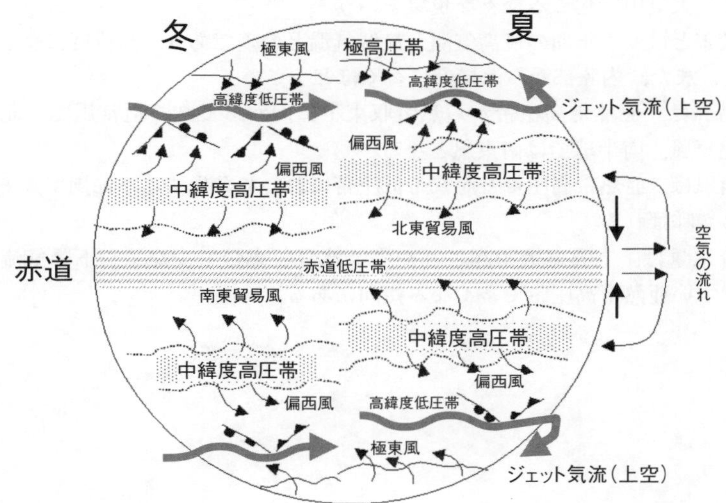

C モンスーン　モンスーンとは季節風のことである。風は高気圧から低気圧に向けて吹くのが基本である。冬は比熱の小さい陸の部分が冷たい空気に覆われてどんどん冷やされ，冷やされた空気は重くなり高圧部となる。この空気が相対的に低圧部となる海上上空に向けて流れるのが冬の季節風である。反対に，夏になると比熱の小さい陸の部分はどんどん暖められ，暖められた空気は膨張して軽くなり低圧部となる。これに向けて相対的に高圧部となっている海上から空気が流れ込むのが夏の季節風である。ユーラシア大陸の内陸部では，冬季は特に寒く，また夏季には特に暑くなるために，ユーラシア大陸東部から南東部では季節風が卓越する。

よって，正解は肢１である。

正答 1

気候と土壌

実践 問題 24 基本レベル

頻出度	地上★★ 国家一般職★ 東京都★★ 特別区★★ 裁判所職員★ 国税·財務·労基★ 国家総合職★

問 気候に関する記述として，妥当なのはどれか。 （東京都Ⅰ類Ｂ2021）

1：気候とは，刻一刻と変化する，気温・気圧などで示される大気の状態や雨・風など，大気中で起こる様々な現象をいう。

2：年較差とは，１年間の最高気温と最低気温との差であり，高緯度になるほど小さく，また，内陸部から海岸部に行くほど小さい。

3：貿易風は，亜熱帯高圧帯から熱帯収束帯に向かって吹く恒常風で，北半球では北東風，南半球では南東風となる。

4：偏西風は，亜熱帯高圧帯と亜寒帯低圧帯において発生する季節風で，モンスーンとも呼ばれる。

5：年降水量は，上昇気流の起こりやすい熱帯収束帯で少なく，下降気流が起こりやすい亜熱帯高圧帯で多くなる傾向にある。

チェック欄

1回目	2回目	3回目

実践 問題 24 の解説

〈気候の基礎〉

1 × 「気候」は，ある土地の長期間にわたる気温や晴雨などの状態を表す。刻一刻と変化する，気温・気圧などで示される大気の状態や雨・風など，大気中で起こる様々な現象は「気象」である。

2 × 低緯度（赤道周辺）は，一年中暑いことから気温の年較差は小さい。年較差は高緯度ほど大きい。また，水は陸よりも温まりにくく，冷めにくいことから，海岸部は年較差が小さく，気候が穏やかであるのに対し，内陸部では年較差が大きくなる。

3 ○ 貿易風の説明として正しい。

4 × 偏西風とモンスーンは別のものである。偏西風は亜熱帯高気圧から極方向（温帯低圧帯）に向けて吹く恒常風（年間を通じて決まった方向に吹く風）である。一方，モンスーンは，夏は海から陸へ，冷は陸から海へと吹く方向が変わる季節風である。

5 × 年降水量は熱帯収束帯（赤道付近に形成される）で多く，亜熱帯高圧帯で少ない。赤道付近ではほぼ毎日スコールが見られるが，水分を落とした乾いた空気が亜熱帯高圧帯に降りてくるため，亜熱帯高圧帯では降水量が少なく，大規模な砂漠が発達している。

正答 3

第1章

自然

章末 CHECK

? Question

Q1 海底でプレートとプレートがぶつかるところに海嶺ができる。

Q2 プレートとプレートがずれる断層にはアメリカ合衆国西部のサンアンドレアス断層がある。

Q3 陸と海の比は陸６に対し海洋が４の割合である。

Q4 河岸段丘とは，河川の氾濫時の土砂堆積によって川に沿って形成された微高地のことをいう。

Q5 安定陸塊である楯状地には古生代や中生代の堆積物がほぼ水平に層をなし，テーブル状になっている。

Q6 アンデス山脈やアルプス山脈は古期造山帯に属する。

Q7 構造平野は侵食平野で，ケスタ地形はこの一部をなす。

Q8 三角州は一般に傾斜がきつく，水はけのよい土壌が分布する。

Q9 洪積台地は洪積世後期の平野が相対的に隆起した台地である。

Q10 リアス式海岸は湾入が深く，フィヨルド海岸は湾入が浅い。

Q11 火山の爆発や陥没でできた凹地に形成された湖を火口湖という。

Q12 扇状地は谷の出口に広がる扇形の緩やかな傾斜地で，扇頂や扇央は水が得やすいが，扇端は乏水地となるため果樹栽培などが行われる。

Q13 沖縄本島には環礁とよばれるサンゴ礁が発達している。

Q14 日本でも氷河地形のカールが中部地方などに発達している。

Q15 ドイツ北部のハイデは氷河による肥沃な地形である。

Q16 海面の相対的下降によって生じるのがリアス式海岸である。

Q17 カルスト地形は花崗岩を弱酸性である雨水などが溶解侵食した地形で，日本には見られない。

Q18 日本の平野の多くは，浅い海底が陸化して生じた海成の堆積平野である。

Q19 日本列島は４つのプレートがぶつかるところにある。

Q20 日本の国土面積（37.8万 km^2）の約７割は山地である。

A1 × 海嶺はプレートとプレートが離れるところにできる。

A2 ○ サンアンドレアス断層はカリフォルニア州西部を走る長さ約1千kmの活断層。ずれる断層である。

A3 × 陸と海の比は陸：海洋＝3：7で海洋のほうが広い。

A4 × 河川の氾濫時の土砂堆積によって川に沿って形成された微高地は自然堤防。河岸段丘は河川の下方侵食などで川底が上昇して形成される。

A5 × 説明文は卓状地。楯状地は先カンブリア時代の岩石が露出。

A6 × アンデス山脈やアルプス山脈は新期造山帯。アパラチア山脈やウラル山脈が古期造山帯に属する。

A7 ○ ケスタ地形は硬層と軟層の互層が地表に出たもの。なだらかな丘陵地帯や崖の繰り返しといった地形となる。

A8 × 三角州は川が海に入るところに形成され，傾斜は少なく水はけは悪い。

A9 ○ 水位が低く，水田耕作には不向き。東京の武蔵野台地など。

A10 × リアス式海岸は湾入が浅く，フィヨルドは湾入が深い。

A11 × 火山の爆発や陥没でできた凹地に形成された湖はカルデラ湖。火口湖は火山の火口であった凹地に水が溜まってできた湖である。

A12 × 扇端は水が得やすいが，扇央は乏水地となる。扇頂は傾斜が急なため河川は表流するがあまり利用が進まない。扇央では河川水は伏流して水無川となることが多いため，果樹栽培などに利用される。扇端では伏流水が湧き出して集落が立地し，水田が拓かれる。

A13 × 沖縄本島に発達しているのは島の周囲にサンゴが発達した裾礁。

A14 ○ 本州中央部の山岳地帯や北海道の山岳地帯に発達。

A15 × 北ドイツやデンマークなどのハイデはやせた土地である。

A16 × リアス式海岸は海面の相対的上昇（山がちな地形の沈降，海水面の上昇）によってできるものである。

A17 × カルスト地形は石灰岩を酸性の水が溶かしたもの。山口県の秋吉台など日本各地に見られる。

A18 × 日本に見られる平野は主に河川によって形成されたものである。

A19 ○ 北米，太平洋，ユーラシア，フィリピン海の各プレート。

A20 ○ 山地と丘陵地を合わせると約73％。

第1章 自然

章末 CHECK ? Question

Q21 サバナ気候区は毎日のようにスコールがあり，年降水量が2000㎜以上のところが多い。

Q22 サバナ気候を代表する樹木にはアカシアやバオバブがある。

Q23 大陸西岸で沿岸を暖流が流れるところには砂漠が発達しやすい。

Q24 地中海性気候は，偏西風や暖流の影響を受けて，降水量は年間を通じて安定している。

Q25 西岸海洋性気候は，夏季は亜熱帯高圧帯に覆われて乾燥し，冬季には偏西風の影響を受けて降水に恵まれる。

Q26 温帯冬季少雨気候区では，降雨が夏季に集中し，肥沃なチェルノーゼムが分布し，短草草原が広がる。

Q27 西岸海洋性気候は温暖湿潤気候に比べて気温の年較差が大きい。

Q28 冷帯（亜寒帯）気候は北半球や南米大陸の高緯度側に分布する。

Q29 北東ユーラシアのみに分布する亜寒帯冬季少雨気候は，冬の寒さと乾燥が厳しいという特徴を持つ。

Q30 高山気候は気温の年較差が大きいという特徴を持つ。

Q31 エルニーニョ現象はペルー沖の海水温度の下降で発生する。

Q32 中緯度高圧帯の下には大規模な砂漠が発達しやすい。

Q33 貿易風は赤道周辺から高緯度地方に吹く恒常風である。

Q34 氷雪気候区は，冬は雪と氷に覆われるが，夏には地表の凍土が溶けコケ類や小低木が育つ。

Q35 季節風の影響は大陸の西側よりも東側で大きい。

Q36 エジプトのカイロやサウジアラビアのリヤドは砂漠気候である。

Q37 ローマは西岸海洋性気候区に属する。

Q38 気温は一般に100m上昇すると0.55℃ずつ下がる。

Q39 日本海側を台風が通過するとフェーン現象で新潟県や富山県などで高温となることがある。

Q40 やませは冬に日本海側を吹く吹雪混じりの寒冷な風である。

A21 × 毎日のようにスコールがあり，年降水量が2000㎜以上であるところが多いのは熱帯雨林気候である。サバナ気候は熱帯に分類されるが，雨季と乾季が明瞭に分かれる。

A22 ○ バオバブは乾季に落葉。アカシアは常緑樹。双方とも乾燥に強い。

A23 × 大陸西岸の寒流が流れるところに砂漠が発達しやすい。アフリカの西岸のナミブ砂漠やチリ北部のアタカマ砂漠など。

A24 × 偏西風や暖流の影響を受けて，降水量が年間を通じて安定しているのは西岸海洋性気候である。気温の年較差も小さい。

A25 × 夏季は亜熱帯高圧帯に覆われて乾燥し，冬季は偏西風の影響を受けて降水に恵まれるのは地中海性気候である。

A26 × チェルノーゼムはウクライナなどのステップ気候に分布する土壌，短草草原もステップ気候の植生である。

A27 × 西岸海洋性気候は気温の年較差が小さめである。

A28 × 冷帯（亜寒帯）気候は北半球のみに分布する。

A29 ○ 東シベリア，中国北部，北朝鮮などに分布。夏は比較的高温となるが，冬は乾燥して非常に低温となる。

A30 × 高山気候は気温の年較差が小さい気候である。

A31 × 普段は冷たいペルー沖の海水温が若干上昇することが原因である。

A32 ○ 常に上空から空気が下降してくるために高圧帯となる。空気の上昇が妨げられ，雲ができにくくなる。

A33 × 貿易風は中緯度高圧帯から赤道に向けて吹く恒常風である。

A34 × 夏に凍土が溶けてコケ類や小低木が育つのはツンドラ気候区の特徴である。氷雪気候区は最暖月でも０℃を上回ることがない。

A35 ○ 特にユーラシア大陸東側や東南部では季節風の影響が強い。

A36 ○ サウジアラビアのあるアラビア半島は全体が砂漠気候である。

A37 × ローマは地中海性気候である。パリやロンドンが西岸海洋性気候。

A38 ○ 夏の避暑地などはこれを利用したもの。

A39 ○ 乾燥した空気は山を下るときに100m下降するたびに約１℃上昇するため。

A40 × やませは夏にオホーツク海高気圧から太平洋側に吹く冷たい風。

memo

第2章

さまざまな産業

SECTION

第2章 さまざまな産業

出題傾向の分析と対策

試験名	地上			国家一般職(旧国Ⅱ)			東京都			特別区			裁判所職員			国税・財務・労基			国家総合職(旧国Ⅰ)		
年度	15-17	18-20	21-23	15-17	18-20	21-23	15-17	18-20	21-23	15-17	18-20	21-23	15-17	18-20	21-23	15-17	18-20	21-23	15-17	18-20	21-23
出題数 セクション	5	2			2	2	2	1	2			1	1	1	1	2		2	3	3	
世界の気候と農林水産業	★★	★			★				★				★		★	★★		★★	★	★	
鉱工業・エネルギー	★★	★			★	★★	★	★	★										★★	★★	
領土・都市・環境	★						★					★		★							

（注） 1つの問題において複数の分野が出題されることがあるため，星の数の合計と出題数とが一致しないことがあります。

農牧業，林業，水産業，鉱工業，エネルギーなどの分野は，毎年どこかの試験種において出題されています。また，農牧業，林業，水産業，鉱工業，エネルギーなどの分野は，気候とセットでの出題や，各国地誌の中でも産業の特色が問われますから，きちんと取り組んでおくべき分野です。

地方上級

地方上級のA日程では，2013年に三大穀物の生産と輸出，2014年に鉱物資源，2016年の南アジアの問題の中で農業が出題されています。B日程では2017年に森林資源，C日程では2015年にアメリカ経済の問題の中でシェールガスが問われました。2018年は第1次エネルギー，2020年は農作物の生産と貿易，2021年は日本の農林水産業が出題されました。いずれも基本的な問題であり，時事的な要素はあまり含まれていません。一方，2023年は水産業が出題されましたが，非常に時事的な要素が強いものでした。

東京都

東京都Ⅰ類Bで，2008年と2022年に農業区分が，2013年には主要国の発電が，2014年には食料自給率が問われています。2017年はまたエネルギー（原油生産上位3国）からの出題でした。また，東京都Ⅰ類Aでは，2012年にエネルギー鉱物資源が問われました。Ⅰ類Bでは2019年に資源エネルギーが出題され，他の試験区分よりもエネルギーの出題が多いです。

特別区

2013年にはタイのデルタでの米作，2016年に世界の気候と農業が出題されています。あまり出題数は多くありません。

国家公務員・裁判所職員

国家公務員（大卒程度）と，裁判所職員（大卒程度）の試験は，2024（令和6）年以降，従来の出題に代えて知識分野では時事問題を中心とし，日ごろから社会情勢等に関心を持っていれば対応できるような内容となります。国家一般職・国家専門職・国家総合職・裁判所職員の大卒程度の試験で，この分野そのものに焦点をあてた出題は見られなくなるわけですが，地理の出題が残されている試験種の出題を想定して，勉強する価値があると思われる過去問を残しています。

時事との関連では，各国の主要産業など，時事に関連する部分も多いので，基本をマスターしましょう。

Advice アドバイス　学習と対策

地方上級や東京都の場合には，気候と農業の問題は確実に正答できるように準備しておきましょう。第2章セクション1の必修問題（国税・財務・労基2016年の出題）が典型問題になっています。国家公務員の時事対策として，世界各国の産業の現状を理解しておきましょう。農業は当然気候区の制約を受けますので，気候区の特徴を基礎知識として農業の知識を上書きしていくイメージで勉強を進めていきましょう。また，農作物や鉱物資源，エネルギーについては，生産国と輸出国を頭に入れておくことが必要になります。都市問題，環境問題は地方上級を志望する人は必ずマスターしてください。

さまざまな産業

世界の気候と農林水産業

必修問題

セクションテーマを代表する問題に挑戦！

伝統的な農業区分の理解と，各国の農業の現状を総合的に理解しましょう！

問 世界の気候と農業に関する記述として最も妥当なのはどれか。

（国税・財務・労基2016）

1：地中海性気候の地域は，冬に降水が集中し，夏は乾燥しており，また，コルクガシなどの硬葉樹林がみられる。ブドウやオリーブなどの乾燥に強い樹木作物の栽培が盛んであり，冬の降水を利用した小麦の栽培や，ブドウを原料とするワインの醸造も行われている。

2：砂漠気候の地域は，一日の気温変化が大きく，3か月程度の短い雨期がある。ヤギやアルパカなどの家畜とともに水と草を求めて移動する粗放的な牧畜が盛んであり，住民は移動・組立てが容易なテントで生活し，家畜から衣食や燃料を得ている。

3：熱帯雨林気候の地域は，年中高温多雨であり，スコールが頻発し，シイ，カシ，クスなどの照葉樹林がみられる。ライ麦の栽培のほか，広大な農地に大量の資本を投入して，単一の商品作物を大量に栽培する焼畑農業が行われている。

4：ステップ気候の地域は，冬は極めて寒冷であり，夏に降水が集中する。南部はシラカバなどの落葉広葉樹と針葉樹との混交林が，北部はタイガと呼ばれる針葉樹林がみられる。南部では夏の高温をいかして大麦やジャガイモなどの栽培が盛んであるが，北部では林業が中心である。

5：ツンドラ気候の地域は，最暖月の平均気温が0℃未満であり，夏の一時期を除いて氷雪に覆われている。土壌は低温のため分解の進まないツンドラ土であり，夏はわずかな草とコケ類などがみられる。狩猟や遊牧のほか，耐寒性の小麦やトウモロコシの栽培が行われている。

直前復習

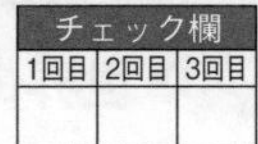

チェック欄

1回目	2回目	3回目

必修問題の解説

〈気候と農業〉

1 ○ 地中海性気候と**地中海式農業**の説明として妥当である。地中海性気候の特徴は夏の暑さと乾燥であり，乾燥に強いブドウやオリーブの栽培が盛んである。降雨の見られる冬に小麦を栽培する。

2 × 砂漠気候の地域において，一日の気温の変化が大きいことは正しいが，砂漠気候に雨期はない。また，遊牧が見られるのはツンドラや乾燥地帯，高山地帯であるが，砂漠気候区はオアシスや大河の流域などでしか水が得られないため，**粗放的な牧畜が盛んであるのはステップ気候である。**

3 × 熱帯雨林気候の地域が年中高温多雨で，スコールが頻発することは正しいが，**焼畑農業**は森林や原野を焼き払ってできた畑に，焼けた草木の灰を唯一の肥料として陸稲（りくとう）やキャッサバ，ヤムイモなどを栽培する農業である。雑草や害虫が発生するため土地生産性は低く，耕地は数年で放棄される。**大量の資本を投入して単一の商品作物を栽培するのはプランテーション農業である。**なお，シイ，カシ，クスなどの照葉樹林は温帯気候区に見られるものである。ライ麦は耐寒性が強く，小麦よりも不利な条件のところでも栽培できるため，ポーランドやドイツ，ロシアなどが主要な生産国となっている。

4 × 冬が極めて寒冷であり，夏に降水が集中するのは，亜寒帯（冷帯）冬季少雨気候である。これはユーラシア大陸の東北部に限って見られる気候である。南部にシラカバなどの落葉広葉樹と針葉樹の混合林，北部にタイガとよばれる針葉樹林が広がるのは亜寒帯（冷帯）湿潤気候区である。ステップ気候は乾燥気候である。

5 × 最暖月の平均気温が０℃未満であるのは氷雪気候である。このため氷雪気候区は一年中，雪と氷に閉ざされている。一方，ツンドラ気候は最暖月の平均気温が０℃以上なので，夏の一時期は地表面の氷が溶け，草やコケ類が生える。また，ツンドラ気候ではトナカイの遊牧やアザラシ漁などが行われているが，**農業は不可能である。**

正答 1

第2章 SECTION 1 さまざまな産業 世界の気候と農林水産業

1 世界の気候と農牧業

(1) 農業区分

① 遊牧

羊，ヤギ，ラクダ，トナカイなどを牧草地を求めて移動しながら育て販売します。モンゴル，イラン高原，アフリカのサヘル地区などのステップ気候地域やスカンジナビア半島北部，カナダ北部などのツンドラ気候地域で行われます。

② 焼畑

林や藪を焼いて，イモ類やトウモロコシなどを栽培し，３年ほどで地力が衰えると耕作地を替えます。アフリカ中部（コンゴなど），東南アジアの山地，アマゾン川中流域で行われています。

稲は小麦と並ぶ世界の二大穀物の１つで，生育には高温多雨が必要なので，世界全体の総生産量のうち90%がモンスーンアジアで生産されています。

③ プランテーション

かつては宗主国が，現在は企業が，安価な現地の労働力を利用して，主に熱帯気候区で単一の商品作物を大規模に栽培します。本国への輸送が便利な沿岸部で発達しました。

ギニア湾沿岸のカカオ，西アフリカのコーヒーや茶，西インド諸島や太平洋の島々のサトウキビ，東南アジアの天然ゴムなどがプランテーション作物の代表です。

④ 地中海式農業

夏に乾燥し，冬に湿潤な地中海性気候の下で行われます。夏はブドウ，柑橘類，オリーブ，コルクガシなどを，冬は小麦や大麦，野菜の栽培をします。山地では移牧でヤギや羊を飼育します。

⑤ オアシス農業

乾燥地域で灌漑により行う集約的な農業です。エジプトでは綿花や小麦，米などが，イラクではナツメヤシなども栽培されます。

⑥ 商業的混合農業

家畜の飼料と自分たちの主穀の栽培，ならびに牛・豚などの肉用家畜の飼育販売を行います。西ヨーロッパ各地，米国のトウモロコシ地帯，アルゼンチンの湿潤パンパなどで見られます。

⑦ 商業的穀物農業

販売を目的に小麦などの穀物を機械により大規模に栽培します。労働生産性は極めて高くアメリカ，カナダ，オーストラリア，アルゼンチン，ロシアなどで行われています。

⑧　**企業的牧畜**

大規模な牧場で牛や羊を放牧形式で飼育します。アメリカ，オーストラリア，アルゼンチン，ブラジルなどで行われており，これらの地域は世界的な畜産物の輸出地帯となっています。

⑨　**酪農**

乳牛を中心に高度な技術と集約的経営で，生乳，酪製品などを出荷します。温帯気候北部から冷帯気候南部の消費地に近い地域が適しています。北海道やオランダ，デンマーク，ドイツ北西部，五大湖沿岸（米国）などで行われています。

⑩　**園芸農業**

野菜や果物，花などを集約的に栽培し，大都市などに出荷します。先進国の大都市周辺で発達しましたが，現在は輸送網の整備で広域的に実施されています。

2 森林資源

(1)　植生・森林

①　**熱帯林**

熱帯林は樹種の多いことが特徴です。かつては樹種が多岐にわたっていることや，交通の便が悪いこと，硬木が多いことから冷帯林に比べて伐採量は少なかったのですが，近年は焼畑や鉱山開発，大規模農場の造営などにより伐採が進み，大きな問題となっています。

◆熱帯雨林

熱帯雨林は熱帯の雨の多い地域に生育する常緑広葉樹林で，つる性植物やランなどの着生植物など，多様な植物種が見られます。

◆マングローブ

熱帯や亜熱帯の，潮が満ち引きする海岸の低湿地に生育する低木の群れで，海生生物の住みかとなりますが，近年はエビの養殖場などのために伐採が進み，国際的な問題となりました。

②　**温帯林**

カシ・クス・シイなどの常緑広葉樹（照葉樹）や，ブナやナラのような落葉広葉樹，松，モミなどの常緑針葉樹，混合林などが見られます。森林開発が早くから行われたため，人工林が多いのも特徴です。

③　**冷帯林**

南部の温帯林とつながっているところは針葉樹と広葉樹の混合林を形成していま

すが，北部ではタイガとよばれる針葉樹の純林（同一種類の樹木からなる森林）となっています。冷帯林は，純林であること，また，熱帯林と異なり下草が少ないため，伐採作業が比較的楽なことから，古くから世界的林業地帯として発達しました。

(2) 世界の森林の変化〈世界森林資源評価（ＦＲＡ）2020〉より

① 森林面積の減少

世界には約40億haの森林面積があり（2020年），陸地に対する森林の割合（森林率）は約３割です。その半分は，ロシア，ブラジル，カナダ，アメリカ，中国の５カ国に分布しています。1990年以降，世界の森林は１億7800ha減少しましたが，森林が純減する速度は1990年から2020年にかけて大きく低下しました。

② 国別の状況

大規模な森林減少が起こっているのは熱帯，とりわけアフリカと南米です。一方，植林などによって森林面積増加率の高い地域は，アジア，オセアニア，ヨーロッパの順になっています。

(3) 林業

① 木材生産量

2021年の木材伐採量は，39.7億m^3で，伐採量の上位４カ国のアメリカ，インド，中国，ブラジルで世界の約35％を占めています。薪炭材の割合が減少し，用材と薪炭材がほぼ半々ですが，年々，用材の割合が増加してきています。薪炭材は主に開発途上国で，用材は主に先進国で生産されています。
（「林野庁：令和４年度森林及び林業の動向」）

② 木材輸出量

木材輸出量の多い国は，ロシア，ニュージーランド，カナダなどです。木材輸入量が多いのは中国です。

③ 日本の木材需給

日本では1970年に国産材よりも輸入材の供給が上回り，2000年代初めには木材自給率は20％を割り込みましたが，木材の消費量自体が少なくなっていることもあって，2021年の自給率は41％となっています。しかし，中国や韓国などでスギやヒノキなど日本産木材の人気が高まっており，日本の木材輸出量は伸びてきています。また，木質バイオマス発電で使う燃料用チップの国内生産も急速に増加しています。
（「林野庁：令和４年度森林及び林業の動向」）

3 世界の海流と漁場

①東グリーンランド海流　②北大西洋海流　③ラブラドル海流
④カナリア海流　⑤メキシコ湾流　⑥北赤道海流　⑦ベンゲラ海流
⑧ペルー（フンボルト）海流　⑨黒潮（日本海流）
⑩カリフォルニア海流　⑪親潮（千島海流）　⑫北太平洋海流
⑬アリューシャン海流
A：北東大西洋漁場　B：北西大西洋漁場　C：北西太平洋漁場
D：北東太平洋漁場　E：ペルー沖漁場

■世界の漁場

北西太平洋漁場	日本近海のカムチャツカ半島沿岸から東シナ海に至る海域。カムチャツカ半島とアリューシャン列島に囲まれたベーリング海には大陸棚が広がっており，好漁場となっている。
南東太平洋漁場（ペルー沖漁場）	プランクトンの豊富なペルー海流（寒流）が流れるペルー沖からチリ北部にかけての海域で，アンチョビー（カタクチイワシ）漁が盛んである。フィッシュミール（魚粉）に加工して，飼料や肥料として輸出。
北東大西洋漁場	北海を中心とする漁場で，大陸棚が広く，ドッガーバンクなどの浅堆が分布する。アイスランドやスカンジナビア半島沿岸は，北大西洋海流のために温暖である。 ノルウェー：最北の不凍港あり。→漁業が盛ん。

さまざまな産業
世界の気候と農林水産業

実践 問題 25 基本レベル

頻出度	地上★★	国家一般職★	東京都★	特別区★
	裁判所職員★	国税·財務·労基★	国家総合職★	

問 世界の農業に関する次の記述のうち，妥当なのはどれか。

（市役所B日程2011）

1：南アジアでは，ガンジス川流域の平野で米が，デカン高原では綿花が多く栽培されている。1960年代以降に，稲などの高収量品種の導入による「緑の革命」がこの地域でも進められ，農産物の増収が実現した。

2：中国では，華北では小麦などの畑作が，華中や華南では稲作が盛んに行われている。近年の急速な工業化，都市化に伴い農業人口が急減し，第一次産業人口の比率は10%程度に低下している。

3：北米では，多様な自然環境に適した作物を栽培する適地適作がみられる。特に米国では，大規模な労働集約的農業が特徴であり，農業人口一人当たり農地面積は世界的に見て少ない。

4：南米は，熱帯地域ではコーヒーの，温帯地域では牧畜や穀物の栽培がみられる。かつてこの地域の農業の特徴であった大土地所有制度は現在ではほとんど見られず，農地の大部分は小規模な自作地である。

5：オーストラリアは，内陸部を中心に牛や羊の大規模な牧畜が見られる。穀物生産は乾燥地域が大陸のほとんどを占めるためにあまり行われておらず，穀物自給率は20%以下である。

直前復習

チェック欄

1回目	2回目	3回目

実践 問題 25 の解説

〈世界の農業〉

1 ○ かつてはインドの農業は，生産性が低かったが，1960年代以降に**緑の革命**が進められた結果，**食糧自給を達成した**。米の生産と小麦の生産は中国に次いで世界2位である（2021年）。

2 × **中国の華北では小麦などの畑作が，華中や華南では稲作が**盛んに行われていることは正しい。また，急速な工業化と都市化に伴って第1次産業人口の比率が急速に低下していることも報道されているが，2020年の統計で25%はある。

3 × 北米の農業は，多様な自然環境に適した作物を栽培する適地適作であることは正しいが，農業人口1人あたりの農地面積は世界的にも規模が大きい。また，労働集約的農業とは，単位面積あたりに投下する労働力が多い農業のことであり，アジア式の農業が典型的であるとされてきた（現在ではアジアの農業も変わってきている）。

4 × 南米では，熱帯サバナ地方のブラジル高原でコーヒー栽培が盛んであり，アルゼンチンでは，肥沃な**パンパ**で企業的牧畜と企業的穀物農業が盛んである。この点については正しいが，南米では，大土地所有制度が残存し，多くの農民は地主に隷属しており，**貧富の差が大きい**。なお，ブラジルのコーヒー生産は，現在でも世界1位であるが，ブラジルはコーヒーのモノカルチャー経済から脱するため，経営の多角化を進め，トウモロコシや綿花，大豆などの生産も世界的になっている。

5 × オーストラリアは乾燥大陸であるが，乾燥に強く羊毛に適したスペイン原産のメリノ種が導入され，**大鑽井盆地**（だいさんせい）の被圧地下水の利用によって牧羊が盛んになった。また，牛の放牧も盛んである。また，南部のマーレー川流域では小麦の栽培も盛んであり，オーストラリアは小麦の輸出が世界的である。このため，**オーストラリアの穀物自給率は239%（2018年）と，世界の中でも頭抜けて高い**。

正答 1

さまざまな産業
世界の気候と農林水産業

実践 問題 26 基本レベル

頻出度	地上★★	国家一般職★★	東京都★★	特別区★★
	裁判所職員★	国税·財務·労基★★	国家総合職★★	

問 世界の各地域の自然と農牧業に関する記述として最も妥当なのはどれか。

(国Ⅱ2003)

1：アフリカ大陸の東端のソマリア半島からコンゴ盆地にかけての地域は，赤道直下の東南アジア，南アメリカの北部一帯と同様に熱帯雨林気候区（Ａｆ）に属しており，この地域では，伝統的な狩猟・採集や稲作農業が行われているが，最近，木材輸出のため森林の伐採が進んでいる。

2：北アフリカやアラビア半島の砂漠気候区（ＢＷ）に属する地域には，サハラ砂漠や世界最大のゴビ砂漠があり，これらの砂漠では，アラブ系のベドウィンとよばれる遊牧民が，羊・ラクダなどの家畜に依存した生活を送っているほか，北アフリカでは，カナートとよばれる地下用水路を設置してオアシス農業が行われている。

3：ヨーロッパのポルトガル，スペイン，ベルギー，イタリアの地中海沿岸の地域は，偏西風の影響により気温の年較差が小さく，降雨も年間を通して安定している地中海性気候区（Ｃｓ）に属している。この地域では，古くから小麦やブドウ・オリーブの栽培，やぎ・羊の飼育が行われているが，最近では広い地域で混合農業が行われている。

4：北アメリカ大陸にあり世界第５位の国土面積を占めるカナダは，ハドソン湾沿岸の北部から五大湖周辺の南部までの広大な地域が冷帯湿潤気候区（Ｄｆ）に属している。この地域では，プレーリーで企業的穀物農業である小麦の栽培や酪農を中心とする農牧業が行われているが，五大湖周辺では綿花の栽培がさかんに行われている。

5：ユーラシア大陸を南北に延びるウラル山脈の東側のアジアの地域は，シベリアとよばれ，エニセイ川以西の西シベリアからレナ川付近までが冷帯湿潤気候区（Ｄｆ）に，レナ川以東が冷帯夏雨気候区（Ｄｗ）に属している。この地域のうち，西シベリアの南部は肥沃な黒土に富み，ロシアの主要農業地帯の一つとして春まき小麦の栽培が行われている。

チェック欄

1回目	2回目	3回目

実践 問題 26 の解説

〈気候と農牧業〉

1 × コンゴ盆地の中心には**熱帯雨林気候**が見られるが，ソマリア半島は砂漠気候やステップ気候で乾燥している。ソマリア半島あたりは粗放的牧畜が行われてきた地域で，沿岸部ではバナナなども栽培されている。コンゴ盆地では焼畑農業や狩猟なども行われているが，米の栽培は行われていない。この地域でも森林伐採が深刻であるが，その主な原因は人口の増加による薪用の伐採や，耕地の開墾，過放牧である。

2 × **ゴビ砂漠はモンゴルから中国北部にまたがる内陸性の砂漠**であり，**世界最大の砂漠はサハラ砂漠**。ベドウィンは「砂漠に住む人」という意味で，サウジアラビアから北アフリカで主にラクダなどの遊牧を行っている。**オアシス農業**は地下水，湧き水，外来河川の水を利用して行う乾燥地帯の農業である。**カナート**はイランの乾燥地帯に見られる水を運ぶ設備で，末端部に耕地が開かれる。４～５㎞から長いものでは30㎞を超えるものも見られる。

3 × ベルギーは地中海に面していない。また，「偏西風の影響により気温の年較差が小さく，降雨も年間を通して安定」しているのは**西岸海洋性気候**（Ｃｆｂ，Ｃｆｃ）である。**地中海性気候**（Ｃｓ）は夏の降水量がかなり少ない気候で，冬に麦や野菜を栽培し，夏に乾燥に耐えるブドウなどを栽培する農業が行われてきた。高低差を利用して移牧を行ってきた地域も多い。最近では灌漑により大規模なオレンジ栽培など（スペイン），専門化が進んでいる。

4 × カナダの国土面積はロシアに次いで**世界で２番目の広さ**である。中国，米国，ブラジルがこれらに次ぐ。ハドソン湾から五大湖沿岸にかけて**冷帯湿潤気候**（Ｄｆ）が分布するというのは正しいが，**プレーリー**はカナダ南部から米国中央部にかけて分布する地域なので誤り。プレーリーでは**穀物農業**が盛んである。**五大湖沿岸**は**酪農**や**近郊農業**が盛んであるが，綿花栽培は行われていない。**綿花栽培が盛んなのは米国南部**である。綿花栽培は冷帯ではほぼ不可能である。

5 ○ ウラル山脈から東側の広大な地域が**シベリア**である。シベリア東部には**冷帯冬季乾燥気候**（Ｄｗ）が，西部には**冷帯湿潤気候**（Ｄｆ）が分布する。西シベリア南部には肥沃な**黒土**である**チェルノーゼム**が分布し，**春小麦**（春に種を蒔き，晩夏に収穫）が栽培されている。

正答 5

さまざまな産業
世界の気候と農林水産業

実践 問題 27 基本レベル

頻出度	地上★★	国家一般職★	東京都★★	特別区★★
	裁判所職員★	国税·財務·労基★	国家総合職★	

問 世界の農業に関する記述A～Dのうち，妥当なもののみを挙げているのはどれか。 （国税2011）

A：アメリカ北部から中西部においては，第一次世界大戦後に導入されたタウンシップ制により公有地が分割され，黒人奴隷を労働力とした大規模かつ効率的な商業的農業が強化されていった。現在も，五大湖周辺では世界有数の綿花地帯が，その南から中西部にかけてのグレートプレーンズには世界最大規模の混合農業地帯が広がっている。

B：中国の東部では，黄河や長江などの大河川によって沖積平野が形成されており，国の人口と耕地の大部分が集中している。このうち，東北や華北では水田地帯が広がり稲作が中心である一方，華中や華南においては小麦や大豆の栽培をはじめとする畑作に加え，茶やサトウキビなどの工芸作物の栽培も行われている。

C：ヨーロッパの伝統的な農業は，アルプス山脈を境にして，南側の地中海式農業と北側の混合農業とに大別される。現在では，地域ごとに特定部門への専門化が進んでおり，北フランス，北イタリアなどでは小麦などの穀物の単一栽培が行われ，オランダでは野菜や花卉（かき）を栽培する園芸農業，デンマークなど冷涼な地域では酪農が発達している。

D：アフリカでは，植民地時代にプランテーション農業が発達し，輸出用の商品作物が単一耕作されるようになった。独立後の現在も，自給的作物よりも外貨獲得のための商品作物の栽培が重視される傾向があり，ギニア湾岸でのカカオの栽培，ケニアでの茶の栽培など，特定の一次産品を輸出する経済構造がみられる。

1：A，B
2：A，C
3：A，D
4：B，D
5：C，D

直前復習

チェック欄		
1回目	2回目	3回目

実践 問題 27 の解説

〈世界の農業〉

A × アメリカの五大湖沿岸は酪農地帯である。また，五大湖沿岸の南から中西部にかけて混合農業地帯が広がるが，グレートプレーンズはロッキー山脈の東に広がる大平原である。ここは牛の放牧地帯となっているほか，灌漑により小麦やトウモロコシが栽培されている。なお，黒人奴隷は19世紀の南北戦争の結果廃止されているため，黒人奴隷による商業的農業が第１次世界大戦後に強化されていったとの記述も妥当でない。

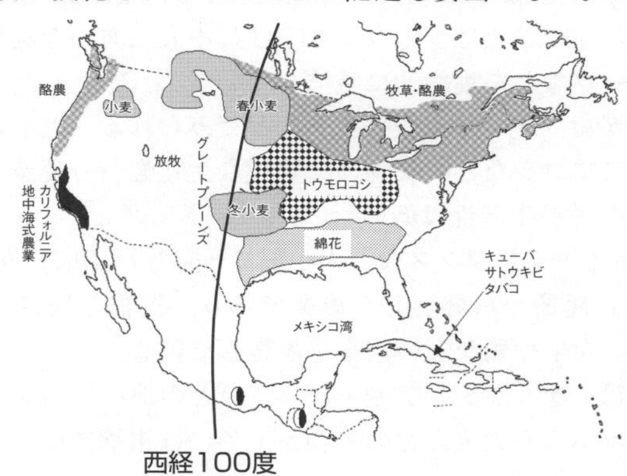

西経100度

B × 中国の東北や華北は小麦や大豆，こうりゃんなどの畑作が中心であり，華中や華南では稲作が盛んである。

稲	９割がモンスーンアジアで生産されている。生育期間中は高温多雨で，17～18℃の気温と1,000mm以上の年間降水量を必要とする。
小麦	生育期間の平均気温は14℃で，年降水量は500～750mmが最適で，主産地は温帯や冷帯の半乾燥地帯である。

C ○ 妥当である。特定部門への専門化の例としては，スペインのバレンシア地方の大規模なオレンジ栽培を挙げられる。

D ○ プランテーション農業は，輸出用の商品作物を単一栽培することが特徴である。ヨーロッパで産出されない熱帯産の農作物が作られた。独立後もプランテーションで作られる作物は貴重な外貨獲得手段として残り，一国の経済が特定の一次産品の生産や輸出に依存するモノカルチャー経済から脱していない国も多い。

以上から，ＣとＤが妥当であるので，肢５が正解となる。

正答 5

さまざまな産業
世界の気候と農林水産業

実践 問題 28 基本レベル

頻出度	
地上★★ 国家一般職★ 東京都★★ 特別区★★	
裁判所職員★ 国税·財務·労基★ 国家総合職★	

問 世界の農業に関する記述として，妥当なのはどれか。 （東京都Ⅰ類B2022）

1：園芸農業は，北アメリカや日本などの大都市近郊でみられる，鉢花や切花など，野菜以外の観賞用植物を栽培する農業であり，近年は輸送手段の発達とともに，大都市から遠く離れた地域にも出荷する輸送園芸農業が発達している。

2：オアシス農業は，乾燥地域においてみられる，外来河川や湧水池などを利用した農業であり，イランではフォガラと呼ばれる人工河川を利用して山麓の水を導水し，オリーブなどを集約的に栽培している。

3：企業的穀物農業は，アメリカやカナダなどでみられる，大型の農業機械を用いて小麦やトウモロコシなどの穀物の大規模な生産を行う農業であり，土地生産性が高いものの労働生産性は低い。

4：混合農業は，ドイツやフランスなどの中部ヨーロッパに広くみられる，中世ヨーロッパの三圃（さんぽ）式農業から発展した農業であり，穀物と飼料作物を輪作で栽培するとともに，肉牛や鶏などの家畜を飼育している。

5：地中海式農業は，アルジェリアやモロッコなどの地中海沿岸地域に特有の農業であり，夏には小麦や大麦などの穀物が，冬には柑橘（かんきつ）類やブドウなどの樹木作物が栽培されている。

直前復習

チェック欄

1回目	2回目	3回目

実践 問題 28 の解説

〈世界の農業〉

1 × 園芸農業は，都市の住民に観賞用植物のみならず，野菜や果物などを提供するため，都市の周辺で集約的な栽培を行うものである。

2 × 乾燥地帯であるイランで，山麓から導水するために設けられた地下水路をカナートという。フォガラは北アフリカにおける呼称。乾燥地帯では水が蒸発するため，水路は地下に引かれる。また，オアシス農業で栽培されているのは，米，小麦のほか，ナツメヤシ，綿花などである。

3 × アメリカやカナダなどで見られる企業的穀物農業は，広い土地に機械を導入して少ない人数で耕作するので，土地生産性（一定の土地面積から採れる生産量）はあまり高くないが，労働生産性（１人あたりの生産量）は高い。

4 ○ 混合農業の説明として妥当である。

5 × 地中海式農業は，地中海沿岸だけでなく，同じく地中海性気候が見られるアメリカのカリフォルニアやチリ中部，オーストラリア南西部などでも行われている。夏に乾燥するため，乾燥に強い柑橘類やブドウなどの樹木栽培が行われており，冬に降水が見られることから小麦や大麦などの穀物が栽培される。

正答 4

さまざまな産業
世界の気候と農林水産業

実践 問題 29 基本レベル

頻出度			
地上★★	国家一般職★★	東京都★★	特別区★★
裁判所職員★	国税･財務･労基★★	国家総合職★★	

問 **世界の農業に関する記述として最も妥当なのはどれか。**

（国税・財務・労基2022）

1：中国では，チンリン＝ホワイ川線を境に，北は稲作地域，南は畑作地域となっている。畑作地域では，キャッサバ，ヤムいもなどのいも類が栽培されている。中国は国土が広大なため農業が多様で，地域ごとに特色のある作物が栽培され，それを元にした食文化が生み出されている。例えば，中国の四大料理の一つである上海料理は，棒棒鶏（バンバンジー）や麻婆豆腐など，その辛さに特徴がある。

2：東南アジアでは，季節風（モンスーン）の影響を強く受ける平野部で，高温多湿な気候に適したじゃがいもやてんさいの栽培が盛んである。一方，稲作は，沿岸域の干潟を階段状に埋め立てた棚田で行われている。また，山岳部では，熱帯林を伐採して火入れをし，焼け跡の草木灰を肥料に耕作する焼畑によって，野菜などが栽培されている。

3：サハラ以南のアフリカでは，かつてはきびやひえなどの雑穀が主食であったが，ヨーロッパ諸国による植民地支配の影響を受けて，小麦が主食となった。コートジボワールやガーナなどギニア湾岸の国々では，近年，穀物メジャーの進出により，カカオの輸出に依存するモノカルチャーから脱却し，小麦を始めとする主要穀物の世界有数の輸出国になっている。

4：ヨーロッパでは，英国やオランダなど，アルプス山脈よりも北側の肥沃な土壌が分布する地域においては，レモンなどの柑橘類やオリーブ，ブドウなどを栽培する果樹農業が発達している。一方，イタリアやスペインなど，アルプス山脈よりも南側の夏が高温で乾燥する地域においては，牧草を栽培して乳牛を飼育する酪農や，野菜や花卉（かき）などを生産する園芸農業が発達している。

5：米国では，その土地の自然的条件などに最も適した作物を選び栽培する適地適作が広く行われている。プレーリーからグレートプレーンズにかけては，とうもろこしや大豆，小麦などが広大な農場で生産され，我が国などに輸出されている。また，米国ではアグリビジネスが盛んであり，アグリビジネス企業では，農産物の流通，新しい種子の開発など，様々な事業が展開されている。

チェック欄		
1回目	2回目	3回目

実践 問題 29 の解説

〈世界の農業〉

1 × 中国では，北で畑作，南で稲作が行われている。キャッサバやヤムイモなどのイモ類は主に熱帯地方で栽培されている作物である。中国北部では大豆やコウリャン・アワなどが栽培されている。また，辛さに特徴があるのは四川料理である。

2 × 東南アジアでモンスーンの影響を受ける平野部で栽培されているのは米である。ジャガイモやてんさいは寒い地方で栽培される。棚田は沿岸部ではなく山岳部に田をつくったもので，狭い土地を階段状に田にしている。なお，焼畑によって栽培されるのがキャッサバやタロイモである。

3 × 小麦は冷涼な気候を好む植物であるので，熱帯地方のコートジボワールやガーナなどでは栽培が盛んではない。アフリカの熱帯地域ではキャッサバやタロイモ，バナナなどが，乾燥地域ではトウモロコシやソルガム（モロコシ）が主食である。コートジボワールやガーナなどのギニア湾岸の国々では，カカオの生産が盛んであるが，近年では油田の開発が進んでいる。

キャッサバ	熱帯地方で主に栽培されている。この加工品がタピオカ。
タロイモ	日本のサトイモに似た品種のイモ。熱帯地方で主に栽培されている。
ナツメヤシ	気温が高く乾燥した地域で栽培されている。
カカオ	赤道付近で栽培されているチョコレートの原料。
ジャガイモ	寒さに強く生長も早いので世界各地で栽培されている。
てんさい	砂糖大根。サトウキビが生育できない寒い地域で，根から砂糖をつくる。

4 × アルプス山脈よりも南側では，夏の乾燥に耐えられるレモンなどの柑橘類やオリーブ，ブドウなどを栽培する果樹農業が発達している。一方，イギリスやオランダなどアルプス山脈よりも北側では，緯度が高いことから酪農が，また，オランダでは野菜や花卉などを栽培する園芸農業が発達している。

5 ○ 米国の農業の説明として妥当である。穀物メジャーとよばれる巨大商社は，収穫した穀物をカントリーエレベーターという穀物倉庫に貯蔵し，鉄道やトラックで輸出港まで輸送する，一貫した流通システムをつくっている。

正答 5

さまざまな産業

世界の気候と農林水産業

実践 問題 30 基本レベル

頻出度	地上★★	国家一般職★★	東京都★★	特別区★★
	裁判所職員★★	国税·財務·労基★★	国家総合職★★	

問 世界各地の農牧業に関する記述として最も妥当なものはどれか。

（裁判所職員2021）

1：アフリカや東南アジアなどで行われる焼畑農業は，草木を焼いてその灰を肥料とし，コーヒーなどを同じ耕地で繰り返し栽培する農業である。

2：集約的稲作農業は，モンスーンの影響を受け降水量が多い東アジアなどの地域で行われ，広い耕地に少ない労働力が投入されるため土地生産性が低い。

3：デンマークなどの北西ヨーロッパ沿岸では，牛を牧草や飼料作物で飼育し，牛乳やバターなどを生産する酪農が発達した。

4：プランテーション農業は，植民地支配のもと多くの奴隷や現地住民を動員することで発展し，多種類の自給作物を大規模に栽培した。

5：混合農業は，中世ヨーロッパから続く三圃式農業から発展したもので，夏はオリーブやブドウ，冬は小麦などを栽培し，家畜は羊や山羊などを飼育している。

チェック欄		
1回目	2回目	3回目

実践 問題 30 の解説

〈世界の農牧業〉

1 × 焼畑農業について，草木を焼いてその灰を肥料とすることは正しいが，ほとんど農地の手入れをしないので，雑草や害虫が発生するため，耕地は短い期間で放棄される。同じ耕地で繰り返し栽培するのではない。また，栽培されるものは，アワやヒエなどの雑穀や，キャッサバやヤムイモなどである。一方，コーヒーは主にプランテーション農業で栽培される作物である。

2 × 集約的稲作農業がモンスーンの影響を受ける東アジアなどの地域で行われることは正しいが，その特徴は狭い土地に多くの労働力が投入される点にある。土地生産性も高い。

3 ○ デンマークなどの北海沿岸の冷涼な地域では，酪農が盛んである。酪農は飼料作物や牧草を栽培して乳牛を飼育し，牛乳やバター，チーズなどの酪製品を生産する農業である。穀物栽培が難しい地でも牧草は育つため，冷涼で消費地に近いところで発達してきた。

4 × プランテーション農業が植民地支配のもとで発達したことは正しいが，その特徴はカカオやコーヒー，サトウキビ，タバコといったヨーロッパでは産出できない熱帯産の商品作物を単一栽培する点にある。

5 × 混合農業が中世ヨーロッパから続く三圃式農業から発達したことは正しいが，夏にオリーブやブドウ，冬に小麦を栽培するのは地中海式農業である。地中海式農業は，夏の乾燥に耐えられるオリーブやブドウの栽培を行う。混合農業は，家畜の飼育と自給用の麦類，家畜の飼料の栽培を行う。

正答 3

さまざまな産業
世界の気候と農林水産業

実践 問題 31 基本レベル

頻出度	地上★★★ 国家一般職★★ 東京都★★ 特別区★★ 裁判所職員★★ 国税·財務·労基★★ 国家総合職★★

問 **世界の農産物の生産と貿易について述べた次の文中の下線部分ア～オに関する記述のうち，妥当なのはどれか。** **（地上2020）**

農産物の生産では技術開発が世界各地で進められており，ア遺伝子組換え作物や高収量のハイブリッド品種の栽培が進んでいる。また，農産物の用途も多様化しており，食料用や家畜飼料用のほか，イバイオ燃料の原料としても需要が拡大している。

農産物の輸出入について，2000年と2016年を比較すると，ウ米，エ大豆などで大きな変化が見られる。また。国・地域間で農産物などの貿易に関するルール作りが進んでおり，2018年に発効したオＴＰＰ11協定（環太平洋パートナーシップに関する包括的及び先進的な協定）でも農産物に関する合意がなされた。

1：ア――生態系への影響や，食品や飼料としての安全性への疑念があり，日本やアメリカ合衆国では栽培が禁止されている。

2：イ――トウモロコシやサトウキビなどを原料としているが，高度な精製技術が必要であり，2022年現在，ほぼ全てがアメリカ合衆国で生産されている。

3：ウ――2000年にはタイ，ベトナム，インドが主要な輸出国であったが，2010年代に入り中国からの輸出が伸びたことから，2021年には中国が世界最大の輸出国であった。

4：エ――2000年と2021年の輸出入量を比較すると，輸入では中国の輸入量が大幅に増加し，輸出ではブラジルの輸出量が大幅に増加した。

5：オ――この協定で日本は，米などの重要な５品目について，輸入関税を将来的に撤廃することとなった。

直前復習

チェック欄

1回目	2回目	3回目

実践 問題 31 の解説

〈世界の農産物と貿易〉

1 × 日本では，食用・飼料用として使用することを目的とした遺伝子組換え農作物の商業栽培はないが，アメリカは遺伝子組換え農作物の栽培面積が世界最大であり，栽培作物の種類の数も世界で一番多い。2019年現在，世界の29カ国で，トウモロコシ，ダイズ，ワタ，ナタネの４種を中心に，遺伝子組換え農作物が栽培されている。

2 × **バイオ燃料**のアメリカの生産量は，世界の38％である。アメリカのほか，ブラジルでの生産も多い（約21％）。

3 × 米の生産は中国が世界１位，インドが世界２位であるが，中国は米の輸入国である。1980年代に米の主要な輸出国は，タイとアメリカであったが，その後，**輸出を伸ばしてきたのがインドやベトナム**である。インドは緑の革命により食糧自給を達成するとともに，米の輸出国となってきた。2021年の輸出はインド，タイ，ベトナムの順（『世界国勢図会2023/24』より）。

4 ○ **中国は全体の約６割を輸入している大豆の輸入大国**である。中国では，人々の生活が豊かになるにつれ，肉やミルク，卵の需要が拡大し，飼料としての大豆の輸入量が年々増えている。一方，大豆の生産は，長くアメリカが世界１位であったが，2021年はブラジルの生産量がアメリカを抜いて世界１位となった。大豆の輸出は，2017年にブラジルがアメリカを抜いて１位となった。

5 × ＴＰＰ11協定では，米，麦，牛肉・豚肉，乳製品，甘味資源作物を重要５品目として，品目により条件は異なるが，基本的には関税を維持することになっている。

正答 4

さまざまな産業
世界の気候と農林水産業

実践 問題 32 基本レベル

頻出度	地上★★	国家一般職★★	東京都★★	特別区★★
	裁判所職員★	国税·財務·労基★★	国家総合職★	

問 世界の森林に関する記述として，妥当なのはどれか。 （特別区2002）

1：世界の森林の分布は，ケッペンの気候区分では，熱帯雨林，ステップ，温帯林，冷帯林及びタイガの５つに大別される。

2：熱帯雨林の面積は，全陸地の30％と最も多く，加工のしやすい常緑広葉樹の軟材が建築材やパルプ用材として早くから開発されたために乱伐が進み，現在では植林による人工林がほとんどである。

3：温帯林は，常緑広葉樹，落葉広葉樹，針葉樹及びこれらの混合林などの林相がみられ，森林開発が早くから行われた地域であり人工林が多い。

4：冷帯林は，主に針葉樹からなり，ユーラシア大陸北部，カナダ及びオーストラリア南部に分布し，一般に，樹高や林相のそろった硬木の針葉樹の純林が連なっているが，積雪地域が多いため開発が遅れている。

5：タイガは，シベリアの北緯70度付近の地域に分布する林相をいい，紫檀や黒檀などの比較的高価な特殊材が伐り出されるため，家具材料として林業が発達した。

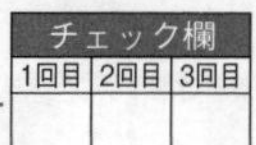

実践 問題 32 の解説

〈世界の森林〉

1 × ケッペンの気候区分をもとに森林を分類すると，熱帯林，温帯林，冷帯林に分けられる。ステップは短草草原で森林ではない。また，冷帯林の中で，特に広大な針葉樹林をタイガという。

2 × 森林全体の面積が全陸地の30%にあたる。全森林の約半分が熱帯林であるとされるが，著しい減少が報告されている。熱帯林には硬木が多く，さまざまな樹木が混じり合って生えているために，冷帯林に比べて開発は遅かった。

3 ○ 温帯林にはさまざまなものが見られる。これは主に気候の違いによる。わが国では温帯南部には秋になっても葉を落とさない常緑広葉樹林，温帯中北部を中心に落葉広葉樹林，温帯北部や，やや高度のある地域に分布する針葉樹林などに分かれる。人類が古くから居住し，文明も発達した地域であるために，燃料や農地開墾，住宅建設，そして製鉄などのために木材が大量に伐採され，人工林が多い。

4 × 冷帯林はユーラシア大陸中北部，カナダ中北部などに分布するが，オーストラリア南部には分布しない。南半球には冷帯気候は分布していないことも思い出してほしい。冷帯気候は夏には比較的高温となるが，熱帯林と異なり下草も少なく，伐採作業も比較的簡単であり，**冷帯林にはパルプの原料に適した軟木が多い**ことから用材として経済的な利用が進められた。

5 × タイガは冷帯気候の地域に広がる針葉樹林であるが，北緯70度となるとツンドラ気候地域で，針葉樹林はもはや存在することができない。また，紫檀や黒檀はインドからインドシナ半島を原産地とする硬質の熱帯性樹木で，仏壇や家具などに利用されている。

正答 3

さまざまな産業
世界の気候と農林水産業

実践 問題 33 基本レベル

頻出度				
	地上★★	国家一般職★★	東京都★★	特別区★★
	裁判所職員★	国税･財務･労基★★		国家総合職★

問 世界の海洋に関する次の記述のうち，妥当なものの組合せはどれか。

（地上2010改題）

ア：ベーリング海は，カムチャツカ半島，アラスカ，アリューシャン列島に囲まれた海である。氷に覆われているため，漁業はほとんど行われていない。

イ：北海は，ノルウェー，デンマーク，イギリスなどの国々に囲まれ，バンクなどで好漁場となっている。また，温暖な北大西洋海流のため，高緯度だが，温暖な気候である。

ウ：南シナ海は，中国，台湾，フィリピン，マレーシア，インドネシアなどの東南アジア諸国に囲まれている。南沙諸島は付近が豊かな漁場であることに加え，海底に石油や天然ガスが埋蔵されていることがわかり，領有をめぐる緊張が高まっている。

エ：南アメリカ大陸のペルー沖では，飼料となるアンチョビーの漁獲が多い。温暖なペルー海流のおかげで，沿岸地域は，西岸海洋性気候となっている。

1：ア，イ
2：ア，エ
3：イ，ウ
4：イ，エ
5：ウ，エ

直前復習

チェック欄		
1回目	2回目	3回目

実践 問題 33 の解説

〈世界の海洋〉

ア× ベーリング海を囲む陸地に関する記述は正しい。しかし，ベーリング海は北極付近と異なり，常に氷に覆われていることはなく，北部や沿岸部の一部を除いて，流氷が漂着することもない。また，ベーリング海は大陸棚が発達しているため好漁場として知られる。

イ○ 妥当な記述である。北海は，スカンジナビア半島，グレートブリテン島，ユーラシア大陸に囲まれた海である。**バンクは大陸棚のうち特に水深の浅い部分**をいう。好漁場として知られ，ニシンやタラなどが獲れる。ヨーロッパ大陸の西岸には暖流の**北大西洋海流**が流れており，**北海沿岸は，北緯50度を超える高緯度ながら，西岸海洋性気候が広がる比較的温暖な地域**である。

ウ○ 妥当な記述である。南沙諸島は中国，台湾，ベトナム，マレーシア，ブルネイ，フィリピンが領有を主張している。

エ× アンチョビーがペルー沖で多く獲れる点については正しい。しかし，**ペルー（フンボルト）海流は寒流**である。また，沿岸地域には砂漠気候が広がり，アタカマ砂漠はこの地域にある。

以上から，イとウが妥当であるので，肢3が正解となる。

正答 3

第2章 2 SECTION

さまざまな産業
鉱工業・エネルギー

必修問題 セクションテーマを代表する問題に挑戦！

工業立地および資源やエネルギーに関する出題が自然地理と関係するところに着目して，トライ！

問 世界のエネルギー事情に関する記述として最も妥当なのはどれか。

（国家一般職2021）

1：産業革命以前における主要なエネルギー資源は石炭であったが，産業革命を契機に石油へと変化した。ヨーロッパの主な油田があったロレーヌ地方やザール地方は，フランスとスペインの国境付近にあったため，その領有問題は両国間の紛争を引き起こした。

2：第二次世界大戦後，西アジアなどの産油国で油田の国有化が進み，石油輸出国機構（ＯＰＥＣ）が設立された。この結果，原油価格が大幅に値上がりしたため，石油メジャーと呼ばれる欧米の巨大企業が世界の油田開発を独占することで，供給量と価格の安定化を実現した。

3：地中の地下水に含まれる天然ガスをシェールガスという。シェールガスはこれまで採掘することが難しかったが，技術の進歩により2000年代に中国で生産が急増し，2012年，中国は米国を抜いて天然ガス生産量が世界一となった。

4：原子力発電は，電力エネルギー源として主として先進国で導入されてきた。中国やインドには原子力発電所は存在せず，今後も建設される予定はないが，ドイツ，フランスでは，新規の原子力発電所の建設が予定されている。

5：バイオエタノールは，サトウキビやトウモロコシなどを原料として作るエタノールで，再生可能なエネルギーとして注目されている。2014年における主な生産国は米国とブラジルで，世界の生産量の半分以上はこれらの二国で生産された。

Guidance ガイダンス 安定陸塊－鉄鉱石・貴金属，古期造山帯－石炭，新期造山帯－石油・天然ガス・銅鉱など，自然地理における大地形に関する理解は鉱工業分野の理解に直結する。

直前復習

頻出度 地上★★★ 国家一般職★★ 東京都★★★ 特別区★★★ 裁判所職員★★ 国税·財務·労基★★ 国家総合職★★

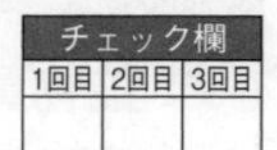

必修問題の解説

〈世界のエネルギー事情〉

1 × 産業革命前の主要なエネルギーは，水力や畜力などである。産業革命において蒸気機関が実用化されたことで，主要なエネルギーが石炭へと転換した。ロレーヌ地方やザール地方はヨーロッパの石炭産地である。いずれもフランスとドイツの国境付近にあり，特にロレーヌ地方は両国の紛争の地となった。

2 × 西アジアの国々においては，植民地支配から独立した後も，石油メジャーとよばれる欧米の巨大企業が油田を支配しており，資源ナショナリズム（資源保有国が自国の資源に対して主権を回復するための運動）が高揚していた。こうした背景のもと，1960年に国際石油資本が一方的に原油価格を引き下げたことを契機に，産油国の利益を守るためにＯＰＥＣ（石油輸出国機構）が結成された。その後，産油国では国際石油資本に対抗しつつ，石油の国有化が進められていった。

3 × シェールガスの採掘により，2012年に天然ガスの生産量が世界一となったのは，アメリカである。なお，このときに世界一の座を奪われたのはロシアである。2022年現在，天然ガスの生産量はアメリカ，ロシアの順。なお，シェールガスは，頁岩（シェール）層から採掘されるガスで，多くは深さ1,500ｍ以上の場所に存在する。従来から天然ガスが採掘されていた場所よりも非常に深く，特殊な方法によることが必要である。

4 × 近年，中国やインドでも原子力発電が盛んになってきている。中国は2022年１月１日現在，運転中の原子力発電設備が51基あるが，建設・計画中が43基あり，すべてが稼動するようになると，原子力発電量が世界１位であるアメリカの95基と並ぶ。また，フランスは原子力発電の割合が高い国であるが，建設・計画中は１基で，ドイツは建設・計画中のものはない。

5 ○ バイオ燃料は，2022年においても，アメリカが世界の38％，ブラジルが21％と全体の６割近くを生産している。

正答 5

第2章 SECTION 2 さまざまな産業
鉱工業・エネルギー

1 鉱物資源

(1) 鉱物資源の産出国

(%)

鉄鉱石	オーストラリア（37.1）ブラジル（16.2）中国（14.8）
銅鉱	チリ（28.4）ペルー（12.0）中国（8.3）
ボーキサイト	オーストラリア（26.7）中国（23.7）ギニア（22.0）
タングステン鉱	中国（82.3）
レアアース	中国（70.3）

(2) エネルギー資源

(%)

石炭	産出	中国（51.8）インド（10.3）インドネシア（7.8）
	輸出	インドネシア（29.7）オーストラリア（29.5）
	輸入	中国（17.4）インド（17.2）日本（13.5）
原油	産出	アメリカ（18.9）サウジアラビア（12.9）ロシア（11.9）
	輸出	サウジアラビア（16.3）ロシア（11.6）イラク（8.2）
	輸入	中国（25.4）アメリカ（13.6）インド（9.2）
天然ガス	産出	アメリカ（24.2）ロシア（15.3）
	輸出	ロシア（18.9）アメリカ（11.9）カタール（10.6）ノルウェー（9.0）
	輸入	中国（11.6）日本（8.9）ドイツ（6.6）
バイオ燃料	生産	アメリカ（38.1）ブラジル（21.4）インドネシア（9.1）

(3) 主要国の発電状況

	合計（単位：億kWh）	化石燃料（%）	地熱・新エネルギー（%）	水力（%）	原子力（%）
中国	88,487	64.4	15.4	14.7	4.7
アメリカ	45,477	60.4	15.8	5.7	17.9
インド	18,580	76.9	11.1	9.4	2.5
ロシア	11,669	62.8	0.6	16.9	19.2
日本	10,336	64.8	14.7	7.2	5.0
カナダ	6,596	17.9	7.9	60.4	13.1
ドイツ	5,773	45.9	41.0	3.0	6.0
ブラジル	6,772	10.1	24.3	63.1	2.1
フランス	4,677	11.2	14.5	9.5	63.0

＊資料『世界国勢図会2023/24』より作成

2 各国の工業

(1) アメリカ合衆国の工業

アメリカの工業は，**豊富な地下資源に支えられてまず北東部で発達**しました。**石油，石炭，天然ガスなどの産出は世界有数**です。巨大資本による大企業が多く，多国籍企業も多いです。先端産業（航空機，コンピュータ，バイオなど）に強く，多数の重要な特許を所持しています。**北緯37度以南の地域は1970年代から工場の進出が著しく，サンベルトとよばれます**。最先端産業の集まる地域には，カリフォルニア州のシリコンヴァレー，テキサス州のシリコンプレーン，ノースカロライナ州のリサーチトライアングルパークなどがあり，いずれもサンベルトに位置しています。

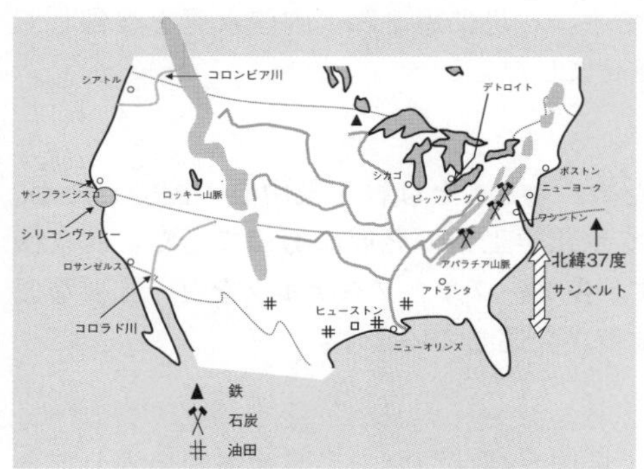

(2) ラテンアメリカの工業

ラテンアメリカには，**ブラジルの鉄鉱石，メキシコやベネズエラの原油，チリの銅**など，鉱産資源に恵まれた国が多いです。かつては鉱産資源や農作物の輸出に依存したモノカルチャー経済が続きましたが，輸入代替型の工業化が進められた結果，各地で工業が発達してきました。

① メキシコ

1990年代にＮＡＦＴＡが締結され，アメリカ企業がメキシコに生産拠点を移すとともに，日本の自動車・部品メーカーの進出も多いです。ＮＡＦＴＡ発効後は対米貿易が急増して2018年には，輸入全体の約46％，輸出全体の約80％を米国が占めるようになりました。2017年８月から米国とカナダとメキシコ３カ国でＮＡＦＴＡの再交渉を行い，2018年11月に３カ国の首脳間でＮＡＦＴＡに代わる米国・メキシコ・カナダ協定（ＵＳＭＣＡ）に署名しました。

② ブラジル

1960年代後半から外資を積極的に導入して，コーヒーのモノカルチャーから脱却，自動車や航空機などの製造業が発達し，工業製品の輸出が25％を占めるようになってきました（大豆や肉類などの食料品の輸出も34.8％）。２億人を超える人口を抱える巨大な市場を有し，近年では南東部で油田の開発が進み，原油の輸出額も全体の１割を占めるようになっています。1995年には南米南部共同市場（ＭＥＲＣＯＳＵＲ）を結成しています。

(3) ヨーロッパの工業

① ドイツ

ＥＵ最大の工業国で工業製品輸出国です。石炭に恵まれ，内陸水運を整備してルール工業地域を中心に重工業を発達させました。

② フランス

石炭や石油などの資源に乏しかったため，もともとは軽工業中心の国でしたが，第２次大戦以降は基幹産業を国営化して重化学工業の発展に努めました。航空機産業や原子力産業などが発達しています。ルアーブル，ダンケルクなど，主要な原料資源輸入港には，大規模な臨海工業地帯が発達しています。

③ イギリス

ペニン山脈で石炭や鉄鉱石が産出し，炭田と結びついて工業地域が発達してきました。北海油田で原油の採掘を行っています。かつての工業地帯の中には，厳しい状況にあるところもありますが，ロンドン周辺やシリコングレンでは先端技術産業や工芸品製造業が発達しています。

④ 北欧

スウェーデンは，鉄鉱石が産出し，主要産業は機械工業（自動車など）です。ノルウェーは世界有数の漁業国であり，水力発電利用のアルミ精錬も発達していますが，原油や天然ガスの輸出が約６割を占めています。

(4) アジアの工業

① 中　国

1970年代末からとられた開放政策の際に設けられた深圳（シェンチェン）などの経済特区を中心に，海外との交易に便利な沿海地域で工業が発展しました。内陸部では原料地指向の立地が見られ，石炭や鉄鉱石の資源を生かした鉄鋼業や石油精製業，石油化学工業が発達しています。**自動車の生産台数や販売台数は世界１位，パソコンやタブレット端末，デジタルカメラの生産も世界１位です。**レアメタルのタングステンやレアアースは世界の産出量の大半を中国が占めています。

② インド

インドでは1991年から積極的に外国の資本や技術の導入を進める開放経済政策を採用し，安くて豊富な労働力を求める外資企業がインドに進出しました。その後も経済発展に伴って形成された中間層の所得が向上し，購買力のついた中間層という巨大な市場が注目されています。従来からの工業は鉄鉱石や石炭を利用した製鉄業中心の重工業が中心でしたが，近年では**ソフトウェア産業がデリー，ムンバイ，バンガロールなどに立地しています**。

③ アジアＮＩＥｓ

1970年代からは，発展途上国の中で工業製品の輸出を中心に韓国やシンガポール，香港，台湾などのＮＩＥｓ（新興工業経済地域）で工業化が進みました。政府主導の輸出指向型工業が特徴で，各種の工業品の生産・輸出が盛んになりました。

④ 東南アジア諸国

1980年代から**輸出指向の工業化が進展**します。**マレーシアはルック・イースト政策**を採用し，日本や韓国，台湾などからの企業進出や技術導入が奨励されました。タイでも首都圏を中心に多くの工業団地を形成され，企業の税制上の優遇政策をとって工業化を進めました。社会主義国の**ベトナムもドイモイ政策**で企業の自由な経済活動を認めるようになりました。タイやマレーシアの工業団地には，輸出を条件に企業を誘致し，原料や部品の輸入や製品の輸出にかかわる税を免除し，現地の安価な労働力を利用して，外国から誘致した労働集約的な工業，繊維工業や鉄鋼業などを盛んにする輸出加工区が設けられています。

1993年には**ＡＦＴＡ（ＡＳＥＡＮ自由貿易地域）**が締結され，域内の関税を０～５％と低く抑え，ＡＳＥＡＮもしくはアジアの域内で各国が部品を分担して製造する国境を越えた分業が行われています。

3 さまざまな工業

半導体工業	製品に占める輸送費の単価が相対的に安くすむため，空港周辺や高速道路沿いに工場が立地されることが多い。
パルプ工業	パルプは輸送費が高いことから消費地近くで生産されるが，排出物が多く環境への負荷が大きい。
アルミニウム工業	大量の電気を消費する。日本では静岡県蒲原でのみ新地金の精錬が行われている。

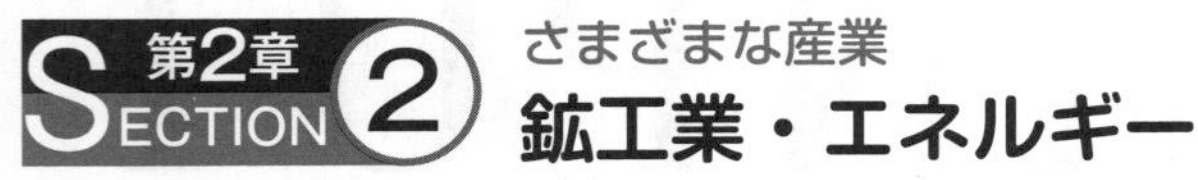

第2章 SECTION 2 さまざまな産業 鉱工業・エネルギー

実践 問題 34 基本レベル

頻出度	地上★★	国家一般職★★	東京都★	特別区★
	裁判所職員★	国税·財務·労基★★	国家総合職★★	

問 2021年における世界の原油生産量の上位３カ国の組合せとして，妥当なのはどれか。 （東京都Ⅰ類Ｂ2017改題）

1：アメリカ，イラン，ベネズエラ
2：アメリカ，サウジアラビア，ロシア
3：アラブ首長国連邦，イラン，サウジアラビア
4：イラン，サウジアラビア，ロシア
5：カナダ，サウジアラビア，ベネズエラ

直前復習

チェック欄

1回目	2回目	3回目

実践 問題 34 の解説

〈原油の生産量の上位３国〉

2022年における世界の原油生産量の上位３カ国は，アメリカ，サウジアラビア，ロシアである。４位がカナダ，５位がイラク，６位が中国，７位がアラブ首長国連邦，８位がイラン，９位がブラジル，10位がクウェートである。ベネズエラは原油の埋蔵量が世界１位である。ちなみに，原油の輸出（2020年）は，サウジアラビア，ロシア，イラク，アメリカ，カナダの順（『世界国勢図会2023/24』）。

以上から，肢２が正解となる。

正答 2

鉱工業・エネルギー

実践 問題 35 基本レベル

頻出度	地上★★★ 国家一般職★★ 東京都★★★ 特別区★★★ 裁判所職員★ 国税･財務･労基★★ 国家総合職★

問 世界の資源・エネルギーに関する記述として，妥当なのはどれか。

（東京都Ⅰ類Ｂ2023）

1：産業革命以前のエネルギーは石炭が中心であったが，産業革命後は近代工業の発展に伴い，石油の消費が増大した。

2：レアメタルの一種であるレアアースの産出量が最も多いのは，以前は中国であったが，近年はアメリカ合衆国となっている。

3：産油国では，自国の資源を自国で開発・利用しようという資源ナショナリズムの動きが高まり，石油輸出国機構（ＯＰＥＣ）が結成された。

4：都市鉱山とは都市再開発によって生じる残土に含まれる金属資源のことであり，低コストで再利用できる資源として多くの先進国で活用されている。

5：ブラジルで生産されているバイオエタノールは，大量の作物を消費することで森林破壊が進むことが危惧されるため，自動車の燃料としての使用が禁止されている。

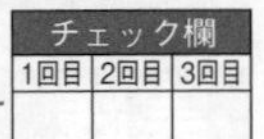

実践 問題 35 の解説

〈世界の資源・エネルギー〉

1 × 産業革命前のエネルギーは，人力・畜力・水力等であり，産業革命では，蒸気力が実用化された。このため，産業革命後に石炭の消費が増大したのである。

2 × レアアースの産出量が最も多いのは2022年時点でも中国である。世界全体の約70％を中国が産出している。２位はアメリカであるが，その割合は約14％である。

3 ○ 資源ナショナリズムの説明として，妥当である。発展途上国の油田の利権は，その大半を欧米の国際石油資本（メジャー）が独占していたが，これに対抗して産油国が，資源ナショナリズムを背景にＯＰＥＣ（石油輸出国機構）を結成し，原油価格の決定権を握るようになった。

4 × 廃棄されたパソコンやスマートフォン，家電製品などから，金や銀，レアメタルなどの金属を取り出してリサイクルする取り組みが行われているが，こうしたパソコンやスマートフォン，家電製品などのe-wasteとよばれる廃棄物は，その中に再利用できる貴重な金属が含まれていることから都市鉱山とよばれている。

5 × ブラジルでは，サトウキビを原料としたバイオエタノールで自動車が走っている。ＥＵ（欧州連合）ではてんさいや小麦，アメリカではトウモロコシがバイオエタノールの主な原料となっている。液体バイオ燃料の生産は，アメリカが世界全体の約38％，ブラジルが約21％を占めている。

正答 3

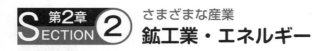

鉱工業・エネルギー

実践 問題 36 基本レベル

頻出度 地上★★ 国家一般職★★ 東京都★ 特別区★ 裁判所職員★ 国税·財務·労基★★ 国家総合職★★

問 世界の資源等に関する記述として最も妥当なのはどれか。 (国税2012改題)

1：石炭は製鉄用コークスの原料や火力発電の燃料として用いられている。石油と比べて資源の偏りが大きくその大半が，環太平洋地域に偏在している。我が国においては全国各地で良質の石炭が産出され，オーストラリアやカナダに輸出されている。

2：希少金属（レアメタル）にはタングステン，コバルト，クロム等があり，先端技術産業に欠かせない素材として重要である。これらの金属の生産は一つ又は少数の国に集中する傾向が強く，例えばタングステンは，2019年現在，世界における生産量の８割以上を中国が占めている。

3：漁獲量を世界各地の水域別にみると，インド洋が最も多く，次いでカムチャツカ半島の沖から東シナ海にかけての北西太平洋である。これらの海域を流れる海流は暖流がほとんどで，寒流との潮境が少なく，魚類の成長に好条件であることがその理由として挙げられる。

4：コメは，熱帯から温帯にかけての地域が主要な産地となっている。近年，東南アジア各国では大規模生産を行うことで生産が向上したが，一方で人口増加に伴い国内消費量も増大し，2019年現在，タイに代わり米国が世界最大の輸出国となっている。

5：世界の森林面積のうち，約半分は温帯に分布し，残りは熱帯と亜寒帯，亜熱帯に分布する。熱帯林は古くから開発が進められ，植林も行われて人工林が広く分布している。また，冷帯林は多くの樹種が得られることから，主要な木材供給地域となっている。

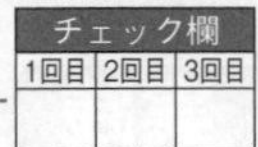

実践 問題 36 の解説

〈世界の資源〉

1 × 日本は世界有数の石炭輸入国である。また，石炭は原油に比べて偏在性の小さいエネルギーであるといわれており，インドやカザフスタン，ロシア，ウクライナ，南アフリカ共和国など，環太平洋地域以外の埋蔵量も多い。

2 ○ タングステンは８割以上が中国で生産されている（2021年）。電気抵抗が大きく，耐熱鋼やフィラメントなどに利用される。コバルトはコンゴ民主共和国で約７割が生産されており，医療やジェットエンジンなどに利用する。クロムは44％が南アフリカで生産されており，耐食性に優れているため，ステンレスやクロム線の材料となる。このように，レアメタルは全般に生産国の偏りが著しい傾向がある。

3 × 漁獲量が最も多い漁場は北西太平洋漁場（中国，日本，ロシアなどが操業）である。日本海流（暖流）と千島海流（寒流）が日本の太平洋沿岸で潮境（潮目）をつくっているなど，北緯40°あたりで広く暖流と寒流が接する地域で，魚の種類が豊富で，漁業が盛んである。なお，暖かい海を好む魚もいるが，一般的には寒流のほうがプランクトンが豊富で魚が多い点にも注意したい。なお，2020年には世界の漁獲量9,142万トンに対し，養殖業生産量が１億2,258万トンと養殖業生産量のほうが多くなっている。

4 × 米の原産地は中国南部からインドシナ半島あたりと推定されており，温帯南部から熱帯気候を好む。最大の生産国は中国でインドがこれに次ぐ。長年タイの輸出量が世界一であったが，2012年からインドが輸出１位となった。

5 × 世界の森林面積のうち，45％が熱帯に分布し，亜寒帯（27％），温帯（16％），亜熱帯（11％）の順になる（『世界森林資源評価2020　主な調査結果（仮訳）』より）。また，古くから開発が進められて，人工林が広く分布しているのは温帯である。世界の林業地帯となっているのは樹種が少ない亜寒帯（冷帯）で，木材の輸出が多いのは，ロシアやカナダ，ニュージーランドなどである。

正答 2

第2章 SECTION ②
さまざまな産業
鉱工業・エネルギー

実践 問題 37 基本レベル

頻出度	地上★★	国家一般職★★	東京都★	特別区★
	裁判所職員★	国税·財務·労基★★		国家総合職★★

問 **2019年における世界のエネルギー資源及び鉱山資源に関する記述として，妥当なのはどれか。** **（東京都Ⅰ類A 2012改題）**

1：石炭は，発電用燃料などの主要なエネルギー資源として生産されており，石炭の年間生産量が世界第１位の国はインドである。

2：天然ガスは，石油と比べて燃焼時の二酸化炭素の排出量が少ないクリーンなエネルギー資源であり，アメリカ，ロシアの２カ国で世界の年間総生産量の約４割を占めている。

3：鉄鉱石は，鉄鋼の原料であり，ブラジル，オーストラリア，中国の３カ国で年間の総生産量の６割以上を占め，ブラジルは国内生産量では不足するため，日本と並ぶ輸入大国となっている。

4：銅鉱は，電線などの電気関連資材の原料であり，銅鉱の埋蔵量，年間生産量とともに世界第１位の国はペルーである。

5：ボーキサイトは，建築，車両用材料などとして用いられるアルミニウムの原料であり，ボーキサイトの年間生産量が世界第１位の国はインドネシアである。

直前復習

チェック欄

1回目	2回目	3回目

実践 問題 37 の解説

〈エネルギー・鉱物資源〉

1 × 石炭が発電用燃料などの主要なエネルギー資源として生産されていることは正しいが，**石炭の年間生産量が世界１位なのはインドではなく中国である**。中国の生産量は全世界の生産量の52％を占めている。インドの生産量は中国に次いで第２位である。

2 ○ 天然ガスは石油に比べて燃焼時の二酸化炭素の排出量が少ないクリーンなエネルギー資源である。**アメリカで世界の年間総生産量の24.2%，ロシアが15.3%であり**，２国で全体の約40％を占めている。

3 × 鉄鉱石の産出は，2020年時点ではオーストラリアが37.1％，ブラジルが16.2％，中国が14.8％を占め，合計で６割を超えている。ただし，国内の生産量では不足するため**輸入大国となっているのはブラジルではなく，中国**である。中国は2021年時点では世界全体の68.3％を輸入している輸入大国であり，次いで日本が全体の7.0％を輸入している。

4 × **銅鉱の埋蔵量，年間生産量の世界第１位はペルーではなくて，チリである**。ペルーは銅鉱の埋蔵量，年間生産量ともにチリに次いで第２位であるが，チリとの差は非常に大きい。ペルーは銅鉱に加えて，銀鉱，鉛，亜鉛などの鉱物資源の産出量が多いことが特徴である。

5 × **ボーキサイトはアルミニウムの原料であるが**，年間生産量の世界第１位の国は**オーストラリアである**。2020年の年間生産量は，オーストラリア，中国，ギニア，ブラジルの順であった。

※数値は『世界国勢図会2023/24』および『データブック オブ・ザ・ワールド 2023』による。

正答 2

第2章 SECTION ② さまざまな産業

鉱工業・エネルギー

実践 問題 38 基本レベル

頻出度	地上★★	国家一般職★★	東京都★	特別区★
	裁判所職員★	国税·財務·労基★★		国家総合職★★

問 資源やエネルギーに関する記述として最も妥当なのはどれか。

(国家総合職2015改題)

1：石油や石炭などの資源の埋蔵量には限度がある。石油，石炭及び天然ガスの可採年数（その時点で確認されている採掘可能な埋蔵量を，その年の生産量で割った値）をみると，2019年では石油が約150年である一方，石炭が約20年，天然ガスが約30年であり，石炭や天然ガスの早期の枯渇が問題となっている。

2：太陽光，風力，地熱など，環境に負荷を与えない新エネルギーが注目されている。そのうち，サトウキビなどから製造する液体バイオ燃料の主な生産国は，米国とメキシコであり，2022年の世界生産量の約90%を占めている。特に米国では，2019年の国全体の発電エネルギーの20%以上をバイオエタノールが占めている。

3：一次エネルギー（自然界にあるままの形状をしたエネルギー資源）の供給量は，著しい地域差がある。2019年の一次エネルギーの供給量は石油換算値で年間10億トン程度であるが，その内訳をみると，人口が多く経済成長が進んでいる中国とインドの両国で50%余りを消費しており，１人当たり供給量でみても，米国や日本を大きく上回っている。

4：「地球上の存在量がまれであるか，技術的・経済的な理由で抽出困難な金属」であるレアメタルは，特定の地域に偏って存在している。2019年の主なレアメタルの生産量をみると，海底資源が豊富である日本の生産量がマンガン，タングステン，コバルトそれぞれにおいて世界の40%以上を占めている。

5：有限である資源を有効に使うため，また，資源の輸入に依存しすぎないようにするため，鉱産資源が含まれる廃棄物を「都市鉱山」と捉え，それを資源として再利用する資源リサイクルが注目されている。日本では2013年にいわゆる小型家電リサイクル法が施行され，世界有数の「都市鉱山」を持つ国として，その資源の有効活用が図られている。

チェック欄

1回目	2回目	3回目

実践 問題 38 の解説

〈資源やエネルギー〉

1 × 2020年の石油の可採年数は54年となっている。1970年代のオイルショック時には，石油資源の枯渇問題が深刻に懸念されたが，追加的な石油資源の発見や確認により，1980年代以降，可採年数はほぼ40年程度の水準を維持してきた。最近ではベネズエラやカナダにおける埋蔵量の拡大もあり，可採年数は増加傾向にある。しかし，石炭の可採年数は139年と，脱炭素の流れもあり**石油の可採年数よりも長い**（『世界国勢図会2023/24』）。

2 × **バイオ燃料**の主な生産国は，米国とブラジルである。米国とブラジルで世界生産量の約６割を占めている。また，米国の2020年の発電量のうち，バイオ燃料の割合は1.7％である（『データブック オブ・ザ・ワールド 2023』より）。

3 × 2019年の一次エネルギー供給量は，石油換算で145億トンであった（『世界国勢図会2022/23』）。これを国別に見ると，１位は中国（23％），２位アメリカ（15.3％），３位インド（6.5％），４位ロシア（5.3％）である。一次エネルギー供給量の伸びはOECD諸国では鈍化し，途上国の経済発展に伴って全体量が伸びているが，中国とインドで５割を占めるとあるのは妥当でない。また，中国やインドは人口が多いため，１人あたりに換算すると，日本が3.29ｔ，アメリカ6.7ｔであるのに対し，中国は2.4ｔ，インドは0.69ｔと少ない。

4 × レアメタルの資源の偏在性が大きいことは正しい。ただし，マンガンやタングステン，コバルトの生産量について日本は世界の40％以上のシェアを占めていない。マンガンの生産量は１位南アフリカ共和国（35.8％），２位ガボン（21.6％），３位オーストラリア（16.2％）である。タングステンは中国が世界の生産量の82.3％を，コバルトはコンゴ民主共和国が世界の生産量の67％を占めている（『世界国勢図会2023/24』）。

5 ○ そのとおり。現在では製品の設計段階から回収，再利用を視野に入れた素材の選択や，設計，製造が行われており，携帯電話やパソコンなどは，廃棄された製品から多くの貴金属やレアメタルが回収できるので，これらの廃棄物を「都市鉱山」とよぶことがある。

正答 5

鉱工業・エネルギー

実践 問題 39 基本レベル

頻出度	地上★★ 国家一般職★★ 東京都★ 特別区★★ 裁判所職員★ 国税·財務·労基★★ 国家総合職★

問 次のグラフは，2022年における主要国の発電電力量と発電電力量に占める各電源の割合を表したものであるが，A～Eに該当する国名の組合せとして，妥当なのはどれか。 (東京都2013改題)

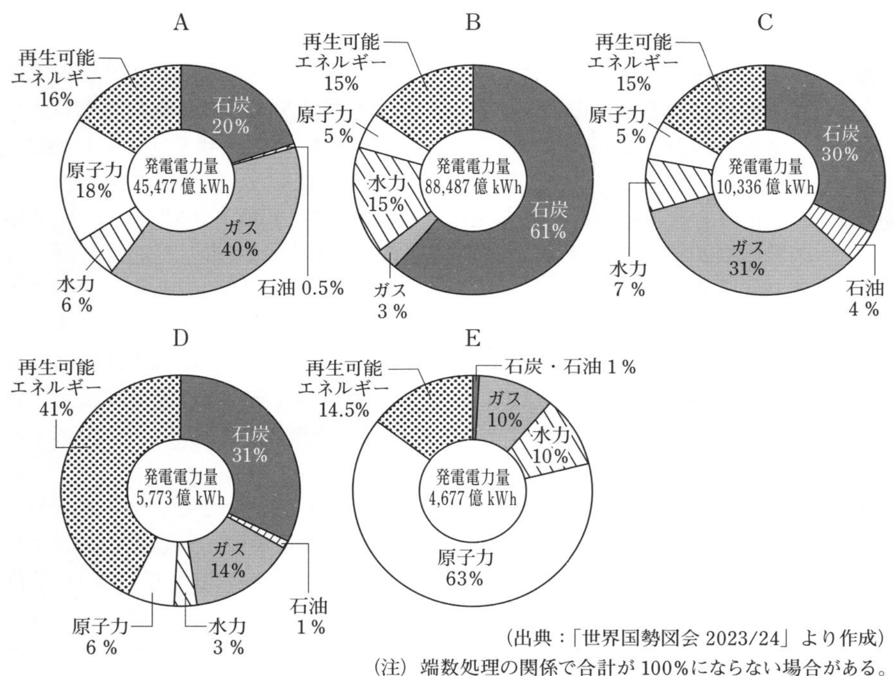

(出典：「世界国勢図会 2023/24」より作成)
(注) 端数処理の関係で合計が 100%にならない場合がある。

	A	B	C	D	E
1	：アメリカ	中国	ドイツ	フランス	日本
2	：アメリカ	中国	日本	ドイツ	フランス
3	：中国	アメリカ	ドイツ	日本	フランス
4	：中国	アメリカ	フランス	日本	ドイツ
5	：ドイツ	中国	アメリカ	日本	フランス

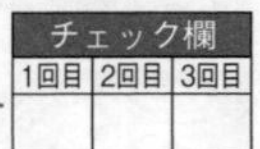

実践 問題 39 の解説

〈世界各国のエネルギー〉

A アメリカ　発電電力量を見ると40,000億kWhを超えていることから，2022年において世界で中国に次ぐ発電量を示すアメリカとわかる。

B 中国　発電電力量を見ると80,000億kWhを超え，その内訳で最も多いのが石炭であることから，中国と判別できる。なお，中国の発電量は，2011年にアメリカを超え，現在，世界第1位である。

C 日本　10,000億kWh前後の発電電力量と選択肢からは日本と判別できる。

D ドイツ　発電の内訳に占める「再生可能エネルギー」の割合が多いことからドイツと判断できる。この「再生可能エネルギー」とは，風力，バイオマスなど化石燃料に依存しないエネルギーであり，これをドイツは着実に増加させ2022年には41％となっている。

E フランス　原子力発電の割合が6割であることからフランスと判断する。

よって，正解は肢2である。

※2013年の出題時には，2008年時点での電源割合が問われた。

正答 2

第2章 SECTION ② さまざまな産業
鉱工業・エネルギー

実践 問題 40 基本レベル

頻出度	地上★★	国家一般職★★	東京都★★	特別区★★
	裁判所職員★	国税·財務·労基★	国家総合職★	

問 各国の資源・エネルギーに関する記述として，妥当なのはどれか。

（東京都Ⅰ類B 2019）

1：鉄鉱石は，鉄鋼の原料であり，ロシアとサウジアラビアの２か国で世界の産出量の約70％を占め（2018年），中国や日本などで多く消費されている。

2：レアアースは，地球上の存在量がまれであるか，技術的な理由で抽出困難な金属の総称であるが，レアアースの一部の元素がレアメタルと呼ばれ，レアメタルの80％以上が中国で産出（2017年）されている。

3：風力発電は，年間を通じて安定した風を必要とするため，偏西風が吹くデンマークやアメリカ合衆国のカリフォルニア州では普及していない。

4：バイオエタノールは，さとうきびやとうもろこしなどを原料として生成したエタノールで，アメリカ合衆国やブラジルなどでは，自動車用の燃料として使用されている。

5：地熱発電は，火山活動の地熱を利用して発電する方法であるが，日本では温泉地や国立公園の規制等があり，地熱発電所は建設されていない。

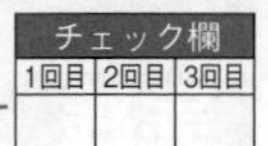

実践 問題 40 の解説

〈資源・エネルギー〉

1 × 鉄鉱石の主要な産出国は，オーストラリア，ブラジルであり，日本や中国もこれらの国から輸入している。ロシアやサウジアラビアが多く産出している資源は鉄鉱石ではなく原油である。

2 × レアアースとレアメタルの説明が逆になっているので誤りである。地球上にあまり存在しないか，抽出困難な金属をレアメタルとよび，その中で希土類に属するものをレアアースとよぶ。レアアースの80％以上は中国で産出されている。レアアースは，化石燃料から電力へのエネルギー転換を進めるために必要なネオジムモーターやリチウムイオン電池をつくるうえで必要不可欠な素材であることから，2021年のＧ７サミットでは，アメリカを中心に西側諸国が共同してレアアースのサプライチェーン（供給網）の強化や多元化の支援を本格化することを明らかにしている。

3 × 風力発電は，年間を通して安定した風を必要とするため，偏西風の吹くところは導入に適した地域である。したがって，デンマークの発電量のうち，約半分は風力発電による。また，アメリカ合衆国でも風力発電は行われており，テキサス州やカリフォルニア州で盛んである。

4 ○ 正しい。バイオエタノールは植物を育成し，そこから燃料を取り出すため，育成過程の植物の呼吸を考慮し，総合的には化石燃料を使用するよりも二酸化炭素の排出量が少ないとされる。

5 × 確かに日本では，自然保護の観点などから地元の理解を得られないことが課題となってはいるが，日本でも地熱発電が行われているので，地熱発電所が建設されていないというのは誤りである。主に東北地方や九州地方に設置されており，総発電量の約0.2％を占めている（2019年）。（ＪＯＧＭＥＣ：地熱資源情報より）

正答 4

第2章 SECTION 2 さまざまな産業

鉱工業・エネルギー

実践 問題 41 基本レベル

頻出度 地上★ 国家一般職★ 東京都★ 特別区★ 裁判所職員★ 国税·財務·労基★ 国家総合職★

問 世界の工業に関する記述Ａ～Ｄのうち，妥当なもののみを挙げているのはどれか。 **(国家一般職2014)**

Ａ：繊維工業のうち，綿花を原料とする綿工業は，生産コストの中で原料費の比重が大きく，原料の輸送費の節約のため，輸入港や高速道路，空港付近に工場を立地する交通指向型の工業に分類される。第二次世界大戦以前は英国や我が国が主な生産国であったが，近年では安価な労働力が得られる中国とブラジルが二大生産国となっている。

Ｂ：鉄鋼業では，18世紀に木炭ではなく石炭を燃料とする製鉄法が確立して以降，英国のミッドランド地方やドイツのルール地方のような炭田地域に製鉄所が建設された。第二次世界大戦以降は，技術革新や輸送費の低下などによって，炭田に立地する必要性が低下し，フランスのダンケルクのような臨海部に製鉄所が建設された。

Ｃ：自動車工業は総合的な組立工業で，大資本や多くの労働力を必要とする。国際化の進展が著しい工業部門の一つであり，欧米や日本の自動車会社は1970年代から外国での生産拠点作りに取り組み，主要な企業の多くが，世界の各地に工場を展開させている。近年は国際的な競争が一層激しくなり，2013年には米国の自動車工業都市であるデトロイトが財政破綻に陥った。

Ｄ：集積回路やパソコンの生産に代表されるエレクトロニクス工業は，高度な加工技術が必要であること等から，米国のシリコンバレーのように先進国の一地域に集中している。そのため，現在も米国等の先進国によって世界シェアが占められており，例えば2019年における集積回路の輸出額を見ると，米国だけで世界の輸出額の50％を超えている。

1：Ａ，Ｂ
2：Ａ，Ｄ
3：Ｂ，Ｃ
4：Ｂ，Ｄ
5：Ｃ，Ｄ

チェック欄

1回目	2回目	3回目

実践 問題 41 の解説

〈世界の工業〉

A × 綿工業では生産コストの中で労働費の占める割合が大きく，労働力の安いところに立地するのが近年の傾向である。**労働集約型工業**に分類される。なお，繊維工業のうち綿工業は，第２次世界大戦前はイギリスや日本が主な産出国であったが，近年は**中国とインドとパキスタンで世界の８割の綿織物を生産している**。

B ○ 妥当な記述である。イギリスでは18世紀以降，石炭産地であるバーミンガムを中心とするミッドランドを中心に製鉄業が盛んであった。ドイツではルール炭田を中心に工業地帯が発達した。しかし，近年では国内資源の枯渇や技術革新，輸送費の低下などによって臨海部に製鉄所の建設がなされるようになっている。フランスのダンケルクがその代表である。

C ○ 妥当な記述である。自動車工業は総合的な組み立て工業であり，大資本と多くの労働力のほか，広い敷地も必要とする。このため，国際的な競争が激化する中で，コスト低減のために1970年代から日本の企業が海外に生産拠点を形成し，**産業の空洞化**を生んだ。また，米国のデトロイトの破綻を記憶している人もいるだろう。

D × 集積回路やパソコンの生産に代表される**エレクトロニクス工業**は，先端技術が必要であることから，日本やアメリカ，ドイツなど，先進国での発達が著しかった。しかし，先端技術産業は技術革新のスピードが速いため，中枢となる企画・研究部門は先進国の本社に置きながら，製品を量産する工場を賃金の安い発展途上国に移転することが進められた結果，アジアＮＩＥｓやＡＳＥＡＮ，中国などでの生産が増大している。ソフトウェアなどの情報産業でも，インドや台湾，中国などで新たな産業地域が形成されている。集積回路の輸出額は，香港，台湾，中国，シンガポール，韓国，マレーシア，アメリカの順であり，アメリカだけで輸出額の50％を占めているのではない。

以上から，ＢとＣが妥当であるので，肢３が正解となる。

正答 3

鉱工業・エネルギー

実践 問題 42 基本レベル

頻出度	地上★★ 国家一般職★ 東京都★ 特別区★ 裁判所職員★ 国税·財務·労基★ 国家総合職★

問 世界の工業等に関する記述として最も妥当なのはどれか。（国家一般職2022）

1：工業立地論とは，工業が，輸送費が最小になる場所に立地する可能性について論じるものである。これに従うと，原料重量と製品重量を比較した際に，前者が後者よりも大きい場合は，工業は製品の消費市場に立地しやすい。このような工業を，市場指向型工業という。

2：生産コストの中で，労働賃金の比重が大きい工業を労働集約型工業といい，例として鉄鋼業が挙げられる。一方，生産活動に専門的な知識や高度な技術を必要とする工業を資本集約型工業といい，例として石油化学工業が挙げられる。

3：英国南西部から，フランスのルール工業地帯やスイスを経てオーストリアに至るまでの地域は，ブルーバナナと呼ばれる。この地域は第二次世界大戦後にヨーロッパの経済成長を支えたが，第一次石油危機やヨーロッパの統合の進展などを背景として，活力が低下している。

4：米国では，五大湖沿岸地域で発展していた重工業は20世紀後半に停滞したが，現在では再開発が進められている地域もある。その一方で，サンベルトと呼ばれる南部から西部にかけて広がる地域では，先端技術産業が発展しており，企業や人口の集中がみられる。

5：中国では，主に内陸部に経済特区が設けられ，国内企業が外国企業を抑え急速に成長している。今日では，大量の工業製品を輸出するようになったことで「世界の工場」と呼ばれており，2020年における名目ＧＤＰは米国と我が国に次ぐ世界第３位となっている。

チェック欄

1回目	2回目	3回目

実践 問題 42 の解説

〈世界の工業〉

1 × 工業立地論は，輸送費のみならず人件費等も含めて生産にかかる費用が最小になる場所に立地する可能性について論じるものである。この場合，原料重量と製品重量を比べて原料重量が大きい場合は，原料を運ぶ輸送費を抑えるために**原料指向型立地**となる。一方，製品が飲料のように重かったり，かさばったりする場合には，消費者の多い地点に立地したほうが輸送費を抑えることができる。このような場合を**市場指向型立地**という。

2 × **労働集約型工業**の例として挙げられるのは，繊維業などである。衣服の縫製などの産業は豊富な労働力を必要とするため，賃金水準の低い地域に立地する。一方，生産活動に必要な専門的な知識や高度な技術を必要とする工業は，**知識集約型産業**とよばれる。**資本集約型工業**とは，事業活動の大部分を人間の労働力に頼る割合が高い労働集約型工業と対比になるもので，資本すなわち生産設備が事業の中心となる産業をいう。具体的には大規模なインフラ整備が必要な電力産業など。石油化学工業は原油を輸入に頼ることから**交通指向型**（臨海指向型）に分類される。

3 × ルール工業地帯はドイツにある。また，ブルーバナナとよばれる地域は，現在でも西ヨーロッパにおいて経済が発展している地域である。なお，ブルーバナナは，英国南西部からパリやアムステルダム，フランクフルト，チューリヒ，ミラノをつなぐ地域であり，オーストリアはブルーバナナに含まれない。

4 ○ 米国の産業の特徴として妥当である。

5 × 中国の経済特区が設けられているのは，沿岸部である。また，中国の2021年の名目ＧＤＰは，米国についで世界２位である。日本は３位。なお，中国でもＢＡＴＨ（バイドゥ，アリババ，テンセント，ファーウェイ）とよばれる民間企業の発展が著しいなど，国内企業が外国企業を抑え急速に成長していることは正しい。

正答 4

第2章 SECTION 2 さまざまな産業

鉱工業・エネルギー

実践 問題 43 基本レベル

頻出度				
地上★★	国家一般職★★	東京都★	特別区★
裁判所職員★★	国税·財務·労基★★	国家総合職★★	

問 諸外国の農工業等に関する記述として最も妥当なのはどれか。

（国家一般職2019）

1：カナダでは，国土の南部で牧畜や小麦の栽培が盛んであり，米国のプレーリーから続く平原は，世界有数の小麦生産地帯となっている。また，カナダは，森林資源や鉄鉱・鉛・ニッケルなどの鉱産資源に恵まれているほか，西部では原油を含んだ砂岩であるオイルサンドの開発も行われている。

2：メキシコでは，メキシコ高原に肥沃な土壌であるテラローシャが広がっており，そこではファゼンダと呼ばれる大農園でカカオやナツメヤシが栽培されている。以前はマキラドーラ制度の下で輸入品に高い関税を課し，自国の産業を保護する輸入代替工業化を行っていたが，北米自由貿易協定（ＮＡＦＴＡ）への加盟を契機に関税を引き下げた。

3：ベトナムでは，南部のチャオプラヤ川の河口付近で広大なデルタが形成され，その流域は世界有数の農業地帯となっている。また，1980年代から，欧州ではなく日本や韓国からの企業進出や技術導入を奨励する，ドイモイ（刷新）と呼ばれる政策で工業化が進展した結果，コーヒーやサトウキビなどの商品作物はほとんど栽培されなくなった。

4：シンガポールでは，植民地支配の下で天然ゴムなどのプランテーションが数多く開かれてきたが，近年，合成ゴムの普及で天然ゴムの価格が低迷したため，油ヤシへの転換が進んでいる。工業分野では，政府の主導の下，工業品の輸入や外国企業の出資比率を制限することで国内企業の保護・育成を図り，経済が発展した。

5：オーストラリアでは，内陸の大鑽井盆地を中心に，カナートと呼ばれる地下水路を用いた牧畜が発達してきた。また，鉄鉱石やボーキサイトなどの鉱産資源の世界的な生産国であり，大陸の西側を南北に走る新期造山帯のグレートディヴァイディング山脈には，カッパーベルトと呼ばれる銅鉱の産出地帯がある。

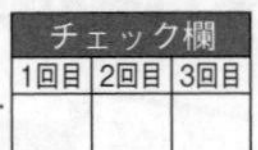

実践 問題 43 の解説

〈諸外国の農工業〉

1○ 妥当である。カナダは小麦の世界的輸出国であるとともに，天然ガスやオイルサンド，鉄鉱石など，鉱物資源が豊富である。

2× テラローシャはブラジル高原南部に分布する玄武岩や輝緑岩の風化土壌であり，コーヒーの栽培に適している。また，ファゼンダはブラジルの農園制度で，コーヒーやサトウキビ，綿花が栽培されている。カカオは赤道直下の低地で，ナツメヤシは乾燥気候での栽培が適した作物であり，いずれもメキシコでは栽培が盛んではない。なお，メキシコがＮＡＦＴＡ設立前に実施していたマキラドーラは，アメリカとの国境地帯に設けた保税輸出加工区であり，原材料の輸入や製品の輸出税を軽減・免除するもの。

3× ベトナム南部に河口があり，デルタを形成しているのはメコン川である。チャオプラヤ川の河口に位置し，農業を盛んに行っているのはタイである。また，ベトナムではドイモイによって工業化が進展したことは正しいが，現在でもコーヒー豆の生産と輸出はブラジルに次いで世界2位である（『データブック オブ・ザ・ワールド 2023』より）。

4× シンガポールでは，外国資本を積極的に取り入れ（外資に対する出資比率を原則無制限），市場を広げる輸出指向工業化が進められ，多国籍企業の地域統括会社が集中するようになった。一方，植民地支配下で天然ゴムなどのプランテーションが数多く開かれてきたが，近年，油ヤシへの転換が進んでいるのはマレーシアである。油ヤシからとれるパーム油の主要な生産国はマレーシアとインドネシアである。ただし，マレーシアは1980年代から輸出指向型工業化政策を推進し，輸出の7割以上が工業製品。

5× カナートはイランの乾燥地域に見られる地下用水路であり，オーストラリアの大鑽井盆地では掘り抜き井戸で牧羊や牧牛を行う。また，グレートディバイディング山脈はオーストラリア大陸の東側に南北に走る古期造山帯で，石炭産地となっている。カッパーベルトは，アフリカ中部にある銅鉱床地帯を指す。

正答 1

さまざまな産業

領土・都市・環境

必修問題 セクションテーマを代表する問題に挑戦！

世界の諸地域分野の総合問題は，系統地理の知識をフルに運用しながらの戦いとなる。

問 下表は，各国の品目別の食料自給率を表したものであるが，A～Eに該当する国名の組合せとして，妥当なのはどれか。

（東京都Ⅰ類B2014改題）

各国の品目別の食料自給率

（単位：%）

	A	B	C	D	E
穀類	28	63	82	128	239
いも類	73	54	87	101	91
豆類	8	43	45	191	274
野菜類	80	149	43	86	92
果実類	38	109	13	67	102
肉類	53	74	77	114	164
牛乳・乳製品	61	85	88	102	109
魚介類	55	17	65	65	33

（注）・数値は2020年のものであり，日本は2022年。
（出典：『データブック オブ・ザ・ワールド 2023』より作成）

	A	B	C	D	E
1：	イギリス	イタリア	日本	オーストラリア	アメリカ
2：	イギリス	アメリカ	日本	イタリア	オーストラリア
3：	イタリア	イギリス	日本	アメリカ	オーストラリア
4：	日本	イギリス	イタリア	オーストラリア	アメリカ
5：	日本	イタリア	イギリス	アメリカ	オーストラリア

直前復習

頻出度	地上★	国家一般職★	東京都★	特別区★
	裁判所職員★	国税·財務·労基★		国家総合職★

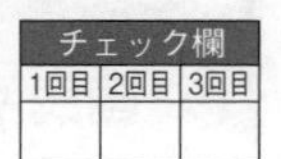

必修問題の解説

〈各国の食料自給率〉

A 日本　穀類の自給率が低いことから日本であることがわかる。日本は米，小麦，ライ麦などの食用穀物については自給率が６割あるが，飼料穀物の輸入が多いことから，穀類自給率は28％ととても低い。比較的高いのが野菜で８割である。

B イタリア　野菜類や果実類の自給率が100％を超えていることから，輸出国であることがわかる。選択肢の中で野菜や果実の輸出国であるのはイタリアである。イタリアではオリーブやブドウの栽培が盛んで，農業生産額はフランス，スペイン，ドイツに次ぐＥＵ第４位である。国土は山がちで平地が少ないが，丘陵地や山岳地も農地として利用されており，国土面積に占める農用地の割合は40％程度にのぼる。北部イタリアでは雨量が比較的多く，灌漑も発達しているため，大型機械を使った小麦などの穀物の単一栽培が行われ，収益性の高い農業が営まれているが，南イタリアでは農業の競争力が弱い。

C イギリス　緯度が高いことから果実類の自給率は低いのがイギリスの特徴である。

D アメリカ　穀類の自給率が100％を超えていることから穀類の輸出国であることがわかる。まずは選択肢の中では，アメリカとオーストラリアが小麦の輸出国であることを，さらにオーストラリアの穀類自給率が世界で群を抜いて高いことを思い出して，こちらをアメリカと判断する。

E オーストラリア　穀類の自給率が200％を超えるなど，他国に比べて高いのはオーストラリアの特徴である。また，肉類は輸出も多いことから自給率も高い。アメリカは沿岸の北西大西洋漁場や北東太平洋漁場などで漁業が盛んであり，一方のオーストラリアでは漁業があまり盛んではないことから，ＤがアメリカでＥがオーストラリアであると判断できる。

よって，正解は肢５である。

正答 5

さまざまな産業
領土・都市・環境

1 国民所得

【主な国の国内総生産と１人あたり国民総所得（名目）】

	国内総生産（億ドル）	1人あたり国民総所得（ドル）		国内総生産（億ドル）	1人あたり国民総所得（ドル）
アメリカ	233,151	69,185	韓国	18,110	34,940
中国	177,341	12,437	カナダ	19,883	52,112
日本	49,409	39,650	ロシア	17,788	12,259
ドイツ	42,599	51,073	オーストラリア	17,345	66,916
イギリス	31,314	46,542	スペイン	14,274	30,058
インド	32,015	2,274	メキシコ	12,728	10,046
フランス	29,579	44,229	インドネシア	11,861	4,333
イタリア	21,077	35,579	サウジアラビア	8,335	23,186
ブラジル	16,090	7,507	シンガポール	3,970	66,822

資料『世界国勢図解2023/24』より作成

2 食糧問題

【主要国の食料自給率】 （%）

	アメリカ	ドイツ	フランス	イタリア	オランダ	イギリス	オーストラリア	日本
穀類	128	101	176	63	10	82	239	28
いも類	101	134	130	54	150	87	91	73
豆類	191	11	77	43	0	45	274	8
野菜類	86	42	72	149	347	43	92	80
果実類	67	37	65	109	39	13	102	38
肉類	114	122	103	74	253	77	164	53
牛乳・乳製品	102	106	104	85	157	88	109	61
魚介類	65	27	29	17	129	65	33	55

『データブック オブ・ザ・ワールド 2023』より作成（日本は2022年，ほかは2020年）

日本は，主食である米の自給率はほぼ100％であるが，小麦や大豆の自給率が低く，また，家畜の飼料の多くを輸入に頼っているため，穀物自給率がたいへん低い。

3 都市問題・環境問題

(1) 都市問題

① インナーシティ

大都市の都心部で住宅環境が悪化し，夜間人口の減少とともに近隣関係なども崩れ，行政区の存続が危うくなるような地域をいいます。

補足

都心の空洞化に伴い，治安・衛生環境が悪化する場合が多くなります。

② スプロール現象

住宅や都市施設が無秩序に郊外に広がっていく現象を指します。住宅と工場，宅地が混在します。

③ セグリゲーション

所得水準や社会階層，人種，宗教などによって居住区が住み分けられている現象を指します。

プライメート・シティ	1つの国の中で，特に人口と産業の著しい集中などが見られる大都市をいいます。

(2) 環境問題

① 森林破壊

世界の森林面積は，毎年減少しつづけています。その中でも，特に熱帯雨林の破壊は深刻な問題です。

② 砂漠化

降水量の減少に加えて，家畜の過放牧や薪炭材の過剰伐採などの人為的要因によって進みます。砂漠化が進んでいる地域としてはアフリカのサヘル地区や北米のコロラド川流域があります。

③ 酸性雨

硫黄酸化物や窒素酸化物などが原因となり，酸性度の強い雨が降って土壌や地下水，湖沼や河川を酸性化し，植物の枯死などの被害が生じます。

領土・都市・環境

実践 問題 44 基本レベル

頻出度				
	地上★★	国家一般職★	東京都★	特別区★
	裁判所職員★	国税·財務·労基★		国家総合職★

問 **地図の図法に関する次のA～Dの記述の正誤の組合せとして最も妥当なものはどれか。** **(裁判所職員2019)**

A：メルカトル図法は，経線と一定の角度で交わる等角航路が直線で表される。

B：モルワイデ図法は，中緯度のひずみが少ない正積図法である。

C：正距方位図法は，海図に利用されることが多い図法である。

D：サンソン図法は，高緯度地方の形は正確だが，低緯度地方はひずみが大きい。

	A	B	C	D
1：	正	正	正	誤
2：	正	正	誤	正
3：	正	正	誤	誤
4：	誤	誤	正	正
5：	誤	誤	正	誤

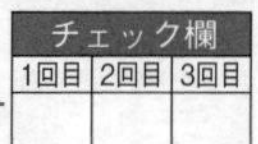

実践 問題 44 の解説

〈地図の図法〉

A○ 正しい。**メルカトル図法**は，緯線と経線が垂直になるように描かれており，経線と一定の角度で交わる等角航路が直線で表されるため，海図として用いられる。この図法のデメリットとしては，緯度が高いほど陸地が大きく描かれてしまう点にある。

B○ 正しい。面積を正しく表される図法を**正積図法**という。**モルワイデ図法**は，赤道に並行な緯線が直線で表され，その間隔は対応する緯度帯の表面積と正積になるように算出されているため，面積を正しく表すことができる。モルワイデ図法は中緯度の形のひずみが小さく，赤道付近の場所のひずみはあるが，周辺高緯度部分のひずみはサムソン図法より緩和されている。

C× **正距方位図法**は，中心からの距離と方位が正しく表される図法で，航空図で用いられることが多い。

D× **サンソン図法**は，低緯度地方では形のひずみが小さいが，高緯度地方ではひずみが著しい。低緯度地方をサンソン図法で，高緯度をモルワイデ図法で描き，両図を緯度40度44分で接合したのがグード図法である。

以上から，肢３が正解となる。

正答 3

さまざまな産業
領土・都市・環境

実践 問題 45 基本レベル

頻出度	地上★★ 国家一般職★ 東京都★ 特別区★★ 裁判所職員★ 国税・財務・労基★ 国家総合職★

問 都市に関する記述として，妥当なのはどれか。 （特別区2018）

1：メガロポリスとは，広大な都市圏を形成し，周辺の都市や地域に大きな影響力をもつ大都市をいい，メトロポリスとは，多くの大都市が鉄道，道路や情報などによって密接に結ばれ，帯状に連なっている都市群地域をいう。

2：コンパクトシティとは，国や地域の中で，政治や経済，文化，情報などの機能が極端に集中し，人口規模でも第２位の都市を大きく上回っている都市のことをいう。

3：プライメートシティとは，都市の郊外化を抑え，都心部への業務機能の高集積化や職住近接により移動距離を短縮し，環境負荷を減らして生活の利便性の向上をめざした都市構造のあり方のことをいう。

4：日本では，1950年代半ば頃からの高度経済成長期に都市人口が急激に増大し，郊外では住宅地が無秩序に広がるドーナツ化現象が起こり，都心部では地価高騰や環境悪化によって定住人口が減るスプロール現象が見られた。

5：早くから都市化が進んだ欧米の大都市の中では，旧市街地から高所得者層や若者が郊外に流出し，高齢者や低所得者層が取り残され，コミュニティの崩壊や治安の悪化などが社会問題となっているインナーシティ問題が発生している。

直前復習

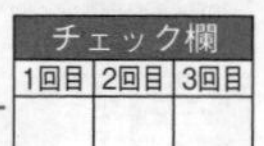

実践 問題 45 の解説

〈都市問題〉

1 × 「広大な都市圏を形成し，周辺の都市や地域に大きな影響力をもつ大都市」をメトロポリス（巨大都市）といい，「多くの大都市が鉄道，道路や情報などによって密接に結ばれ，帯状に連なっている都市群地域」をメガロポリス（巨帯都市）という。本肢はその説明が反対となっている。

2 × 「国や地域の中で，政治や経済，文化，情報などの機能が極端に集中し，人口規模でも第２位の都市を大きく上回っている都市」はプライメートシティ（首位都市）である。

3 × 「都市の郊外化を抑え，都心部への業務機能の高集積化や職住近接により移動距離を短縮し，環境負荷を減らして生活の利便性の向上をめざした都市構造のあり方」とは，コンパクトシティのことである。

4 × 「都市人口が急激に増大し，郊外では住宅地が無秩序に広がる」現象とはスプロール現象である。「都心部では地価高騰や環境悪化によって定住人口が減る」現象はドーナツ化現象である。本肢はその説明が反対となっている。

5 ○ インナーシティ問題の説明として妥当である。

正答 5

領土・都市・環境

実践 問題 46 基本レベル

頻出度				
	地上★★	国家一般職★	東京都★	特別区★
	裁判所職員★	国税·財務·労基★		国家総合職★

問 人口や居住に関する記述として最も妥当なのはどれか。　（国家一般職2018）

1：人間が日常的に居住している地域をアネクメーネ，それ以外の地域をエクメーネという。近年では，地球温暖化を原因とした海面上昇による低地の浸水，政治や宗教をめぐる紛争や対立などの影響により人間の居住に適さない地域が増加しており，アネクメーネは年々減少傾向にある。

2：産業革命以降，まずは先進国で，その後は発展途上国において人口転換（人口革命）が進行した。特に，我が国では，第二次世界大戦前までには，医療・衛生・栄養面の改善と出生率の低下などの理由から少産少死の状態となり，人口ピラミッドはつぼ型となった。

3：人口の増加の種類には，大きく分けて自然増加と社会増加の二つがある。自然増加とは，流入人口が流出人口を上回る場合に発生し，主に人が集中する都市部等でよく見られる。一方で，社会増加とは，出生数が死亡数を上回る場合に発生し，多くは発展途上国で見られる。

4：近年，合計特殊出生率が人口維持の目安となる1.6を下回る国が増加してきており，英国やドイツなどは，2015年現在，合計特殊出生率が我が国の水準を下回っている。また，韓国や中国は，今後我が国以上の速さで少子高齢化が進行すると予想されている。

5：首位都市（プライメートシティ）では，国の政治・経済・文化などの機能が集中し，その国で人口が第１位となっている。首位都市の一つであるジャカルタでは，自動車の排気ガス等による大気汚染や，スラムの形成などの都市問題が深刻化している。

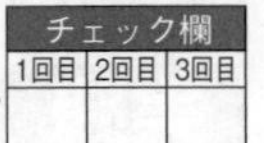

実践 問題 46 の解説

〈人口や居住〉

1 × 人間が日常的に居住している地域をエクメーネ，それ以外の地域をアネクメーネという。産業革命以後，寒冷地や乾燥地の居住が可能になり，エクメーネが拡大してきた。

2 × 高出生率・高死亡率の**多産多死の富士山型**の人口ピラミッドから，死亡率が低下して多産少死となり，その後出生率の低下が始まると少産少死となって人口ピラミッドが釣鐘型となる一連の変化を**人口転換**（人口革命）という。先進国ではこうした人口転換が見られているが，発展途上国ではまだ多産多死型の国が多い。また，日本も第２次世界大戦の直後は，多産多死型であったが，その後，急速に衛生状態などの改善によって多産少死となった。その後，1975年以降，出生数が減っていき，**高齢化とともに少子化が進んだ結果，現在の人口ピラミッドはつぼ型となっている**。第２次世界大戦前までには，人口ピラミッドがつぼ型となった，とあるのは妥当でない。

3 × 流入人口が流出人口を上回る場合に発生するのが「社会増加」であり，出生数が死亡数を上回る場合に発生するのが「自然増加」である。本肢では，説明が反対となっている。

4 × 人口の維持に必要な合計特殊出生率は，2.08とされている（人口置換水準）。また，2015年当時のドイツの合計特殊出生率（1.5）は日本とほぼ同様の水準であるが，英国の合計特殊出生率は日本よりも高い1.8であった。なお，「韓国や中国は，今後わが国以上の速さで少子高齢化が進行すると予想されている」ことは正しい。2021年の合計特殊出生率は日本が1.30，韓国0.81，イギリス1.56，ドイツ1.58，フランス1.83。日本より合計特殊出生率が低いのは，韓国のほか，イタリア（1.25），中国（1.16）など。

5 ○ 妥当である。近年の東南アジア諸国の経済発展は著しいが，いずれの国でも首都圏への人口の一極集中が見られ，フィリピンのマニラやインドネシアのジャカルタ，タイのバンコクなどでは，人口の急増によりごみ処理場の不足やスプロール現象などの問題が深刻化している。特にジャカルタでは，急速に自動車が普及したため，交通渋滞が大きな問題となっている。

正答 5

さまざまな産業

領土・都市・環境

実践 問題 47 基本レベル

頻出度				
	地上★★	国家一般職★	東京都★	特別区★
	裁判所職員★	国税·財務·労基★		国家総合職★

問 世界の人口問題に関する記述として，妥当なのはどれか。 （特別区2019）

1：人口転換とは，人口の出生・死亡率が，多産多死から多産少死の時代を経て，少産少死へと変化することをいう。

2：第二次世界大戦後，アジア，アフリカ，ラテンアメリカの発展途上国では，人口が爆発的に増加し，中国では人口を抑制するための家族計画が推進されたが，インドでは推進されなかった。

3：人間が常に居住する地域はアネクメーネ，人間の居住がみられない地域はエクメーネと呼ばれ，アネクメーネは拡大している。

4：人口の増加には，人口の移動によって生じる自然増加と，出生数と死亡数の差によって起きる社会増加とがある。

5：人口ピラミッドにおいて，底辺の広い富士山型は多産多死型を示し，つぼ型は少産少死型を示しており，つぼ型より更に出生率が低いときにみられるのが釣鐘型である。

直前復習

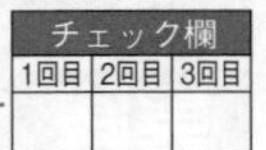

実践 問題 47 の解説

〈世界の人口問題〉

1 ○ 人口転換の説明として正しい。先進国の多くは医療技術の発展や食料事情の改善から，人口転換を迎える。

2 × 不徹底ながらインドでも人口抑制政策は推進されているので誤り。中国ではかつて一人っ子政策が推進され，合計特殊出生率は下がったが，急速な少子高齢化を招いたため，現在は一人っ子政策は廃止されている。一方，インドでも人口抑制策がとられているが，人口増加に歯止めがかかっていない。現在人口が最も多いのは中国であるが，21世紀中頃にはインドが中国を抜いて世界第一の人口大国になると予測されている。

3 × 高山や砂漠など，人間が住めない地域をアネクメーネ，地球上で人間が居住できる地域をエクメーネとよぶ。本肢では，アネクメーネとエクメーネの説明が逆になっている。

4 × 出生数と死亡数の差によって起こるのが自然増加であり，人口の移動によって起こるのが社会増加である。本肢では，自然増加と社会増加の説明が逆になっている。

5 × 富士山型の説明は正しいが，つぼ型と釣鐘型の説明が逆転しているので誤り。釣鐘型がさらに出生率が低くなるとつぼ型になる。

■人口転換

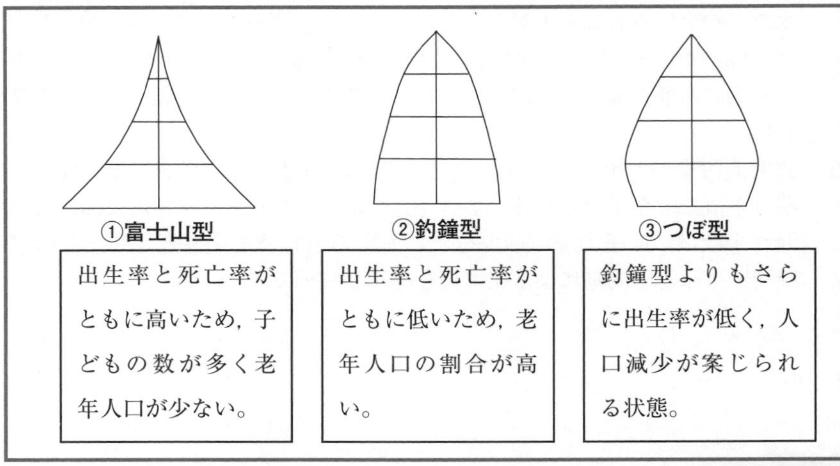

①富士山型
出生率と死亡率がともに高いため，子どもの数が多く老年人口が少ない。
②釣鐘型
出生率と死亡率がともに低いため，老年人口の割合が高い。
③つぼ型
釣鐘型よりもさらに出生率が低く，人口減少が案じられる状態。

正答 1

第2章 SECTION ③ さまざまな産業

領土・都市・環境

実践 問題 48 基本レベル

頻出度	地上★★★ 国家一般職★★★ 東京都★★ 特別区★★★
	裁判所職員★ 国税·財務·労基★★★ 国家総合職★★★

問 環境問題に関する次の記述のうち，妥当なのはどれか。　（国税・労基2000）

1：砂漠化の原因としては，降水量が減少するという気候的要因と，草地の再生能力を超えた家畜の放牧，休耕期間の短縮などによる地力の低下，薪炭材の過剰な採取などの人為的要因がある。砂漠化が激しい地域としては，世界最大のサハラ砂漠の南に広がるサヘル地域や北アメリカのコロラド川流域が挙げられる。

2：酸性雨は，化石燃料を燃やした際に発生する一酸化炭素が大気中の水蒸気に混ざり，雨になることにより生ずる。酸性雨の被害は，スウェーデンの湖沼や北アメリカの五大湖周辺において深刻で，煙突を高くしたり，酸性化した湖や土に中和剤（石灰など）を投入するなどの対策が採られている。

3：森林は世界の全陸地面積の約３割を占め，その５割が熱帯林となっている。熱帯林破壊の原因は過度な焼畑耕作，無計画な農地開発，乱伐，道路やダムの建設などで，破壊による地球の温暖化，野生動物種の絶滅の危険性が指摘されている。アマゾン川流域，長江流域，東南アジアなどでは熱帯林破壊が深刻になっている。

4：海洋汚染には，海底にたまったヘドロによる酸欠水を原因とする赤潮，生活排水などが海に流れこみ大量のプランクトンが生ずることによって起こる青潮など，様々な形態がある。原油の流出も海洋汚染の一つで，紅海では，湾岸戦争の際に原油が大量に流出し，インド洋まで広がって，生態系の一部が破壊された。

5：放射能汚染の原因としては，使用済み核燃料廃棄物の不適切な処理，放射能漏れ事故などが挙げられる。アメリカ合衆国のスリーマイル島における放射能漏れ事故は，原子力発電の安全性に対する不信感を引き起こし，その事故以降同国は原子力発電による発電量を縮小している。

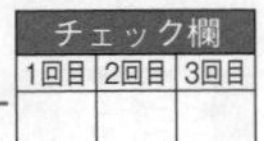

実践 問題 48 の解説

〈環境問題〉

1 ○ **砂漠化**は陸地のかなりの部分で進んでいる。サハラ砂漠南縁の**サヘル地域**，コロラド川流域，**中国北部**，オーストラリア北東部，アルゼンチンからパラグアイ一帯など，特に砂漠化の深刻な地域が多数ある。その要因は**過放牧**，**過耕作**，薪炭用木材の**過剰伐採**，異常気象などさまざまである。砂漠化の進行によって食糧問題や水不足の問題なども起こりつつある。

2 × **酸性雨**の原因となるのは一酸化炭素ではなく，化石燃料を燃やした際に発生する**窒素酸化物や硫黄酸化物**である。これらが空気中で雨や霧などに溶かされ，地上に降り注ぎ，木々を枯らし，湖沼や河川を酸性化し，建造物に被害を与えるなどの影響を与える。酸性雨の被害は工場地帯の風下で特に大きい。偏西風が吹く北欧をはじめとして，米国を代表する工業地帯である**五大湖沿岸**では1960年代から被害が報告されるようになってきている。さまざまな対策（たとえば1979年の長距離越境大気汚染に関するジュネーブ条約）が実施され始めてはいるが，広範囲に及ぶ公害であるために，効果はなかなか上がっていない。

3 × 長江流域の気候としては中下流域に主に温帯気候が分布しており，また上流地域は山岳地帯であるために，熱帯林は分布していない。なお，2000年当時に大きな問題となっていたのは，黄河流域の砂漠化である。現在は日本の協力により植林が進められている。

4 × 赤潮と青潮の説明が反対である。**赤潮**は窒素やリンなどが含まれる生活用水が海域へ流入することで**プランクトンが大量**に発生することで起こるものであり，**青潮**は海底に溜まったヘドロによる**酸欠水**によって起こるものである。また，紅海沿岸には油田はない。湾岸戦争を原因とする原油による海水汚染が深刻であったのはペルシャ湾であり，これがインド洋の汚染を起こしている。

5 × **スリーマイル島原子力発電所**の事故は1979年で，アメリカはこれ以降新しい原子力発電所の建設は控えてきたが，原子力発電そのものによる発電量は順調に増加し，原子力発電による発電量は世界一である。ただし，最近では風力発電や地熱発電などにも力を入れるようにはなってきている。

正答 1

第2章 SECTION 3 さまざまな産業

領土・都市・環境

実践 問題 49 基本レベル

頻出度				
	地上★★	国家一般職★	東京都★	特別区★★
	裁判所職員★	国税·財務·労基★		国家総合職★

問 環境問題に関する記述として最も妥当なのはどれか。（国家一般職2023）

1：温室効果ガスの削減のため京都議定書が採択されたが，発展途上国に課された削減の数値目標が先進国よりも小さく，米国の離脱を招いた。その後，米国を含む新しい枠組みとしてパリ協定が採択されたが，中国やインドなど一部の新興国はこれに加わらなかった。

2：工場や自動車などから排出されて風で運ばれた硫黄酸化物や窒素酸化物は，酸性雨の原因とされており，国境を越えた森林への被害や湖沼の酸性化などが問題となった。こうした被害を受けて，欧米諸国は条約を結び，汚染物質の監視や排出削減に努めている。

3：近年，南極上空ではオゾン濃度が極端に高いオゾンホールが発見される一方，南極以外の地域ではオゾン層の破壊が進み，人間への健康被害，生態系などへの悪影響が懸念されている。そのため，オゾン層の破壊物質であるフロン類の生産を規制するバーゼル条約が採択された。

4：熱帯林は，二酸化炭素の吸収を通して地球温暖化を緩和することから，その減少が問題となっている。しかし，近年は，プランテーション農園の拡大により森林の減少が食い止められており，アフリカ・東南アジアでは森林面積が増加している。

5：砂漠化は，干ばつなどの自然的要因のほか，過度の放牧・耕作・森林伐採などの人為的要因によって起こされる。サハラ砂漠の北側に広がるパンパでは，地中海からの湿った空気が南下すると降雨があるが，降雨は不規則でしばしば干ばつが起こり，砂漠化が進行している。

チェック欄

1回目	2回目	3回目

実践 問題 49 の解説

〈環境問題〉

1 × 京都議定書で温室効果ガスの削減が義務付けられていたのは先進国であり，発展途上国には義務付けはなかった。このため，温室効果ガスの排出量が多い中国やインドを含む，すべての国に削減目標・行動の提出・更新が義務付けられたパリ協定が2015年に採択された。なお，アメリカは2001年３月に京都議定書からの離脱を表明し，パリ協定においても2020年11月に離脱したが，2021年２月，バイデン大統領のもと，パリ協定に正式に復帰している。

2 ○ 酸性雨の説明として妥当である。北米やヨーロッパでは湖沼や森林等の生態系あるいは遺跡等の建造物などへの影響が早くから問題となり，1979年に締結された長距離越境大気汚染条約（ウィーン条約）に基づき，国際的な取り組みがなされてきた。

3 × 南極上空で観測されるオゾンホールは，オゾン濃度が極めて薄い部分である。オゾン層は地上の生物に有害な紫外線の大部分を吸収していることから，オゾンホールの拡大が問題となっている。オゾンホールの原因となるのはフロンであり，オゾン層保護のためのウィーン条約と，オゾン層を破壊する物質に関するモントリオール議定書により，国際的な取り組みがなされてきた。

4 × 熱帯林の減少の原因の１つにパーム油生成のためのアブラヤシのプランテーション農園が拡大していることが挙げられる。したがって，プランテーション農園の拡大により森林の減少が食い止められている，とあるのは妥当でない。

5 × 砂漠化が進行しているのは，サハラ砂漠の南側に広がるサヘル地域である。パンパはアルゼンチンの温帯草原である。

正答 2

第2章 さまざまな産業

章末 CHECK　Question

Q1 熱帯雨林の下に分布するラトソル土壌は肥沃なため混合農業が行われている。

Q2 タイガの下に分布するポドゾルは腐植を含む肥沃な土壌である。

Q3 テラロッサは石灰岩が風化した赤橙色の土壌で畑作などに利用する。

Q4 レグール土はブラジル高原に分布する肥沃な土壌で，コーヒー栽培に適している。

Q5 気候や植生の影響を強く受けて生成されるのは間帯土壌である。

Q6 熱帯地方では，じゃがいもやてんさいの栽培が盛んである。

Q7 一般に熱帯樹はやわらかく，冷帯樹は硬質である。

Q8 熱帯雨林は数種の優占樹種によって構成されている。

Q9 世界最大の漁獲地域は太平洋北西部で，中国やロシア，韓国，日本などの漁業が盛んである。

Q10 ペルー海流，カリフォルニア海流，ベンゲラ海流などの暖流では漁業が盛んである。

Q11 米は熱帯から亜熱帯にかけた地域で栽培され，最大の生産国はタイである。

Q12 ステップ気候では小麦の栽培や遊牧などが行われる。

Q13 地中海性気候では，夏に小麦や野菜を栽培し，冬にオリーブや柑橘類などを栽培する。

Q14 温帯冬季少雨気候区では，米，茶，綿花などの栽培が盛んである。

Q15 焼畑農業は藪や森林を焼いて畑作を行う原始的な農業であるが，現在ではほとんど行われていない。

Q16 混合農業は家畜飼育，飼料栽培，食用穀物栽培を行うヨーロッパを発祥の地とする農業で，穀物が主な収入源となる。

Q17 ヨーロッパで酪農が盛んな国はポルダーで有名なオランダ，荒地を改良したデンマーク，伝統的に移牧が盛んなスイスなどである。

Q18 カカオの生産量・輸出量が世界1位はコートジボワールである。

Q19 中国のチンリン＝ホワイ線から北は水田耕作地域である。

Q20 米国の農業は適地適作が特徴で，五大湖沿岸は綿花地帯，南部のメキシコ湾一帯は酪農地帯となっている。

Q21 アルゼンチンは首都周辺のセルバでの穀物栽培や畜産が盛んである。

Q22 オーストラリアでは牧羊・牧牛が盛んであるが，小麦栽培は盛んでない。

A1 × ラトソルは強酸性土壌でやせている。焼畑が行われている。

A2 × ポドゾルは酸性でやせた土壌。農耕には適していない。

A3 ○ 地中海沿岸に分布。赤橙色で畑作や樹木栽培などに利用。

A4 × ブラジル高原に分布し，コーヒー栽培に適しているのはテラローシャである。レグール土はインドのデカン高原に分布する肥沃な土壌。

A5 × 気候や植生の影響を強く受けて生成されるのは成帯土壌である。

A6 × じゃがいもやてんさいは寒冷地での栽培が多い。熱帯地方で栽培されるのはキャッサバやタロイモ。

A7 × 熱帯樹は年輪がなく硬質。冷帯樹はやわらかい。

A8 × 熱帯雨林は多様な樹種からなる常緑広葉樹林である。冷帯に見られる針葉樹を中心とするタイガは，モミ，カラマツなどの純林である。

A9 ○ 太平洋北西部に次いで太平洋南東部（ペルー沖）の漁獲量が多い。日本の漁獲量は激減。世界有数の水産物輸入国になっている。

A10 × ペルー海流，カリフォルニア海流，ベンゲラ海流は寒流である。暖流と比べて寒流のほうがプランクトンが多く水産資源が豊富である。

A11 × 米の主な栽培地は熱帯から温帯地域。最大の生産国は中国で，世界的輸出国がインドやタイ。

A12 ○ ステップ気候には肥沃な土壌が広がり，小麦栽培や遊牧が行われている。

A13 × 地中海性気候区では，夏はかなり乾燥するため，乾燥に強いオリーブや柑橘類を栽培し，降水が見られる冬に小麦や野菜を栽培する。

A14 ○ 温帯冬季少雨気候区は中国華南やインドのガンジス川中流域などに分布する。夏の高温と多雨を利用して米や茶，綿花などが栽培される。

A15 × 焼畑農業は現在でもアフリカ中部や東南アジアなどで実施。

A16 × 混合農業の主な収入源は家畜の販売である。

A17 ○ 酪農は生乳や乳製品を生産する。

A18 ○ カカオの生産量・輸出量が世界１位はコートジボワール。

A19 × 北緯33度あたりのチンリン＝ホワイ線から北は一般に畑作地帯。南が水田耕作地域である。

A20 × 米国が適地適作であることは正しい。しかし，五大湖沿岸は酪農地帯，メキシコ湾一帯は亜熱帯作物や綿花地帯など。

A21 × アルゼンチンの首都周辺に広がる草原はパンパである。パンパは大農業地帯。セルバはアマゾン川流域の熱帯林。

A22 × オーストラリアは小麦の輸出国である。

第2章 さまざまな産業

章末 CHECK

Q23 世界の原油埋蔵量の約半分は中東地域にある。

Q24 ＯＰＥＣには米国，ロシア，中国も加わり，その発言力は強化されている。

Q25 石炭の最大の生産国であり輸出国はオーストラリアである。

Q26 中国は米国に次ぐ発電量で，日本の約３倍の総発電量である。

Q27 原子力発電による発電量の割合が最も多い国はフランスである。

Q28 鉄鉱石の生産量が最も多い国は中国であるが，中国は国内消費量も多いため，鉄鉱石輸入量も多い。

Q29 銅鉱の世界一の生産国はブラジルで，輸出はペルーが世界一である。

Q30 ボーキサイトはオーストラリアでの生産量が多い。

Q31 造船業が最も盛んなのは日本で，それに次ぐのが中国である。

Q32 シンガポールではルック＝イースト政策で工業化を促進している。

Q33 タイはドイモイ政策で外資の導入に努めている。

Q34 インド南部のバンガロールはインドのシリコンバレーとよばれるほど，ＩＴ関連企業が発達している。

Q35 フランスは南部のトゥールーズを中心に航空機産業が盛んである。

Q36 ドイツは鉄鉱石に恵まれ，鉄鉱石産地に工業地帯が発達した。

Q37 イタリアは資源に乏しいが，南部で輸入原料と燃料を利用して鉄鋼業や自動車工業が発達している。

Q38 フィンランドでは紙・パルプ業のほか，電子工業も盛んである。

Q39 ロシアは重工業が盛んで，輸出総額の約７割が工業製品である。

Q40 米国の工業の中心は五大湖沿岸や北東部で，南部は資源が乏しく工業はあまり発達していない。

Q41 日本は燃料や原料の輸入に便利な太平洋ベルト地帯を中心に工業化が進められた。

Q42 日本の一次エネルギー自給率は約３割である。

A23 ○ 中東地域の政情不安等が世界のエネルギーの安定供給を脅やかしている。

A24 × ＯＰＥＣ（石油輸出国機構）に米国，中国，ロシアは未加盟である。

A25 × 石炭の最大の生産国は中国。輸出国はインドネシア，オーストラリア。中国は石炭輸入国である。

A26 × 中国の発電量は急増し，その発電量は世界で１位である。

A27 ○ 総発電量のうち，原子力発電の割合が高いのはフランスである。

A28 × 中国は鉄鉱石の産出はオーストラリア，ブラジルに次いで世界３位である。輸入は第１位である。輸出国はオーストラリアやブラジル。

A29 × 銅鉱の生産・輸出とも世界１位はチリ。

A30 ○ 熱帯の赤土に存在する。主成分は酸化アルミニウム。

A31 × 日本は最近では中国，韓国に次ぐ３位。

A32 × ルック＝イースト政策はマレーシアで実施された。

A33 × ドイモイ政策はベトナムで実施された刷新政策。社会主義国ベトナムに，市場経済システムを導入するもの。

A34 ○ インドではＩＴ関連事業が急発展。

A35 ○ 戦前は軽工業中心。戦後は国が関与して重工業化。

A36 × ドイツでは石炭生産地に工業地帯が発展した。

A37 × イタリアでは北部に工業地帯が発達。南部は工業未発達。

A38 ○ フィンランドでは電子工業も発展している。

A39 × 原油や天然ガスの輸出が盛んで，原材料と燃料の輸出に占める割合は約54％（2021年）。

A40 × カリフォルニアや北緯37度以南の米国南部では1980年頃から工業化が進んでいる。南部は原油や天然ガスが豊か。

A41 ○ 太平洋ベルト地帯は京葉工業地域から北九州あたりまでを指す。

A42 × 日本のエネルギー自給率は少なく１割未満である。

memo

第3章 世界の諸地域

SECTION

① 民族・宗教など
② 総合・アジア
③ 中東・アフリカ・ヨーロッパ
④ アメリカ・オセアニア
⑤ 日本

出題傾向の分析と対策

試験名	地　上			国家一般職 (旧国Ⅱ)			東京都			特別区			裁判所職員			国税・財務 ・労基			国家総合職 (旧国Ⅰ)		
年　度	15-17	18-20	21-23	15-17	18-20	21-23	15-17	18-20	21-23	15-17	18-20	21-23	15-17	18-20	21-23	15-17	18-20	21-23	15-17	18-20	21-23
出題数 セクション	5	8	6	2			1	2		1		1	1		2	3	2		2		1
民族・宗教 など		★	★	★												★	★		★		
総合・ アジア	★★	★	★★	★				★								★★			★		★
中東・アフリカ・ ヨーロッパ	★	★★								★											
アメリカ・ オセアニア		★	★				★	★				★	★		★★		★				
日本	★★	★★★	★★																		

（注）１つの問題において複数の分野が出題されることがあるため，星の数の合計と出題数とが一致しないことがあります。

この分野において，地域別に見ると，アジア・アフリカについて最重要攻略エリアとすることは明らかであり，また，アメリカ（特にラテンアメリカ）も出題が多くなってきています。これは，ＢＲＩＣＳ，なかでも中国，インド，ブラジルなどが新興工業国として台頭してきていることに起因しているといえます。

アジアでは，中国・インドの地誌や，中国の農業・工業・自然環境の出題が見られ，今後も出題が予想されます。

ヨーロッパは，出題頻度は少ないものの，ＥＵを中心とする出題が見られます。

地方上級

この分野から１～２題出題されることが多いです。その範囲も，アジア，とりわけ中国，アフリカ，ラテンアメリカ，ＥＵ諸国など世界の全地域が出題されています。2021年は中国，2022年は東南アジア諸国，2023年はアメリカから出題されています。また，地方上級の大きな特徴は，日本地誌がコンスタントに出題されることです。同じような問題が繰り返し出題されているので，過去問をやっておくことが効果的です。

東京都

Ｉ類Ｂでは，2016年にブラジル，2018年に中国，2020年にラテンアメリカが，Ｉ類Ａでは，2014年にラテンアメリカ，2016年にオセアニア，2019年に東南アジア諸国，2021年にアフリカと，他の試験種と比較して，各国からの出題が多くなっています。

特別区

系統地理（自然）の問題が多いですが，2011年は中国，2013年は東南アジア，2015年はアフリカ，2023年はラテン・アメリカが出題されました。

国家公務員・裁判所職員

国家公務員（大卒程度）と，裁判所職員（大卒程度）の試験は，2024（令和６）年以降，従来の出題に代えて知識分野では時事問題を中心とし，日ごろから社会情勢等に関心を持っていれば対応できるような内容となります。国家一般職・国家専門職・国家総合職・裁判所職員の大卒程度の試験で，この分野そのものに焦点をあてた出題は見られなくなるわけですが，地理の出題が残されている試験種の出題を想定して，勉強する価値があると思われる過去問を残しています。

ただし，この章で扱っている問題は，各国理解の肝になる内容ですから，必ず学習すべきです。

Advice アドバイス 学習と対策

近年は，地理の問題の難易度が低くなっています。にもかかわらず，本試験での正答率が低いのは，地理の勉強を捨ててしまっている人が多いことを意味するのでしょう。最低限，基本的なことを勉強しておけば正答できる確率が高まっていますから，過去問演習を通じて，各国の特徴を覚えていきましょう。

世界の諸地域
民族・宗教など

必修問題 セクションテーマを代表する問題に挑戦！

民族・宗教などの知識は地誌の問題に応用できるものです。定着度を試しましょう。

問 世界の民族や宗教に関する次の記述のうち，最も妥当なのはどれか。
（国税・労基2004）

1：ヨーロッパには，英語やドイツ語などゲルマン系言語，フランス語やイタリア語などラテン系言語，ロシア語やポーランド語などスラブ系言語などのインド＝ヨーロッパ語族の言語を使用する諸民族が広く分布している。その中にそれ以外の語族であるハンガリー語やフィンランド語などを使用する民族が存在している。

2：アジアでは，東南アジアのタイやインドネシア，南アジアのスリランカ，中央アジアのカザフスタンなどの地域で大乗仏教が広く普及している。この他に，これらの地域から離れてカフカス地方に居住するトルコ系諸民族の間にも仏教が普及している。

3：東南アジアには多くの華人（中国系住民）が住んでおり，経済活動の一翼を担っている国も多い。これらの国々のなかで特に人口に占める華人の割合が最も高いのはマレーシアであり，次いでインドネシアやベトナムである。一方，シンガポールではブミプトラ政策のため華人の割合が低い。

4：中南米では多くの国の公用語がスペイン語であり，これらの地域の人口が世界の総人口に占める割合が高いため，スペイン語は国連において公用語となっている。しかし，アルゼンチンではポルトガル語，パナマやハイチなどの米国の影響の強い国では英語が公用語となっている。

5：アフリカではイスラム教が広く普及しているが，サハラ砂漠北部のアラブ人居住地域はシーア派，サハラ砂漠以南のネグロイドの居住地域はスンナ派に分かれている。しかし，南アフリカ共和国など南西アフリカ諸国ではヨーロッパから移住してきたヨーロッパ系の人々を中心にキリスト教が普及している。

Guidance ガイダンス 民族･言語・宗教など，このセクションの内容は，これに特化した出題は少ないが，各国の地理（地誌）で誤肢を切る際のチカラとなる。また，世界史とも大いに関係するところなので，人文科学の得点力底上げのために学習する意義がある。

直前復習

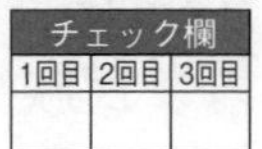

必修問題の解説

〈世界の民族・宗教〉

1 ○ 英語，ノルウェー語，スウェーデン語，デンマーク語，ドイツ語などはゲルマン系言語，フランス語，イタリア語，スペイン語，ポルトガル語，ルーマニア語などはラテン系言語，ポーランド語，チェコ語，ブルガリア語，ロシア語などはスラブ系言語である。ハンガリーのマジャール語，フィンランドのフィンランド語はインド＝ヨーロッパ語族ではなく，フィン＝ウゴル語派に分類される。

2 × タイは上座部仏教が国民の大半に浸透している。しかし，インドネシアは国民の87%以上がイスラーム教徒，スリランカは多数派が上座部仏教であるもののヒンズー教徒のほか，イスラーム教徒も居住している。カザフスタンは北部がキリスト教（ギリシャ正教系），南部がイスラーム教系である。カフカス地方にはギリシャ正教系の国（アルメニアやグルジア）とイスラーム教系の国（アゼルバイジャン）があるが，トルコ系諸民族にはイスラーム教が浸透している。

3 × シンガポールは中国系の占める割合が約74%（総人口は約570万人）と，東南アジアで最も高い。ブミプトラ政策で「マレー人優遇政策」を進めてきたのはマレーシアである。マレーシア政府はイギリスから独立後，経済的に優位に立つ中国系の勢力を抑えて，多数派であるマレー人の地位を確かなものにすることを目指してきた。

4 × スペイン語が国連の公用語であることは正しい。ただし，アルゼンチンの公用語はスペイン語であり，ポルトガル語が公用語であるのはブラジルである。なお，ハイチではフランス語が公用語（旧フランス植民地），パナマではスペイン語が公用語となっている。

5 × アフリカでイスラーム教徒が多いのは，サハラ砂漠以北の一帯や，東アフリカのエチオピアやソマリア，ケニアやタンザニアの沿岸部などである。アフリカでは，大陸の北半分でイスラーム教が信仰されているが，大陸の南半分ではキリスト教や伝統的な宗教が信仰されている。シーア派はイランの国教であり，イラク南部でも盛んであるが，イスラーム教徒全体の9割近くはスンニ（スンナ）派で，アフリカのイスラーム教徒の大半もスンニ派系である。

正答 1

世界の諸地域
民族・宗教など

1 民族・言語・宗教

(1) 民族

① ヨーロッパの民族

ラテン系民族 (ロマンス語系)	スペイン，イタリア，フランスなどのヨーロッパ南西部やルーマニアなど。カトリック教徒が多いが，ルーマニアは東方正教。
ゲルマン系民族 (ゲルマン語系)	イギリス，ドイツ，スウェーデン，ノルウェーなどヨーロッパ北部。プロテスタントが多い。
スラブ系民族 (スラブ語系)	ロシアや東欧諸国などヨーロッパ東部。東方正教系のキリスト教徒が多い。ポーランドはスラブ系民族が多い国であるが，国民の大半がカトリックである。
ウラル系民族 (ウラル語族系)	フィンランド，ハンガリー

ドイツやフランス，オランダなどでは，アフリカ諸国やトルコなどからの移民が多く，イスラーム教徒の割合が増えています。

② アジアの多民族国家

マレーシア	マレー系と先住民（62%），中国系，インド（タミル）系民族からなる。経済的優位にあった中国系住民に対し，マレー系民族の利益を守るため，ブミプトラ政策をとった。
シンガポール	中国系の住民が多いため(74%)，1965年にマレーシアから独立。他にマレー系，インド（タミル）系。

③ ラテンアメリカの民族構成

ラテンアメリカの先住民はアジアから渡ったとされるインディオです。その後，アフリカから奴隷として黒人が連れてこられ，ヨーロッパから渡っていった白人と混血を繰り返しながら，混成文化を形成しました。アルゼンチンやチリではヨーロッパ系が，ペルーは先住民，カリブ海諸国はアフリカ系の住民が多いです。

(2) 宗教

① 仏教

古代インドでゴータマ＝シッダルタによって始められ，やがて上座部仏教と大乗仏教とに分かれました。

上座部仏教はタイ，ミャンマー，スリランカなど東南アジア諸地域を中心に，大乗仏教は日本，韓国，中国，ベトナムなどで信仰されています。

②　ユダヤ教

古代にパレスチナで成立しました。その特徴は唯一神ヤーヴェを信仰し，神と契約を結んだユダヤ人のみが救われるとする選民思想にあります。ローマ帝国の支配下に入った後，民族は各地に離散しました。19世紀末からのシオニズム運動の末，第２次世界大戦後にパレスチナにイスラエルを建国し，以後，イスラーム教を信仰するアラブ諸国と対立が続いています。

②　キリスト教

ヨーロッパ南部のラテン民族，中南米一帯のほかに，フィリピン，ポーランドなどに信者が多いのがカトリックです。一方，16世紀の宗教改革後に登場したプロテスタントは，北ヨーロッパなどゲルマン系民族を中心に信仰されています。

④　イスラーム教

ムハンマド（マホメット）により始められ神アッラーの信仰を説きます。聖地はサウジアラビア西部のメッカ。聖典はコーランで，礼拝や巡礼，ラマダーン（断食月）の行など，厳しい戒律が信徒の生活を規律しています。中東諸国や北アフリカ沿岸諸国に信者が多くいます。スンナ派はアラブの国々で，シーア派はイランやイラク南部などで信仰されています。

東南アジアでは，マレーシアやインドネシアに多くのイスラーム教徒がいます。

⑤　ヒンドゥー教

インド国民の多くが信仰しています。古代のバラモン教に民間信仰が取り入れられて発展しました。厳しい身分制度であるカーストとの結びつきも強かったですが，カーストは1949年憲法で否定され，近年は社会の近代化が進み，社会への影響も変容してきています。インドは，イスラーム教の信者が多いパキスタンとの間に宗教対立に加えて，カシミール地方の帰属をめぐる対立を抱えています。

(3)　言語

①　中南米の公用語

中南米諸国では多くの国の公用語がスペイン語ですが，ブラジルはポルトガル語が，ハイチはフランス語が公用語となっています。

②　多言語国家

カナダでは英語とフランス語が，シンガポールでは英語と中国語，マレー語，タミル語が公用語となっています。

スイスではドイツ語，フランス語，イタリア語，ロマンシュ語が公用語です。

世界の諸地域
民族・宗教など

実践 問題 50 基本レベル

頻出度				
	地上★★★	国家一般職★★★	東京都★★	特別区★★★
	裁判所職員★		国税·財務·労基★★★	国家総合職★★★

問 公用語が二つ以上の言語からなる国に関する記述として最も妥当なのはどれか。

（国税・労基2009）

1：カナダは，英語，ドイツ語の二つの言語を公用語としている。国民は主にイングランド系，ドイツ系などの民族で構成されており，宗教はキリスト教（カトリック，プロテスタント）が大勢となっている。

2：ベルギー王国は，オランダ語，フランス語，ドイツ語の三つの言語を公用語としている。国民は主にオランダ系フラマン人，フランス系ワロン人などの民族で構成されており，宗教はキリスト教（カトリック）が大勢となっている。

3：スイス連邦は，フランス語，英語の二つの言語を公用語としている。国民は主にフランス系，イタリア系，ロマンシュ系などの民族で構成されており，宗教別人口割合ではキリスト教（プロテスタント）とユダヤ教がほぼ半々を占めている。

4：シンガポール共和国は，英語，中国語，インドネシア語の三つの言語を公用語としている。国民は主に中国系，ジャワ系，マレー系などの民族で構成されており，宗教別人口割合ではキリスト教（カトリック）とイスラム教がほぼ半々を占めている。

5：フィリピン共和国は，フィリピノ語，英語の二つの言語を公用語としている。国民は主にマレー系，中国系，スペイン系などの民族で構成されており，宗教別人口割合では仏教徒が最も多くなっている。

チェック欄

1回目	2回目	3回目

実践 問題 50 の解説

〈多言語国家〉

1 × カナダはさまざまな国からの移民で成り立っているが，公用語は英語とフランス語である。東部のケベック州では住民の約８割がフランス系で，カナダからの分離・独立を求める動きが強い。なお，宗教はキリスト教が大勢というのはそのとおり。

2 ○ ベルギー王国の公用語はオランダ語（北部を中心に使用され，フラマン語ともいわれる）とフランス語（南部を中心に使用される）とドイツ語（東部を中心に使用される）の３種である。国民の約６割がオランダ系の住民で，フランス系住民は約３割である。また，住民の８割を占めるカトリックが大勢であることは正しい。

3 × スイス連邦はフランス語・イタリア語のほか，ドイツ語，ロマンシュ語と４種の公用語を持つ。国民の約３分の２（中部から北部）が使用しているのはドイツ語である。宗教は国民の約８割がキリスト教徒であり，そのうち，カトリックが約42％，プロテスタントが約35％である。ユダヤ教徒は１％にも満たない。

4 × シンガポール共和国の公用語は中国語，英語，マレー語，タミル語の４種である。民族構成は，中国系が約４分の３と多く，ほかにマレー系，インド系（タミル系が多い）などとなっている。宗教も多様で，仏教徒が最も多く（国民の約40％），イスラーム教（マレー系に多い。国民の約15％），キリスト教，ヒンドゥー教などを信仰する人々も多い。

5 × フィリピン共和国の公用語がフィリピノ語と英語というのは正しい。民族構成はマレー系中心であるが，中国系，スペイン系，その他先住民系の人々も住んでいる。この国は1571年からスペインの植民地となり，カトリック化が積極的に行われたために，現在でも住民の８割程度はカトリックである。なお，南部には少数のイスラーム教徒（国民の約５％）が居住している。

正答 2

世界の諸地域
民族・宗教など

実践 問題 51 基本レベル

頻出度	地上★★	国家一般職★★	東京都★	特別区★
	裁判所職員★	国税・財務・労基★★	国家総合職★	

問 **ヨーロッパの言語・民族・宗教に関する次の記述には，妥当なものが二つあるが，それらはどれか。** **（市役所C日程2011）**

ア：ラテン系民族は，スペイン・イタリアなどの南欧諸国や，バルカン半島のギリシア・ブルガリアなどに多くが居住する。カトリックが多い。

イ：ゲルマン系民族は，アイルランド・イギリス・フランス・ドイツなどの西欧諸国や，ノルウェーなどの北欧諸国に多く居住する。プロテスタントが多い。

ウ：スラブ系民族は，チェコ・ポーランドなどの東欧諸国や，ウクライナ・ロシアなどに多く居住する。正教やカトリックが多い。

エ：ヨーロッパの多くの国では，インド・ヨーロッパ語族に属する言語が公用語として用いられている。しかし，ハンガリーやフィンランドのように，インド・ヨーロッパ語族に属する言語を公用語としない国もある。

オ：ヨーロッパではキリスト教徒が多くを占めるが，イスラム教徒もいる。イスラム教徒が多くみられるのは，バルト三国やバルカン半島のアルバニアなどであり，ロシア・ドイツ・フランスなどでは少ない。

1：ア・イ
2：ア・オ
3：イ・エ
4：ウ・エ
5：ウ・オ

直前復習

チェック欄		
1回目	2回目	3回目

実践 問題 51 の解説

〈ヨーロッパの言語・民族・宗教〉

ア× ラテン系民族は，主に南ヨーロッパの地中海沿岸に居住し，ラテン系の言語を用いる人々である。カトリック教徒が多い。スペイン人，ポルトガル人はラテン系民族ではあるが，ギリシアやブルガリアには多くない。ギリシャではギリシャ正教徒が，ブルガリアではブルガリア正教徒が多い。

イ× ゲルマン系民族は，主に北西ヨーロッパに居住し，ゲルマン系の言語を用いる人々で，プロテスタントが多い。イギリス人，ドイツ人，オランダ人，デンマーク人，スウェーデン人，ノルウェー人など。フランスにゲルマン系民族は多くない。なお，アイルランドの公用語であるアイルランド語（ゲール語）は，ヨーロッパの先住民であるケルト系民族のケルト語の一形態である。また，アイルランドではカトリック教徒が多い。

ウ○ スラブ系民族は主に東ヨーロッパやロシアに居住し，スラブ系言語を用いる民族である。東方正教やカトリックが多い。ロシアではロシア正教が，セルビアではセルビア正教が信仰されているが，チェコやポーランドではカトリックが信仰されている。

エ○ ヨーロッパの多くの国では，インド・ヨーロッパ語族に属する言語が公用語として用いられている。**インド・ヨーロッパ語族の中に，ラテン語系，ゲルマン語系，スラブ語系，その他（ケルト語系など）の分類がある。**一方，ハンガリー語（マジャール語）やフィンランド語はインド・ヨーロッパ語族とは別のウラル系に分類される。

オ× バルト三国はバルト海に面したエストニア，ラトビア，リトアニアの3国であるが，これらの国ではキリスト教が信仰されている。アルバニアにイスラーム教徒が多いことは正しい。また，ロシアでは少数派とはいえ，1,000万を超えるムスリム（イスラーム教徒）が居住しており，フランスやドイツはヨーロッパの中でもムスリムの多い国である。ヨーロッパにおいては，移民の増加に伴い年々ムスリム人口が増えている。

以上から，ウとエが妥当であるので，正解は肢4である。

正答 4

世界の諸地域
民族・宗教など

実践 問題 52 基本レベル

頻出度 地上★★★ 国家一般職★★★ 東京都★★ 特別区★★★ 裁判所職員★★ 国税·財務·労基★★★ 国家総合職★★★

問 世界の各国における民族や文化などに関する記述として最も妥当なのはどれか。 (国税・労基2006)

1：インドでは15億を超える人口の大半の人々がヒンドゥー教を信仰しており，ヒンドゥー教と結びついたカースト制度が，結婚や職業など，人々の日常生活を細かく規定している。しかしながら，イランと国境を接するカシミール地方では，イスラム教徒が人口の多数を占めており，イランとの間にその帰属をめぐって対立がみられるなど，多民族国家としての問題を抱えている。

2：ロシア連邦ではスラブ系民族のロシア人が中心民族であり，15世紀中ごろに滅亡したビザンツ帝国から，東方正教をはじめとするビザンツ文化などを受け入れ，独自の文化を形成してきた。広大なロシア連邦は多民族国家であり，ロシア人以外にも，各地にサハ（ヤクート）人，タタール人など多様な民族が生活している。

3：インドネシアにはジャワ人，スンダ人，バリ人など数多くの部族がおり，それぞれに独自の言語や生活様式をもつが，かつてイギリスの植民地支配を受けたことから，英語が全体の公用語になっている。国民の約９割はイスラム教徒であるものの，文化的には様々な宗教の影響を受けており，ジョグジャカルタ市郊外のボルブドゥール遺跡は世界最大のヒンドゥー教遺跡として名高い。

4：オーストラリアは18世紀の終わりごろから，イギリスの流刑植民地として開拓が進められ，その結果，先住民であるマオリの人口は激減した。その後，中国人などアジア系の移住者も増えたが，その低賃金がヨーロッパ系労働者の脅威になるとして，移民を制限するモンロー主義政策が採られた。その政策も1979年には廃止され，現在では多民族・多文化国家の道を歩んでいる。

5：ブラジルはかつて植民地支配したスペイン人によるラテン系文化の影響を強く受けており，スペイン語が公用語として話され，国民の約７割がカトリックを信仰している。スペイン人のほかに，18世紀には金採掘の労働者としてアフリカ人奴隷が連れてこられて混血が進み，白人と黒人との混血をメスチゾ，インディオと白人との混血をムラートという。

直前復習

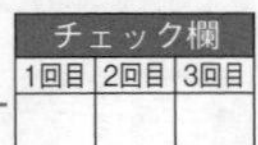

実践 問題 52 の解説

〈各国の民族や文化〉

1 × 紛争が絶えないカシミール地方はインドとパキスタンの係争の地である。カシミール地方はインドに属するがイスラーム教徒が多数派であり，紛争が続いている。また，インドの総人口は公式には約14億人である（2021年）。統計によりかなりの違いが見られるが，インド国民の大半（約80％）がヒンドゥー教徒である。ほかに10％強がイスラーム教徒。カースト制度は憲法では禁止されているものの，根絶されるに至っていない。

2 ○ ロシアは日本の面積の約45倍という広大な国土に100以上の民族が住んでいる多民族国家であるが，総人口の約８割はロシア人を中心とするスラブ系民族である。近年，イスラーム教徒の多いチェチェン共和国などの独立派による反政府運動やテロが起きており，多民族国家の難しさが見られる。

3 × インドネシアは1949年にオランダが独立を認めるまで，17世紀初頭から基本的にはオランダの支配下にあった国である。スカルノ支配の時代に「インドネシア語」が国語と定められ，教育や公的な場で使用されているが，現実には地方ではそれぞれの地域の言語がまだ残されている。約９割がイスラーム教徒であることや，文化的にはさまざまな宗教の影響を受けているという点は正しい。ボルブドゥール（ボロブドゥール）遺跡は８世紀から９世紀頃に建造されたと推定されている仏教遺跡である。

4 × オーストラリアの先住民はアボリジニー。マオリはニュージーランドの先住民。なお，オーストラリアが18世紀末からイギリスの流刑地として利用されてきたことは正しい。その後移民は白人に限るという「白豪主義」を採用してきたが，1975年に「人種差別禁止法」を制定して，多民族・多文化主義に移行している。

5 × ブラジルはポルトガルの植民地支配を受けていたため公用語はポルトガル語である。７割程度がカトリック信者という点は正しい。なお，メスチソは白人とインディオとの混血，ムラートは白人と黒人の混血である。

正答 2

世界の諸地域
民族・宗教など

実践 問題 53 基本レベル

頻出度	地上★★★ 国家一般職★★ 東京都★★ 特別区★★ 裁判所職員★★ 国税·財務·労基★★ 国家総合職★★

問 世界の宗教に関する次の記述のうち，妥当なのはどれか。 （地上2019）

1：東南アジア：タイでは仏教徒が，フィリピンではキリスト教徒が，インドネシアではイスラム教徒が多い。

2：南アジア：インドでは仏教徒が多く，パキスタン，バングラデシュではヒンドゥー教徒が多い。

3：ヨーロッパ：キリスト教徒が多く，各宗派の信徒を国別にみると，イギリスではカトリックが，イタリアではプロテスタントが，スペインでは正教会が多い。

4：アフリカ：北部では伝統信仰が広まっており，キリスト教徒やイスラム教徒は少ない。一方，サハラ以南ではイスラム教徒が多い。

5：アメリカ：キリスト教徒が多く，各宗派の信徒を国別にみると，アメリカ合衆国ではカトリックが，メキシコではプロテスタントが多い。

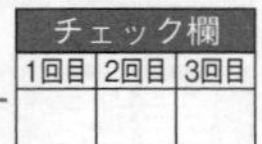

実践 問題 53 の解説

〈世界の宗教〉

1 ○ 妥当である。タイでは仏教徒（上座部仏教徒）が大半を占めており，フィリピンはキリスト教徒（カトリック），インドネシアではイスラーム教徒が多い。

2 × インドではヒンドゥー教が国民的宗教であり，パキスタンやバングラデシュではイスラーム教徒が多い。

3 × イタリアやスペインなどのラテン系言語の国家では，カトリック教徒が多い。また，イギリスは16世紀に宗教改革によりイギリス国教会が成立しており，プロテスタントが多い。正教会系キリスト教徒が多いのは東欧の国々である。

4 × アフリカにおいてイスラーム教徒が多いのは，北部の地中海沿岸である。サハラ砂漠以南は，伝統的な宗教や一部キリスト教が信仰されている。

5 × メキシコではカトリックが多い。アメリカ合衆国ではキリスト教徒が約8割を占める（5割はプロテスタント，カトリックが3割）である。

正答 1

世界の諸地域
民族・宗教など

実践 問題 54 基本レベル

頻出度	地上★★★ 国家一般職★★★ 東京都★★ 特別区★★ 裁判所職員★★ 国税·財務·労基★★★ 国家総合職★★★

問 現代の民族問題に関する記述として最も妥当なのはどれか。

（国税・財務・労基2019）

1：カナダでは，フランス系住民とイギリス系住民が共存しており，フランス語と英語が公用語となっている。イギリス系住民が多くを占めるケベック州では，分離・独立を求める運動が度々起きており，1980年と1995年に実施された州民投票では独立派が勝利している。

2：シンガポールでは，多くを占めるマレー系住民のマレー語のほか，中国語や英語も公用語となっている。大きな経済力を持っている中国系住民とマレー系住民との間の経済格差を是正するため，雇用や教育の面でマレー系住民を優遇するブミプトラ政策が実施されている。

3：南アフリカ共和国では，少数派のフツ族と多数派のツチ族は言語や文化をほとんど共有していたものの，両者の間で生じた主導権争いにより，反政府側と政府軍の内戦が勃発した。その結果，ツチ族によるフツ族の大量虐殺やツチ族の大量難民化などの人道問題が生じた。

4：旧ユーゴスラビアのコソボでは，セルビア人とアルバニア人が衝突し，多くの犠牲者を出した。国際連合やＥＵによる調停や，ＮＡＴＯ（北大西洋条約機構）による軍事力の行使の結果，停戦の合意が結ばれた。

5：トルコ，イラク，イランなどにまたがる山岳地帯では，独自の文化と言語を持つバスク人が暮らしている。バスク人は，居住地域が国境で分断されており，いずれの国においてもマイノリティであるが，激しい独立運動の結果，その独自性が尊重されるようになった。

直前復習

チェック欄

1回目	2回目	3回目

実践 問題 54 の解説

〈民族問題〉

1 × ケベック州に多いのはイギリス系ではなくフランス系住民である。ケベック州ではフランス系住民により，たびたび分離・独立を求める運動が起きているが，1980年と1995年に行われた住民投票では，独立反対派が勝利している。

2 × ブミプトラ政策でマレー人を優遇したのはマレーシアであって，シンガポールではない。また，シンガポールはマレーシアから中国系住民が分離・独立して成立した国であるので，マレー系住民ではなく中国系住民が多数を占める。なお，シンガポールではマレー語，英語，中国語，タミル語の４つが公用語とされている。

3 × 本肢は南アフリカ共和国ではなく，ルワンダ内戦についての記述である。また，この紛争においてフツ族によるツチ族大量虐殺と，内戦終結後に報復を恐れる多くのフツ族が難民化したことが問題となった。

4 ○ 妥当である。旧ユーゴスラビアが位置したバルカン半島は，歴史的に異文化が接触する地域であり，宗教や言語の分布は複雑で，はっきりした境界線で区分されておらず，民族の分布も国境線と一致しない例が多い。冷戦が終結するとユーゴスラビアでも共産党の一党独裁を廃止したが，セルビアが大セルビア主義を掲げてアルバニア系住民の多いコソボ自治州を併合しようとすると，内戦が起こった。激しい内戦の末，クロアチア，ボスニア・ヘルツェゴビナ紛争にはＮＡＴＯ軍が派遣されて終結した。

5 × 本肢で説明されているのはクルド人である。バスク人はスペインとフランスの国境付近に暮している民族。スペインではバスク人による自治が認められて，自治州がおかれている。

正答 4

世界の諸地域
総合・アジア

必修問題 セクションテーマを代表する問題に挑戦！

ＢＲＩＣＳの一国であり，ＧＤＰ世界第２位となった中国はこれからも多く出題が予想されます。

問 中華人民共和国に関する記述として，妥当なのはどれか。

（特別区2011改題）

1：西部のヒマラヤ山脈からテンシャン山脈に至る地域は，湿潤なモンスーンが吹くため暑くて降水量も多く，主に稲作が行われている。

2：1984年以降，シャンハイなどの都市が経済特区として開放され，中国企業のほかに日本の資本との合弁による郷鎮企業が進出し工業が発展した。

3：総人口は1970年代には13億人を超え，食料問題等も発生したが，1979年に一人っ子政策が実施された後は急速に減少に転じた。

4：人口の約９割を漢族が占め，少数民族のうち，チベット・ウイグル・モンゴル・チョワン・ホイの５つの民族は自治区をつくっている。

5：市場経済への転換と急成長が進んだものの，自由貿易が原則のＷＴＯへの加盟にはまだ至っていない。

直前復習

Guidance ガイダンス

【中国の基礎データ】

首都：北京（北緯40度）人口：14.1億人　漢民族９割

４直轄市22省５自治区２特別行政区（香港，マカオ）

<自然>面積：960万km²（日本の26倍）　西高東低の地形

内陸部には砂漠（チベット高原，タクラマカン砂漠，ゴビ砂漠），北には黄河（世界７位の長さ）と，南に長江（世界３位の長さ）。

<農業>北は畑作，南は稲作。米，小麦の生産世界一。漁獲量世界一。木材輸入が急増。農業は生産責任制度（人民公社はすでに廃止）で生産量増加。

<鉱工業>石炭，鉄鉱石，原油の生産量は多いが，いずれも輸入大国。

外資導入で自動車製造，家電製造，造船が発達。衣類，家電は輸出も盛ん。

<その他>ＷＴＯ加盟（2001年）。台湾との政治問題。「一人っ子」政策を廃止。2021年には第１次産業（名目ＧＤＰの7.3％），第２次産業（同39.4％），第３次産業（同53.3％）となる。「世界の工場」として第２次産業を中心に発展してきたが，2012年に第３次産業の比率が第２次産業の比率を逆転。2015年に第３次産業の比率は50％を超えた。

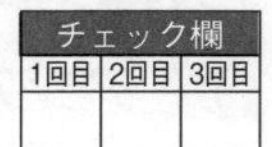

必修問題の解説

〈中国〉

1 × 中国の西部のヒマラヤ山脈からテンシャン山脈に至る地域は，チベット高原やタクラマカン砂漠が広がっている地域で，海洋からは遠く離れているため，タクラマカン砂漠はもちろん，チベット高原も乾燥気候であり，稲作は盛んではない。

2 × 経済特区は，鄧小平が進めた開放政策により，外国資本や技術の導入のために1979年に深圳など南の沿岸地域に設けられたものである。一方，上海は1984年に経済特区に続いて設けられた経済技術開発区の１つに指定されたが，経済特区が国内に対して閉ざされているのに対し，経済技術開発区は国内に対しても開放されている。

3 × 中国では一人っ子政策が採用されてから，人口増加率は下がったが，人口そのものは増加してきた。2021年の人口は14億2,590万人と世界１位であるが，2022年末の時点で14億1,175万人で前年より85万人減少したと発表した。人口減少は1961年以来61年ぶりとなる。したがって，一人っ子政策が採用された後は急速に人口が減少に転じたとあるのは誤り。

■一人っ子政策

中国では人口増加を抑制するために，1979年から「一人っ子政策」が進められてきた。しかし，こうした一人っ子政策が，高齢化や若年労働力不足などの問題を生じさせたため，2016年から夫婦１組につき２人まで子供を持つことを認めてきた。しかし，二人っ子政策は短期的には出生率にプラスの影響を与えたが，その効果は持続しなかったことから，2021年５月に夫婦１組につき３人まで子供をもうけることを認める方針を発表した。

4 ○ 妥当な記述である。中国は人口の９割以上を漢族が占めるとともに，50以上の少数民族が生活している。自治区については，現在５つが定められており，チベット自治区・シンチヤンウイグル自治区・内モンゴル自治区・コワンシーチョワン族自治区・ニンシアホイ族自治区の５つがある。

5 × 中国は1978年以降改革開放政策を推し進め，ＧＤＰの成長率は著しかったが，新型コロナウイルスの感染拡大の影響を受け，2022年の実質経済成長率は3.0％（中国国家統計局）となっている。また，中国はＷＴＯに2001年に加盟している。

正答 4

第3章 SECTION ② 世界の諸地域 総合・アジア

1 アジア諸国

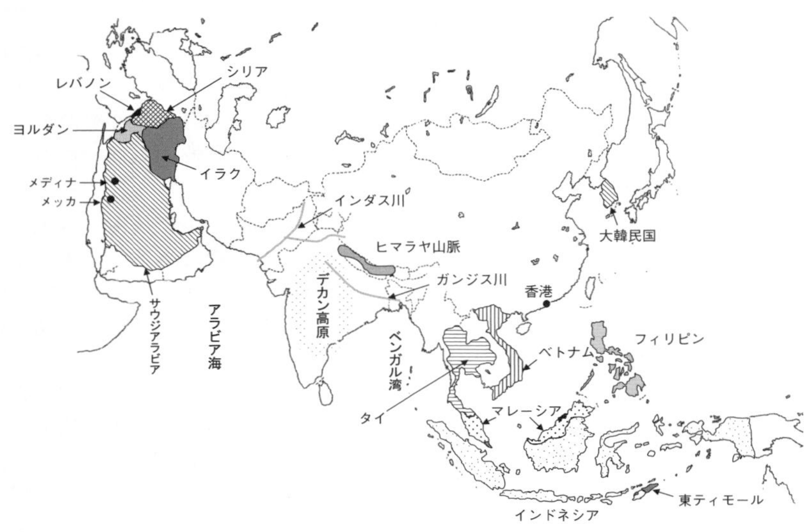

(1) 中　国

華北は降水量が少ないために畑作地帯，江南は稲作が盛んです。1979年以降にシェンチェン，チューハイ，スワトウ，アモイ，ハイナン島の沿岸5カ所に経済特区が設けられ，外資導入が進められた結果，近年の経済発展は著しく，「世界の工場」とよばれる貿易大国になりました。また，生産責任制を採用し，「万元戸（まんげんこ）」とよばれる富裕な農家も登場しました。開放政策と同時に一人っ子政策が実施されましたが，その結果，急激な高齢化が進展し，人口の性比が偏るなどの問題が生じたため，2015年12月に廃止されました。

補足　中国の貿易額はアメリカを抜いて世界1位となっています。

(2) フィリピン

約7,000の島々からなり，全土が熱帯気候に属します。農業が盛んですが，輸出指向型の工業化を進め，電機・電子などの工業が成長しました。バナナ，パイナップル，ココナッツ，サトウキビなどの栽培が盛んです。

フィリピンはかつてスペインの植民地であったため，カトリック教徒が多いのに対し，インドネシアやマレーシアでは大半がイスラーム教徒であることが特徴です。

(3) インドネシア

人口が2億人を超える多部族国家で，人口の多くはジャワ島に集中しています。低地の多くは熱帯雨林気候で，米の生産が世界3位です。インドネシアとマレーシアで世界のパーム油の生産量の84%を占めます。

(4) マレーシア

国土の6割強を熱帯林が占めています。ルックイースト政策で工業化を推進し，工業製品輸出国へと変わりました。

ブミプトラ政策	マレーシアでは国内で経済面で優位に立つ中国系の人々に対抗するためにブミプトラ政策によりマレー人優遇を図っています。

(5) タイ

国土の中央をチャオプラヤ川が流れ，平野が広がり米作や天然ゴムの生産が盛んで，米の輸出はインド，ベトナムと並んで世界的です。上座部仏教徒が大半を占めています。

(6) シンガポール

赤道直下の島国で面積は東京23区とほぼ同じで国民の約74%は中国系です。金融や海運などの第3次産業が発展しています。

シンガポールの公用語は，マレー語，英語，中国語（北京語），タミル語の4つ。

(7) ベトナム

社会主義国ですが，「ドイモイ政策」によって経済開放政策を採用し，軽工業の発達が見られます。原油，衣類，魚介類などを輸出しています。コーヒー豆の生産と輸出はブラジルに続き世界2位，米の輸出はインド，タイに次いで世界3位です。

(8) インド

ガンジス川の中・下流域で米作が，デカン高原では綿花栽培が盛んです。かつては食料不足が問題となっていましたが，小麦･米の高収量品種導入を進める「緑の革命」により1970年代には食料自給を達成し，米の輸出が世界的となりました。また，経済発展に伴い，ミルクや鶏肉などの需要が高まりましたが，特にミルクの生産増加は「白い革命」とよばれています。近年では外資の導入により情報通信技術（ＩＣＴ）産業が発達し，南部バンガロールをはじめ，各地に先端技術産業の工業団地が建設されています。連邦公用語はヒンディー語，準公用語が英語です。ヒンディー語の他に憲法で公認されている州の言語が21あります。

厳しい身分制度であるカーストは，憲法によって禁止されていますが，社会的にはその影響が残っているといわれます。

第3章 SECTION 2 世界の諸地域

総合・アジア

実践 問題 55 基本レベル

頻出度	地上★★★ 国家一般職★★ 東京都★★ 特別区★ 裁判所職員★★ 国税・財務・労基★★ 国家総合職★★

問 世界の諸地域に関する記述A～Dのうち，妥当なもののみを挙げているのはどれか。（国家一般職2017）

A：東南アジアは，アジアとヨーロッパの交易路に位置していたため，宗教や言語，芸術など様々な文化が流入してきた。交易の拡大とともにアラブ商人がもたらしたイスラームは，ミャンマーやマレーシアなどの国で広く信仰されている。また，欧米諸国から受けたキリスト教の影響も大きく，フィリピンではプロテスタントが普及している。

B：ヨーロッパでは，言語は主に，イタリア語やフランス語など南ヨーロッパを中心に用いられるラテン語派，英語やドイツ語など北西から西ヨーロッパにかけての地域で用いられるゲルマン語派，チェコ語やポーランド語など東ヨーロッパで用いられるスラブ語派に分けられる。また，古代ギリシャとローマの文化を受け継ぎ，キリスト教と深く結び付いた文化が発展した。

C：ラテンアメリカでは，16世紀にスペインとポルトガルを中心とするヨーロッパの人々が進出し，現在でも多くの国でスペイン語やポルトガル語が公用語とされている。また，労働力としてアフリカ系の人々が連れて来られたことで，先住民，ヨーロッパ系，アフリカ系の文化や伝統が融合して独特の文化となった。例えば，ブラジルのカーニバルやアルゼンチンのタンゴが挙げられる。

D：サハラ以南のアフリカは，19世紀末までに南アフリカ共和国を除くほぼ全域がヨーロッパ諸国の植民地となった。1960年代をピークに多くの国が独立したが，現在でも旧宗主国との経済・文化面のつながりを持っている国は多い。例えば，フランスの旧植民地であるガーナでは，主食にフランスパンが好まれ，公用語であるフランス語を話す人が多い。

1：A，B
2：A，C
3：A，D
4：B，C
5：B，D

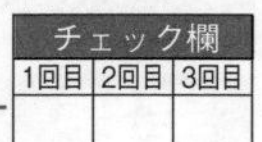

実践 問題 55 の解説

〈世界の諸地域〉

A × 東南アジアでイスラームが広く信仰されているのはマレーシアやインドネシアである。一方，ミャンマーは上座部仏教が盛んである。また，フィリピンはスペインの植民地であったため，プロテスタントではなくカトリック教徒が多い。

B ○ 妥当である。ラテン語派，ゲルマン語派，スラブ語派はいずれもインド＝ヨーロッパ語族であるが，フィンランドやハンガリーではインド＝ヨーロッパ語族ではないウラル語族に属する言語が用いられている。

C ○ 妥当である。ラテンアメリカの多くの国ではスペイン語が公用語となっているが，ブラジルではポルトガル語が公用語である。

D × サハラ以南のアフリカのうち，19世紀末の時点でヨーロッパ諸国の植民地となっていなかったのはエチオピアとリベリアである。現在の南アフリカ共和国の領域は，19世紀初頭にイギリスがケープタウンを植民地とし，その後，南アフリカ戦争（1899〜1902年）を経てイギリスが支配した。したがって，「19世紀末までに南アフリカ共和国を除くほぼ全域がヨーロッパ諸国の植民地となった」とあるのは妥当でない。また，1960年をピークに多くの国が独立したことは正しいが，ガーナはイギリスの旧植民地で，英語が公用語である。

以上から，BとCが妥当であるので，正解は肢4である。

正答 4

第3章 SECTION ② 世界の諸地域

総合・アジア

実践 問題 56 基本レベル

頻出度 地上★★★ 国家一般職★★ 東京都★★ 特別区★ 裁判所職員★★ 国税·財務·労基★★ 国家総合職★★

問 世界の各地域に関する次の記述A～Dのうち，妥当なもののみを挙げているのはどれか。 (国家総合職2013改題)

A：東南アジアの多くの国々では，輸入代替型工業を採用した工業化政策が功を奏して，1980年代末から「世界の成長センター」と呼ばれる経済発展を遂げた。経済の発展段階は国ごとに異なるが，近年では，ドイモイ政策を採用して経済発展を進めているカンボジアが注目されている。東南アジアは世界的な稲作地帯でもあり，タイとフィリピンは世界有数のコメ輸出国である。

B：ヨーロッパは，２度にわたる世界大戦で多大な戦禍を被ったが，紛争のもとになってきた石炭資源と鉄鋼業を共同管理下に置くことを目的にヨーロッパ石炭鉄鋼共同体が設立され，これが現在のＥＵの基礎となった。ＥＵでは共通通貨としてユーロを利用しているが，スウェーデンのようにＥＵに加盟しながらもユーロには参加していない国もある。

C：北アメリカの開拓は，英国から来たカトリック教徒の入植によって始まり，現在までのアメリカ合衆国の歴代大統領のほとんどはカトリック教徒である。北アメリカの山岳地帯としては，古期造山帯に属するロッキー山脈が西海岸沿いを縦走しており，また，東南部には，新期造山帯に属するアパラチア山脈がある。

D：アフリカの気候についてみると，おおむね高緯度に向かって帯状の気候分布がみられる。すなわち，赤道付近のコンゴ盆地やギニア湾岸は熱帯雨林気候で，その高緯度側にはサバナ気候が分布し，さらにその高緯度側にはステップ気候，次いで砂漠気候が分布する。アフリカで最も人口の多い国はナイジェリアである。

1：A，B
2：A，C
3：B，C
4：B，D
5：C，D

チェック欄

1回目	2回目	3回目

実践 問題 56 の解説

〈世界の諸地域〉

A × ドイモイ政策を採用しているのは，カンボジアではなく，ベトナムである。また，世界有数の米輸出国として，タイは正しいが，フィリピンは妥当ではない。フィリピンでは，スペインやアメリカの植民地時代にバナナやサトウキビ，ココナッツなどの商品作物が大農場で生産され，戦後は米やトウモロコシの増産が図られたが，米の自給は達成できておらず，一部を輸入している。世界有数の米輸出国はインド，タイ，ベトナムなど。

B ○ ヨーロッパ石炭鉄鋼共同体（ＥＣＳＣ），ヨーロッパ原子力共同体（ＥＵＲＡＴＯＭ）とヨーロッパ経済共同体（ＥＥＣ）が成立し，その後，現在のＥＵの前身となるＥＣ（ヨーロッパ共同体）が成立した。なお，ＥＵに加盟しながらユーロに参加しない国の例として，スウェーデン，デンマークなどがある。

C × 北アメリカ入植者の多くは，ピューリタンなど，プロテスタントが主であった。アメリカにおける支配層は長くＷＡＳＰ（White, Anglo Saxon, Protestant）で占められてきたため，歴代大統領もプロテスタントが多い。また，ロッキー山脈は環太平洋造山帯（新期造山帯）の一部をなし，アパラチア山脈は古期造山帯で山麓にはアパラチア炭田が広がる。

D ○ コンゴ盆地を通過する赤道付近は熱帯雨林気候であり，ギニア湾岸も同様である。これを中心として周辺にサバナ，ステップ，砂漠，地中海性気候がおよそ対称に分布する。ナイジェリアの人口はアフリカ最多であり，およそ2.2億人である（2022年）。

以上から，ＢとＤが妥当な記述であるので，正解は肢４である。

正答 4

第3章 SECTION 2 世界の諸地域

総合・アジア

実践 問題 57 基本レベル

頻出度	地上★★	国家一般職★★	東京都★★	特別区★★
	裁判所職員★★	国税･財務･労基★★	国家総合職★★	

問 中国に関する次の記述のうち妥当なものはどれか。 （地上2021）

1：黄河と長江はいずれも国土の西から東に流れている。このうち黄河は長江よりも南側を流れている。黄河の河口には中国最大の港湾・重工業都市の上海がある。

2：人口の多数が漢民族であるが，それ以外にも50以上の少数民族が住んでおり，ウイグル族やチベット族などの少数民族の多い地域には民族自治区が置かれている。

3：農業生産は，中国東南地域で盛んであり，このうち華北では主に稲作が，華中や華南では主に小麦などの生産が行われている。

4：中国の一次エネルギー消費量は，アメリカに次いで世界第２位である。二次エネルギーである国内電力の構成を見ると，石炭への依存度が非常に多く，全体の90％以上を占めている。

5：1970年代に対外開放政策が始まり，内陸部の省に経済特区が設けられた。現在でも，外国企業からの投資は経済特区がある内陸部に集中している。

直前復習

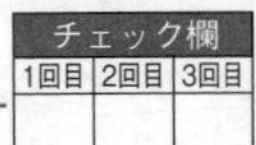

実践 問題 57 の解説

〈中国〉

1 × 黄河と長江は，いずれも中国の国土を西から東に流れているが，黄河が北，長江が南を流れている。中国最大の貿易港である上海は，長江の河口に位置する。

2 ○ 人口の9割が漢民族であるが，そのほかに55の少数民族が住んでおり，5つの自治区がある。代表的なものがウイグル族が居住するシンチヤンウイグル自治区とチベット自治区である。

ウイグル族	トルコ系のウイグル族はウイグル語を話し，イスラーム教を信仰している。清朝支配に服していたため，独立を宣言したが，戦後は中国軍の侵攻を受け，シンチヤンウイグル自治区となる。独立を求めるウイグル人のデモが大暴動となり，多数の死傷者が出た。
チベット族	チベット族はチベット語を話し，チベット仏教（ラマ教）を信仰している。チベットは7世紀に吐蕃とよばれる統一王朝が成立し，独自の文化圏を構成しているが，戦後，中国による侵攻をうけ，チベット仏教の教主であるダライ＝ラマ14世がインドに亡命し，亡命政府を樹立した。たびたび抗議運動が起こっている。

3 × 冷涼な華北では畑作が中心で，小麦などが生産されており，温暖で降水量の多い華中や華南では，稲作が盛んである。

4 × 中国の一次エネルギー消費量（一次エネルギー供給量）は，アメリカを抜いて世界1位である。また，国内電力の構成で石炭の占める割合は約6割弱である「世界国勢図会2023/24」。

5 × 開放政策がとられた際に，経済特区が設けられたのは南の沿岸部である。現在でも外国企業の投資は沿岸部に多く，内陸と沿岸部との経済格差が問題となっている。

正答 2

世界の諸地域
総合・アジア

実践 問題 58 基本レベル

頻出度 地上★★★ 国家一般職★★ 東京都★★★ 特別区★★★ 裁判所職員★ 国税·財務·労基★★ 国家総合職★★

問 中国に関する記述として，妥当なのはどれか。 (東京都Ⅰ類B2018)

1：中国は，1953年に，市場経済を導入したが，経済運営は順調に進まず，1970年代末から計画経済による改革開放政策が始まった。

2：中国は，人口の約7割を占める漢民族と33の少数民族で構成される多民族国家であり，モンゴル族，マン族，チベット族，ウイグル族，チョワン族は，それぞれ自治区が設けられている。

3：中国は，1979年に，夫婦一組に対し子供を一人に制限する「一人っ子政策」を導入したが，高齢化や若年労働力不足などの問題が生じ，現在は夫婦双方とも一人っ子の場合にのみ二人目の子供の出産を認めている。

4：中国は，外国からの資本と技術を導入するため，沿海地域に郷鎮企業を積極的に誘致し，「漢江の奇跡」といわれる経済発展を遂げている。

5：中国は，沿海地域と内陸部との地域格差を是正するため，西部大開発を進めており，2006年には青海省とチベット自治区を結ぶ青蔵鉄道が開通している。

チェック欄

1回目	2回目	3回目

実践 問題 58 の解説

〈中国〉

1 × 第2次世界大戦後には，国民党との内戦に勝利した共産党の毛沢東が中華人民共和国を樹立し，政府が経済に深く関与する計画経済と，資本や土地の公有に基づいた社会主義の国づくりが進められたが，1970年代末から市場経済による改革開放政策がとられた。計画経済=社会主義から市場経済=開放政策への移行である。

2 × 中国は人口の約9割を占める漢民族と，55の少数民族が暮らす多民族国家である。また，自治区が設けられているのは，モンゴル族，チベット族，ウイグル族，チョワン族とホイ族である。マン族も少数民族の中では人口が多いほうであるが，マン族の自治区は設けられていない。

3 × 「一人っ子政策」が高齢化や若年労働力不足などの問題を生じさせたため，2011年までには両親が一人っ子同士なら2人目を産めるようになったが，その後，2014年からは両親のどちらかが一人っ子なら2人目を産めるようになるなど規制緩和され，2015年には廃止され，2016年からすべての夫婦に2人目の出産を認めた。さらに2021年には3人目も認められた。

4 × 中国において，外国からの資本と技術を導入するために，沿海地域に誘致したのは外国企業や合弁企業である。郷鎮企業は1980年代半ばから，人民公社解体後の農村の余剰労働力への対策として農村に設けられたもので，工業や運輸業，商業などの郷鎮企業が設立され，多くの農民が就労した。この結果，農家所得に占める農業以外の収入が増大した。また，「漢江の奇跡」とは，1970年代の韓国の経済成長を指す。

5 ○ 妥当である。中国で工業が発達するにつれ，都市住民と農村住民の収入格差が拡大した。また，開放政策によって外国からの資本や技術の導入が進んだ東部の沿岸地域と，自然環境が厳しい西部の内陸部との格差が問題となっている。このため中国では，西部大開発や東北振興を進め，鉄道や道路，空港などの社会資本を整備し，エネルギー開発を実施した。青海省の西寧とチベット自治区の首府ラサを結ぶ青蔵鉄道は標高4,000m以上の高地を走る区間が長いこともあって，チベットへの観光客の増加をもたらした。

正答 5

総合・アジア

実践 問題 59 基本レベル

頻出度 地上★★ 国家一般職★★ 東京都★ 特別区★
裁判所職員★ 国税·財務·労基★★ 国家総合職★

問 次のA，B，Cは東南・南アジア諸国に関する記述であるが，それぞれに当てはまる国の組合せとして最も妥当なのはどれか。（国税・財務・労基2017）

A：この国は，大半が変動帯に属する約7,000余りの島から成り，地震・火山災害が多く，台風にもしばしば襲われる。農業が盛んであるが，輸出指向型の工業化を進め，電機・電子などの工業が成長した。また，スペインの植民地となった時期にキリスト教の影響を強く受け，国民の多数がキリスト教徒である。

B：この国は，古くから水田耕作を中心とする農業が盛んである。1960年代半ばに国土の約半分を占めていた森林が，その後30年間で減少して，洪水が南部を中心に頻発し，同国政府は天然林の伐採を原則禁止した。

C：この国では，自然環境は熱帯雨林，モンスーン林から各種サバンナを経て，北西部の砂漠や北端の氷河を頂く高山まで多様である。独立後は灌漑施設整備や耕地整理等で食糧増産を図り，1960年代後半には小麦・米の高収量品種導入で「緑の革命」を推進した。また，経済成長に伴い，ミルクや鶏肉などの需要が高まり，特にミルクの需要に対する生産の増加は「白い革命」と呼ばれている。

	A	B	C
1：	インドネシア	タイ	パキスタン
2：	インドネシア	ベトナム	インド
3：	フィリピン	タイ	インド
4：	フィリピン	バングラデシュ	パキスタン
5：	フィリピン	ベトナム	ネパール

チェック欄

1回目	2回目	3回目

実践 問題 59 の解説

〈東南アジア・南アジア〉

A フィリピン　スペインの植民地となった時期にキリスト教（カトリック）の影響を強く受け，国民の多数がキリスト教であるのはフィリピンである。インドネシアはイスラーム教徒が国民の多数を占めている。かつて，スペインとポルトガルが海外に進出した際，両国はカトリックの布教と植民活動を同時に進めていたが，その後に海外に進出したプロテスタント系のオランダやイギリスはキリスト教の布教ではなく，植民や貿易による利益の獲得を目指していたため，オランダの植民地となったインドネシアではキリスト教の影響を受けなかったのである。

B タイ　洪水が南部を中心に頻発し，天然林の伐採を原則禁止したのはタイである。タイは20世紀初頭までは広大な原生林を有する森林王国であったが，その後，高級財のチークなどの伐採が進むとともにゴム園や農地の造成，すずの採掘を目的に天然林の伐採が進み，1960年代に国土の約半分を占めていた森林は，1985年には30％を切るまでになり，1988年の南部での洪水被害の拡大を受ける形で政府は天然林からの伐採を全面的に禁止した（フォレストパートナーシップ・プラットフォームより）。

C インド　「緑の革命」「白い革命」からインドである。インドは国土が広いことから沿岸部やデカン高原は熱帯モンスーン気候や熱帯サバナ気候，ガンジス川中流域には温帯冬季少雨気候，パキスタンとの国境地帯は砂漠気候やステップ気候，山岳地帯は高山気候と，変化に富んだ気候が分布する。一方，パキスタンは国土の大半が乾燥気候である。また，ネパールはヒマラヤ山脈とヒンドスタン平原の一部が国土であるため，大半が高山性の気候である。

以上から，肢３が正解となる。

正答 3

第3章 SECTION ② 世界の諸地域

総合・アジア

実践 問題 60 基本レベル

頻出度	
地上★★★　国家一般職★★　東京都★★　特別区★★	
裁判所職員★★　国税·財務·労基★★　国家総合職★★	

問 東南アジアについて述べた記述として最も妥当なのはどれか。（地上2022）

1：大陸部は安定陸塊に属し起伏にとぼしい。島しょ部の大部分は古期造山帯に属しており，山地は低くなだらかである。

2：稲作地帯であり，インドネシア，タイ，ベトナムの三カ国は世界有数の米の生産国である。しかし，国内の消費量が多く輸出はほとんどしていない。

3：ＡＳＥＡＮ加盟国の10か国の人口を合わせても２億に満たないが，人口は増加を続けており，近く２億を超えると見込まれる。

4：多くの国は，多数派が信仰する宗教とは異なる宗教を信仰する少数民族が存在している。例えばフィリピンではキリスト教徒が多数派であるが，南部にはイスラム教を信仰する少数民族が居住する地域がある。

5：インドネシア，マレーシア，タイなどは工業化が進んでいる。しかし，これらの国を含むほとんどの国は原油や天然ガスや天然ゴムなど，一次産品が輸出品の上位を占めている。

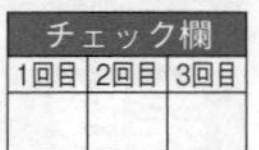

実践 問題 60 の解説

〈東南アジア諸国〉

1 × 東南アジアの島しょ部は，新期造山帯である環太平洋造山帯と，アルプス＝ヒマラヤ造山帯の接合部にあたり，インドネシアのスマトラ島は，たびたび大地震に襲われている。

2 × タイやベトナムは世界有数の米の輸出国である。インドネシアは国内消費量が多いため，米の輸出国ではないが，2021年の米の輸出はインド，タイ，ベトナムの順である。

3 × ＡＳＥＡＮ加盟国の10カ国の人口を合わせると約６億5,000万人であり，巨大な経済圏をなしている。インドネシア１国で人口が2.7億人である。2020年にはＡＳＥＡＮ諸国と日本，中国を含む15カ国が広域的な経済連携を目指すＲＣＥＰ（地域的な包括的経済連携）が締結された。

4 ○ 妥当である。東南アジアの国々の宗教は多様であるが，一国の中でも少数派が存在する。たとえばフィリピンではキリスト教徒が多数派であるが，南部のミンダナオ島ではイスラーム教徒のモロ族による独立を求める武装闘争が続けられてきた。2019年バンサモロ暫定自治政府が発足し，2025年のバンサモロ自治政府樹立を目指したプロセスが進展している。

5 × マレーシアやタイでは工業製品がすでに輸出の上位を占めている。マレーシアは機械類が輸出額の第１位で，４割以上を占めている。輸出全体では工業製品が７割以上を占めている。タイも輸出額の第１位が機械類，２位が自動車で，両方を合わせると約４割である。マレーシアと同様，輸出全体に占める工業製品の割合は７割を超えている。一方，インドネシアの輸出は，石炭，パーム油が輸出額の１位，２位を占めているが，３位以下には機械類，鉄鋼，衣類，自動車と工業製品が続く。

正答 4

世界の諸地域
総合・アジア

実践 問題 61 基本レベル

頻出度				
	地上★★	国家一般職★★	東京都★★	特別区★★
	裁判所職員★★	国税·財務·労基★★		国家総合職★★

問 東南アジアに関する記述として，妥当なのはどれか。　（東京都Ⅰ類Ａ2019）

1：1967年に，東南アジア諸国連合（ＡＳＥＡＮ）の前身であるＡＳＥＡＮ経済共同体（ＡＥＣ）が結成された。

2：インドネシアでは，チャオプラヤ（メナム）川流域のデルタで大規模な稲作が行われており，世界有数の米の輸出量を誇っている。

3：マレーシアは，教育や就職の面でマレー系国民を優遇するドイモイ（刷新）政策をとり，民族の共存を図っている。

4：ベトナムは，国内市場への進出を外国企業に対して規制するブミプトラ政策をとり，国内産業を育成している。

5：シンガポールには，東南アジアに進出する多国籍企業の地域統括拠点などが集積しており，国際金融センターの一つとしての役割を担っている。

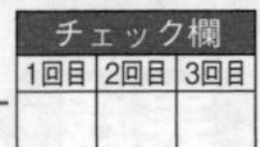

実践 問題 61 の解説

〈東南アジア諸国〉

1 × 1967年に設立されたのが東南アジア諸国連合（ＡＳＥＡＮ）である。ＡＳＥＡＮは東南アジア諸国の経済を開発し，域内の平和と安定を目指して設立された。ＥＵの成立後，ＡＳＥＡＮでも域内における関税の撤廃を目標とする活動を進め，2015年にＡＳＥＡＮ経済共同体（ＡＥＣ）が結成された。

2 × チャオプラヤ（メナム）川流域のデルタで大規模な稲作が行われているのはタイである。タイは世界有数の米の輸出国である。

3 × マレーシアでとられていた教育や就職の面でマレー系住民を優遇する政策は，ブミプトラ政策である。

4 × ベトナムは，アメリカとのベトナム戦争の後，社会主義を採用してきたが，1980年代後半からドイモイ（刷新）とよばれる社会主義型市場経済を導入している。これは国内市場に外資を積極的に導入するものである。

5 ○ シンガポールはアジアＮＩＥｓの１つとして，いち早く経済発展をとげ，国際金融センターの１つとなっている。

正答 5

第3章 SECTION ② 世界の諸地域

総合・アジア

実践 問題 62 基本レベル

頻出度			
	地上★★	国家一般職★★	東京都★	特別区★
	裁判所職員★	国税･財務･労基★★	国家総合職★	

問 東南アジアに関する記述として最も適当なものはどれか。（裁判所職員2014）

1：インドネシア・シンガポール・タイ・マレーシア・ミャンマーの５か国は，インドシナ半島の社会主義勢力に対抗するために，1967年にＡＳＥＡＮ（東南アジア諸国連合）を結成した。ＡＳＥＡＮ諸国では一様に工業化政策が採用されたが，いち早く工業化に成功したのはシンガポールであった。シンガポールは輸入代替型の工業化政策により，アジアＮＩＥｓの一員にまで成長した。

2：19世紀以降，欧米諸国による植民地支配の下で，商品作物を大量に生産するプランテーションが開発された。フィリピンではアメリカ合衆国の資本によって，広大なバナナ園が開かれた。マレーシアやインドネシアのスマトラ島やカリマンタン島では，アブラヤシの生産が拡大している。プランテーションで生産された一次産品の多くは，国営企業を通じて輸出されている。

3：東南アジアは，インド洋と南シナ海とをつなぐ交通の要所にあるため，民族や文化が複雑に融合している。マレーシアは，多数を占めるマレー系住民のほかに，中国系，タミル系，山岳部の少数民族から構成されている。半島部のミャンマーではインドから伝来した仏教を信仰する人の割合が最も高いのに対して，オランダの植民地支配を受けたインドネシアではキリスト教を信仰する人の割合が最も高い。

4：タイでは伝統的に，雨季が近づくと水牛を使って田を起こし，直播きによる稲作が行われてきた。1960年代半ばから緑の革命と呼ばれる農業改革が始まり，収量を増やす取組みが拡大した。新しい品種の開発や化学肥料の投入，農業機械の普及などにより，米の収量は飛躍的に増加し，タイの中央を流れるチャオプラヤ川周辺の低地は，アジアでも有数の穀倉地帯となった。

5：インドシナ半島では，第二次世界大戦以降も各地で紛争が続いたこともあり，工業化が遅れた国が多い。ベトナムでは，ベトナム戦争終結時からドイ・モイと呼ばれる閉鎖的な統制経済が続けられていた。1980年代にアメリカ合衆国がベトナムへの経済制裁を解除し，ベトナムのＡＳＥＡＮへの加盟が実現すると，日本・韓国・シンガポールなどの東アジア諸国からの投資が増加した。

直前復習

チェック欄

1回目	2回目	3回目

実践 問題 62 の解説

〈東南アジア〉

1 × ＡＳＥＡＮの原加盟国は，インドネシア・シンガポール・タイ・マレーシア・フィリピンであり，経済を開発して域内の平和と安定を目指すものである。ミャンマーは1997年に加盟した。また，シンガポールは輸入代替型の工業から輸出指向型の工業化政策をとった結果，アジアＮＩＥｓの一員にまで成長した。なお，社会主義勢力に対抗するために結成されたのは東南アジア条約機構（ＳＥＡＴＯ）である。ＳＥＡＴＯは1977年に解散している。

輸入代替型工業	輸入に依存してきた消費財などの国産化を目指して工業を発展させる。
輸出指向型	輸出を目的に発展させる工業である。

2 × プランテーションで生産された一次産品の多くは，旧宗主国の企業や，多国籍企業の子会社を通じて輸出されている。マレーシアやインドネシア，スマトラ島やカリマンタン島のプランテーションでアブラヤシの栽培が拡大していることは正しい。かつては天然ゴムが栽培されていたが，現在はより収益の高いアブラヤシの栽培に移行している。

3 × 人口が約2.7億人のインドネシアでは，イスラーム教徒が国民の約９割を占める。このため，インドネシアは世界一イスラーム教徒の数が多い国である。インドネシアはオランダの植民地であったが，オランダの支配はスペインとは異なり文化の移入などをしなかったことが理由である。その他の記述は妥当である。

4 ○ そのとおり。緑の革命についてはインドが有名であるが，他の選択肢が明らかに誤りであることから，消去法でこの肢を残したい。なお，タイでは上座部仏教が盛んで，世界遺産に指定された寺院が各所にある。

5 × ベトナムはベトナム戦争に勝利してベトナム社会主義共和国が成立し，社会主義政策がとられていたが，1986年に打ち出されたドイ・モイ（刷新）政策によって，経済が開放され，繊維や家電組み立てなど軽工業の発達が促進された。なお，アメリカがベトナムへの経済制裁を解除したのは，1994年，ベトナムのＡＳＥＡＮへの加盟は1995年である。

正答 4

第3章 SECTION ② 世界の諸地域

総合・アジア

実践 問題 63 基本レベル

頻出度 地上★★★ 国家一般職★★ 東京都★★★ 特別区★★★ 裁判所職員★ 国税·財務·労基★★ 国家総合職★★

問 東アジア・東南アジア諸国に関する記述として最も妥当なのはどれか。

（国家総合職2023）

1：韓国は，朝鮮半島南部に位置する国である。礼節を重んじる習慣や考え方など，社会全般にわたって仏教の影響がみられる。北東部の山岳地帯で豊富に産出される石炭や鉄鉱石を利用した重化学工業が発達しており，特に自動車産業や造船業が輸出の中心となっている。また，釜山近郊の仁川国際空港は，世界各国を結ぶハブ空港となっている。

2：フィリピンは，太平洋と南シナ海に面した島国である。独立前は米国の植民地であったことから，国民の大半はプロテスタントである。輸出用の熱帯性作物を大規模に栽培するプランテーション農業が盛んで，特にコーヒー豆の生産は1990年代から急増し，2019年の生産量は世界第２位となっている。また，バナナの栽培も盛んであり，その多くが日本に輸出されている。

3：シンガポールは，マレー半島の先端に位置する島国である。19世紀後半から英国のアジア貿易の拠点として発展し，人口の約75％を中国系の人々（華人）が占めている。ＡＳＥＡＮ諸国の中で最も早く工業化に成功し，現在では，多国籍企業の本社やアジア・太平洋地域の地域本社が集まり，国際金融センターとしての機能を持つまでになっている。

4：タイは，インドシナ半島中央部とマレー半島の付け根に位置する王国である。国民の大半が仏教徒で，メコン川の河口デルタに発達した首都バンコクには多くの寺院がある。主要産業は農業で2019年の米の生産量と輸出量は世界第１位となっている。1997年の経済危機以降は，政府が外資系企業の誘致を図り，電機や自動車など数多くの日本企業が進出している。

5：インドネシアは，赤道に沿って東西に位置する列島国である。人口は４億人を超え，2020年時点で中国，インドに次いで多い。国民は多数派のイスラム教徒と少数派のヒンドゥー教徒に分かれており，政府は少数派を優遇するブミプトラ政策をとって両者の共存を図ってきた。石炭，石油，天然ガスなどの鉱物資源が豊富で，2020年の輸出品目では石油が第１位となっている。

チェック欄

1回目	2回目	3回目

実践 問題 63 の解説

〈アジア諸国〉

1 × 韓国は社会全体にわたって仏教ではなく，礼節を重んじる儒教の影響が強い。また，ハブ空港として知られる仁川国際空港は，釜山ではなくソウル近郊に位置する。

2 × フィリピンは独立前にはアメリカの植民地であったが，19世紀末まで，長くスペインの植民地支配を受けていたことから，国民の多くはカトリック教徒である。コーヒー豆の製造が急増し，2019年に世界第２位であるのはベトナムである。フィリピンで栽培が盛んなのは，バナナのほか，パイナップルやパーム油である。

3 ○ シンガポールの説明として妥当である。

4 × タイの首都バンコクは，メコン川の河口ではなくチャオプラヤ川の河口のデルタに発達した都市である。また，タイは長く米の生産と輸出が世界第１位であったが，現在はマレーシアとともに，シンガポールに次いで工業化が進んだ国であり，主要産業はすでに農業ではなく工業である。輸出も機械類や自動車などの工業製品が約半分を占めている。2021年の米の生産における世界１位は中国で，輸出１位はインドである。

5 × インドネシアの人口はＡＳＥＡＮ諸国の中では一番多いが，2021年の時点で２億７千万人で，中国，インド，アメリカに次いで世界第４位である。なお，国連の予測では，中国の人口は2021年をピークにして，2022年以降は減少に転じ，2023年にはインドを下回るとしている。また，ブミプトラ政策をとってきたのはマレーシアである。インドネシアは石炭や石油，天然ガスなど鉱物資源が豊富なことは正しいが，2021年の輸出品目の第１位は石炭で，パーム油が第２位である。石炭の輸出量は世界一になっている。

正答 3

実践 問題 64 基本レベル

頻出度	地上★	国家一般職★	東京都★	特別区★
	裁判所職員★	国税·財務·労基★	国家総合職★	

問 インドに関する記述として，妥当なのはどれか。　(東京都Ⅰ類A 2013)

1：インドは，ガンジス川が流れるヒンドスタン平原でパキスタンと国境を接し，インダス平原でネパールと国境を接している。

2：インドは，憲法で公認された22の言語がある多言語国家であり，英語が連邦公用語とされ，ヒンディー語が準公用語とされている。

3：インドでは，人口の約８割がヒンドゥー教徒であり，２番目に多いのは仏教徒である。

4：インドでは，茶の栽培が行われており，レグールという肥沃な土壌が広がるデカン高原がインド国内最大の茶の産地となっている。

5：インドでは，IT産業が発達しており，インド南部にあるバンガロールは，インドのシリコンヴァレーと呼ばれている。

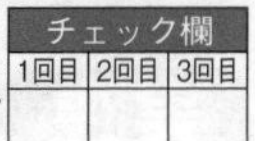

実践 問題 64 の解説

〈インド〉

1 × ガンジス川が流れるヒンドスタン平原で，インドが国境を接しているのはパキスタンではなく，バングラデシュである。パキスタンとはインダス平原で国境を接している。ネパールとインドの国境は，ヒンドスタン平原とヒマラヤ山脈の境目である。

2 × インドにおいて，憲法に公認された22の言語がある多言語国家であることは正しいが，**連邦公用語はヒンドゥー語**で，**準公用語が英語**である。

3 × インドの人口の８割がヒンドゥー教徒であることは正しいが，２番目に多いのはイスラーム教徒である。仏教はインドで創始されたが，インドではあまり信仰が広がらず，仏教徒は１%に満たない。

4 × インドで茶の栽培が行われていることは正しく，茶の生産量は世界的であるが，インドで茶の栽培が盛んなのは北東部のダージリンやアッサム地方である。**レグール**という肥沃な土壌が広がる**デカン高原**は，インド国内最大の**綿花の産地**となっている。

5 ○ インドでは，1991年から経済開放体制に入った結果，家電，自動車などの耐久消費財産業や，IT関連企業を中心に著しい経済発展をとげている。その中心となるのはムンバイやインド南部の**バンガロール**である。バンガロールは，インドのシリコンバレーとよばれている。

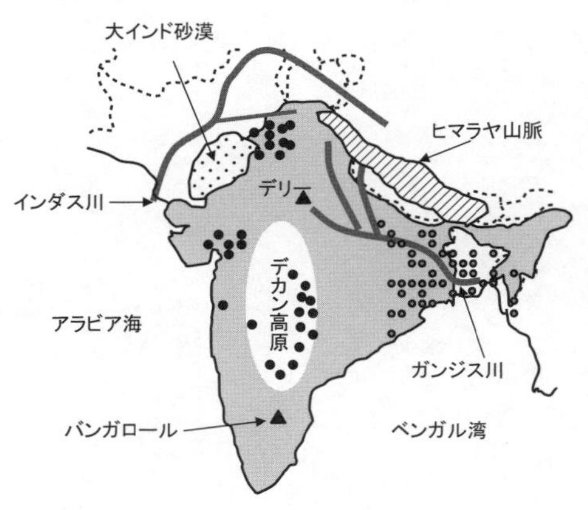

正答 5

第3章 SECTION 2 世界の諸地域 総合・アジア

実践 問題 65 基本レベル

頻出度	地上★★★　国家一般職★　東京都★★★　特別区★★★ 裁判所職員★　国税·財務·労基★　国家総合職★

問 インド亜大陸のインド，パキスタン，バングラデシュの３か国に関する次の記述のうち妥当なのはどれか。 （地上2016）

1：急峻なヒマラヤ山脈がインド亜大陸の南北を貫いている。インダス川とガンジス川はこの山脈を水源とし，東に流れ，いずれもベンガル湾に注いでいる。

2：宗教についてみると，インドではヒンドゥー教徒が最も多く，パキスタンやバングラデシュではムスリム（イスラム教徒）が最も多い。

3：この３か国では，もともと多様な言語が話されていたが，イギリス植民地期から続いた言語教育により，現在ではほぼ全ての人が英語を母語としている。

4：インドやパキスタンでは，紅茶や綿花などの商品作物栽培が盛んであるが，米や小麦などの主食用穀物はほとんど栽培されておらず，輸入に依存している。

5：インドでは輸出の大半を衣類や繊維品が占めているが，バングラデシュは自動車や鉄鋼が輸出の中心で，ＩＴ産業も盛んである。

直前復習

チェック欄

1回目	2回目	3回目

実践 問題 65 の解説

〈インド亜大陸の地誌〉

1 × 急峻なヒマラヤ山脈は，インド亜大陸の北部に東西に連なる山脈である。また，ガンジス川は東に流れてベンガル湾に注ぐが，インダス川はパキスタンを通って南西に流れ，アラビア海に注いでいる。

2 ○ 妥当である。インドはヒンドゥー教徒が約８割と最も多い。一方，パキスタンやバングラデシュはムスリム（イスラーム教徒）が多い。パキスタンはイスラーム教が国教であり，バングラデシュは約９割がイスラーム教徒である。

3 × インドではイギリスの植民地であったことから，英語が普及し，現在も英語は準公用語とされ，インドの実質的な共通言語となっているが，実際には300を超える多数の言語が話されており，公用語のヒンディー語のほかに，憲法で公認された21種の言語がある。バングラデシュではベンガル語が国語であり，パキスタンは公用語が英語であるが，ウルドゥー語が国語であり，「現在ではほぼすべての人が英語を母語としている」とあるのは妥当でない。なお，母語とは幼児期に周囲の大人（特に母親）が話すのを聞いて最初に身につけた言語のことを指す。

4 × インドは「緑の革命」により，1970年代に食料自給を達成し，現在は米の生産量も小麦の生産量も中国に次いで世界第２位である。また，パキスタンでは小麦や綿花の栽培が盛んである。なお，茶は降水量が多く，排水や日当たりのよい地域を好むため，インドではアッサム地方やダージリン地方の南向きの丘陵地で栽培が盛んであるが，乾燥地帯であるパキスタンではあまり栽培されていない。

5 × ＩＴ産業が盛んなのはインドである。インドは石炭や鉄鉱石が豊富で，ボーキサイト，マンガン，クロムなども産出するなど，地下資源に恵まれている。また，近年では，開放経済の導入により，国民所得が向上し，中間層が出現した。こうした中間層の人々を市場とする自動車業や電気機械業が盛んになってきている。一方，バングラデシュは国民１人あたりのＧＮＩが2,579ドルと，世界の中でも貧しい国であるが，近年は衣類や繊維品の生産が盛んになっている。

正答 2

第3章 SECTION 2 世界の諸地域 総合・アジア

実践 問題 66 基本レベル

頻出度 地上★★★ 国家一般職★ 東京都★★★ 特別区★★ 裁判所職員★ 国税·財務·労基★ 国家総合職★

問 アジアの国々に関するA～Eの記述のうち，インドと陸続きで国境を接している国のみをすべて挙げたものとして最も妥当なのはどれか。

（国税・労基2010）

A：インダス川流域をはじめ国土の大部分は乾燥気候に属する。イスラム教の宗教原理に基づいて誕生した国である。北部に位置するガンダーラでは，紀元2～3世紀に，ギリシャ文化の影響を受けた仏教芸術が栄えた。

B：人口の90％以上を漢族が占めるが，他に50以上もの少数民族が居住しており，チベット，ウイグルなどの自治区が設けられている。経済の発展が著しい一方で，大気汚染などの環境問題が深刻化している。

C：国全体が熱帯気候に属し，モンスーンの影響が大きい。茶・天然ゴムなどが主要産物であるが，近年工業化が進み，衣料品が最大の輸出品に成長している。主な民族は仏教徒のシンハラ人とヒンドゥー教徒のタミル人である。

D：国土の大半が乾燥気候に属しているが，北部のカスピ海沿岸では地中海性気候である。原油及び天然ガスの埋蔵量は世界有数であり，我が国へも輸出されている。イスラム教シーア派が多数を占めている。

E：ベンガル湾に面し，国土の大部分は，ガンジス・ブラマプトラ両河川が形成した肥沃なデルタ地帯である。イスラム教が国教となっている。サイクロンの襲来，洪水など災害に見舞われることも多い。

1：A，B，E
2：A，C，D
3：A，D
4：B，C
5：C，D，E

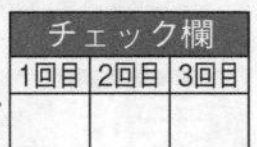

実践 問題 66 の解説

〈インド周辺諸国〉

A **パキスタン**　インダス川，国土の大半が乾燥気候，イスラーム教，からパキスタンである。インドとは陸続きであり，カシミール地方をめぐる対立がある。

B **中国**　人口の90％以上が漢族，から中国である。インドとは一部国境を接している。

C **スリランカ**　シンハラ人とタミル人，からスリランカである。スリランカは島国であり，インドとは陸続きでない。スリランカでは多数派で仏教徒のシンハラ人と少数派でヒンドゥー教徒のタミル人との間で，長く内戦が続いてきたが，2009年に内戦は終結した。

D **イラン**　カスピ海沿岸，原油と天然ガス，イスラーム教のシーア派，からイランである。イランとインドは陸続きではない。

E **バングラデシュ**　ベンガル湾，ガンジス・ブラマプトラ両河川が形成した肥沃なデルタ，洪水，からバングラデシュである。インドとは陸続きである。

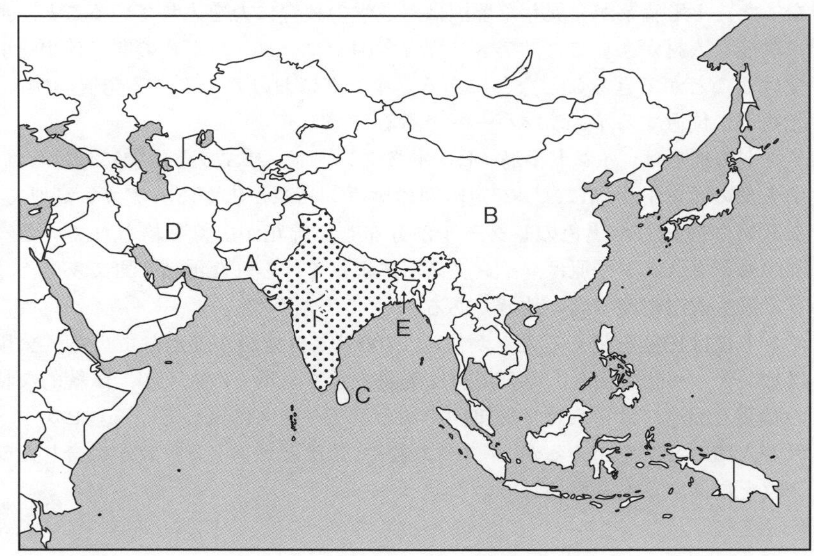

よって，正解は肢１である。

正答 1

第3章 SECTION ② 世界の諸地域 総合・アジア

実践 問題 67 応用レベル

頻出度 地上★★★ 国家一般職★ 東京都★★★ 特別区★★ 裁判所職員★ 国税·財務·労基★ 国家総合職★

問 インドに関する記述として最も適当なのはどれか。 (裁事・家裁2011)

1：インドは世界有数の牛の飼育頭数を誇る。牛は田畑で役畜となり，その糞は燃料や肥料として利用される。牛はヒンドゥー教で神の化身とされるため，牛肉は食されないが，乳はバターに加工される。近年では都市において牛乳の消費も拡大したことから，生乳の生産量が増加している。近年のインドにおける酪農の発展は白い革命と呼ばれる。

2：モンスーンの影響により夏季の降水量が多くなる南西部では，米が広く栽培されている。1960年代に進められた農地改革によって米の収量が増加したが，インドは食料自給を達成するに至っていない。また，多収量品種は大量の肥料と水を必要とするため，その導入は灌漑設備と農業機械をもつ地主に限られた。その結果，農村では貧富の差が拡大した。

3：1990年代の経済自由化以降，ＩＴ産業の伸びがめざましく，重要な輸出産業となった。ＩＴ産業が発展した要因は，数学の教育に力を入れていること，英語に堪能な人材が多いこと，アメリカ合衆国やヨーロッパが夜の間に仕事を引き受けることができることなどにある。インドにおけるＩＴ産業発展の中心は，北西部に位置するイスラマバードである。

4：インドの地形は，インド半島，ヒンドスタン平原，ヒマラヤ山脈に分けられる。中央部のインド半島には，安定陸塊のデカン高原が広がる。デカン高原では，玄武岩が風化した黒色のレグールが分布し，綿花が広く栽培されている。東部のヒンドスタン平原は，インダス川によって作られた沖積平野であり，インドで最も人口密度の高い地域である。

5：インドには10億を超える人々が住み，100以上の言語が使われている。公用語はヒンディー語であり，準公用語は英語である。多くの人々が，伝統的な特定の職業と関連づけられた世襲集団であるジャーティに属している。ヒンドゥー教が人口の８割を超えるが，イスラム教や，仏教とヒンドゥー教が融合したシーク教を信仰する人も増加している。

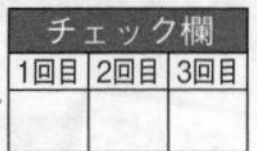

実践 問題 67 の解説

〈インド〉

1 ○ 妥当である。経済成長に伴って，ミルクのほか，鶏肉・鶏卵などの需要が高まり，生産も伸びている。

2 × 1960年代に進められた「緑の革命」は稲・小麦などの**多収量品種の開発とその導入**によってもたらされた農業技術の革新であった。これにより，1970年代には食料自給を達成し，現在，米の輸出はタイと世界１位を争っている。一方で，緑の革命の弊害として貧富差が拡大したことが指摘されている。

3 × イスラマバードはパキスタンの首都である。インドの**ＩＴ産業の中心地としてはバンガロールが挙げられる**。

4 × ヒンドスタン平原はガンジス川によってつくられた沖積平野である。なお，デカン高原に関する記述は正しい。また，東部ヒンドスタン平原下流域は，コルカタを擁し，インドでも最も人口密度の高い地域の１つである。

5 × インドの人口・言語・ジャーティ・ヒンドゥー教に関する記述は正しい。しかし，シーク教には，ヒンドゥー教やイスラーム教の影響はうかがえるが，仏教の影響は見られない。なお，ジャーティとは「生まれ」「出自」の意味で，カースト制度の基礎単位となる共同体区分であり，職業・地縁などによって分類されている。

正答 1

世界の諸地域
中東・アフリカ・ヨーロッパ

必修問題 セクションテーマを代表する問題に挑戦！

ヨーロッパではEUの理解が基本的知識の基盤となります。

問 ＥＵに関する記述として妥当なのはどれか。　（国立大学法人2017）

1：ＥＵでは1990年代から域内での関税を撤廃し，国境を越えた物資の移動を促進してきたが，2016年にはいわゆるシェンゲン協定が発効し，協定の実施国間では国境での検問がなくなり，自由に国境を行き来できるようになった。

2：経済の統合を進め，拡大を続けるＥＵが抱える課題として，加盟国間における住民の所得格差がある。国民１人あたりのＧＤＰ（国内総生産）をみると，南部のヨーロッパ諸国に比べて北部のヨーロッパ諸国の方が低い国が多い。

3：ＥＵは，1999年に共通通貨ユーロを導入し，単一通貨市場を出現させた。また，金融政策についても，欧州中央銀行（ＥＣＢ）および各国中央銀行からなる欧州中央銀行制度（ＥＳＣＢ）を通じて単一の金融政策として行われている。

4：2009年にギリシャが深刻な財政赤字におちいっていることが明らかになり，ギリシャ国債が暴落するとともに，ユーロの信用を低下させ，経済危機をなり，ギリシャはユーロの信用を回復するため，ＥＵを脱退した。

5：ＥＵの加盟国がすべて参加する北大西洋条約機構（ＮＡＴＯ）には，アメリカは参加しておらず，ＥＵ独自の安全保障体制となっている。経済面では近年，ＥＵ域内の貿易額よりも対中国の貿易額が大きくなっている国が多い。

直前復習

Guidance ガイダンス

1993年からのヨーロッパの動きは，各国の動きもさることながら，ＥＵの動きを抜きにして語れなくなった。ナショナリズムを超え，ヨーロッパとしてまとまろうとするＥＵはこの分野における頻出事項の１つとなっている。社会科学（政治・経済）とも重複する知識でもある。

頻出度　地上★★★　国家一般職★★　東京都★★　特別区★
裁判所職員★★　国税･財務･労基★★　国家総合職★★

チェック欄

1回目	2回目	3回目

必修問題の解説

〈ＥＵの成り立ちと現在〉

1 ×　シェンゲン協定の発効は1995年のことであり，シェンゲン協定を実施している国どうしでは，自由に国境を行き来できるようになっている。2023年現在で，ＥＵ加盟22カ国に，スイスなどの非ＥＵ加盟国を加えた27カ国がこの協定を締結し，認定領域内の国境管理を廃止している。

2 ×　ＥＵの抱える課題に加盟国間の経済格差があることは正しいが，国民１人あたりＧＮＩは，デンマークやイギリスなどの北部の国のほうが高く，スペインやポルトガルなど，南部の国のほうが低い。さらに大きな問題は西部と東部の経済格差である。

■各国の国民１人あたりのＧＮＩ（2021年）　（ドル）

スウェーデン	62,469	スペイン	30,216
デンマーク	70,390	ポルトガル	24,353
ドイツ	52,885	ハンガリー	18,139
イギリス	46,338	ルーマニア	14,416

3 ○　妥当である。欧州中央銀行の策定した指針のもと，各国の中央銀行が金融政策を実施する。

4 ×　ギリシャの財務危機からユーロ危機が発生し，ギリシャでは財政再建に向けての緊縮財政をめぐって国内では対立も生じたが，ＥＵから脱退はしていない。

5 ×　北大西洋条約機構（ＮＡＴＯ）にはヨーロッパ諸国のほか，アメリカやカナダも加盟している。また，経済面ではＥＵの統合が深化するに伴って，ＥＵ域内での貿易の割合が最も高い国が多い。たとえばドイツやフランスは輸出入のＥＵ域内に占める割合が５割～６割となっている。

正答 3

第3章 SECTION 3 世界の諸地域
中東・アフリカ・ヨーロッパ

1 中東の国々

西アジアからアラビア半島，北アフリカにかけては，乾燥気候の下，広大な砂漠が広がっています。カスピ海沿岸からペルシア湾岸，エジプトやアルジェリアには大規模な油田が集中して分布しています。ムスリム（イスラーム教徒）が大半を占めていますが，イスラエルのようにユダヤ教徒が多い国もあります。

(1) サウジアラビア

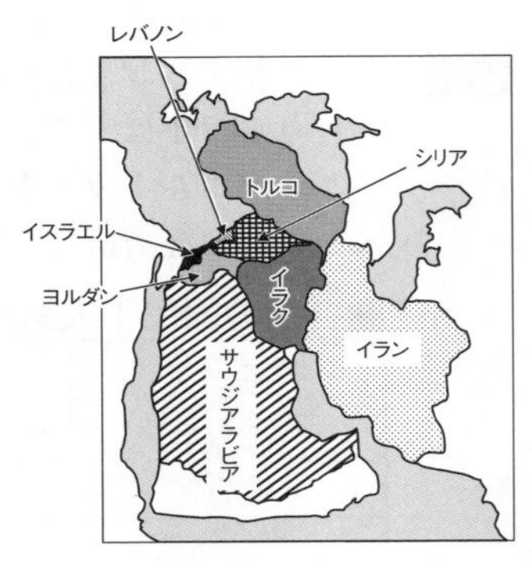

アラビア半島の大半を占める国で，北部にはネフド砂漠，南部にはルブアルハリ砂漠が広がり，国土の大半は砂漠気候です。世界有数の産油国であり，世界一の原油輸出国です。メッカ，メディナの二大聖地を擁するイスラーム世界の中心的存在です。

(2) トルコ

最大の都市イスタンブールはヨーロッパとアジアを隔てるボスポラス海峡の両岸に広がっています。イスラーム教徒が大半ですが，政教分離の世俗主義を採っており，欧米との協調関係を基本にEU加盟を目指しています。公用語はトルコ語ですが，国民の２割弱がクルド人で，クルド問題が内政上の課題となっています。

クルド人	独自の言語（クルド語）と文化を持つ民族ですが，第１次世界大戦後にその居住地域がイラン，イラク，トルコ等に分断されました。最も多くのクルド人が住むトルコでは独立を求める勢力が武力闘争を展開しています。イラクではクルド人が弾圧され，多くのクルド人難民が発生しました。

(3) イラン

国土の大半は乾燥気候ですが，カスピ海沿岸は地中海性気候です。公用語はペルシア語で，古代にはペルシア文明が栄えました。原油や天然ガスの埋蔵量は世界有数で，日本にも輸出されています。イスラーム教シーア派が多数を占めています。

補足 

西アジア一の国土面積を持つのはサウジアラビア，２位がイランです。

2 アフリカ大陸の国々

(1) ナイジェリア

人口がアフリカ最大の約2.1億人です。アフリカ屈指の産油国で輸出の約８割は原油と石油製品です。

OPEC加盟国	アフリカではアルジェリア，リビア，ナイジェリア，アンゴラがOPECに加盟しています。

(2) アルジェリア

1962年にフランスから独立しました。石油や天然ガスが豊かで，輸出総額の大半を占めています。

(3) コートジボワール

カカオ豆の生産と輸出は世界１位です。

(4) ケニア・タンザニア

ケニアは赤道直下の高原の国で，首都ナイロビは約1,700mの高原にあります。アフリカ大陸第二の高峰ケニア山があります。タンザニアにはアフリカ最高峰のキリマンジャロがあります。

(5) エチオピア

中央部の高原は2,000～3,000mの高原地帯で，首都のアジスアベバも高原都市です。コーヒーの原産地で，輸出の中心もコーヒーです。アフリカ大陸で最後まで植民地化を免れた独立国でしたが，1936～41年までイタリアに占領されました。

(6) 南アフリカ共和国

かつてはアパルトヘイト（人種差別政策）を実施していましたが，1991年に廃止され，マンデラが大統領となりました。石炭，鉄鉱石のほか，金やダイヤモンド，マンガン，クロム，白金などのレアメタルが豊富です。

第3章 SECTION 3 世界の諸地域

中東・アフリカ・ヨーロッパ

3 ヨーロッパ諸国

(1) イギリス

第１次産業人口率は1.1％ですが，食料自給率は約６割です。北海油田で原油・天然ガスが産出され1980年から輸出国になっていましたが，北海油田の枯渇により，エネルギー自給率が低下してきています。18世紀に最初に産業革命が進展しました。早くから市街地化が進んだ地域では再開発が行われました。テムズ川の旧港湾地区であるドッグランズの再開発がその代表です。2020年１月にはイギリスとＥＵ双方の合意に基づく離脱が実現しました。

ロンドンなどの都市の過密と住環境の悪化を改善するために，住宅地と工業地帯をグリーンベルトで分ける大ロンドン計画を戦後に実施しました。

(2) フランス

ＥＵの中で最も農業生産額が多い国で，パリ盆地では小麦を大規模に栽培する企業的穀物農業が盛んで，小麦やワインの輸出は世界的です。また，総発電量の約６割が原子力発電になっています。

(3) ドイツ

ＥＵ最大の工業生産力を持ち，世界有数の貿易大国です。風力発電の導入を積極的に進め，風力発電の割合は20％を超えています（2022年）。また，麦類やジャガイモの生産も盛んで，農業生産額はフランス，スペインに次ぐＥＵ第３位です。

ドイツの工業はルール炭田とライン川の水運を基盤に発展しました。

(4) スペイン

国土の大半は地中海性気候ですが，北部には西岸海洋性気候が，内陸部のメセタ台地にはステップ気候が分布します。バレンシア地方では大規模なオレンジ栽培が行われており，オレンジの輸出は世界１位です。

スペインのメセタ台地では羊やヤギの飼育や小麦栽培を行っています。

(5) ギリシャ

国土の80％が山地で，零細農家が多く，オリーブやブドウの栽培を中心とした地中海式農業が行われています。観光地として有名です。財政危機が表面化した後，ユーロの金融支援を受けたおり，財政再建のための改革推進が課題となっています。

(6) オランダ

国土の4分の1はポルダー（干拓地）とよばれる肥沃な土地で，酪農が盛んでチーズやバターの輸出は世界的です。資本・労働集約型の施設園芸や酪農・畜産による高収益作物の生産特化が進んでいます。北海で天然ガスを生産します。

(7) スイス

1815年に永世中立宣言をしましたが，2002年には国際連合に加盟しました。EUには未加盟です。地方では住民による直接投票も盛んです。

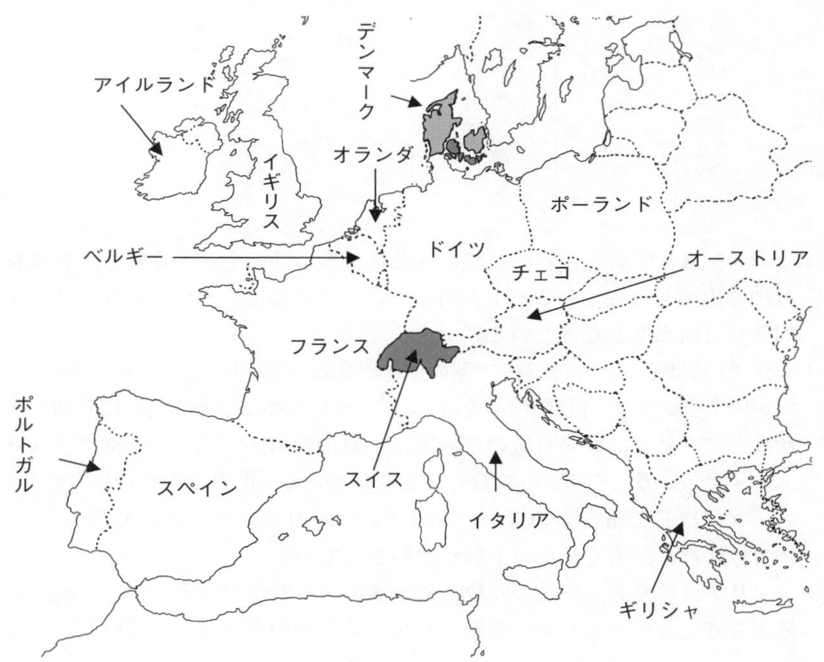

(8) ロシア連邦

1991年に旧ソ連を解体して成立し，農業，工業などの自由化を進めています。原油，天然ガスの産出量は多く，輸出も原油や石油ガスなどが中心です。国民の8割はスラブ系民族のロシア人ですが，約100の民族が住む多民族国家です。

ロシア人の大半はロシア正教を信仰していますが，イスラーム教徒の多いチェチェンで独立を求める民族運動が活発化しています。

中東・アフリカ・ヨーロッパ

実践 問題 68 基本レベル

頻出度	地上★★★	国家一般職★★	東京都★★★	特別区★★
	裁判所職員★★	国税・財務・労基★★	国家総合職★★	

問 次の図は紅海とアデン湾沿岸の，イエメン・エジプト・サウジアラビア・スーダン・ソマリアである。正しいものを2つ選べ。（地上2010）

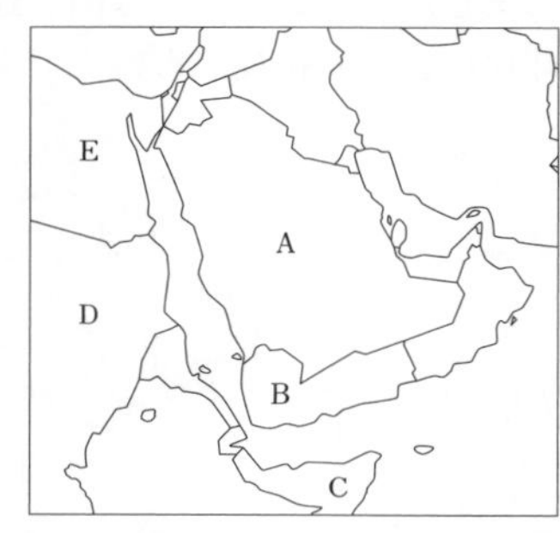

ア：イエメンはBである。沿岸地域に埋蔵量の多い油田を数多く擁し，世界有数の石油輸出国となっている。1人当たりの国民所得は，クウェート，アラブ首長国連邦と同水準となっている。

イ：エジプトにはイスラーム教シーア派の聖地があることから，シーア派が多い。ナイル川が国土を縦断し，首都カイロをはじめ古くからの都市がその河口に立地する。

ウ：サウジアラビアは世界有数の産油国かつ原油輸出国である。西部にはメッカとメディナという，イスラーム教の2大聖地があり，世界中から巡礼者が訪れる。

エ：スーダンはEである。イスラーム教スンニ派のアラブ人が国民の大半を占め，均質性が高く，古くからの王制が維持されている。

オ：ソマリアはCである。長い間政治の実権を握る者がおらず，全土を統治する政権が存在しなかったため，近海に発生する海賊の温床となっていた。

1：ア，ウ
2：ア，エ
3：イ，エ
4：イ，オ
5：ウ，オ

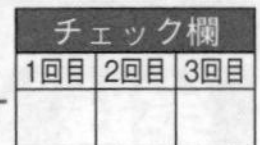

実践 問題 68 の解説

〈アラビア半島周辺諸国〉

ア× Bがイエメン共和国であることは正しい。しかし，イエメンの原油埋蔵量は少ない。埋蔵量の多い油田はペルシア湾岸に数多くある点から本記述を切る。

イ× シーア派の聖地が多く存在するのはイラン・イラクであり，エジプト（地図中のE）のイスラーム教徒の多くはスンニ派である。

ウ○ 原油の産出と輸出についてはサウジアラビア（地図中のA）とロシアが1位，2位を争っている，世界有数の産出国，輸出国である。国内にメッカ，メディナのイスラーム教の聖地を擁する。イスラーム教徒の毎日の礼拝はメッカに向かって行われ，メッカ巡礼はイスラーム教徒の義務の１つである。

エ× スーダン共和国はDである。Eがエジプトであることから本記述を切る。なお，1983年以降，南部のスーダン人民解放軍（ＳＰＬＡ）がゲリラ活動を展開し，内戦が長く続いた。2011年７月，スーダン南部は南スーダン共和国としてスーダン共和国から独立し，193番目の国連加盟国となった。なお，スーダンは共和制国家であって，王制ではない。王制が維持されているのはサウジアラビアである。

オ○ ソマリア（地図中のC）は内戦が長く続いており，1992年には国際連合安全保障理事会によってＰＫＯ国連ソマリア活動のために多国籍軍（アメリカ軍主体）を派遣したが失敗に終わった。その後も不安定な情勢が続いていたが，2012年に統一政府が樹立された。ソマリアの安定化は，長らく国際的な問題となっているソマリア沖・アデン湾の海賊事案を減少させた。

以上より，正しいのはウとオであるので，正解は肢５である。

正答 5

第3章 SECTION ③ 世界の諸地域

中東・アフリカ・ヨーロッパ

実践 問題 69 応用レベル

頻出度 地上★★★ 国家一般職★★ 東京都★★★ 特別区★★ 裁判所職員★★ 国税·財務·労基★★ 国家総合職★★

問 西アジアに関する次の記述のうち，最も適当なのはどれか。

（裁判所職員2012）

1：西アジアの砂漠では，ラクダなどの乾燥に強い家畜を飼育する遊牧が行われてきた。ベドウィンは，この地域の代表的な遊牧民であるが，近年では遊牧をやめて定住する傾向にある。オアシスなどの水を利用できる地域では農業も行われている。近年では河川水を利用したカナート（カレーズ）と呼ばれる灌漑水路が発達し，ナツメヤシの栽培と稲作が盛んになった。

2：ユダヤ人国家の建設を目指すシオニズム運動を背景に，パレスティナに移住するユダヤ人が増加し，アラブ系民族との対立が深まった。ユダヤ人国家であるイスラエルの建国が宣言されると，周囲のアラブ人国家との間で中東戦争が起こった。その結果，パレスティナの大部分がイスラエルの支配下となり，大勢のパレスティナ難民が出た。

3：亜熱帯高圧帯に覆われることから，広い地域が乾燥気候に属する。アラビア半島にはナフード（ネフド）砂漠や，ルブアルハーリー砂漠などの広大な砂漠がある。砂漠地帯を貫流するティグリス川とユーフラテス川は，トルコのザグロス山脈を主な水源とする。これらの河川は，乾燥した季節には水がほとんど無くなるため，ワジ（涸れ川）と呼ばれる。

4：サウジアラビアやアラブ首長国連邦など，ペルシア湾を中心とする西アジアには，石油資源に恵まれた国が多い。この地域には第２次世界大戦以前から，外国の国際石油資本（メジャー）が進出してきた。しかし産油国は，こうした資源ナショナリズムの動きに反発し，石油輸出国機構（ＯＰＥＣ）やアラブ石油輸出国機構（ＯＡＰＥＣ）を結成して，石油価格を自国で決定するようになった。

5：西アジアには，イスラム教を信仰する人が多く，断食や豚肉を食べないなどの伝統的な習慣が守られている。その教典であるコーランには，聖地メッカに向かって祈ることが戒律として記されている。近年では，サウジアラビアやイランのように，政教分離の考え方を取り入れた近代化政策の下で，古い習慣や戒律にとらわれない住民が急増している。

チェック欄

1回目	2回目	3回目

実践 問題 69 の解説

〈西アジア〉

1 × 稲作は年間降水量が1,000mm以上必要であり，オアシスの水が利用できても砂漠では不可能である。オアシスの水を利用して栽培されるのは，ナツメヤシのほか，小麦や野菜など。なお，**カナート**（カレーズ）は，河川水ではなく地下水を導くために掘られた地下水路である。産油国では，近年，地下水をくみ上げ，センターピボットなどを導入して小麦を栽培している。

2 ○ 妥当である。シオニズム運動とは，かつて故国のあったパレスティナに，ユダヤ人の国家を建設しようとする運動のこと。

3 × ティグリス・ユーフラテス川は砂漠地帯を貫流して海に注ぐ**外来河川**である。両河川の流域に古代メソポタミア文明が栄えたことの１つの要因である。なお，アラビア半島の河川は乾燥した季節に**ワジ**（涸れ川）となる。

4 × 産油国が国際石油資本（メジャー）に対抗して，石油輸出国機構（ＯＰＥＣ）やアラブ石油輸出国機構（ＯＡＰＥＣ）を結成し，石油価格を決定するようになった動きを**資源ナショナリズム**とよぶ。

5 × 政教分離の考え方を取り入れたのはトルコである。**サウジアラビア**では国会や成文憲法がなく，**政教一致の専制君主制**が採られている。イランも1979年のイラン革命によりイスラーム教の原理が国家原理となる**イスラーム共和制**の国となっている。

正答 2

中東・アフリカ・ヨーロッパ

実践 問題 70 基本レベル

頻出度	地上★★★	国家一般職★★	東京都★★★	特別区★★★
	裁判所職員★	国税·財務·労基★	国家総合職★★	

問 アフリカに関する次の記述のうち，妥当なのはどれか。 (地上2018)

1：温帯気候は北岸と南岸に広がり，それ以外の地域は砂漠気候やステップ気候などの乾燥気候が広がる。特に赤道近くでは大規模な砂漠が発達している。

2：内戦や飢餓により人口が減少している国が多い。

3：地中海に面したアフリカ大陸の北部沿岸地域では伝統的な宗教やキリスト教が信仰されており，サハラ砂漠以南ではイスラム教徒が多い。

4：ダイヤモンドや金，レアメタルなどを生産している国が多く，中国の支援により開発が進み，輸出されるようになってきた。

5：コーヒー豆やカカオなどの商品作物が生産されている国はほとんどなくなった。

チェック欄

1回目	2回目	3回目

実践 問題 70 の解説

〈アフリカ〉

1 × 赤道付近は一年中高温で降水量が多い熱帯雨林気候が分布している。大規模な砂漠が発達しているのは北回帰線付近（亜熱帯高圧帯）である。

2 × アフリカはヨーロッパ諸国の植民地となった際に，民族分布を無視した人為的境界線が引かれ，独立時にも引き継がれたため，同じ民族が２国間にまたがったり，一国に宗教の異なる民族が存在したりしたため，国家間の紛争や内戦が多い。また，1970年中頃から自然的な要因に加えて，農地の拡大，過放牧，薪炭材の伐採など人為的な要因によってサハラ砂漠南縁のサヘルで干ばつが発生した。このため，乳児死亡率も高いうえ，子どもが労働力として期待されていること，早婚などにより，出生率が高い水準で維持されており，人口増加が著しい国が多い。

3 × アフリカ大陸の北沿岸部分では，イスラーム教徒が多く，サハラ砂漠以南では伝統的な宗教やキリスト教が信仰されている。

4 ○ 妥当である。従来より北アフリカのアルジェリアでは，石油や天然ガスが産出し，主要な輸出品となっていたが，近年では南部アフリカでも資源開発が進んだ。コンゴ民主共和国とザンビアの国境地帯はカッパーベルトとよばれる銅鉱産出地帯であり，ボツワナではダイヤモンドの産出が，南アフリカではレアメタルの産出が盛んである。コンゴ民主共和国のカッパーベルトからアンゴラを通って大西洋に至るベンゲラ鉄道は，アンゴラの内戦によって破壊されていたが，中国の支援により再興され，ザンビアは中国の援助によりタンザン鉄道を建設し，両方が連結されてアフリカ横断鉄道となっている。

5 × アフリカでは植民地時代に商品作物の栽培が強制された結果，モノカルチャー（単一耕作）が現在まで続いている。地下資源の開発が進んでいる国もあるが，コートジボワールやガーナではカカオ豆が，ケニアでは紅茶やコーヒーの栽培が盛んで，輸出されている。

正答 4

第3章 SECTION ③ 世界の諸地域
中東・アフリカ・ヨーロッパ

実践 問題 71 基本レベル

頻出度	地上★★★　国家一般職★　東京都★★★　特別区★★ 裁判所職員★　国税･財務･労基★　国家総合職★

問 次の図と文は，アフリカの地図とアフリカに関する記述であるが，文中の空所A～Dにあてはまる国名又は地図上の位置を示すカタカナを選んだ組合せとして，妥当なのはどれか。 (特別区2015)

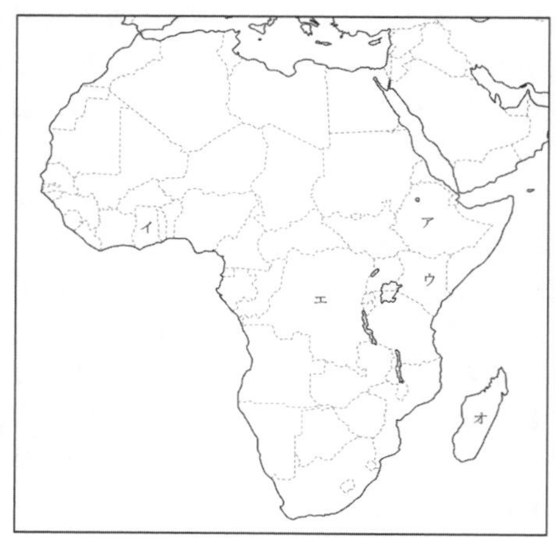

［A］は，1914年当時，ベルギー領で，地図上［B］に位置し，盆地には熱帯雨林がみられ，鉱工業ではコバルトやダイヤモンドの主要産出国である。

［C］は，1914年当時，イギリス領で，地図上［D］に位置し，植民地時代には茶やコーヒーの栽培が行われ，現在も茶は主要な輸出品である。高地では花の栽培がさかんで，園芸作物も輸出している。

	A	B	C	D
1：	タンザニア連合共和国	ア	ケニア共和国	イ
2：	タンザニア連合共和国	エ	マダガスカル共和国	オ
3：	コンゴ民主共和国	ウ	エチオピア連邦民主共和国	ア
4：	コンゴ民主共和国	エ	ケニア共和国	ウ
5：	マダガスカル共和国	オ	エチオピア連邦民主共和国	イ

チェック欄

1回目	2回目	3回目

実践 問題 71 の解説

〈アフリカ諸国〉

A　コンゴ民主共和国　B　エ

「盆地」「熱帯雨林」「コバルト」から，コンゴ民主共和国である。コンゴ民主共和国は，**コンゴ川流域のコンゴ盆地に位置し，中央部は赤道直下で熱帯雨林が**広がっている。アフリカ最大の鉱物資源国であり，銅，ダイヤモンド，コバルト，レアメタルの生産量は世界有数である。ダイヤモンドの生産はロシアに次いで世界２位，**コバルトの生産は世界１位で生産量の約７割を占めている。**

C　ケニア共和国　D　ウ

「茶は主要な輸出品」「高地」からケニア共和国である。エチオピアも中央部は標高2,000～3,000mの高原地帯であるが，エチオピアはイギリス領ではない。茶の生産は，中国を抜いて，ケニアが世界１位である。現在，ケニアでは，観光業，茶の輸出に次いで切り花産業が外貨獲得手段となっている。

以上から，正解は肢４である。

■解法のポイント

マダガスカルがフランス領であること，エチオピアが第２次世界大戦前にイタリアの侵攻を受けるまで独立を維持していたことがわかっていると，肢１と４に絞ることができる。さらに，エチオピアがアに位置することがわかっていると，肢４が導ける。赤道はウのあたりを通っているが，ケニアの中央に5,000mを超すケニア山がそびえ，首都ナイロビは標高が1,600mで年間を通じて平均気温が15～20℃と過ごしやすい。つまり，熱帯雨林は赤道直下で低地のエ：コンゴ民主共和国からその西に広がっている。

ア	エチオピア	首都アジスアベバ。キリスト教とイスラーム教。青ナイルの源流をなすタナ湖がある。1936～41年にイタリアの侵略を受け，占領されたが，どこかの国の完全な植民地支配を受けたことはない。
イ	ガーナ	カカオ豆の生産が世界的。ギニア湾に面している。
オ	マダガスカル	かつてフランスの植民地支配を受ける。

正答 4

中東・アフリカ・ヨーロッパ

実践 問題 72 基本レベル

頻出度	地上★★★　国家一般職★　東京都★★★　特別区★★ 裁判所職員★　国税·財務·労基★　国家総合職★

問 地図上のアフリカ諸国A～Eに関する記述として最も妥当なのはどれか。

（国Ⅰ2009）

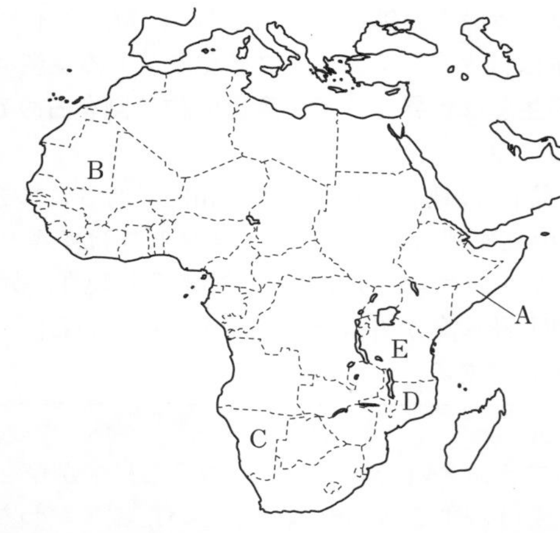

1：Aは，国土の大部分は熱帯気候で，雨季と乾季に分かれているが，内陸に入るとともに降水量が減少する。15世紀末にポルトガル人が進出後，奴隷貿易が行われ，海岸地方は奴隷海岸と呼ばれた。アフリカ最大の産油国であり，ＯＰＥＣに加盟している。カカオ，落花生，スズなども主要な産物である。

2：Bは，国全体が熱帯気候である。カカオとコーヒーが主産品で，特にカカオは世界第１位の生産国である。また，1993年より石油生産が開始され，近年，石油の輸出額は，カカオ，コーヒーと並んでおり，この国の主要貿易品目となっている。

3：Cは，国土の大半は乾燥気候で，特に北部から内陸部にかけては砂漠気候となっている。可耕地が少ないため，牧畜，水産業，鉱業などが中心であり，最近，石油生産も始まった。水産業ではタコなどが日本にも多く輸出されている。

4：Dは，国土の東半分は温帯気候で，西半分は乾燥気候であり，アフリカで最も国民総所得が高い。世界屈指の埋蔵量をもつ鉱物資源が多く，金，ダイヤモンドやクロム，バナジウム，白金などのレアメタルも豊富である。

5：Eは，北東部に６千メートル近いアフリカ大陸の最高峰があり，気候は，高度等の違いにより熱帯気候，乾燥気候，高山気候などに分かれている。西部に大地溝帯が走っている。コーヒーや綿花などが主産品の農業国である。

チェック欄

1回目	2回目	3回目

実践 問題 72 の解説

〈アフリカ諸国〉

1 × 地図Aに位置するのはソマリアであるが，奴隷海岸はギニア湾沿岸であり，さらにアフリカ最大の産油国，から本肢の説明はナイジェリア（地図①）である。

> **■ギニア湾沿岸**
> 17～18世紀には，ギニア湾沿岸からヨーロッパ諸国に象牙や金，胡椒が運ばれ，西インド諸島やラテンアメリカ諸国に黒人が奴隷貿易で運ばれたことから，奴隷海岸，象牙海岸などの異名がある。

2 × 地図Bに位置するのはモーリタニアであるが，カカオの生産が世界１位，から本肢の説明はコートジボワール（地図②）である。

3 × 地図Cに位置するのはナミビアであるが，本肢の説明はモーリタニア（B）である。スーパーで販売している輸入タコには，「モロッコ産」との記載がなされていることが多く，モロッコ（地図③）沖でタコ漁が盛んであることを推測し，誤りと判断したい。

4 × 地図Dに位置するのはモザンビークであるが，アフリカで最も国民総所得が高い，金，ダイヤモンド，白金などのレアメタルが豊富，から本肢の説明は南アフリカ共和国である。Dがどこの国かわからなくても，南アフリカ共和国（地図④）の位置ではないので，誤りと判断したい。

5 ○ 地図Eに位置するのはタンザニアであり，説明文も妥当である。

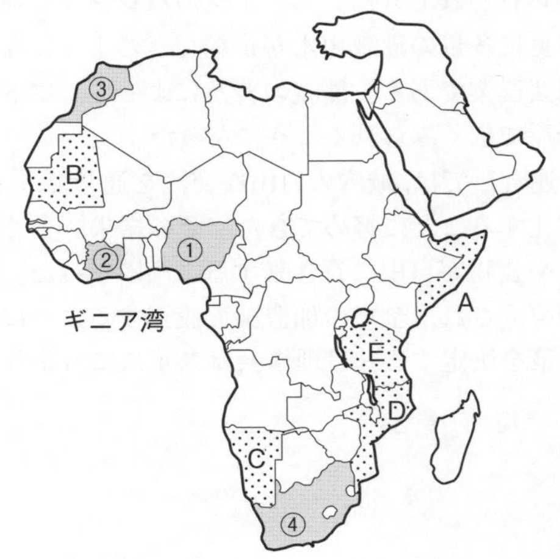

正答 5

第3章 SECTION ③ 世界の諸地域

中東・アフリカ・ヨーロッパ

実践 問題 73 基本レベル

頻出度	地上★★★	国家一般職★★	東京都★★	特別区★
	裁判所職員★★	国税･財務･労基★★	国家総合職★★★	

問 ヨーロッパに関する記述として最も適当なのはどれか。　（裁判所職員2013）

1：伝統的な工業地域は，炭田と結びついて発達したものが多い。なかでもルール工業地帯は，豊富な石炭とライン川の水運に恵まれて，ヨーロッパ最大の工業地域となった。第２次世界大戦後，石油へのエネルギー転換や先端技術の発展により，工業立地が変化し，ロッテルダムやルアーブルなどの石油の輸入港には，大規模な臨海工業地帯が発達した。

2：西ヨーロッパではカトリックとプロテスタントが多く，東ヨーロッパではギリシャ正教やロシア正教などの東方正教が多い。バルカン半島には，イスラム教の地域があり，カトリックや東方正教との接触地域となっている。宗教と言語の境界線は国境と一致することが多いため，国ごとの文化的な差異は明確である。

3：西ヨーロッパでは，北緯60度をこえるノルウェーの海岸地域まで温帯気候がひろがっている。ロシアのナルヴィクやノルウェーのムルマンスクは，冬も結氷しない不凍港として知られる。このように高緯度の地域が比較的温暖になるのは，暖流である北大西洋海流と，その影響を内陸にもたらす季節風の影響による。それに対して，東ヨーロッパは冬の寒さがきびしい大陸性気候である。

4：夏に雨が少ない地中海沿岸では，乾燥に強いオリーブの栽培を中心とする地中海式農業が早くから行われてきた。スペインのバレンシア地方で行われているオレンジ栽培は，夏に多量の灌漑用水が供給できるようになって，19世紀末から盛んになった園芸農業である。灌漑の普及によって，ブドウや小麦などの夏作物も，地中海沿岸で広くみられるようになった。

5：ＥＵ（ヨーロッパ連合）では，域内の自由な交流を通じて，「一つのヨーロッパ」という理想を具体化することに努めてきた。その結果，多くの域内国境では検問が廃止され，人や貨物が自由に行き来するようになった。2002年からは，単一通貨のユーロが導入され，全ての加盟国で流通するようになった。加盟国の閣僚が集まり，政策を決定するＥＵ理事会はスイスに置かれている。

チェック欄

1回目	2回目	3回目

実践 問題 73 の解説

〈ヨーロッパ諸国〉

1 ○ **ルール工業地帯**はヨーロッパ最大の工業地帯に成長したが，主要産業が重化学工業などの重厚長大型産業であったことから，近年，かつての勢いは失われている。戦後，エネルギー革命によって，石炭の需要が低下して石油が中心となったこともあり，原油供給に至便な臨海部に工業地域の発展が見られた。

2 × 主な宗教分布として，前半の記述は正しい。しかし，ドイツでは**プロテスタントとカトリック**とが数の上では拮抗し，**スイスには４つの公用語**（ドイツ語，フランス語，イタリア語，ロマンシュ語）があるなど，宗教と言語の境界が国境と一致することは少ない。とりわけ，バルカン半島においては一国にいくつもの宗教が混在する状況が著しく，1990年代のユーゴスラビア紛争の一因ともなっている。

3 × 西ヨーロッパでは，**北大西洋海流**（暖流）と**偏西風**の影響により，高緯度にもかかわらず**西岸海洋性気候**など温暖な気候が分布する。東ヨーロッパでは，北大西洋海流と偏西風の影響も薄れて大陸性気候となり，その冬の寒さが厳しいことは正しい。なお，ナルヴィクはノルウェー，ムルマンスクはロシアの不凍港である。

4 × 夏に雨が少ない地中海沿岸で，伝統的に行われてきたのが，夏にオリーブやブドウ，レモンやオレンジなどの柑橘類を栽培し，比較的湿潤な冬に小麦を栽培する地中海式農業である。つまり，ブドウや小麦は灌漑の普及によって見られるようになった作物ではなく，また，小麦は冬作物である。近年ではＥＵの農業政策により特定部門への専門化が進み，バレンシア地方では大規模なオレンジ栽培が行われているが，これが19世紀末から盛んとあるのも妥当でない。

5 × ＥＵの共通通貨ユーロは全加盟国で流通しているわけではなく，スウェーデン，デンマークなどは加盟を見送っている。また，各国の閣僚によって構成されるＥＵ理事会の議事堂はベルギーの首都ブリュッセルにある。スイスはＥＵ非加盟国であることからも，誤りであると想像ができるだろう。

正答 1

第3章 SECTION 3 世界の諸地域

中東・アフリカ・ヨーロッパ

実践 問題 74 基本レベル

頻出度	地上★★	国家一般職★★	東京都★	特別区★
	裁判所職員★	国税·財務·労基★★	国家総合職★★	

問 **ノルウェー・スウェーデン・デンマークに関する次の記述のうち，妥当なのはどれか。** **(地上2014)**

1：3カ国とも高緯度に位置し，冷帯に属する。ノルウェーの大西洋沿岸部では，北極海から流れる寒流により，冬季は海水が凍結し船の航行ができなくなる。

2：3カ国ともゲルマン民族が人口の多数を占めている。宗教については，3カ国ともカトリックを信仰する人の割合が人口のほとんどを占めている。

3：3カ国とも社会保障制度が充実しているが，1人当たりの国民総所得はドイツやフランスと比べると小さい。

4：3カ国ともヨーロッパ統合に積極的であり，EUにも加盟し，共通通貨ユーロも導入している。

5：スウェーデンでは自動車などの機械工業が発達している。ノルウェーでは漁業が盛んであり，原油の輸出も行っている。また，デンマークでは酪農が盛んである。

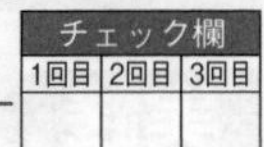

実践 問題 74 の解説

〈北欧の国々〉

1 × ノルウェー，スウェーデン，デンマークの３カ国は，いずれも北海道よりも北の高緯度に位置しているが，暖流である北大西洋海流の影響で，スカンジナビア半島沿岸や，デンマークは冷帯ではなく，西岸海洋性気候に属する。このため，ノルウェーには世界最北の不凍港があり，漁業が盛んである。

2 × ３カ国ともゲルマン民族が多くを占めていることは正しいが，デンマークやノルウェーはプロテスタント系キリスト教徒が多数派である。ヨーロッパでカトリック教徒が多いのは南部のラテン系言語の国々である。

3 × 北欧の国々は，社会保障制度が充実していることで知られている。この点は正しいが，１人あたりの国民総所得はドイツやフランスよりも多い。フランスは45,535ドル，ドイツは52,885ドルに対し，スウェーデンは62,469ドル，デンマークは70,390ドル，ノルウェーは93,149ドルとなっている（2021年データ）。

4 × ノルウェーはＥＵには加盟していない。ＥＵ加盟がもたらす利益に対する懐疑的な世論，自国の農業や漁業への影響への懸念がある。デンマークやスウェーデンはＥＵに加盟しているが，ユーロを導入していない。

5 ○ スウェーデンは鉄鉱石などの鉱山資源や水力資源に恵まれており，自動車などの機械産業が盛んである。また，ノルウェーは輸出の約６割を原油と天然ガスが占めており，ヨーロッパではロシアに次ぐ生産量がある。一方，沿岸にフィヨルドが見られ，漁業も盛んである。デンマークは，ハイデとよばれるやせた土地を改良し，協同組合によって近代的な酪農国家となっている。

正答 5

第3章 SECTION ③ 世界の諸地域

中東・アフリカ・ヨーロッパ

実践 問題 75 基本レベル

頻出度	地上★★★ 国家一般職★ 東京都★★ 特別区★ 裁判所職員★ 国税·財務·労基★ 国家総合職★

問 近年のＥＵ（欧州連合）主要国の農業に関する記述として最も妥当なのはどれか。なお，文中の食料自給率は全て2013年のカロリーベース（試算値）とする。
（国家一般職2013改題）

1：ドイツは，国土の約半分が農用地となっているが，気候が冷涼なために小麦や大麦などの穀物栽培には適さず，てんさいやジャガイモを栽培する畑作が中心となっており，ＥＵ全体の農業生産額に占める同国の割合は低い。また，ＥＵ最大の人口を擁していることもあり，同国の食料自給率はＥＵ諸国の中では最も低くなっている。

2：フランスは，ＥＵ最大の農用地面積と農業生産額を有する農業国である。国土の多くが平地で肥沃な農地に恵まれていることから，小麦や大麦などの穀物栽培が盛んで，小麦の生産量はＥＵ最大である。また，同国の穀類自給率は100％を超えており，小麦や大麦などの穀物は国外にも輸出されている。

3：英国は，高緯度に位置しながらも，暖流の影響により国土のほぼ全てが温帯に属している。このため，伝統的に小麦，大麦，ライ麦などの穀物の栽培が盛んで，酪農による乳製品の生産や牧畜はあまり行われていない。また，同国の食料自給率は，豊富な穀物生産により100％を超えている。

4：イタリアは，丘陵地や山岳地が多く，国土面積に占める平地の割合は低いが，丘陵地や山岳地も農用地として利用されているため，国土面積に占める農用地の割合は約４割と高い。近年，政府の農業改革によって農用地の集約化・大規模化が図られた結果，農業従事者１人当たりの経営規模がＥＵ諸国の中ではフランスに次ぐ２番目の大きさとなった。

5：スペインは，国土の多くが温帯の地中海性気候に属しており，地中海沿岸の地域では，オリーブ，ぶどう，オレンジなどの栽培が盛んである。他方，国土の中央部はメセタと呼ばれる高原台地が広がっており，大規模な酪農や牧畜が行われている。同国の乳製品や食肉の生産量はＥＵ最大であり，酪農の盛んなデンマークと同様，牛肉とチーズが主要な輸出農産物となっている。

直前復習

チェック欄

1回目	2回目	3回目

実践 問題 75 の解説

〈ＥＵ諸国の農業〉

1 × ドイツの農用地面積についての記述は正しい。しかし，ドイツでもてんさいやジャガイモと同様，小麦や大麦も盛んに生産されており，ドイツの農業生産額は，**ＥＵ最大の農業国フランス**，スペインに次いでＥＵ３位である（農林水産省ＨＰ「海外農業情報」より）。食料自給率（カロリーベース）もＥＵ内では高く95％である（2017年）。なお，ドイツの人口はおよそ8,300万人で，ＥＵ最多であることは正しい。

2 ○ フランスの農用地面積はおよそ国土面積の半分を占め，ＥＵの農業生産額のおよそ20％を占める大農業国である。小麦の生産は，ＥＵ首位（2019年）で，小麦や大麦の輸出は世界的であるので，フランスの穀類自給率は約176％である。

3 × イギリスの国土（グレートブリテン島やアイルランド島北部）が温帯に属することは正しい。農業は，南部では穀物生産が中心であるが，ヒースランドとよばれる北部のやせ地では穀物栽培に適さない冷涼な地域でもあるため，デンマークと同様，**牧牛・牧羊が行われ，乳製品の生産や牧畜は盛んである**。なお，イギリスの食料物自給率は60％～70％の間で推移している。

4 × イタリアは火山国でもあり，国土の大部分を占めるイタリア半島中央部をアペニン山脈が縦走していることから平地の割合は少ないが，そのわりに農用地は多く，国土の約４割を占める。しかし，農業従事者１人あたりの農地面積は14.3ha（2019年）にとどまり，フランスの40.8ha（2019年）と比較すれば，小さいことがわかる。イギリス（49.8ha），デンマーク（41.3ha），ドイツ（32.4ha）などとなっている（『データブック オブ・ザ・ワールド 2023』より）。

5 × スペインの主要な輸出農作物は，オリーブやオリーブオイル，オレンジ，ワインであり，畜肉ではイベリコ豚が有名で，牛肉ではない。なお，スペインは全土が温帯気候に属するが，大西洋に面している西部や北部は夏冷涼で冬温暖な西岸海洋性気候，中央高地は夏冬の寒暖の差が大きく乾燥がち，地中海沿岸は地中海性気候と，大きく特徴のある３つの地域に分けることができる。

正答 2

第3章 SECTION ③ 世界の諸地域

中東・アフリカ・ヨーロッパ

実践 問題 76 基本レベル

頻出度				
	地上★★★	国家一般職★	東京都★★	特別区★
	裁判所職員★	国税·財務·労基★		国家総合職★

問 ロシア連邦に関する記述として，妥当なのはどれか。 （東京都2002）

1：ロシア連邦は，ソビエト連邦が解体してつくられた独立国家共同体の中で，面積及び人口が最大の国であり，独立国家共同体には，独自の憲法及び議会があり，ロシア連邦が中心になって議会を運営している。

2：ロシア連邦は，人口の約80%がロシア人であるほか，タタール人，ウクライナ人など多数の民族からなる多民族国家であり，ロシア人は，ゲルマン系民族に属し，キリスト教徒に比べてイスラム教徒が多い。

3：シベリアは，ピレネー山脈以東の北極海に面した広大な地域であり，北極海沿岸に近いツンドラ帯には植物は生えず，その南のタイガ帯には針葉樹林が広がっている。

4：シベリアは，石油，石炭，鉄鉱石が豊富であり，油田や炭田が開発され，バム鉄道が敷かれ，石油や天然ガスのパイプラインが敷設されている。

5：ロシア連邦の農業は，ソビエト連邦時代の集団農場であるコルホーズ及び国営農場であるソホーズを存続させ，個人農場は認められていない。

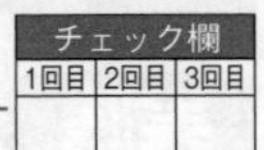

実践 問題 76 の解説

〈ロシア連邦〉

1 × 独立国家共同体は旧ソ連から分裂した15カ国の中の12カ国（バルト3国を除く）で形成されたもので，独自の憲法や議会を持つほどに強い組織ではないので注意。その中でロシアの面積および人口が最大であることは正しい。ロシア正教系国家と，イスラーム系国家との不調和も報告されている。

2 × ロシア連邦は多民族国家であり，約80％がロシア人で，そのほかに大小約100の民族が暮らしている。この点は正しいが，ロシア人はもともとはベラルーシを発祥の地とするという説が有力で，スラブ民族の一部をなしており，またギリシャ正教系のロシア正教信者が大半である。

3 × シベリアはピレネー山脈（フランスとスペインの国境地帯を東西に走る山脈）ではなく，ウラル山脈（東経60度の線にほぼ沿った古期造山帯のなだらかな山脈）より東の地域を一般的に指す言葉である。北極海沿岸にはツンドラ気候が分布し，夏のわずかな時期にのみコケなどが生える。その南の冷帯気候の地域には針葉樹林のタイガが広がる。

4 ○ シベリアはさまざまな天然資源が豊かであるが，最近では特に東部での天然ガス田などの開発が盛んである。これらの資源を運搬するためにバム鉄道（バイカル＝アムール鉄道）が利用されているが，この鉄道はシベリア鉄道のタイシェトから分かれる鉄道で，第2シベリア鉄道ともよばれる。

5 × 旧ソ連ではコルホーズ（集団農場）とソホーズ（国営農場）で農業が行われていた。1980年代後半から請負制や市場経済の導入が図られてきたが，ロシア連邦になり，1991年末には農民のコルホーズ，ソホーズからの独立が認められ，集団的農業は全面的に見直された。

正答 4

第3章
SECTION ③ 世界の諸地域
中東・アフリカ・ヨーロッパ

実践 問題 77 基本レベル

頻出度	地上★★★　国家一般職★★　東京都★★　特別区★ 裁判所職員★★　国税·財務·労基★★　国家総合職★

問 A～Eは地中海沿岸の諸国に関する記述であるが，B，D，Eに該当する国名の組合せとして妥当なのはどれか。 （国Ⅱ2001）

A：国土の80%が山地で，零細農家が多く，オリーブ・ぶどうなどの栽培を中心にした地中海式農業が行われ,果実や野菜は重要な輸出品である。観光国であり，また世界有数の商船保有国で，海運業が発達している。エーゲ海の領海・大陸棚の領有権及びキプロス問題で隣国との対立が続いている。

B：アトラス山脈の南側のステップや砂漠に遊牧やオアシス農業が発達している。かつてフランス植民地で，農業の中心はフランス人入植者（コロン）経営の大農場を国有化した自主管理農場と伝統的小農場経営から成る地中海式農業で，ぶどう・かんきつ類などを生産している。石油，天然ガス輸出国で，ＯＰＥＣの加盟国である。

C：人口のほとんどは国土を北上して地中海に注ぐ大河川の河谷とデルタ地帯に集中しており，これらの地域で小麦のほか，米・綿花などが栽培されている。この国の綿は良質の繊維として有名であり，イギリス人のプランテーションにより発達してきた。主な輸出品は，石油・石油製品，綿糸・衣類などである。

D：国土は高原が大部分を占めている。高原では冬の雨を利用して小麦栽培と遊牧，地中海沿岸ではオリーブ・綿花の栽培が盛んである。政治的にはアメリカ合衆国や西ヨーロッパに接近しＮＡＴＯに加盟している。ＥＵ加盟申請を行っているが，民主化・人権問題やＥＵ加盟国である隣国との対立問題などによって実現していない。

E：国土の大部分は地中海性気候であるが，北部は西岸海洋性気候，内陸部はステップ気候となっている。地中海沿岸ではオリーブ・オレンジ・ぶどうなどの果樹や米・野菜などが栽培され，内陸のメセタと呼ばれる高原では羊・山羊の飼育や小麦栽培が，北部では自給的な混合農業が行われている。ワインの生産量は世界第四位である。

	B	D	E
1：	エジプト	ギリシャ	スペイン
2：	エジプト	トルコ	アルジェリア
3：	アルジェリア	トルコ	ギリシャ
4：	アルジェリア	トルコ	スペイン
5：	トルコ	ギリシャ	アルジェリア

直前復習

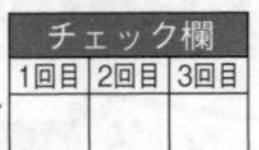

実践 問題 77 の解説

〈地中海沿岸諸国〉

A ギリシャ　キプロス問題で隣国との対立が続いている，からギリシャである。古代ギリシア文明などが残るため，世界各地からの観光客が多い。2009年に前政権が過小評価していた財政赤字を公表して，ギリシャ財政危機が表面化し，現在，緊縮の実施や改革推進が課題となっている。

■キプロス問題

キプロスは1960年にイギリスより独立したが，その後，ギリシャ系住民とトルコ系住民の対立・衝突が激化し，現在，北部のトルコ軍事支配地域とキプロス共和国政府支配地域（ギリシャ系）に分断されている。

B アルジェリア　アトラス山脈，かつてフランスの植民地，からアルジェリアである。

C エジプト　国土を北上して地中海に注ぐ大河川，からエジプトである。エジプトではナイル川の流域で，米や綿花などが栽培されている。

D トルコ　ＥＵに加盟申請を行っているが，民主化・人権問題…などによって実現していない，からトルコである。ＥＵ加盟国である隣国との対立とは，上記，キプロスをめぐるギリシャとの対立である。

E スペイン　メセタとよばれる高原では羊やヤギの飼育，からスペインである。なお，スペインの中央の内陸部の気候は，本記述ではステップ気候となっているが，P213の肢５解説は『データブック オブ・ザ・ワールド 2023』の記述に準拠した。

よって，正解は肢４である。

正答 4

第3章 4 SECTION

世界の諸地域
アメリカ・オセアニア

必修問題 セクションテーマを代表する問題に挑戦！

頻出のラテンアメリカに関する問題です。
大事なポイントをしっかり見極めてチャレンジ!!

問 ラテンアメリカに関する記述のうち妥当なのはどれか。

（地上2011）

1：インディヘナ（先住民），白人，黒人とさまざまな人種がおり，混血が進んでいる。人種構成は国によって異なり，ペルーやベネズエラではヨーロッパ系の比率が高く，アルゼンチンやチリでは非ヨーロッパ系の比率が高い。

2：鉱産資源は豊富で，大規模な鉄山を擁するブラジルは世界有数の鉄鉱石生産量を誇る。アンデス山脈に沿って，銅鉱，銀鉱，リチウムが豊富に産出し，チリやペルーはこれらの世界有数の生産国となっている。

3：農業は，ほとんどの国が輸出用のコーヒー，バナナなどプランテーション農業が中心で，穀類や豆類の生産量は少ない。そのため，ブラジルやアルゼンチンといった人口の多い国では，大豆や小麦が自給できず，大量に輸入している。

4：自動車産業などの機械産業は盛んでないが，金属精錬業は各国で発達しており，ベネズエラなどの産油国では石油化学産業もみられる。ブラジルは近年繊維工業の発達が著しく，繊維工業が輸出額の第一位となっている。

5：ＧＮＩ（国民総所得）は国によって値が異なるが，一人あたりのＧＮＩはほとんど差がない。いずれの国も所得分配の不平等度を示すジニ係数は世界的に見て低い値となっており，貧しくても国内の経済格差は小さい。

直前復習

Guidance ガイダンス

ラテンアメリカに関する内容の出題は多い。国ごとの特徴を，言語，人種構成，産出される鉱物資源，生産される農産物などについてまとめておく必要がある。

チェック欄

1回目	2回目	3回目

必修問題の解説

〈ラテンアメリカ〉

1 × ペルーはインディヘナ（先住民）の比率が高いことが特徴であり，アルゼンチンは白人の比率が高いことが特徴の国である。

2 ○ 妥当である。ラテンアメリカ諸国の特徴のある鉱物資源は下記のとおり。

鉄鉱石	ブラジル	原　油	ベネズエラ
銅鉱	チリ	銀・銅・鉛	ペルー

3 × ブラジルやアルゼンチンでは，小麦やトウモロコシ，大豆の生産・輸出が盛んである。大豆や小麦を大量に輸入している，とあるのは妥当でない。

4 × ブラジルでは鉄鉱石が産出することから，近年，自動車や航空機の生産が盛んである。ブラジルで輸出額が多いのは，鉄鉱石，大豆，原油，肉類，機械類，鉄鋼，砂糖，自動車（2021年）の順になる。

5 × ラテンアメリカは，ジニ係数が高い（貧富の差が大きい）国が多い。ブラジルでは農村の機械化により職を失った人々が都市に流入し，丘陵や河川敷に，インフラが十分に整備されていないファベーラとよばれるスラムを形成している。

■各国の１人あたりのＧＮＩ（国民総所得）2021年　（ドル）

国	GNI	国	GNI
ブラジル	7,305	ハイチ	1,665
アルゼンチン	10,590	ボリビア	3,266
メキシコ	9,956	ペルー	6,446
ベネズエラ	3,528	チリ	15,320

上記数値は『世界国勢図会2023/24』による。

正答 2

第3章 SECTION 4 世界の諸地域 アメリカ・オセアニア

1 中南米諸国

(1) メキシコ　首都：メキシコシティー

人口は約１億3,000万人。国土の４分の３は山地で，水に乏しい。銀は世界屈指の産出国である。原油の輸出が多いが，アメリカ出稼ぎ者からの送金が石油輸出を上回る最大の収入源。輸出の約82％，輸入の約44％が米国。マヤ・アステカ文明が南部のユカタン半島を中心に繁栄。アメリカ合衆国の投資などで自動車工業が発達している。

(2) ブラジル　首都:ブラジリア（計画都市で世界遺産にも登録されている）

◆ **自　然**

世界５位の面積（面積：851万km^2）。人口：約2.1億人。

アマゾン川流域は熱帯雨林気候（Ａｆ）で熱帯雨林（セルバ）が広がる。

◆ **産　業**

コーヒーの生産と輸出は世界１位。多角経営を推進し，トウモロコシ，大豆，オレンジ類，バナナなどの生産も世界的に。輸出の25%が工業製品。南東部では鉄鋼業，自動車工業や航空機産業などが発達。**鉄鉱石は世界有数**の産出量。原油も近年は輸出している。日本への輸出品は**鉄鉱**，鶏肉，アルミニウム類，大豆，コーヒー。

◆ **その他**

国民の約半分は白人。日系人も190万人程度いる。**ポルトガル語**が主。熱帯林の伐採，開発が進み，熱帯林の面積の減少が世界的な環境問題となった。ブラジル政府は，アマゾンの開発抑制に乗り出し，森林の一部が国家管理下に置かれ，先住民の保護地域も設定された。1995年に成立した**ＭＥＲＣＯＳＵＲ**（南米南部共同市場）の中で重要な地位を占めている。

補足　サンパウロやリオデジャネイロなどの大都市ではスラムが形成されるなど都市問題が深刻です。

(3) アルゼンチン　首都：ブエノスアイレス

ラプラタ川が流れる。ブエノスアイレス周辺の**パンパ**（温帯草原）はＣｆａ気候で，小麦やトウモロコシ栽培や牧牛・羊の牧畜が行われている。南部に行くに従って乾燥し，**パタゴニア地方**（アンデス山脈の風下）はＢＷ気候，ＢＳ気候である。輸出額の約５割が食糧。ブラジルやアメリカ合衆国との貿易額が大。白人の割合が高い。

(4) ベネズエラ　首都：カラカス

北でカリブ海に面する。中央部のオリノコ川流域にリヤノ，南東部にギアナ高地。

オリノコ川流域に熱帯気候が広がる。メスチソが国民の３分の２。貧富の差大。ラテンアメリカ最大級の産油国。原油と石油製品が輸出の大半。ＯＰＥＣに加盟。

(5)　ペルー　首都：リマ

インカ帝国など古代文明が栄えた地。中央部は山岳地帯。人口の約半分はインディヘナ（先住民）でメスチソも４割。鉱物資源に恵まれ，銀鉱，金鉱，銅鉱，亜鉛，鉛鉱などを輸出。漁業も盛ん。

(6)　チリ　首都：サンチアゴ

メスチソが国民の約３分の２。南北に4,300kmの長さを持つ国。北部の沿岸部はＢＷ気候（アタカマ砂漠），中部には温帯気候，南部にはフィヨルドが見られる。**銅鉱の産出と輸出は世界１位**。漁業も盛んでフィッシュミールにして輸出されている。

(7)　キューバ　首都：ハバナ

国全体がＡｗ気候。

砂糖やタバコのモノカルチャー国家で社会主義国。経済困難から外国資本を誘致して観光開発。

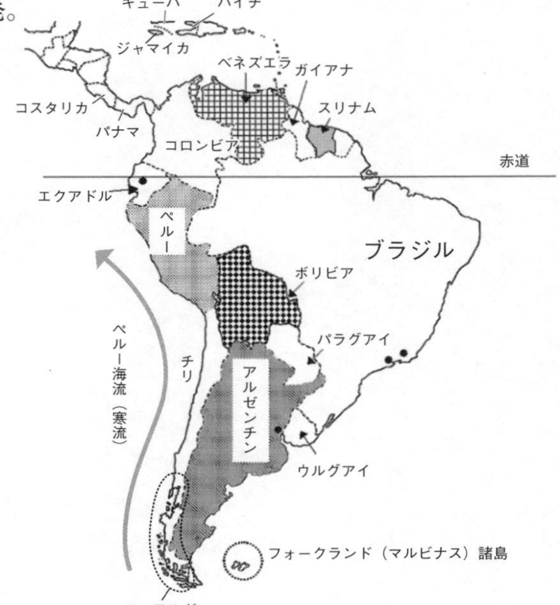

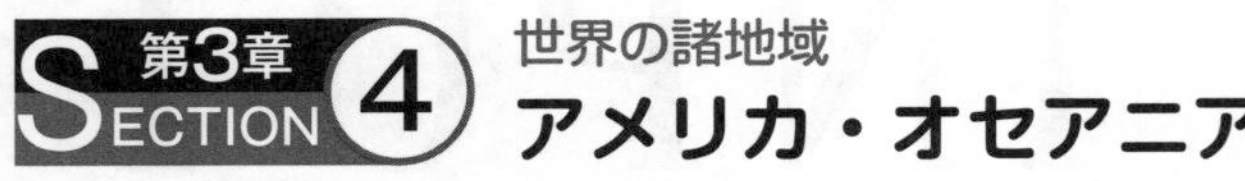

第3章 SECTION 4 世界の諸地域
アメリカ・オセアニア

実践 問題 78 基本レベル

頻出度	地上★★★ 国家一般職★★ 東京都★★★ 特別区★★★ 裁判所職員★★ 国税·財務·労基★★ 国家総合職★★

問 ラテンアメリカに関する次のA～Dの記述のうち，妥当なもののみを全て挙げているものはどれか。 **(裁判所職員2023)**

A：ラテンアメリカ諸国のうち，ポルトガル語を公用語としているのはブラジルとチリ，エクアドルである。

B：ラテンアメリカ諸国の宗教人口をみると，ほとんどの国でカトリックよりもプロテスタントの方が多い。

C：アマゾン川は流域面積が世界最大で，長さはナイル川に次ぐ世界第二位である。

D：アルゼンチンの中央部にはパンパと呼ばれる草原が広がっており，牧畜などが行われている。

1：A，B
2：A，C
3：B，C
4：B，D
5：C，D

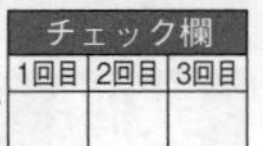

実践 問題 78 の解説

〈ラテンアメリカ〉

A × ラテンアメリカの国々の中でポルトガル語を公用語にしているのはブラジルである。チリとエクアドルの公用語はスペイン語である。

B × ラテンアメリカ諸国を植民地としたスペインやポルトガルは，カトリックの布教拡大を１つの目的としていたことから，ラテンアメリカ諸国ではカトリック教徒のほうが多い。

C ○ アマゾン川の説明として妥当である。赤道直下の熱帯雨林気候下を流れているため，降水量が多く，河川の支流が多いことから流域面積が最大となっている。

D ○ アルゼンチンに広がるパンパは中緯度に位置し，土壌が肥沃であるため農牧業が盛んである。

以上から，ＣとＤが妥当であるので，肢５が正解となる。

正答 5

第3章 SECTION 4 世界の諸地域

アメリカ・オセアニア

実践 問題 79 基本レベル

頻出度	地上★★★	国家一般職★★	東京都★★★	特別区★★★
	裁判所職員★	国税·財務·労基★★	国家総合職★★	

問 ラテンアメリカに関する記述として，妥当なのはどれか。 (特別区2023)

1：南アメリカ大陸西部には，高く険しいロッキー山脈が連なっており，標高により気候や植生が変化する。

2：アンデス高地のアステカや，メキシコのインカなど，先住民族による文明が栄えたが，16世紀にスペインに征服された。

3：アマゾン川流域には，カンポセラードと呼ばれる熱帯雨林や，セルバと呼ばれる草原が広がっている。

4：19世紀末頃から，日本からラテンアメリカへの移民が始まり，海外最大の日系社会があるペルーでは，現在100万人を超える日系人が暮らしている。

5：ブラジルでは，大農園でコーヒーなどを栽培しており，また，20世紀後半以降は，大豆の生産が急増している。

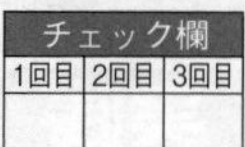

実践 問題 79 の解説

〈ラテンアメリカ〉

1 × 南アメリカ大陸西部に連なるのは，ロッキー山脈ではなくアンデス山脈である。

2 × アンデス高地に栄えたのがインカであり，メキシコに栄えたのがアステカである。いずれもスペインに征服されたことは正しい。

3 × アマゾン川流域の熱帯林は，セルバと称する。カンポセラードはブラジル高原の植生景観を指す。

4 × 海外最大の日系社会があるのはブラジルである。

5 ○ 妥当である。コーヒー豆の栽培と輸出は世界１位であるが，ブラジルの貿易全体では，鉄鉱石の輸出額が第１位，大豆が第２位となっている。

正答 5

第3章 SECTION 4 世界の諸地域

アメリカ・オセアニア

実践 問題 80 基本レベル

頻出度	地上★★★ 国家一般職★★ 東京都★★ 特別区★ 裁判所職員★ 国税･財務･労基★★ 国家総合職★

問 ラテンアメリカに関する記述として，妥当なのはどれか。

（東京都Ⅰ類Ａ2014）

1：アマゾン川は，世界最大の流域面積と世界第２位の長さをもつ大河であり，その流域には，セルバとよばれる熱帯雨林が広がっている。

2：ラテンアメリカには，テラローシャとよばれる赤色で栄養分の少ない土壌が広く分布しているが，ブラジル高原南部には，ラトソルとよばれるコーヒー栽培に適した肥沃な土壌がみられる。

3：ラテンアメリカには，貧富の差を生む一因とされている，大土地所有制による大農園があり，アルゼンチンではファゼンダ，ブラジルにはアシェンダとよばれている。

4：ブラジルは，石油の多くを輸入に頼っているため，水力発電所の開発やバイオエタノールの生産など，化石燃料に依存しないエネルギー政策を進めている。

5：ペルーは，先住民の人口が全人口の半分以上を占め，ポルトガル語に加え，ケチュア語を公用語としている。

チェック欄		
1回目	2回目	3回目

実践 問題 80 の解説

〈ラテンアメリカ〉

1 ○ ほぼ赤道直下を西から東に流れるアマゾン川は，世界最大の流域面積と，ナイル川に次いで世界第２位の長さを持つ大河であり，その流域にはセルバとよばれる熱帯雨林が広がっているが，近年では，熱帯雨林の伐採が問題となっている。

2 × ブラジル高原南部に分布する肥沃な土壌で，コーヒー栽培に適しているのは，テラローシャである。ラトソルは熱帯に広く分布する赤色で栄養分の少ない土壌である。

3 × ラテンアメリカは，貧富の差の大きい地域であるが，その一因として，大土地所有制がある。ブラジルではファゼンダ，アルゼンチンではエスタンシアとよばれている。アシェンダはメキシコ，ペルー，チリなどでのよび名である。

4 × ブラジルは，かつては電力の８割以上が水力発電によっていたが，これは国内で石炭や石油があまり産出されなかったことによる。2006年に原油の自給を達成しており，現在は原油の輸出国となっている。このため，水力発電の割合は６割まで低下し，火力発電の割合も増えてきている。

5 × ラテンアメリカの国の中で，ポルトガル語を公用語としているのはブラジルである。ケチュア語とは，南アメリカのアンデス山中に住むインディヘナのケチュア族の言語で，インカ帝国の遺産といわれている。ペルーやボリビアのインディヘナの間で多く使用されており，ペルーやボリビアではスペイン語とともに公用語となっている。なお，ペルーでは，先住民の人口が全人口の半分以上を占めていることは正しい。

正答 1

実践 問題 81 基本レベル

頻出度	地上★★★　国家一般職★★　東京都★★★　特別区★★★ 裁判所職員★★　国税·財務·労基★★　国家総合職★★

問 ラテンアメリカに関する記述として，妥当なのはどれか。

（東京都Ⅰ類Ｂ2020）

1：大西洋側には，最高峰の標高が8000ｍを超えるアンデス山脈が南北に広がり，その南部には，世界最長で流域面積が世界第２位のアマゾン川が伸びている。

2：アンデス山脈のマヤ，メキシコのインカ，アステカなど先住民の文明が栄えていたが，16世紀にイギリス，フランスの人々が進出して植民地とした。

3：アルゼンチンの中部にはパンパと呼ばれる大草原が広がり，小麦の栽培や肉牛の飼育が行われており，アマゾン川流域にはセルバと呼ばれる熱帯林がみられる。

4：ブラジルやアルゼンチンでは，自作農による混合農業が発達しており，コーヒーや畜産物を生産する農場はアシエンダと呼ばれている。

5：チリにはカラジャス鉄山やチュキカマタ鉄山，ブラジルにはイタビラ銅山がみられるなど，鉱産資源に恵まれている。

直前復習

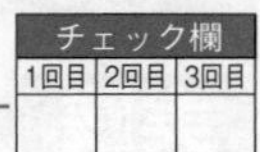

実践 問題 81 の解説

〈ラテンアメリカ〉

1 × アンデス山脈は南北に広がっているが，南米大陸の太平洋側である。また，アマゾン川は流域面積が世界１位であり，世界最長はナイル川である。また，アマゾン川が流れているのは，南米大陸の南部ではなく，北部である。

2 × アンデス山脈にはインカ，メキシコにはマヤやアステカなどの文明が栄えていた。また，ラテンアメリカに栄えていた文明を征服したのは，スペインである。

3 ○ 妥当である。南米大陸南部のアルゼンチンの首都ブエノスアイレスを中心とする地域は温帯であり，パンパとよばれる草原では，小麦の栽培や肉牛の飼育が行われている。一方，アマゾン川はほぼ赤道直下を西から東に流れ，大西洋に注ぐ。そのため，流域には熱帯林が広がり，**セルバ**とよばれている。

4 × ブラジルやアルゼンチンでは，少数の地主が大農場や大牧場を小作人や農業労働者を使って経営する大土地所有制が広く残存している。こうした農園は，ブラジルではファゼンダ，アルゼンチンではエスタンシア，ペルーでアシエンダとよばれている。

5 × ラテンアメリカの国々は，鉱物資源に恵まれた国が多いが，チリは銅鉱，ブラジルは鉄鉱石の産出と輸出が盛んな国である。ブラジルにはイタビラ鉄山のほか，カラジャス鉄山が，チリにはチュキカマタ銅山がある。

正答 3

実践 問題 82 基本レベル

頻出度	地上★★	国家一般職★★	東京都★★	特別区★
	裁判所職員★	国税·財務·労基★★	国家総合職★★	

問 ラテンアメリカに関する記述として最も妥当なのはどれか。

（国税・労基2008）

1：アメリカ大陸の中部から南には，モンゴロイド系のインディヘナ（先住民の意味）が古くから住み，メキシコのインカ，アンデス山脈のマヤ・アステカなど高度な文明を築いていた。14世紀以降，主としてスペイン・ポルトガルがこの地を支配し，多くのラテン系の人々が移り住んだ。

2：ラテンアメリカで生活する人々は，インディヘナ，スペイン·ポルトガル系白人，両者の混血メスチソのほか，黒人，ドイツや日本からの移民と，それらの子孫である。地域的にみると，メスチソとインディヘナはアマゾン川流域，黒人はラプラタ川流域，白人はカリブ海地域に高い割合で分布している。

3：アルゼンチンは，19世紀初めにポルトガルから独立した国で，国民の大部分がポルトガルやイタリアなどラテン系の人々である。国の中央部に肥沃な大草原サバンナが広がり，小麦・トウモロコシの栽培，肉牛と羊の飼育が行われ，世界の食料庫の一つとなっている。

4：ブラジルは，面積・人口ともに，ラテンアメリカ最大の国であり，スペインから独立した国である。南アメリカ大陸のほぼ半分に当たる広大な面積を占め，自然条件は多様である。アマゾン川流域とラプラタ川流域を中心として，国土の半分以上が低地である。

5：メキシコは，ラテンアメリカの中で最北に位置し，スペイン語圏としては世界最大の人口を擁する国である。国土の大半は環太平洋造山帯の山地や高原からなり，火山活動が活発である。住民は多様な民族によって構成されているが，大部分がカトリック教徒である。

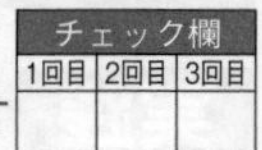

実践 問題 82 の解説

〈ラテンアメリカ〉

1 × 北アメリカ大陸，南アメリカ大陸の先住民はアジア系（モンゴロイド系）のインディヘナであるが，メキシコとその周辺がマヤ文明，アステカ文明，ペルーを中心とするのがインカ文明である。コロンブスが中米へ到達したのが1492年であり，スペイン人やポルトガル人がこの地にやってくるようになったのは，14世紀ではなく，16世紀以降であるので，その点でも誤りとなる。

2 × アマゾン川流域には先住民インディヘナ，カリブ海地域には黒人，ラプラタ川流域（ウルグアイ，アルゼンチン）には白人が多い。なお，カリブ海沿岸のコスタリカは白人が大半を占めるなど例外も見られる。

3 × アルゼンチンはスペインから1816年に独立した国。国民の９割以上をスペインやイタリアなどのラテン系出身者が占める。中央部のラプラタ川河口付近に広がるのはパンパ草原で，東部は温暖湿潤気候で西部に行くに従ってステップ気候へと変わる。小麦やトウモロコシの栽培，肉牛や羊の飼育が行われているというのはそのとおり。この国にとって，食料品は重要な輸出品である。

4 × ブラジルは面積約851万km^2，総人口約2.1億人で，面積・人口ともラテンアメリカ最大である。南アメリカ大陸の面積はおよそ1,783万km^2なので，ブラジルの面積は半分近くを占めていることになる。ただし，ブラジルはポルトガルから独立した国であり，ラプラタ川はアルゼンチンとウルグアイの間を流れる川なので誤り。

5 ○ メキシコは北部でアメリカ合衆国と接する。総人口は１億人を超えており，スペイン語を公用語とする国としては最大の人口を抱える。環太平洋造山帯に含まれ，東シエラマドレ山脈，西シエラマドレ山脈，などの山脈が走り，首都メキシコシティー近くには5,000ｍを超えるような火山も分布する。メキシコは長い間のスペイン支配の影響を受けて国民の大半はカトリック信者である。

正答 5

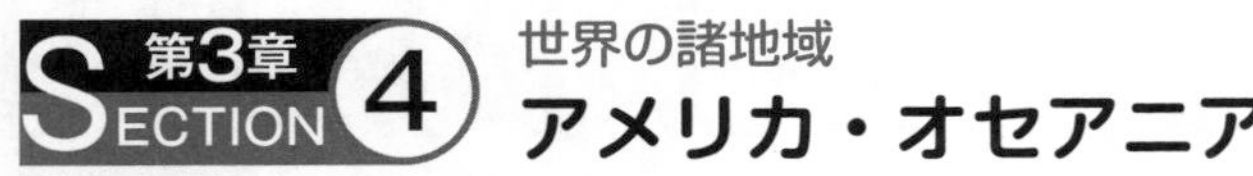

実践 問題 83 基本レベル

頻出度	地上★★★　国家一般職★★　東京都★★　特別区★★ 裁判所職員★　国税·財務·労基★　国家総合職★★

問 ブラジルに関する記述として，妥当なのはどれか。　（東京都Ⅰ類Ｂ2016）

1：ブラジルは，日本の４倍程度の国土面積を持ち，人口は２億人を超え，貧富の差は大きくないとされる。

2：ブラジルは，20世紀初頭にスペインから独立したが，人口の約半数はラテン系の白人であり，他は混血などとなっている。

3：ブラジルでは，1960年に首都がブラジリアからリオデジャネイロに移転され，リオデジャネイロ沖では石油が掘削されている。

4：ブラジルでは，南東部のイタビラ鉄山に加え，北部のカラジャス鉄山が開発され，世界的な鉄鉱石産出国となっている。

5：ブラジルでは，2012年から2014年までの実質ＧＤＰ成長率は毎年７％を超え，高度成長が続いている。

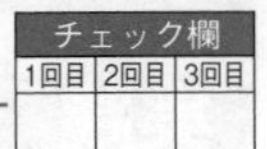

実践 問題 83 の解説

〈ブラジル〉

1 × ブラジルの国土は851.2万km^2（日本の22.5倍）と広大である。また，経済活動の盛んな南東部・南部と，北東部・北部との**経済格差が拡大**しているうえ，植民地時代からの不平等な土地所有が解消されていないため，富裕層と貧困層の間には著しい所得格差が見られる。

2 × ブラジルは19世紀の前半に**ポルトガルから独立**した。人口の約半数がラテン系の白人であることは正しい。

3 × もともとブラジルの首都はリオデジャネイロに置かれていたが，1960年に内陸部開発の拠点としてブラジリアが建設され，首都も移転した。ブラジリアは計画都市として知られている。

4 ○ 妥当である。ブラジルには，海底に形成された鉄が堆積した地層が，その後隆起して安定陸塊となり，侵食によって地表付近に出現した鉄山がいくつも分布している。ブラジル南東部のイタビラ鉄山に加え，北部のカラジャス鉄山が開発され，**ブラジルは世界的な鉄鉱石産出国**となった。また，ブラジルは石油資源に乏しかったが，沿岸の海底油田の開発に成功し，2006年には**石油の自給を達成**した。石油はリオデジャネイロ沖やブラジル北東部で採掘されている。

5 × ブラジルの経済成長率は，0.9%（2012年），2.3%（2013年），0.1%（2014年），−3.8%（2015年），−3.6%（2016年），1.0%（2017年），1.1%（2018年），1.1%（2019年）であり，2012年から2014年までの実質ＧＤＰ成長率が毎年７%を超える高度成長が続いているとの本肢は妥当でない。

正答 4

第3章 SECTION 4 世界の諸地域

アメリカ・オセアニア

実践 問題 84 基本レベル

頻出度	地上★★★	国家一般職★	東京都★★	特別区★★
	裁判所職員★	国税·財務·労基★	国家総合職★	

問 アメリカ合衆国の農牧業に関する次の記述中のA～Fの空欄に入る語句の組合せとして最も適当なものはどれか。 **(裁判所職員2017)**

アメリカ合衆国の農牧業の特徴の一つは，適地適作である。年間降水量が500 mm以下となる中央より（　A　）の地域では，主に放牧が行われており，中央平原，（　B　）などの平野部が作物栽培地帯となっている。

気候的な適地に注目してみると，主に酪農が行われているのは（　C　）であり，綿花栽培は（　D　）で行われており，春小麦は（　E　）で，冬小麦は中部や（　F　）で栽培されている。また，太平洋岸では地中海式農業がみられ，かんきつ類の栽培も盛んである。

	A	B	C	D	E	F
1：	西側	プレーリー	北部	南部	北部	南部
2：	西側	パンパ	南部	北部	南部	北部
3：	西側	プレーリー	北部	南部	南部	北部
4：	東側	プレーリー	南部	北部	南部	北部
5：	東側	パンパ	北部	南部	北部	南部

チェック欄

1回目	2回目	3回目

実践 問題 84 の解説

〈アメリカの農牧業〉

A 西側　年間降水量が500mm以下となるのは，中央よりもA：西側である。アメリカの太平洋沿岸にはロッキー山脈など新期造山帯の環太平洋造山帯に属する険しい山脈が連なるため，湿潤な空気が阻まれ，山脈の東から西経100度のあたりまで乾燥気候が広がる。ロッキー山脈東麓から中央低地にかけてはグレートプレーンズとよばれており，放牧が行われている。東側では湿潤な気候となる。

B プレーリー　グレートプレーンズの東の西経100度の付近はプレーリーが広がる。プレーリーは小麦地帯となっている。パンパはアルゼンチンの温帯草原である。

C 北部　主に酪農が行われているのは，五大湖沿岸を中心とするC：北部である。もともと酪農は冷涼・湿潤な気候で消費地に近い地域に発達する。

D 南部　綿花は生育期に高温多湿，収穫期に乾燥する気候が栽培に適しているため，寒冷地では栽培が難しい。アメリカでも綿花栽培が行われているのはD：南部である。

E 北部　春小麦は春に種を蒔き，夏から秋にかけて収穫する小麦であり，寒冷な気候であるため小麦が冬を越せない地域で栽培される。したがって，春小麦はE：北部のカナダとの国境地帯で栽培されている。

F 南部　一般的な小麦は秋に種を蒔き，翌年の初夏から夏にかけて収穫する冬小麦である。したがって，冬小麦は中部やF：南部で栽培されている。

以上から，肢1が正解となる。

正答 1

世界の諸地域
アメリカ・オセアニア

実践 問題 85 基本レベル

頻出度	地上★★	国家一般職★★	東京都★★	特別区★★
	裁判所職員★★		国税·財務·労基★★	国家総合職★★

問 アメリカ合衆国に関する記述として，妥当なのはどれか。

（東京都Ⅰ類Ｂ2010）

1：農産物を大規模に扱うアグリビジネスが盛んであり，穀物メジャーとよばれる巨大な穀物商社がある。

2：サンベルトとよばれる一帯は，北緯37度線の南にあり，サンベルトの工業都市の例としてデトロイトがある。

3：ロッキー山脈は，国土の東部にそびえ，古期造山帯の一つで世界有数の石炭の産地である。

4：ミシシッピ川は，アメリカ合衆国の中央部を南西方向に流れる河川であり，カリフォルニア半島の東側から太平洋へ流れている。

5：ニューヨークは，アメリカ合衆国の首都であり，世界経済の中心であるとともに，国際連合本部があるため，国際政治の中心でもある。

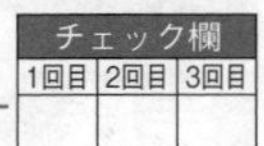

実践 問題 85 の解説

〈アメリカ合衆国〉

1 ○ アメリカでは大規模な企業的農業を行っており，多くの農作物で世界有数の生産量を誇っており，世界最大の農産物輸出国である。こうした近代的な農業は農業機械や肥料，薬剤の生産や，農作物の加工，流通，販売などの関連産業（アグリビジネス）と結びつき，**穀物メジャー**（巨大穀物商社）のように農作物の国際的な流通に影響力を持つ多国籍企業も多く見られる。

2 × **北緯37度線の南がサンベルト**とよばれていることは正しいが，デトロイトは北東部の伝統的な工業地域にある都市で，かつては各種自動車関連工業が集積していたが，工場の閉鎖，人口の流出などにより，2013年に財政破綻した。かつて繊維工業や重工業が発達していたアメリカ北東部から五大湖沿岸にかけての地域を，産業構造の変化に伴って衰退している地域との意味合いを込めて，南部のサンベルトに対してスノーベルト，またはフロストベルトとよんでいるが，これらの地域でも，現在では再開発により先端技術産業の集積も見られるようになっている。

3 × **ロッキー山脈は国土の西部にそびえる新期造山帯**の１つである。国土の東部にそびえる古期造山帯で，世界有数の石炭産地であるのは，アパラチア山脈のアパラチア炭田である。

4 × アメリカの国土中央を南下するミシシッピ川は，フロリダ半島の西側から，メキシコ湾（大西洋の付属海）に流れ込んでいる。国土を南西方向に流れ，カリフォルニア半島の東側からカリフォルニア湾（太平洋）に流れ込んでいるのは，コロラド川である。

5 × ニューヨークは世界経済の中心であるとともに，国際連合の本部があり，国際政治の中心であるといえるが，アメリカ合衆国の首都はニューヨークではなく，ワシントンD.C.である。

正答 1

アメリカ・オセアニア

実践 問題 86 基本レベル

頻出度	地上★★★	国家一般職★★	東京都★★	特別区★★
	裁判所職員★★	国税·財務·労基★★	国家総合職★★	

問 北・中・南米諸国の商工業と資源に関する記述として最も妥当なのはどれか。

(国税・財務・労基2018)

1：米国では，20世紀まで，豊富な石炭・鉄鉱石などの資源と水運を利用した工業が発達した南部が同国の工業の中心であったが，21世紀に入ると，北東部のスノーベルトと呼ばれる地域に工業の中心が移り，ハイテク産業や自動車産業などが進出した。

2：カナダは，鉱産資源や森林資源に恵まれ，ウランやニッケル鉱の産出が多く，パルプ・紙類などの生産が盛んである。また，豊かな水資源を利用した水力発電が盛んで，水力発電が国全体の発電量の半分以上を占めている。

3：メキシコは，輸出額のうち，石油が約５割を占め，機械類や自動車などの工業製品が約２割を占めている。同国の最大の貿易相手国は米国であるが，1980年代以降，輸出額に占める対米輸出額の割合は年々減少傾向にある。

4：ブラジルは，ロシア，カナダに次ぎ世界で３番目の面積を持つ国であり，輸出額のうち，肉類，砂糖，コーヒー豆を合わせた輸出額が約５割を占めている。一方，石油資源に乏しく，その大半を輸入に依存している。

5：チリは，鉄鉱石が輸出額の大半を占めている。同国の中部に位置するアタカマ砂漠には世界有数の埋蔵量を誇るカラジャス鉄山，イタビラ鉄山があり，鉄鉱石の産出高が世界一である。また，マラカイボ油田が同国の石油産出の中心地となっている。

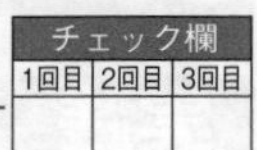

実践 問題 86 の解説

〈アメリカ大陸の商工業と資源〉

1 × アメリカで最初に工業が発達したのは北東部であり，北東部では豊富な石炭・鉄鉱石などの資源と水運を利用して，重工業が発達した。1970年代にはこうした北東部の工業は国際競争力が低下し，代わって北緯37度以南のサンベルトとよばれる地域に先端技術産業が集積した。

2 ○ 妥当である。カナダはウランやニッケル鉱のほか，オイルサンドの開発が進んだ結果，世界的な産油国となっている。

3 × メキシコは産油国であるが，輸出額に占める原油の割合は５％である。機械類が約35%，自動車が約23%である（『世界国勢図会2023/24』）。また，1994年に北米自由貿易協定（NAFTA）が発効してから，米国との経済関係が強まり，輸入全体の約44%，輸出全体の約82%を米国が占める。

4 × ブラジルの国土面積は，ロシア，カナダ，アメリカ，中国に次いで世界５位の広さである。また，かつては輸出額の約７割をコーヒーが占めるモノカルチャー経済の農業国であったが，現在では工業化に成功している。輸出額に占めるコーヒー豆の割合はごくわずかなものである。ブラジルにおいて輸出額が多い農畜産物は大豆，砂糖と肉類で，大豆の輸出額が一番多い。そのほか鉄鉱石や原油の輸出額も上位に並ぶ。かつては石油資源に乏しかったが，沿岸の海底油田などの開発に成功し，現在は原油の輸出国になっている。

5 × **チリの主要な輸出品は鉄鉱石ではなく銅鉱石で，銅の産出は世界１位である。**チリのアタカマ砂漠は地下資源が豊富であり，チリの経済は銅の産出と輸出に支えられている。なお，カラジャス鉄山，イタビラ鉄山はブラジルの鉄山であり，ブラジルでは鉄鉱石の産出が盛んである。マラカイボ油田はベネズエラの主要な油田である。

正答 2

第3章 SECTION 4 世界の諸地域

アメリカ・オセアニア

実践 問題 87 基本レベル

頻出度	地上★★★ 国家一般職★★ 東京都★★★ 特別区★★★ 裁判所職員★ 国税·財務·労基★★ 国家総合職★★

問 オセアニアに関する記述として，妥当なのはどれか。 （東京都Ⅰ類A 2023）

1：オセアニアはオーストラリア大陸やメラネシアなどからなり，メラネシアは小さい島々という意味で，ハワイ諸島やニューギニア島が含まれる。

2：オーストラリア大陸西岸には，グレートディバイディング山脈が南北に走り，大陸の東岸には平坦な地形が広がっている。

3：オーストラリアは鉄鉱石や石炭などの鉱産資源の産出量が多く，最近では，鉱産資源の輸出先は，アジアの国々の占める割合が高くなっている。

4：ニュージーランドは古期造山帯の一部をなす北島と南島からなり，南島は活火山を有する火山性の地形である。

5：ニュージーランドでは，オーストラリアと異なり，ヨーロッパからの入植者と先住民であるアボリジニとの対立がなかったため，多文化社会が形成されている。

チェック欄

1回目	2回目	3回目

実践 問題 87 の解説

〈オセアニア〉

1 × 小さい島々という意味があるのはミクロネシアである。メラネシアは黒い島々との意味で，パプア・ニューギニアやフィジー島などが入る。オセアニアはミクロネシア，メラネシアとポリネシアの3つに分けることができ，ポリネシアはハワイ諸島からニュージーランド，イースター島の3点を結ぶ三角形の中の海域にある島々を指す。ミクロが微小なものや事柄を形容する語であることからミクロネシアを覚えておくとよい。

2 × グレートディバイディング山脈が南北に走っているのは，オーストラリア大陸の東部であり，西部には平坦な地形が広がっている。

3 ○ 妥当である。

4 × ニュージーランドは古期造山帯ではなく，新期造山帯の一部をなす。なお，オーストラリア大陸は大半が安定陸塊であり，東部のグレートディバイディング山脈は古期造山帯である。ニュージーランドが新期造山帯の一部であることがわからなくても，活火山を有するのは新期造山帯であることから，誤りと判断したい。

5 × ニュージーランドの先住民はアボリジニではなく，マオリである。オーストラリアではヨーロッパからの入植が進んだ際に，アボリジニの伝統文化や社会の破壊が進んだが，白豪主義の見直しとともにアボリジニの権利も認められるようになり，現在では多文化社会が形成されている。

正答 3

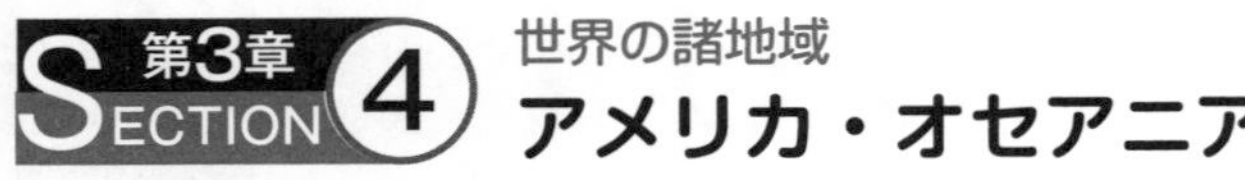

第3章 SECTION 4 世界の諸地域
アメリカ・オセアニア

実践 問題 88 基本レベル

頻出度	地上★★	国家一般職★	東京都★★	特別区★
	裁判所職員★★	国税·財務·労基★	国家総合職★	

問 オーストラリアに関する次のA～Dの記述のうち，妥当なもののみを全て挙げているものはどれか。 (裁判所職員2022)

A：オーストラリアは，かつてはイギリスをはじめとするヨーロッパとの結びつきが強かったが，近年はアジアとの結びつきを強めている。

B：オーストラリアの先住民は，民族舞踊であるハカを踊ることでも知られているマオリである。

C：オーストラリア大陸の大部分は安定陸塊で，大陸北東部の沿岸に広がるグレートバリアリーフは世界最大のサンゴ礁である。

D：オーストラリアではゴールドラッシュをきっかけに鉱山開発が進んでおり，特に銅鉱の生産量は長年にわたり世界第一位を維持している。

1：A，B
2：A，C
3：B，C
4：B，D
5：C，D

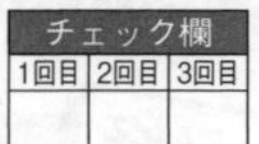

実践 問題 88 の解説

〈オーストラリア〉

A○ 宗主国であったイギリスが1973年にＥＣに加盟したことを契機に，イギリスとの結びつきよりもアジアとの結びつきが強まった。オーストリアにとって貿易額が大きいのは，輸出では中国や日本，輸入では中国やアメリカである。

B× オーストラリアの先住民はアボリジニである。マオリはニュージーランドの先住民である。

C○ 妥当である。大陸東岸には古期造山帯のグレートディバイディング山脈があるが，国土全体の平均高度は約340ｍと平らである。大陸の中央部では気温の日較差による岩石風化と流水や風による侵食で，低平で起伏に乏しい地形がつくられたが，これらの侵食から取り残された硬い岩塊は，エアーズロック（ウルル）などの残丘となっている。

D× 銅鉱の生産が世界第１位であるのはチリである。オーストラリアで世界第１位の鉱物資源はボーキサイトと鉄鉱石である。

以上から，ＡとＣが妥当であるので，肢２が正解となる。

正答 2

5 SECTION

世界の諸地域
日本

必修問題 セクションテーマを代表する問題に挑戦！

基礎的な知識を問う問題が多い日本地理分野です。
大事なポイントをしっかり見極めてチャレンジ!!

問 日本の気候に関する次の記述のうち，妥当なのはどれか。

（国税・労基2000）

1：日本の上空には，強い西風であるジェット気流がある。このジェット気流が，低気圧・高気圧を西から東へ流し，天気を規則的に変化させる原因となっている。また，ジェット気流の上層には偏西風が流れている。偏西風の南北への移動は，前線の位置に影響を与えている。

2：初夏には，前線が北上の途中で日本付近に停滞して梅雨をもたらす。梅雨が過ぎると本格的な夏となり，高温で多湿な大陸上空の気団の勢力が強まって日本まで覆い，大陸から太平洋の方向に蒸し暑い季節風が吹く。

3：夏には，北海道と東北地方の太平洋岸に，冷水が黒潮に乗って南下し，東風と海霧が日照不足と低温をもたらすことがある。また，梅雨の雨による降水量が少ない年には，東北地方は水不足となり，米の収穫に大きな被害を受ける。

4：夏から秋にかけては，前線が日本付近に停滞して秋の長雨をもたらす。また，熱帯の海上で発生した台風が日本に接近し，この前線を刺激して大雨になることがある。台風による強風は，農作物に大きな害を与え，高潮による被害をもたらすことがある。

5：冬には，冷たく湿ったシベリア気団が南下する。この気団から吹き出される北西の季節風は，日本海の上空で少しずつ乾燥しながらも湿潤を保ち，本州の山脈にぶつかって日本海側に多量の雪を降らせる。北陸地方は，世界でも有数の積雪地帯となっている。

直前復習

Guidance ガイダンス　地学と関連（重複）している分野や，自然災害についての出題が増えている。

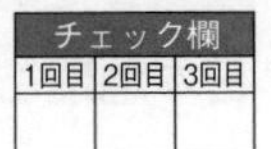

必修問題の解説

〈日本の気候〉

1 × ジェット気流は，上空5～15kmを蛇行しながら西から東に吹く強い風で，偏西風のうち対流圏上層部分の気流を指す。ジェット気流の上層に偏西風が流れているのではない。なお，低気圧・高気圧を西から東に流すのは，偏西風の一般的な特徴であり，ジェット気流の特徴ではない。

2 × 夏には高温で多湿な太平洋上空の気団の勢力が強まって日本まで覆い，太平洋から大陸の方向に蒸し暑い季節風が吹く。

3 × 冷水が南下するのは暖流の黒潮（日本海流）ではなく，寒流の親潮（千島海流）である。この冷水の上空を吹く北東風やませにより，北海道の東岸や東北地方東岸地方などが「冷害」に襲われることがある。梅雨の時期の降水量が少ないことで水不足（干害）の影響を特に受けるのは，沖縄県，九州中北部，瀬戸内地域などである。

4 ○ 秋になると秋雨前線が日本付近に停滞するが，これは北太平洋高気圧が弱まることで大陸性の寒気団が南下してくることが原因である。梅雨前線ほど水蒸気の補給は多くないが，秋の長雨は続く。9月頃になると台風は日本列島の東側を通過することが多くなるが，これが秋雨前線を刺激すると大雨となることがある。秋の台風は収穫期前の米などに大きな被害を与えることがあり，また台風に向かって吹く風は高潮の原因ともなる。

5 × 冬に南下するのは冷たくて乾燥したシベリア気団である。この気団から吹き出される北西の季節風が，暖流である対馬海流の流れる日本海で湿気を吸って，それが本州中央部の山脈にぶつかり，日本海側に多量の雪などを降らせるのである。北陸地方の特に山沿いの地方は世界的な豪雪地帯である。

正答 4

世界の諸地域

日本

日本地理これだけSuper Data　　面積：37.8万㎢　人口：約1.25億人

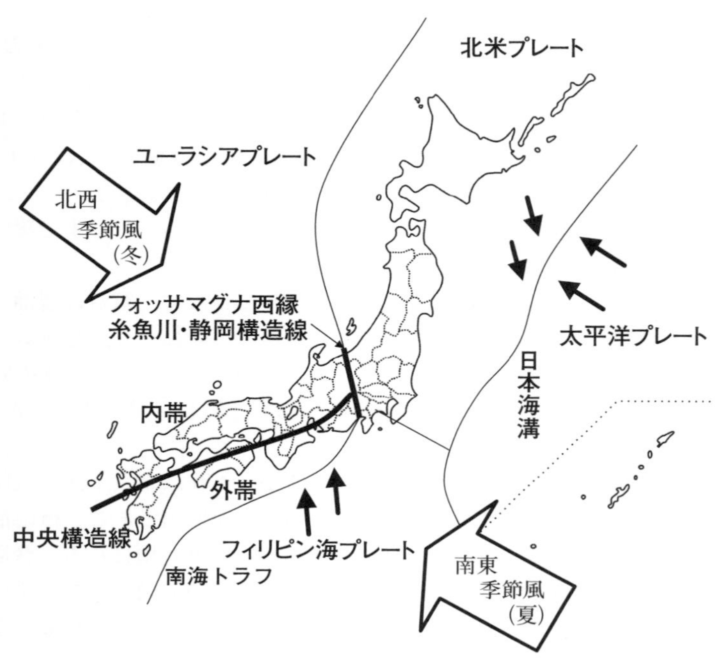

◆気　候◆（北）Ｄｆ～Ｃｆａ～（南）亜熱帯性気候
　東京の年平均降水量約1,600㎜，年平均気温は16℃前後。

◆地　形◆ 国土面積の約７割が山地や丘陵で，平野は海沿いに小規模。

◆領　土◆ 北端：択捉島（北緯45° 33 ´）南端：沖ノ鳥島（北緯20° 25′）
　東端：南鳥島（東経153° 59 ´）西端：与那国島（東経122° 56 ´）
　＊領土問題 北方領土：対ロシア　竹島問題：対韓国　尖閣諸島：対中国

◆海　流◆太平洋岸　寒千島海流（親潮）→【潮目】←暖日本海流（黒潮）。
　日本海岸　寒リマン海流　暖対馬海流

◆産業別人口構成◆第１次：約3.2%　第２次：24.0%　第３次：72.8%

◆農　業◆食糧自給率（カロリーベース）約40%。野菜自給率80%。

◆水産業◆漁獲量世界８位。水産物輸入３位。

◆林　業◆国土の約67%は森林。木材自給率42%（2020年）。

◆工　業◆

　①　産業構造→加工貿易国：機械類，自動車，精密機械（輸出の３本柱）

② 工業地帯→太平洋ベルト地帯（中京，阪神，京浜工業地帯など）

【工業地帯・地域別出荷額（2019年）単位：百億円】

［1］中京5,896［2］阪神3,366［3］関東内陸3,202［4］瀬戸内3,119［5］京浜2,530

③ 輸出・輸入→輸出額の約80%が工業製品。輸入の約４割が製品。

◆発 電◆

① 発電量 世界５位の発電量（中国，アメリカ，インド，ロシアに次ぐ）。

② 発電の割合（2022年）火力65%，原子力５%，水力発電7.2%，その他14.7%

◆貿 易◆

貿易額は中国，米国，ドイツ，オランダに次いで世界５位。

(1) 貿易相手国（2022年）

＊ 2004年から中国が最大の貿易相手国に。

① 輸出 中国（19.4%） 米国（18.7%） 韓国（7.3%）

② 輸入 中国（21.0%） 米国（10.1%） オーストラリア（9.8%）

(2) 主な輸入品の輸入先（2021年統計） （%）

原油	サウジアラビア（40.0）アラブ首長国（34.8）クウェート（8.5）
石炭	オーストラリア（67.1）インドネシア（11.5）ロシア（10.2）
鉄鉱石	オーストラリア（55.4）ブラジル（28.2）カナダ（7.0）
液化天然ガス	オーストラリア（36.0）マレーシア（12.5）アメリカ（11.0）カタール（11.0）
牛肉	アメリカ（42.2）オーストラリア（40.5）カナダ（6.9）
豚肉	アメリカ（27.1）カナダ（25.7）スペイン（13.4）
マグロ	台湾（19.9）中国（13.3）韓国（10.9）マルタ（8.4）
小麦	アメリカ（45.1）カナダ（35.5）オーストラリア（19.2）
大豆	アメリカ（74.8）ブラジル（14.1）カナダ（9.9）
トウモロコシ	アメリカ（72.7）ブラジル（14.2）
木材	カナダ（29.8）アメリカ（17.0）ロシア（13.1）
自動車	ドイツ（33.5）タイ（9.6）アメリカ（7.9）
衣類	中国（55.9）ベトナム（14.1）バングラデシュ（4.6）カンボジア（4.3）
鉄鋼	韓国（33.3）中国（21.5）

『データブック オブ・ザ・ワールド 2023』より

世界の諸地域
日本

実践 問題 89 基本レベル

頻出度 地上★★ 国家一般職★ 東京都★ 特別区★ 裁判所職員★ 国税·財務·労基★ 国家総合職★

問 日本のA～Eにおける自然環境に関する記述として，正しいのはどれか。

（地上2014）

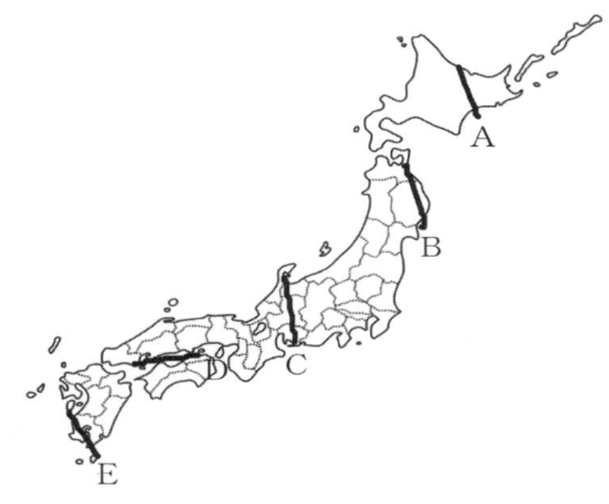

1：Aの地形は，山地が海岸に迫り，平地が少ない。夏は海から霧が流れ込み，気温が上がりにくい。冬は日本で最も積雪が多く，沿岸は流氷が流れ込んでくる。

2：Bの地形は，小さい岬と湾が繰り返す，のこぎり状の海岸線。湾内の波は穏やかなため，カキ，ワカメの養殖が盛んである。水深は浅く港には向かない。

3：Cの地形は，日本アルプスと呼ばれ，3000mの山々が連なる。周辺にはフォッサマグナが走る。これを境に山脈は，東北日本は南北に，南西日本は東西に走る。

4：Dの地形は，多くの小島が点在しており，静かな内海である。日本の中でも降水量が多く，また温暖な気候を生かして，果物の生産が盛んである。

5：Eの地形は，桜島があり現在も活動中である。周辺には古い火山の噴出物によりつくられたシラス台地が広がる。シラス台地は肥沃で水持ちが良く稲作に向いている。

チェック欄

1回目	2回目	3回目

実践 問題 89 の解説

〈日本の自然〉

1 × 北海道の北東沿岸はオホーツク海に面しており，冬には流氷が流れ込んでくる。知床半島は北海道で流氷が漂着する最南端であり，海洋系生態系と陸上系生態系の相互作用が顕著な例として世界自然遺産に登録されている。しかし，日本で最も積雪が多いのは，北海道ではなく日本海沿岸の北陸地方である。北海道でも積雪が多いのは日本海側の西部である。北海道東部は西部に比べると積雪が少ない。

2 × Bに示されているのは，リアス式海岸として有名な三陸海岸であり，小さい岬と湾が繰り返す，のこぎり状の海岸線である。湾内の波は穏やかなため，カキ，ワカメの養殖が盛んであり，宮古，大船渡といった大きな漁港のほか，釜石や石巻，気仙沼なども漁港がある。しかし，東日本大震災で大きな被害を受け，復興が進められている。

3 ○ 日本列島は，**フォッサマグナを境に東北日本と西南日本に分けられ，東北日本では南北に，西南日本では東西に山脈が走っている**。フォッサマグナの西縁が糸魚川・静岡構造線である。

4 × 瀬戸内海には多くの小島が点在しており，静かな内海であることが正しい。ただし，日本の中でも降水量が少ないことが特徴である。四国地方の瀬戸内海沿岸地域では，ため池などで水を確保し，農業を行っている。果樹栽培が盛んなことはそのとおり。

5 × 鹿児島には桜島があり，現在も活動中である。このため，周辺には古い火山の噴出物によってつくられた**シラス台地**が広がるが，シラス台地は火山灰性の土壌なため水はけがよく，稲作には向かない。サツマイモなど，畑作が中心である。

正答 3

世界の諸地域
日本

実践 問題 90 基本レベル

頻出度	地上★★★ 国家一般職★ 東京都★ 特別区★ 裁判所職員★ 国税·財務·労基★ 国家総合職★

問 日本の自然地理について次の記述のうち妥当なものはどれか。 (地上2022)

1：日本列島はプレートの重なり合う境界上に位置する。太平洋沖には日本海溝，南海トラフがあり，複数のプレートが形成されて，プレート同士が離れていく「遠ざかる境界」が形成されている。

2：日本列島は，フォッサマグナの西縁にある「糸魚川・静岡構造線」により，東北日本と西南日本に分かれる。このうち，西南日本は，東西に延びる中央構造線によって北側と南側に分かれる。

3：日本近海には黒潮と親潮が流れている。黒潮は太平洋側を北上する暖流であり，親潮は沖縄沖で黒潮から分かれて日本海側を北上する暖流である。

4：日本の河川は傾斜が小さく，流れがゆるやかで堆積作用や搬送作用がすくないため，沖積平野が形成されにくい。日本の平野の大部分は，火山噴出物が降り積もってできたものである。

5：日本列島は日本海側と太平洋側を分ける脊梁山脈に隔てられている。脊梁山脈は気象に影響を与えている。冬に日本海側で乾燥・寒冷した空気が北西の季節風として脊梁山脈を超えて太平洋側に下り降り，湿潤することで雨・雪を降らせる。

直前復習

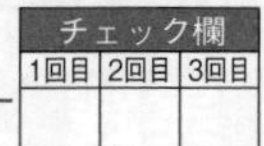

実践 問題 90 の解説

〈日本の自然地理〉

1 × 日本列島はプレートの重なりあう境界上に位置し，太平洋沖に日本海溝や南海トラフがあることは正しいが，日本列島が位置する場所はプレートとプレートがぶつかる「狭まる境界」である。

2 ○ 妥当である。中央構造線の北側（日本海側）が内帯，南側（太平洋側）が外帯である。

3 × 親潮は，太平洋側を南下する寒流である。沖縄沖で黒潮から分かれて日本海側を北上する暖流は対馬海流である。

4 × 日本の河川は傾斜が大きく流れが急なため，堆積作用や運搬作用が大きく，日本の平野の大部分は河川が運んだ土砂が堆積した沖積平野である。

5 × 冬に大陸から吹く風は，冷たく乾燥しているが，日本海を流れる暖流（対馬海流）の上空でたくさんの水分を吸収して雲を形成し，脊梁山脈にあたって日本海側に雪を降らせる。一方，この風が山脈を越えて太平洋側に降りてくるときには乾燥しているため，太平洋側は晴れが多くなる。

正答 2

実践 問題 91 基本レベル

頻出度	地上★★★　国家一般職★　東京都★★★　特別区★★★ 裁判所職員★　国税·財務·労基★　国家総合職★

問 日本の農林水産業に関する次の記述のうち妥当なのはどれか。 （地上2021）

1：国内総生産（ＧＤＰ）に占める農林水産業の割合は，2018年現在，水産業が一番多く，次いで農業，林業となっている。

2：日本の農林水産物・食品の輸出促進が図られている。2014年から2020年の海外への輸出は増加傾向にあり，輸出先としてはヨーロッパや北米の国々が上位を占めている。

3：主要な作物である米について，政府は，作付け面積を拡大する政策を1970年代から採用してきたが，2018年にはいわゆる減反政策に転じ，作付け面積を制限するようになった。

4：日本は森林資源が豊かである。日本の木材自給率は2000年以降は一貫して低下してきているが，2018年現在でも70％を超えている。

5：1990～2018年まで，漁業の生産量は減少してきているが，養殖業については技術の普及・発展により，同水準を維持している。

チェック欄

1回目	2回目	3回目

実践 問題 91 の解説

〈日本の農林水産業〉

1 × 農林水産業のうち，国内総生産に占める割合が最も高いのは農業である。次いで水産業，林業の順となる。第一次産業の中では農業の占める割合が高いが，農場従事者の減少や高齢化，後継者不足，耕地面積の減少，自給率の低下など，日本の農業は多くの問題を抱えており，国内総生産（GDP）に占める割合も減少してきた。農業生産額が国内総生産に占める割合は，ここ10年は0.9～１％程度となっている。

2 × 日本の農林水産物・食品の輸出額が増加傾向にあることは正しい。「2022年の農林水産物・食品の輸出実績の概要」（農林水産省食料産業局）によると，農林水産物・食品の輸出額は１兆4,148億円で，９年連続で過去最高額となっている。**輸出先は中国，香港，アメリカ，台湾，ベトナム，韓国，シンガポール，タイの順で，アジア諸国が大半を占めている。**

3 × 戦後，米の消費量の減少に伴って1970年度に政府過剰米が720万トンにも達したため，減反政策（作付け面積の縮小）を採用してきた。農家は減反に応じれば，補助金がもらえるなど，安定した収入が得られる一方，日本の米は国際的な競争力に欠けるなどの問題があった。このため**2018年には減反政策が廃止**され，国の調整なしに自由に稲作ができるようになり，市場での競争力強化が進められている。

4 × 日本は国土面積の約３分の２が森林であり，森林資源が豊富であるが，戦後は木材輸入量が急速に増え，1960年に80％だった木材自給率は2000年代初めには20％を割り込んだ。近年は国内消費量の低迷もあって自給率は42％にまで回復した（『日本国勢図会2022/23』矢野恒太記念会より）。

5 ○ 1990年代には，乱獲や水域環境の変化によって，日本近海の魚が少なくなっていき，沖合漁業の漁獲量が急速に減り，漁業の生産量は大幅に減少した。しかし，養殖業については，漁獲量が落ち込んだ1990年代以降も同じ規模で推移している。漁業全体に占める養殖業の割合は，1990年の12％から2020年には24％に上昇している（同上）。

正答 5

世界の諸地域
日本

実践 問題 92 基本レベル

頻出度 地上★★★ 国家一般職★ 東京都★ 特別区★ 裁判所職員★ 国税·財務·労基★ 国家総合職★

問 都道府県別に見た日本の人口及び経済の現状に関する次の記述ア～オのうちには妥当なものが二つある。それらはどれか。 (地上2020)

ア：人口の増減について見ると，東京都や愛知県などでは増加が続いたが近年は減少に転じ，全ての都道府県で減少している。

イ：65歳以上人口の割合について見ると，秋田県や高知県では40％を超えているのに対し，東京都や沖縄県では10％台前半でとどまっている。

ウ：合計特殊出生率が全国の中で低い方であるのは，東京都，神奈川県，大阪府などである。

エ：県民所得は，東京都，愛知県，大阪府で高いが，これらの都府県は人口も多いから，１人当たり県民所得は全国の中で低い方である。

オ：産業別の就業者の割合について見ると，第１次産業の就業者の割合が全国の中で高い方であるのは青森県，高知県，宮崎県などである。

1：ア，ウ
2：ア，エ
3：イ，エ
4：イ，オ
5：ウ，オ

直前復習

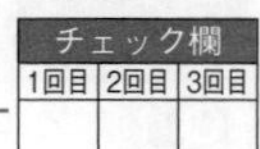

実践 問題 92 の解説

〈都道府県別人口および経済の現状〉

ア× 2015～20年の５年間で，東京都や愛知県のほか，埼玉県や千葉県，神奈川県などの首都圏や福岡県，沖縄県でも人口が増加している（『日本国勢図会2022/2023』より）。しかし，2022年10月１日現在では，総人口の減少とともに，東京都以外のすべての道府県で人口が減少した（総務省人口推計より）。

イ× 2021年における**65歳以上人口の割合（高齢化率）**が最も高い都道府県は秋田県で，38.1％である。**40％を超える都道府県はない**。また，最も低いのは東京都で，22.9％である。数年前には沖縄県は唯一10％台であったが，現在，10％台の都道府県はない（『令和４年高齢社会白書』より）。

ウ○ 2020年の都道府県別の合計特殊出生率は，東京が1.12とダントツで低く首都圏の神奈川，埼玉，千葉や京都，大阪，奈良などでは，全国平均（1.33）よりも低い（『日本国勢図会2022/2023』より）。

エ× １人あたり県民所得が高いのは東京都，静岡県，愛知県の順である。（「県民経済計算」内閣府より）。

オ○ 第１次産業の就業者（農林水産業）の割合が高いのは，青森県（10.2％），岩手県（8.9％），高知県（9.1％），宮崎県（9.3％）である。なお，2020年の全国平均は3.0％（『令和２年国勢調査』より）。

以上から，ウとオが妥当であるので，肢５が正解となる。

第3章 世界の諸地域

正答 5

第3章 世界の諸地域

章末 CHECK　? Question

Q1	スエズ運河は紅海とアラビア海を結ぶために開かれた。
Q2	ゴビ砂漠やタクラマカン砂漠はユーラシア大陸にある内陸型の砂漠である。
Q3	アマゾン川は世界最長河川で，太平洋に流れ込む。
Q4	ウィーンを流れるドナウ川は，ドイツのルール工業地域を通り北海に注ぐ。
Q5	中国で第二の長さを持つ大河は長江（揚子江）である。
Q6	南アメリカ大陸の西を流れるベンゲラ海流からの冷風によりカラハリ砂漠が形成されている。
Q7	台地状の大陸で200m未満の土地が10％未満なのがアフリカ大陸である。
Q8	大西洋は太平洋に比べて海溝が多く，プレート型地震が多い。
Q9	フィリピンは，住民の多数がイスラーム教徒である。
Q10	ＡＳＥＡＮ加盟国のベトナムはチュチェ思想を導入して，社会主義を維持しつつ経済の自由化に努めてきた。
Q11	インドネシアは人口がすでに２億人を超える赤道直下の島国である。
Q12	マレーシアでは英語，中国語，マレー語，タミル語が公用語である。
Q13	スリランカではイスラーム系住民とヒンズー系住民の対立がある。
Q14	イランは周辺アラブ諸国と民族的にも言語的にも異なる。
Q15	ナイル川やニジェール川の河口にはデルタが広がる。
Q16	サハラ砂漠北側の淵のサヘル地域では砂漠化が深刻である。
Q17	アフリカ東部にはアフリカ地溝帯という断層があり，火山や湖が発達し，観光資源としての人気は高い。
Q18	アフリカ最大の面積を持つナイジェリアの輸出の大半は石油である。
Q19	コンゴ民主共和国にはコンゴ川が流れ，熱帯雨林気候も分布する。
Q20	1993年にマーストリヒト条約によりＥＵ（ヨーロッパ連合）が成立した。
Q21	世界で緯度が最も高い首都はノルウェーのオスロである。
Q22	スウェーデンは石炭の産出量がヨーロッパ最大の重工業国である。
Q23	フランスの国土面積の約５割が干拓地（ポルダー）である。
Q24	ベルギーの公用語は英語とドイツ語とフランス語の３種である。
Q25	スイスには４つの公用語があるが，ドイツ語を話す人が最も多い。

Answer

A1 × スエズ運河は地中海と紅海を結ぶために開かれた。

A2 ○ ゴビ砂漠はモンゴルから中国，タクラマカン砂漠は中国西部のユーラシア大陸内陸の砂漠。

A3 × アマゾン川はナイル川に次ぐ長さ。流域面積が最大。大西洋に流れ込む。

A4 × ウィーンを流れるドナウ川は，黒海に流れ込む。ドイツのルール工業地域を流れるのはライン川で，ライン川は北海に流れ込む。

A5 × 中国で第二の長さを持つ大河は黄河である。長江が１位。

A6 × 南アメリカ大陸の西を流れるのはペルー海流。ベンゲラ海流はアフリカ大陸の西を流れる。また,カラハリ砂漠はアフリカ大陸南部の内陸にある。

A7 ○ アフリカ大陸は台地状の地形で，平地は少ない。

A8 × 海溝が多いのは太平洋。周囲にプレートの境があるため。

A9 × フィリピンの国民の多くはカトリック教徒。

A10 × チュチェ思想は北朝鮮の指導思想。ベトナムが導入したのはドイモイ政策。

A11 ○ 赤道の南北にまたがる約17,000の島から成り立つ国。

A12 × 英語，中国語，マレー語，タミル語の４つを公用語とするのはシンガポールである。マレーシアはマレー語が公用語。

A13 × スリランカでは仏教系とヒンズー系の争いが続いている。

A14 ○ イランはペルシャ系民族で言語もペルシャ語。

A15 ○ 両河川とも河口はデルタ。ニジェール川河口は産油地帯。

A16 × サハラ砂漠南側の淵がサヘル地域。砂漠化が深刻。

A17 ○ アフリカ大陸が割れているところ。火山や湖が多数あり。

A18 × アフリカ最大の面積はアルジェリア。ナイジェリアは人口がアフリカ最大で産油国。

A19 ○ 赤道直下のコンゴ川中流域に熱帯雨林が分布。

A20 ○ 1999年には単一通貨ユーロの導入。

A21 × アイスランドのレイキャビク。北緯64度。

A22 × スウェーデンを代表する鉱物資源は鉄鉱石。

A23 × 干拓地（ポルダー）があるのはオランダ。国土の$\frac{1}{4}$が海面下の標高。

A24 × ベルギーの公用語はフランス語，オランダ語，ドイツ語。

A25 ○ ドイツ語，フランス語，イタリア語，ロマンシュ語の４つ。ドイツ語を話す国民が約３分の２を占める。

第3章 世界の諸地域

第3章

世界の諸地域

章末 CHECK

Q26 ピレネー山脈は，ドイツとフランスの国境にある。

Q27 スイスは国際連合には加盟していないがＥＵには加盟している。

Q28 アメリカは鉱物資源に乏しいため原油や天然ガスの輸入国である。

Q29 アルゼンチンの住民の９割以上が白人で，農業が盛んである。

Q30 ブラジルの面積は世界で５番目で，北東部のアマゾン川流域を中心に工業が発達している。

Q31 ペルーの高山都市クスコを中心にかつてアステカ文明が栄えた。

Q32 南米大陸北部にはフランス植民地のギアナが残されている。

Q33 ブラジルとアルゼンチンの間にはフォークランド諸島をめぐる対立がある。

Q34 パプアニューギニアはインドネシアから独立した多部族国家である。

Q35 オーストラリアでは，有色人種の移民を規制する白豪主義が1990年代まで続いていた。

Q36 オーストラリア大陸北東部にはグレートバリアリーフが連なり，世界遺産に登録されている。

Q37 キプロス問題はキプロスの内部のみならず，ギリシャとイラクの対立を引き起こしている。

Q38 アメリカの五大湖沿岸ではトウモロコシと綿花が栽培されている。

Q39 タイやインドネシア，スリランカでは大乗仏教が広く普及している。

Q40 東南アジアの国の中で中国系の割合が一番多いのはマレーシアである。

Q41 シンガポールではブミプトラ政策により中国系を優遇してきた。

Q42 中南米の多くの国ではスペイン語が公用語であるが，アルゼンチンではポルトガル語が公用語である。

Q43 シーア派が主に信仰されているのはアフリカ大陸北部の国々である。

Q44 インドネシアやカナダはイギリスの植民地支配を受けたため，英語が公用語になっている。

Q45 ロシア連邦ではスラブ系のロシア人が中心民族であるが，多くの少数民族を抱える多民族国家でもある。

Q46 カシミール地方の帰属をめぐってインドとイランが対立している。

Q47 オーストラリアの先住民をマオリという。

A26 × ピレネー山脈はスペインとフランスの国境にある。

A27 × スイスは2002年に国際連合に加盟したが，ＥＵには加盟していない。

A28 × アメリカは原油の生産は世界１位，天然ガスは世界１位であるが，原油の輸入国である。

A29 ○ 人口の95％以上がラテン系を中心とする白人の子孫。

A30 × ブラジルの面積は約851万km^{2}で，世界第５位であるが，工業が発達しているのは南東部。

A31 × クスコを中心に栄えたのはインカ文明。

A32 ○ フランス領ギアナではボーキサイトや金が産出される。

A33 × フォークランド諸島をめぐる争いは，アルゼンチンとイギリスの間にある。

A34 × オーストラリアから独立した多部族国家。

A35 × オーストラリアの白豪主義は1970年代には撤廃された。

A36 ○ 観光地として人気が高い。温暖化によるサンゴの白化現象も見られる。

A37 × キプロスのギリシャ系住民とトルコ系住民の対立から生じているキプロス問題は，ギリシャとトルコの対立も引き起こしている。

A38 × アメリカの五大湖沿岸は酪農地帯。その南がトウモロコシ地帯で，綿花が栽培されているのはさらに南部である。

A39 × タイやスリランカでは上座部仏教（小乗仏教）が，インドネシアではイスラーム教が主に信仰されている。

A40 × 東南アジアの国の中で中国系が一番多いのはシンガポールである。シンガポールでは中国系が約74％を占める。マレーシアでは約23％である。

A41 × ブミプトラ政策はマレーシアで実施されてきたマレー人優遇政策。

A42 × ポルトガル語を公用語としているのはブラジル。

A43 × シーア派はイランで国教とされているほか，イラクやレバノン，シリアで信仰されている。アフリカでは主にスンニ派が信仰されている。

A44 × インドネシアの主な地域はオランダの植民地であった。公用語はインドネシア語である。また，カナダの公用語は英語とフランス語である。

A45 ○ ロシア連邦ではスラブ系のロシア人のほか，100以上の少数民族がいる。

A46 × カシミール地方をめぐって対立しているのはインドとパキスタン。

A47 × オーストラリアの先住民はアボリジニー。マオリはニュージーランドの先住民である。

memo

人文科学

第2編
思想

第1章

西洋思想

SECTION

① 古代
② 近代
③ 実存主義・現代思想

第1章　西洋思想

出題傾向の分析と対策

試験名	地　上			国家一般職（旧国Ⅱ）			東京都			特別区			裁判所職員			国税・財務・労基			国家総合職（旧国Ⅰ）		
年　度	15-17	18-20	21-23	15-17	18-20	21-23	15-17	18-20	21-23	15-17	18-20	21-23	15-17	18-20	21-23	15-17	18-20	21-23	15-17	18-20	21-23
出題数／セクション				1	2	1				2	1		1	2	3	4	3	3	3	3	3
古代					★	★							★	★	★			★	★		★★
近代										★					★	★★	★★	★	★	★	
実存主義・現代思想				★	★					★	★			★	★	★★	★	★	★	★★	★

（注）１つの問題において複数の分野が出題されることがあるため，星の数の合計と出題数とが一致しないことがあります。

かつては思想家の著作物からの抜粋文章がよく出題されていましたが，近年はそうした資料問題はほとんど見られなくなりました。また，以前にはキーワードで思想家が限定できれば，正答が導ける簡単な問題が多かったですが，2017年より，きちんと思想内容を理解していないと，正答が難しい問題が多く出題されており，思想の問題が難化しました。

地方上級

地方上級での出題は少ないですが，まれに出題が見られます。

国家一般職（旧国家Ⅱ種）

これまでの出題傾向は，特定の時代，もしくは思想傾向について，複数の思想家の思想や哲学用語についての正誤を問う問題が多く見られます。時代としては，近代・現代が頻出です。古代からの出題があっても基本的な知識さえあれば誤肢を切ることができる良問が多くなっています。2021年は世界の宗教に関する問題が思想で出題されました。

東京都

Ⅰ類Ｂでは，2014年に古代ギリシアが出題されてから，思想の出題は見られません。Ⅰ類Ａでは，2018年に古代ギリシア思想，2019年に西欧近代思想が出題されていますが，他は芸術関連の出題です。したがって，思想を捨てるという選択肢もあると思いますが，著名な哲学者の思想は，文章理解の評論の中に前提として取り上げられることが多いので，暗記に時間を割かずとも，代表的な思想家の考えの概略は学習すべきでしょう。

特別区

基本的な出題が多く，良問が出題されています。複数の思想家を組み合わせる問題が多く，思想内容にまで正誤の判断を必要とすることはあまりありません。しかし，2020年には生命倫理，2021年はインド哲学からの出題と従来の傾向とは大きく異なる分野からの出題となっています。2022年と2023年は従来のオーソドックスな形式に戻りましたので，過去問演習が有効です。

国家公務員・裁判所職員

国家公務員（大卒程度）と，裁判所職員（大卒程度）の試験は，2024（令和6）年以降，従来の出題に代えて知識分野では時事問題を中心とし，日ごろから社会情勢等に関心を持っていれば対応できるような内容となります。国家一般職・国家専門職・国家総合職・裁判所職員の大卒程度の試験で，この分野そのものに焦点をあてた出題は見られなくなるわけですが，思想の出題が残されている試験種の出題を想定して，勉強する価値があると思われる過去問を残しています。

文章読解（現代文）の正答率が伸び悩んでいる人は，プラトン，ベーコン，デカルト，カント，ニーチェなど，代表的な思想家の考えを理解しておくと，西欧哲学を前提とした評論文の読解スピードと理解度が上がります。

Advice アドバイス 学習と対策

人文科学の中で思想はどの試験種においても，比較的得点がしやすい科目でしたが，国家公務員と裁判所職員の試験内容が大きく変わり，思想がコンスタントに出題されるのは特別区のみとなっています。しかし，思想が出題されることが少なくなったとしても，現代文では著名な西欧哲学者の思想を前提とした評論文も多く出題されていることから，読解力アップのためにも，代表的な思想家の考えはきちんと理解しておくと良いです。前提知識があるのとないのとでは文章読解のスピードも当然異なるからです。

古代

必修問題 セクションテーマを代表する問題に挑戦！

古代ギリシアの思想家についてはキーワードの徹底を！

問 古代ギリシャの思想に関する次の記述と，それぞれに該当する思想家の組み合わせとして，妥当なのはどれか。

（東京都Ⅰ類A 2018）

A：あらゆる生物は水によって生きているという経験的事実から出発して，世界の根源を論理的に導きだそうとし，「万物の根源は水である」と考えた。

B：個々の人間の判断があらゆるものの善悪と真理そのものを定める基準であって，万物を貫く普遍的な真理は存在しないとし，「人間は万物の尺度である」と考えた。

C：魂が優れたものであることこそが徳にほかならず，そのような徳は，本当に良いこと，正しいことを知ることによって得ることができるとし，「徳は知である」と考えた。

D：幸福はポリスにおいてのみ実現するとし，「人間は本性上，ポリス的動物である」と考えた。

	A	B	C	D
1：	タレス	プラトン	デモクリトス	アリストテレス
2：	タレス	プロタゴラス	ソクラテス	アリストテレス
3：	プラトン	タレス	アリストテレス	デモクリトス
4：	プロタゴラス	タレス	アリストテレス	デモクリトス
5：	プロタゴラス	プラトン	アリストテレス	ソクラテス

直前復習

頻出度	地上★	国家一般職	東京都★	特別区★★★
	裁判所職員	国税·財務·労基		国家総合職

チェック欄		
1回目	2回目	3回目

必修問題の解説

〈古代ギリシア思想〉

A タレス 「万物の根源は水である」と考えたのは，タレスである。タレスは古代ギリシアの自然哲学の祖とされる。

B プロタゴラス 「人間は万物の尺度である」と考えたのは，ソフィストの代表であるプロタゴラスである。プロタゴラスは個々の人間の判断が事物の善悪の基準であり，万物を貫く普遍的真理は存在しないと考える相対主義の立場をとった。

C ソクラテス 「徳は知である」と考えたのはソクラテスである。

D アリストテレス 「人間は本性上，ポリス的動物である」と考えたのはアリストテレスである。アリストテレスは人間はその本性により共同体を形成し，さまざまな仕事を分業して生きる社会的動物であるとした。

よって，正解は肢2である。

なお，デモクリトスは万物の根源的要素を，それ以上分割できないものという意味でアトム（原子）とよび，アトムが空虚の中を運動し，さまざまに結合することによって多様なものができ上がるという原子論を説いた。

正答 2

Step ステップ 西洋における古代思想については，古代ギリシア思想，なかでも三大哲学者に関する出題が群を抜いているので，これに関しては必ず準備しておくこと。特に，プラトンとアリストテレスについてはその違いについて整理しておこう。具体的にはプラトンのイデア論をアリストテレスはどのように批判的に継承したかなど微細な違いにも配慮したい。

西洋思想 古代

1 古代ギリシア思想

(1) 自然哲学者

タレス	自然哲学の祖で万物の根源（アルケー）を水とする
ヘラクレイトス	「万物は流転する」とし万物の根源は「永遠に生きる火」

(2) ソフィスト

ソフィストは，人間の問題である法や社会制度を哲学の対象にします。代表的なソフィストであるプロタゴラスは，**個々の人間の判断が事物の善悪の基準であり，万物を貫く普遍的真理は存在しないと考える相対主義の立場**をとりました。

プロタゴラスは，「**人間は万物の尺度である**」との言葉で知られます。

(3) 古代ギリシアの三大哲学者

	ソクラテス	プラトン	アリストテレス
主著	なし（業績はプラトンの著作からうかがえるのみ）	『国家』『パイドン』『ソクラテスの弁明』『饗宴』	『政治学』『形而上学』『ニコマコス倫理学』
教育	問答法による啓発	アカデメイア創立	リュケイオン創立
キーワード	ソフィスト批判 **無知の知** **知徳合一** デルフォイの神託への魂の世話 よく生きること	ソクラテスの弟子 **善のイデア** **哲人政治** 四元徳	**イデア論批判** **形相（エイドス）と質料（ヒュレー）** 中庸の徳 **人間はポリス的動物** **テオリア(観想)的生活**

① ソクラテスの無知の知

自己の無知の自覚によって知への探究心が生まれると主張（**無知の知**），問答を通じて相手が真の知に至るのを助ける**問答法**を採用しました。また，魂が優れたものであることが徳にほかならず，そのような徳は，本当に良いことを知ることによって得ることができるとして，「徳」は知であると考えた。

ソクラテスの思想は，プラトンが著した『ソクラテスの弁明』によって知ることができます。

② プラトンのイデア論

プラトンは，現象界を超えたところに，事物の理想的な原型であり普遍的な本質である（イデア）が存在するイデア界（理想の世界）があるとします。そして，永遠不変の真の実在であるイデアは，惑わされやすい感覚ではなく，理性によって捉えられると考えました。そして，人間の魂が美しく善いものを希求する超越志向（イデアへの愛）をエロースとよびました。そして哲学者が国を治める哲人政治を理想とします。

プラトンは支配者が知恵を，軍人が勇気を備え，生産者が節制に努め，支配者が軍人や生産者を統率したとき国家において正義が実現されるとしました。

③　アリストテレスの中庸

アリストテレスはプラトンのイデア論を批判し，イデア＝形相は現実世界の個物に内在するとします。また，過度と不足を避ける中庸（ちゅうよう）を選択することを社会の中で習慣づけることで倫理的徳を身につけることができるとしました。したがって「人間はポリス的（社会的）動物である」とします。また，アリストテレスは観想（かんそう）（テオリア）的生活を最も理想的で幸福な生活形態と考えました。

アリストテレスは，友愛（フィリア）と正義を，ポリス的人間の徳として重視しました。

(4)　ヘレニズム期の思想

	ストア派	エピクロス派
創始者	ゼノン（前336－前264）	エピクロス（前342頃－前271）
理想の境地	アパテイア（不動心）	アタラクシア（心の平安）
その他のキーワード	禁欲主義「自然に従って生きる」	快楽主義「隠れて生きよ」
思想	万物は神の理法（ロゴス）に基づき創造。人間も理性に従えば，神の理法に従い，宇宙全体と調和して生きられる。そのため，それを妨げる欲望を抑制する禁欲主義と，情念に心を動かされない不動心が必要。	快楽が最高の善であり，人生の目的。飢えや渇きなど，最小限度の欲求を満たして肉体への苦痛を取り除いて死や不安から解放され，心を乱す原因となる政治や公共生活を避け，アタラクシアの境地を楽しむ。

①　ゼノン（ストア派）の禁欲主義

万物を貫く普遍的な理性である自然の法則に従い，情念などの欲望を制することによって生きることを主張します。その結果到達する理想の境地をアパテイア（不動心）とよびました。

②　エピクロス（エピクロス派）の快楽主義

精神的快楽を追求し，理想の境地をアタラクシア（心の平安）とよびました。

西洋思想
古代

実践 問題 93 基本レベル

頻出度	地上	国家一般職	東京都★	特別区★★
	裁判所職員	国税·財務·労基	国家総合職	

問 古代の西洋思想に関する次のA～Dの記述のうち，妥当なもののみを全て挙げているものはどれか。
(裁判所職員2022)

A：自然哲学の祖であるタレスは，生成変化する自然の観察に基づき，人間は火の利用で文化的発展を遂げたとして，燃えさかる火が万物の根源であると唱えた。

B：プロタゴラスは「人間は万物の尺度である」と唱えたが，これは人間の思惑を超えた客観的・普遍的な真理は存在しないという立場である。

C：エピクロスは，無知を自覚しながら人間としての生き方を探求し，対話を通じて人々に無知を自覚させる方法として問答法（助産術）を用いた。

D：アリストテレスは「人間は本性上，ポリス的動物である」と主張し，習性的（倫理的）徳のなかでも正義と友愛（フィリア）を重視した。

1：A，B
2：A，C
3：B，C
4：B，D
5：C，D

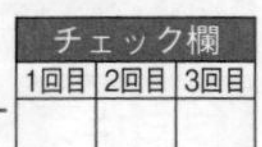

実践 問題 93 の解説

〈古代西洋思想〉

A × 自然哲学の祖であるタレスが万物の根源としたのは「水」である。万物の根源を「火」と考えたのはヘラクレイトスである。ヘラクレイトスは「万物は流転する」と唱えて，世界はたえず変化しながら，燃えさかる「火」が1つのまとまった形をとるように，調和した秩序を保っていると考えた。したがって，人間は火の利用で文化的発展を遂げた，という理由も妥当でない。

B ○ ソフィストであるプロタゴラスは，客観的・普遍的な真理は存在しない，という相対主義に立った。

C × 本肢の説明はソクラテスである。エピクロスは快楽主義を唱えたことで知られる。快楽とは，不安や死の恐怖から解放された「精神の動揺のない状態（アタラクシア）」であり，それは徳に従って生きることによって実現できるとした。

D ○ アリストテレスの説明として妥当である。

以上から，ＢとＤが妥当であるので，肢４が正解となる。

正答 4

西洋思想 古代

実践 問題 94 基本レベル

頻出度	地上★	国家一般職	東京都★★	特別区★★
	裁判所職員	国税·財務·労基	国家総合職	

問 ギリシアの思想に関する記述として最も適当なものはどれか。

（裁判所職員2016）

1：アリストテレスは，人生や社会における究極の目標になる理想を設定し，それを追求する理想主義の哲学者で，アカデメイアを設立した。

2：プラトンは，アリストテレスのイデア論を批判し，物の本質はエイドス（形相）とヒュレー（質料）からなるものと考えた。

3：倫理学の創始者とされるソクラテスは，死刑の評決を受けて投獄された獄中において，ポリスの市民との対話という形式で，アテネの堕落を厳しく批判した『ソクラテスの弁明』を著した。

4：ソフィストの代表的な人物であるプロタゴラスは，物事の判断基準に普遍的・絶対的な真理はなく，それぞれの人間の考え方や感じ方によるものであるとして，「人間は万物の尺度である」と述べた。

5：ソフォクレスはギリシア七賢人の一人であり，自然哲学の始祖とされる人物で，あらゆる生き物は水がなくては生きられないという観察から思考を深め，「万物の根源は水である」と述べた。

チェック欄		
1回目	2回目	3回目

実践 問題 94 の解説

〈古代ギリシア思想〉

1 × アカデメイアを設立したのは，プラトンである。プラトンが理想主義の哲学者とよばれるのは，現実のこの世界を離れたところに，理性によってのみ捉えることができる永遠不変の真の実在である**イデア**が存在するイデア界があるとしたためである。アリストテレスはプラトンのイデア論を批判するとともに，人生における最高の活動がテオリア（観想）であるとした。

2 × アリストテレスがプラトンのイデア論を批判したのである。アリストテレスは真の実在はこの現実世界を離れて存在するイデア界にあるのではなく，この現実世界の個々の事物の内にあると主張した。アリストテレスは，現実世界の事物は形相（エイドス）と質料（ヒュレー）から成立しているが，その事物の本質は形相（エイドス）にあると考えたのである。

> 木という質料から作られた机といすがあります。この場合，机といすの違いはなんでしょうか？　アリストテレスは，机といすを分けるのはその形（形相）であり，これを机の本質，いすの本質と考えたのです。

3 × 『ソクラテスの弁明』は，ソクラテスではなくプラトンが著したものである。獄死した師のソクラテスの思想をプラトンが伝えている。

4 ○ 適当である。ソフィストの代表である**プロタゴラス**は，物事の判断基準に普遍的・絶対的な真理はないとの**相対主義**に立ち，「**人間は万物の尺度である**」と述べた。これに対し，ソクラテスは，真理とは何か，善とは何かを問答法によって若者に問い，善美のことがらを追究することこそ哲学の目的であり，人間にとって最も大切なことであると説いたのである。

5 × 自然哲学の祖であり，「**万物の根源は水である**」と説いたのは**タレス**である。ソフォクレスはアイソキュロス，エウリピデスと並ぶギリシア３大悲劇作家の１人である。

正答 4

西洋思想
古代

実践 問題 95 基本レベル

頻出度	地上★★	国家一般職	東京都★★	特別区★★
	裁判所職員	国税·財務·労基	国家総合職	

問 古代ギリシアの思想家に関する記述として，妥当なのはどれか。

（東京都Ⅰ類B2014）

1：アリストテレスは，「饗宴（きょう）」や「国家」を著し，人間にとって大事なのは，ただ生きるということではなく，「よく生きる」ことだと説いた。

2：ソクラテスは，「無知の知」を説き，この知恵に基づいて観想的生活を送るところに人間の最高の幸福があると考えた。

3：タレスは，自然の秩序の根拠を自然そのもののうちに求め，「永遠に生きる火」を万物の根源であると考えた。

4：プラトンは，「ソクラテスの弁明」を著し，理想国家の実現のためには，イデアを認識する哲学者が統治しなければならないと説いた。

5：ヘラクレイトスは，「万物は流転する」と説き，万物の根源は「水」であると考えた。

チェック欄

1回目	2回目	3回目

実践 問題 95 の解説

〈古代ギリシアの思想家〉

1 × 「饗宴(きょうえん)」や「国家」を著したのはプラトンである。また,「よく生きること」を説いたのはソクラテスである。

2 × ソクラテスが「無知の知」を説いたのは正しい。だが,真理の把握を求める観想(テオリア)的生活を人間の最高の幸福と考えたのはアリストテレスであってソクラテスではない。

3 × タレスは自然哲学の祖であり,「自然の秩序の根拠を自然そのもののうちに求め」たという点は正しい。だが,万物の根源(アルケー)を「永遠に生きる火」としたのはヘラクレイトスである。タレスは,万物の根源(アルケー)を「水」と考えた。

4 ○ プラトンは「ソクラテスの弁明」を著し(ソクラテス自身の著作はない),イデアを把握した哲学者が国を治める「哲人政治」を理想とした。

5 × ヘラクレイトスが「万物は流転する」と説いた点は正しい。しかし,万物の根源を「水」としたのはタレスである。

正答 4

第1章 SECTION 1 西洋思想

古代

実践 問題 96 基本レベル

頻出度	地上★	国家一般職	東京都★★	特別区★
	裁判所職員	国税·財務·労基		国家総合職

問 古代ギリシア思想に関する記述として最も妥当なのはどれか。

(国税・労基2010)

1：ギリシア七賢人の一人で，自然哲学の祖とされるヘラクレイトスは，確実な知識をもたらすのは，感覚ではなく思考能力としての理性であり，理性でとらえられるイデアこそが真の実在であるという理想主義の立場をとった。

2：自然哲学者のデモクリトスは，万物の根源的要素を，それ以上分割できないものという意味でアトム（原子）と呼び，アトムが空虚の中を運動し，様々に結合することで，多様なものが出来上がるという原子論を説いた。

3：主にアテネで活動した代表的なソフィストであるプロタゴラスは，自然の秩序の根拠を自然そのもののうちに求め,「水」を万物の根源（アルケー）と考えて,「水」によって宇宙の成り立ちとその諸現象を説明しようとした。

4：アテネの哲学者で，ソクラテスの弟子であったプラトンは，事物の成り立ちを，事物に内在し,それが「何であるか」を規定する本質である形相（エイドス）と，素材である質料（ヒューレー）とによって説明しようとした。

5：万学の祖とされ，現実主義の哲学を説いたアリストテレスは,「万物の尺度は人間である」と主張し，ものごとの判断の基準はそれぞれの人の感じ方や考え方によって異なり，それ以外に普遍的・客観的な基準はないと説いた。

チェック欄

1回目	2回目	3回目

実践 問題 96 の解説

〈古代ギリシア思想〉

1 × ギリシアの七賢人の１人であり，**自然哲学の祖**とされるのは，万物の根源（アルケー）を水であるとした**タレス**であり，ヘラクレイトスではない。自然哲学者の**ヘラクレイトス**は，「**万物は流転する**」と述べ，「火」をアルケーだとした。また，理性で捉えられるイデアを真の実在だとしたのは，古代ギリシアにおける三大哲学者の１人，プラトンである。

2 ○ 自然哲学者のデモクリトスは，万物の根源的要素を不生・不変・不滅のアトム（原子，それ以上分割できないものという意味）に求め，アトムの運動と結合によって多様なものができ上がっているとする**原子論**を説いた。デモクリトスによれば，物のさまざまな性質は，アトムの配列の違いから生じることになる。

3 × アルケーを水と考えた自然哲学者はタレスである。ソフィスト（知者の意）の代表である**プロタゴラス**は「**人間は万物の尺度である**」と述べ，絶対的に正しいものは存在せず，正しいことは人によって異なるとする相対主義を唱えた。

4 × プラトンがソクラテスの弟子であるという点は正しい。しかし，事物の成り立ちを，本質である**形相（エイドス）**と素材である**質料（ヒューレー）**によって説明したのは，プラトンの弟子である**アリストテレス**である。アリストテレスによれば，事物は形相が質料に結びついて現実化する。

5 × アリストテレスは動物学，気象学，倫理学など幅広い分野の著作があるので万学の祖とよばれた。また，師プラトンが主張したイデアの世界を批判したアリストテレスは，現実主義の哲学を説いたともいえる。しかし，「万物の尺度は人間である」と主張し，人が変われば基準（尺度）も変わるとして真理の相対性を説いたのはプロタゴラスである。

正答 2

第1章 SECTION 1 西洋思想 古代

実践 問題 97 基本レベル

頻出度	地上★	国家一般職	東京都★★	特別区★
	裁判所職員	国税･財務･労基	国家総合職	

問 古代ギリシャの思想家に関する記述として最も妥当なのはどれか。

（国家一般職2018）

1：ピタゴラスを創始者とするストア派の人々は，自然全体は欲望の支配する世界であり，人間はその一部として自然によって欲望の情念（パトス）が与えられていると考えた。その上で，欲望の情念を克服し，理性を獲得する禁欲主義を説き，自然から隠れて生きることを主張した。

2：ソクラテスは，肉体や財産，地位などは自分の付属物にすぎず，真の自分は魂（プシュケー）であると主張した。また，人間が善や正を知れば，それを知る魂そのものがよくなって魂の優れた在り方である徳（アレテー）が実現し，よい行いや正しい行いを実行すると考えた。

3：プラトンは，物事全般について本質を問題にし，具体的な個々の事物に内在し，それらの本質となる普遍的なものを知ることこそが，徳であると考えた。そのような普遍的なものをイデアと呼び，惑わされやすい理性ではなく，感覚によってイデアは捉えられるとした。

4：アリストテレスは，プラトンの思想を批判し，優れた理性で捉えられる具体的な個々の事物こそが実在であり，本質は個々の事物から独立して存在すると主張した。そのような本質を認識し，魂の本来の在り方を現実化できる哲学者による哲人政治を理想とした。

5：エピクロスは，人間は本来快楽を追求する存在であり，肉体的快楽を追求することによって精神的不安や苦痛が取り除かれ，真の快楽がもたらされると考えた。このような思想は功利主義と呼ばれ，エピクロスは，自然に従って生きることを説いた。

直前復習

チェック欄

1回目	2回目	3回目

実践 問題 97 の解説

〈ギリシア哲学〉

1 × ストア派の創始者はゼノンである。また，ストア派のゼノンは，自然全体は理性（ロゴス）の支配する世界であり，人間もその一部として理性が与えられていると考え，「自然に従って生きる＝自然を支配する理性に従って生きる」ことを説いた。このため，情欲や感情に動かされない禁欲主義を説いたのである。

2 ○ 妥当である。ソクラテスの知行合一（知徳合一）の考え方を説明したものである。

3 × プラトンが説くイデア論とは，本質である普遍的なイデアは具体的な個々の事物に内在するのではなく，個々の事物から独立して存在するというものである。本質が個々の事物に内在すると説いたのはアリストテレスである。また，本質である普遍的なイデアは，感覚ではなく理性によって捉えられるとした。

4 × アリストテレスは，個々の事物から独立して本質が存在するというプラトンの思想を批判し，本質は現実界にある個々の事物に内在すると説いた。また，哲人政治を理想としたのはプラトンである。

5 × エピクロスは快楽が最高の善であり，人生の目的であるとする快楽主義を唱えたが，エピクロスの快楽主義とは，肉体的な快楽を追求することではなく，肉体に苦痛がないこと，死や神々への恐れや不安から解放された状態（アタラクシア）を目指すものである。エピクロス派は，心を乱す俗世界から離れて「隠れて生きよ」と説いた。功利主義は善悪の基準を，その行為が快楽をもたらすか否かに置く考え方で，18世紀の後半にイギリスのベンサムらによって主張されたものである。

正答 2

西洋思想
古代

実践 問題 98 応用レベル

頻出度	地上★★	国家一般職	東京都	特別区★
	裁判所職員	国税·財務·労基	国家総合職	

問 宗教に関する記述として最も妥当なのはどれか。 (国家一般職2021)

1：バラモン教は，主にイランにおいて信仰された宗教であり，人々を四つの身分に分類し，上位の王侯・戦士階級と，それを支える同列の三つの身分から成るカースト制度が特徴である。ここから生まれたスコラ哲学では，宇宙の規範原理である理と，その物質的要素である気がもともと一つであることを自覚することで，解脱ができると説いている。

2：仏教は，ガウタマ=シッダールタ（ブッダ）が開いた悟りを元に生まれた宗教であり，人間の本性は善であるとする性善説や，仁義に基づいて民衆の幸福を図る王道政治を説いていることが特徴である。ブッダの入滅後，仏教は分裂し，あらゆるものがブッダとなる可能性を有すると説く上座部仏教が日本にまで広まった。

3：ユダヤ教は，神ヤハウェが定めた「十戒」などの律法（トーラー）を守ることで，国家や民族にかかわらず神からの祝福を得ることができるとする宗教であり，『旧約聖書』と『新約聖書』の二つの聖典をもつ。律法には，定期的な神像の作成や安息日，特定の月（ラマダーン）における断食などがあり，これらを守ることが神との契約とされる。

4：キリスト教は，ユダヤ教をその前身とし，イエスをキリスト（救世主）と信じる宗教であり，『新約聖書』のみを聖典とする。イエスは神を愛の神と捉え，律法の根本精神を神への愛と隣人愛とし，これらをまとめて元型と呼んだ。イエスの死後，彼の弟子であるヨハネは，これを発展させた，知恵，勇気，愛，正義の四元徳を説いた。

5：イスラームは，唯一神であるアッラーを信仰する一神教であり，ムハンマドが受けた啓示を記録した『クルアーン（コーラン）』を最も重要な聖典とする。特徴として，信仰告白やメッカへの礼拝などの戒律が生活のあらゆる場面で信者の行動を律しており，豚肉食の禁止など，その範囲は食生活にも及ぶ。

チェック欄		
1回目	2回目	3回目

実践 問題 98 の解説

〈世界の宗教〉

1 × バラモン教はイランではなく古代インドで成立した宗教である。バラモン（司祭階級）を頂点に，順にクシャトリア（王侯・戦士），ヴァイシャ（庶民），シュードラ（隷属民）の大きく４つの身分に分かれている。また，インドで成立したのはウパニシャッド哲学であり，宇宙の根源であるブラフマン（梵）と個々人の根源であるアートマン（我）は一体であり，この梵我一如の境地に達することが解脱への道であるとされた。

2 × 「人の本質は善であるとする性善説や，仁義に基づいて民衆の幸福を図る王道政治」を説いたのは，中国の儒家である孟子である。仏教はブッタの死後，厳しい戒律に従って修行し，悟りを完成させる自利を重視する上座部と，世俗の生活の中で，万人のために悟りに基づく慈悲の働きを成し遂げている他利を重視する大衆部に分かれ，大衆部の中から大乗仏教が生まれた。なお，仏教には「生きとし生けるものはすべて，悟りを開いて仏になる（ブッタになる）可能性がある」と説く一切衆生悉有仏性の考え方があるが，これは上座部仏教の特徴ではない。

3 × ユダヤ教は，神から授かった十戒を中心とする律法（トーラー）に従う限り，神に選ばれた民族（選民）として，救済と繁栄が約束されるという「選民思想」に立つ。また，その聖典は「旧約聖書」である。また，特定の月（ラマダーン）における断食が義務となっているのはイスラーム教である。また，イスラーム教と同様に，ユダヤ教やキリスト教も偶像崇拝は禁忌とされているため，「定期的な神像の作成」は律法の中にはない。

4 × キリスト教は「旧約聖書」と「新約聖書」をともに聖典とする。また，「元型」とは集合的無意識を説いたユングの概念であり，知恵，勇気，愛，正義の四元徳は，キリスト教が成立する以前の古代ギリシアにおいて，人間の倫理的生き方の基本となる徳と考えられていた要素である。

5 ○ イスラーム教の特徴として妥当である。イスラーム教においては，モーゼやイエスも神がつかわした預言者の一人であったが，人々は彼らを通じて神から与えられた教えを無視したり曲解したりしたため，ムハンマドはあらゆる人々に喜びと音信と警告を与えるためにつかわされた最後の預言者であり，神はムハンマドを通じて最終的な啓示を与えたとされる。

正答 5

西洋思想
近代

必修問題 セクションテーマを代表する問題に挑戦！

近代の西洋思想は最頻出事項の１つです。
基本事項の定着をこの問題でチェック。

問 次のＡ～Ｃは，西洋の思想家に関する記述であるが，それぞれに該当する思想家名の組合せとして，妥当なのはどれか。

（特別区2011）

Ａ：学問の方法として演繹法を提唱し，確実で疑いえない前提から理性による推論を進めることによって真理に到達できるとした。理性を良識とも呼び，「良識はこの世で最も公平に与えられたもの」であり，それゆえ，理性の用い方こそ重要だとした。

Ｂ：人間には，本来，欲求を自由に充足させるために力を使う自然権が与えられており，自然状態においては「万人の万人に対する闘い」が生じるとした。平和を維持するために，人々は理性の命令に従って自然権を放棄し，その権利をある一人の人物又は合議体にゆだねる契約を結ばなければならないとした。

Ｃ：理性を感性よりも優先させ，その感性を支配する自発性にこそ人間の尊厳があり，其の「自由」があるとした。そして，このような理性の声に従って道徳法則を自分自身で立て，それに従うことができることを「自律」と呼び，この自律の能力を持つ理性ある存在を「人格」と呼んだ。

	Ａ	Ｂ	Ｃ
１：	ベーコン	ホッブズ	ヘーゲル
２：	ベーコン	ロック	ヘーゲル
３：	デカルト	ホッブズ	ヘーゲル
４：	デカルト	ロック	カント
５：	デカルト	ホッブズ	カント

直前復習

必修問題の解説

チェック欄 1回目 2回目 3回目

〈西洋の近代思想〉

A デカルトの思想についての記述である。「演繹法(えんえき)」,「理性」などの語から,大陸合理論の祖,デカルトであると判別しうる。「良識はこの世で最も公平に与えられたもの」という一節はデカルトの主著である『方法序説』の冒頭からの引用である。ベーコンは,経験こそ真理認識の源泉とするイギリス経験論の代表的思想家であり,「知は力なり」と唱え,正しい知識は自然を征服・支配する力にもなりうると説いた。

B ホッブズの思想についての記述である。自然状態の語から社会契約説であることを推測でき,さらに「万人の万人に対する闘い」の句からホッブズと特定できなければならない。ロックは,ホッブズと異なり,自然状態を一応は平和な状態と位置づけている。また,ホッブズが自然権を一定の人物あるいは合議体に委ねよと説くのに対して,ロックは自然権の保全を確実ならしめるために各人が政府を組織して政府に信託する契約を要すると説く。

C ドイツ観念論の嚆矢(こうし)となったカントの思想についての記述である。「自律」,「人格」の語からカントの思想であると判別しうる。カントは絶対的・普遍的命令である定言命法こそ道徳法則にふさわしいものとし,それぞれが人格を目的として尊重しあう理想の共同体を「目的の王国」とよんだ。ヘーゲルはドイツ観念論哲学の大成者であって,世界史を絶対精神の弁証法的展開と規定した。主観的な道徳と客観的な法が弁証法的に統一された共同体を「人倫」とよび,その人倫の完成段階が国家であるとした。

よって,Aにデカルト,Bにホッブズ,Cにカントが入り,正解は肢5である。

正答 5

Step ステップ 大陸合理論とイギリス経験論とを2項対立で捉えることが大事。演繹法←→帰納法,生得観念←→習得観念など。それらを学んで初めて,カントがコペルニクス的転回によって,両者を統合するに至ったことを実感できる。西洋における近代哲学は,大陸法と英米法における法原理の違い(成文法主義と判例法主義)など,実はさまざまな学習分野に波及する。

西洋思想

近代

1 イギリス経験論と大陸合理論

イギリス経験論			大陸合理論	
経験が真理認識の源泉。 帰納法によって真理探究。 観念は経験から生じる（習得観念説）。生得観念を否定。		探求方法	理性を真理認識の源泉と考え，演繹法によって真理を探究。 人間は生来，生得観念が備わっている。	
F.ベーコン	ロック	主唱者	デカルト	スピノザ
知は力なり。 ４つのイドラ（種族，洞窟，市場，劇場）	生まれたばかりの人間は「白紙（タブラ・ラサ）」。	キーワード	**「我思う，ゆえに我あり」** 物心二元論 方法的懐疑	唯一の実態は神・汎神論
『ノーヴム・オルガヌム』	**『人間悟性論』**	著書	**『方法序説』**	**『エチカ』**

2 社会契約説

	ホッブズ	ロック	ルソー
自然状態	万人の万人に対する闘争	一応，平和で自由。	孤立した人間は自由で幸福。
社会契約の目的	自己保存	自然権（生命･自由･財産）の保全	文明によって堕落した人間性の回復。
著書	**『リヴァイアサン』**	**『市民政府論』**	**『人間不平等起源論』『社会契約論』**
特徴	自然権を全面的に君主･合議体に譲渡。絶対王政擁護。	各人が自然権を政府に信託。抵抗権，革命権。	自己を共同体に譲渡し，一般意思に従う。直接民主制を理想。

3 モラリストの思想～フランス中心

現実の人間を洞察し，人間の生き方を探求しました。

パスカル		モンテーニュ
『パンセ（瞑想録）』	著書	**『エセー（随想録）』**
「人間は考える葦である」 人間は無限と有限，偉大と悲惨という２つの間で生きる中間者。	キーワード	**「我何をか知る（ク・セ・ジュ）」** 無知を自覚，謙虚･寛容に生きる。

4 ドイツ観念論

(1) カント

カントは理性の能力が及ぶ範囲を正しく理解するために，理性の吟味・検討が必要であると唱えた。その哲学は批判哲学とよばれる。

① コペルニクス的転回

人間の認識とは，対象である「物」をそのまま受け入れることではなく，人間（主観）の働きに従って「物」が現象として構成されることであると考え，「認識が対象に従う」のではなく，「対象が認識に従う」とした。

② 道徳法則と目的の王国

カントは，理性の声に従って道徳法則を自分自身で立て，それに従うことができることを「自律」とよび，自律の能力を持つ理性ある存在を「人格」とよんだ。善意志を持つ人格が互いの人間性を尊重しあう理想的な道徳共同体を「目的の王国」とよんだ。

(2) ヘーゲル

① 弁証法

正－反－合という弁証法の運動に従って事物が発展していくと考え，精神も主観的精神と客観的精神とが統一された自由を本質とする絶対精神へと発達し，社会や歴史は，この絶対精神が自己の本質である自由を実現していく過程であるとした。

② 人倫

ヘーゲルは，客観的精神は，具体的であるが主観的な道徳と，客観的であるが抽象的な法が総合されて，具体的で客観的な人倫となると考えた。人倫は家族，市民社会，国家の３段階からなり，国家は，家族と市民社会の矛盾を克服した人倫の完成段階で，ここで個人の自由と社会全体の自由とが調和することになる。

5 功利主義

功利主義とは，快楽すなわち個人の満足度を重んじる考え方です。ベンサムとミルの違いに着目しましょう。

ベンサム		J.S.ミル
可（快楽は量的に計算可能）	快楽計算	不可（快楽の質を重視）
外的制裁重視	制裁	内的制裁重視
「最大多数の最大幸福」	キーワード	「満足した豚であるより，不満足な人間であるほうがよい」

西洋思想
近代

実践 問題 99 基本レベル

頻出度	地上★	国家一般職	東京都★	特別区★
	裁判所職員	国税·財務·労基	国家総合職	

問 西洋の思想に関する記述として最も妥当なのはどれか。 (国家一般職2022)

1：ピコ＝デラ＝ミランドラは，『デカメロン』で，人間は，神の意志により，無限の可能性を現実のものにすることができるところに人間の尊厳があるとして，人間の運命は神によって定められているという新しい人間観を示した。

2：エラスムスは，聖書の研究の傍ら，『神曲』で，理性に基づく人間の生き方を探究し，キリスト教の博愛の精神に基づいて，世界の人々の和合と平和を訴えた。代表的なモラリストである彼の思想は，宗教改革の先駆となるものであった。

3：マキャヴェリは，『君主論』で，君主は，ライオンの強さとキツネの賢さを併せ持って，あらゆる手段を使って人間を統治すべきであると説いた。この主張には，現実に即して人間をありのままに捉えるリアリズムの精神がみられる。

4：トマス＝モアは，『ユートピア』で，当時のヨーロッパ社会について，自由で平等であった自然状態が，自由でも平等でもない文明社会に堕落したと批判した。そこで，自然を理想とする考えを「自然に帰れ」という言葉で表し，この理想の方法として，科学的社会主義を提唱した。

5：カルヴァンは，伝統的なローマ＝カトリックの立場からプロテスタンティズムを批判し，全ての存在は神の摂理によって定められているとした。また，彼は『エセー』で，世俗の労働に積極的に宗教的意味を認める新しい職業倫理が，近代の資本主義の成立につながったと論じた。

チェック欄		
1回目	2回目	3回目

実践 問題 99 の解説

〈西洋の近代思想〉

1 × ピコ=デラ=ミランドラは，人間が自由意志によって自分の進むべき道を選択し，自分自身を形成するところに人間の尊厳があるという，新しい人間観を示したのである。なお，『デカメロン』はボッカチオが著した小説で，ルネサンス的な人間性の解放の精神にあふれている。

2 × エラスムスが理性に基づく人間の生き方を探究し，キリスト教の博愛の精神に基づいて，世界の人々の和合と平和を訴えたことは正しいが，『神曲』はイタリア・ルネサンスの先駆となったダンテの作品である。エラスムスは『愚神礼讃』を著し，当時のカトリック教会の堕落を痛烈に批判した。なお，代表的なモラリストとよばれるのはモンテーニュやパスカルである。

3 ○ マキャヴェリの説明として妥当である。マキャヴェリは，イタリアのルネサンス期の政治家で，政治を宗教や道徳から切り離し，現実に立脚して考察した政治論は，近代的な政治学のはじまりとされる。

4 × 当時のヨーロッパ社会について，自由で平等であった自然状態が，自由でも平等でもない文明社会に堕落したと批判し，自然を理想とする考えを「自然に帰れ」という言葉で表したのは，ルソーである。ルソーはその理想を実現する方法として社会契約説を唱えた。トマス=モアは『ユートピア』で，私有財産制のない平等な理想社会を描いたが，科学的社会主義を提唱したのはマルクスである。

5 × カルヴァンは16世紀に伝統的なローマ=カトリックの立場を離れて宗教改革を行った人物である。カルヴァンが全ての存在は神の摂理によって定められているとしたことは正しいが，『エセー』はフランスの代表的なモラリストであるモンテーニュの作品である。また，世俗の労働に積極的に宗教的意味を認めるカルヴァンの新しい職業倫理が，近代資本主義の成立につながったと論じたのはウェーバーである。

正答 3

西洋思想
近代

実践 問題 100 基本レベル

頻出度	地上★	国家一般職	東京都★★★	特別区★★★
	裁判所職員	国税·財務·労基	国家総合職	

問 西洋の思想家に関する記述として，妥当なのはどれか。 （特別区2017）

1：ベーコンは，「知は力なり」と唱え，新しい知識を手に入れるには，どこまでも経験に基づいて考察することが必要であると考え，真理を探究する学問的方法として演繹（えんえき）法を提唱した。

2：デカルトは，全てを疑ってもどうしても疑うことのできないもの，それはこのように疑い，考えている私自身の存在であり，これを「私は考える，ゆえに私はある」と表現し，精神としての私の存在をもっとも確実な真理とみなした。

3：ロックは，人間は自己保存の欲求を満たすために，あらゆる手段を用いる自由を自然権としてもっているが，自然状態においては，「万人の万人に対する戦い」が生じるとした。

4：ホッブズは，人々は自然権を一層確実にするために自然権を侵害する者を罰する権力を政府に信託し，政府が権力を濫用する場合には，人民は政府に抵抗し，新しい政府をつくることができるとした。

5：ルソーは，人間は自然状態においては自由，平等であり，全体意志は一般意志とは区別され，全体意志は公共の利益をめざす意志であるとして，直接民主制の国家を理想と考えた。

直前復習

チェック欄		
1回目	2回目	3回目

実践 問題 100 の解説

〈西洋の思想家〉

1 × 学問的方法として演繹法を提唱したのはデカルトである。演繹法は普遍的な命題から理性的な推理によって個別の真理を導く方法である。一方，ベーコンは，観察や実験を重視し，個々の経験的事実からそれらに共通する一般的法則を求める帰納法に基づいた経験論を唱えた。

2 ○ デカルトが方法的懐疑によってあらゆるものを疑った結果，確実な真理として残されたのが「我思う，ゆえに我あり」との根本原理である。デカルトは精神としての私の存在を最も確実な真理とみなし，そこから，自分の理性が明晰に真理と認めたものは真理であるという演繹法によって真理を探究した。

3 × 本肢の記述はホッブズの説明である。人間の自然状態を「**万人の万人に対する戦い**」と称した。このため各人は自然法に従って相互の自由を制限し，その自然権を国家に譲渡する契約を締結し，秩序を維持する必要があると考えたのである。

4 × 本肢の記述はロックの説明である。ロックは人間には理性があるため，自然状態においても一応平和が保たれていると考える。しかし，その平和な状態はいつ何時，覆るかもしれないため，自然権を侵害するものを罰する権力を政府に信託する社会契約を結ぶことが必要と考える。このため，政府が権力を濫用する場合には，人民は政府に抵抗し（**抵抗権・革命権**），新しい政府をつくることができるとした。

5 × ルソーが人間は自然状態において自由かつ平等である，と考えたことは正しい。ただし，公共の利益を目指す意志は全体意思ではなく，**一般意思**である。ルソーの説く一般意思は，私的な利益を求める特殊意志や，その総和としての全体意思とは異なり，社会を構成する各人に共通する意志であり，かつ，公共の利益を目指す普遍的な意志である。したがって，人々は自己とその権利を一般意思のもとに委ねる社会契約を結ぶが，一般意思は自らの意志でもあるため，そこでは自然状態と同様に人々は自分自身にしか服従せず，自由であると考える。

正答 2

西洋思想
近代

実践 問題 101 基本レベル

頻出度	地上★ 国家一般職 東京都★★★ 特別区★★★ 裁判所職員 国税·財務·労基 国家総合職

問 西洋の哲学者に関する記述として最も妥当なのはどれか。 （国税2011）

1：ベーコンは，感覚的事実や経験についてはしばしば人間を欺くために知識の源泉になり得ないものとして否定する一方，良識については，万人に等しく与えられた能力であり，確実な知識の基礎になり得るものとして認め，自らの哲学の立脚点とした。

2：デカルトは，スコラ哲学の方法論に基づいて，明晰判明な原理を求めるために疑わしい一切のことを疑った末，「疑っている自己の存在」すらも信頼できる拠り所でないとして否定し，「コギト・エルゴ・スム」という哲学の第一原理を見いだした。

3：ロックは，世界のすべての存在を成り立たせるものは精神であるとし，人間のみならず，物体にも精神の存在を認めた。このような世界全体を包括している精神は絶対精神と呼ばれ，これが，弁証法に従って，すべての事物や事象を本来あるべきはずのものへと発展させるとした。

4：カントは，人間の認識とは，対象である「物」をそのまま受け入れることではなく，人間（主観）のはたらきに従って「物」が現象として構成されることであると考え，「認識が対象に従う」のではなく，「対象が認識に従う」とした。

5：ヘーゲルは，真理は個々の事実を検証し，そこから法則や原理を発見することにより得られるとし，その検証に当たっては，個々の人間が資質や環境に応じて身に付けた主観的な偏見である「種族のイドラ」を取り除くことが必要であるとした。

チェック欄

1回目	2回目	3回目

実践 問題 101 の解説

〈西洋の近代思想〉

1 × 良識を確実な知識の基礎になりうるものとして認め，自らの哲学の立脚点としたのはデカルトである。ベーコンは，実験と観察を重視するイギリス経験論の祖である。

2 × デカルトは，一切のことを疑った末，**「疑っている自己の存在」**は疑うことができないものとして，哲学の第一原理としたのである。なお，スコラ哲学とは中世ヨーロッパにおいて教会の付属学校で説かれた哲学であり，ベーコンやデカルトは，スコラ哲学から脱却して，新たな原理・方法を求めている。

3 × **「絶対精神」「弁証法」**から，本肢の記述は**ヘーゲル**に関するものである。ヘーゲルは，この世界も，絶対精神の自己展開の過程と捉えた。

4 ○ 妥当である。古代から，本質を持つ「物」が存在し，それをいかに人間が認識するか，ということが問題となっていたが，カントは，先に人間の主観があり，人間の主観が「物」をなんであるのか，ということを認識すると考え，従来とは大きく考え方を変えたため，自ら「コペルニクス的転回」とよんだ。

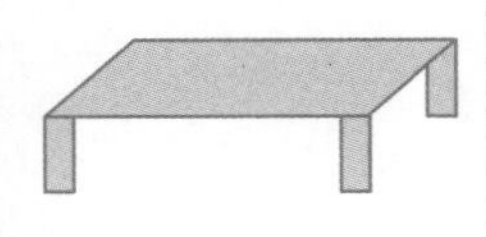

左のような物体があったとしましょう。何に見えますか？　もし，左のような物体がバス停に置かれていたならば，おそらくみなさんは「いす」であると思うでしょう。一方，それが畳の上に置かれていたならば，おそらく「机」であると思うでしょう。こうしたことをカントは「対象（物）が認識に従う」と言っています。

5 × 個々の事実を検証し，そこから法則や原理を発見することで真理が得られるとしたのはベーコンである。また，その際には偏見である「イドラ」を除くことが必要であると唱えたが，個々の人間が資質や環境に応じて身につけた主観的な偏見は「洞窟のイドラ」である。「種族のイドラ」は人間という種族であるがゆえに生ずる偏見等のことをいう。

正答 4

西洋思想
近代

実践 問題 102 基本レベル

頻出度	地上★	国家一般職	東京都★	特別区★★★
	裁判所職員	国税·財務·労基	国家総合職	

問 近代の西欧思想に関する次のA～Dの記述のうち，妥当なもののみを全て挙げているものはどれか。　（裁判所職員2020）

A：ルターは，ローマ・カトリック教会を痛烈に批判し，信仰のよりどころを聖書だけとする聖書中心主義を説いた。

B：カルヴァンは，職業労働を信仰の妨げとして否定し，信仰のためにのみ生き，利潤を得た場合は全て神のものであるから教会に寄付すべきと主張した。

C：モンテーニュは，「私は何を知るか？」と自省し，常に疑い，独断を避けることで，より深い真理を探究していけると考えた。

D：パスカルは，主著『エセー』の中で，人間は無力な弱い存在であるが，人間の尊厳は「考えること」のうちにあると述べた。

1：A，B
2：A，C
3：B，C
4：B，D
5：C，D

チェック欄

1回目	2回目	3回目

実践 問題 102 の解説

〈近代の西欧思想〉

A○ ルターはローマ・カトリック教会が販売していた贖宥状を批判し，信仰のよりどころは聖書だけとする聖書中心主義を説いた。

B× カルヴァンは職業労働を神が与えた天職として肯定し，人々に勤労と倹約を説き，その結果として蓄積された富は神の栄光を示す尊いものであるとして，蓄財を肯定した。カルヴァンの教えは，新興の商工業者に広く受容された。

C○ モンテーニュは宗教対立が吹き荒れるフランスにおいて，「私は何を知るか？（いや何も知らない）」と自省したモラリストである。

D× パスカルの思想の説明は正しいが，その主著は『パンセ』である。『エセー』はモンテーニュの主著である。

以上から，ＡとＣが妥当であるので，肢２が正解となる。

正答 2

西洋思想
近代

実践 問題 103 基本レベル

頻出度	地上	国家一般職	東京都★	特別区★★
	裁判所職員	国税･財務･労基	国家総合職	

問 ヨーロッパの思想に関する記述として最も妥当なのはどれか。

(国税・財務・労基2022)

1：ルターは，神は人間をただ信じて愛を与えなくてはならないと考えた。そして，信仰義認説を唱え，ローマ・カトリック教会の慈善活動に反対し，贖宥(しょくゆう)状を買えば犯した罪の償いが軽減・免除されると説き，贖宥状の販売を始めた。

2：デカルトは，方法的懐疑により，全ては疑わしいとしても，疑い，考えている「私」の存在だけは絶対に疑い得ないと考えた。そして，考えることを本質とする精神と，空間的な広がりを本質とする物体を区別する物心二元論（心身二元論）の立場をとった。

3：カントは，人間の知識は神学的段階，形而上学的段階を経て，検証可能な経験的事実だけから法則を引き出す実証的段階に到達すると考えた。そして，実証主義の立場から，実証された知識に人間が従う状態を他律と呼び，ここに人間の真の自由があるとした。

4：アダム＝スミスは，社会は労働者階級と資本家階級から成ると考えた。そして，あたかも神の見えざる手が働いているかのように，労働者階級が社会革命を起こして，資本家階級に勝利し，資本主義から社会主義へと移り変わる現象を万人直耕と呼んだ。

5：ニーチェは，神は死んだと宣言し，神に頼らず過去の人間を乗り越えて，より強くより高く成長するダス＝マンとして生きるべきと考えた。そして，ダス＝マンは，全てが意味も目的もなく繰り返される永劫回帰の世界において，その運命を受け入れず，新たな価値を創造することで永劫回帰を乗り越えられると考えた。

チェック欄		
1回目	2回目	3回目

実践 問題 103 の解説

〈西洋の近代思想〉

1 × ルターはローマ・カトリック教会が販売していた贖宥状の効力を否定したのである。また，ルターの説の中心は，魂の救いは善行にはよらず，キリストの福音を信じること（福音信仰）のみによる，というものである。

2 ○ デカルトの思想として妥当である。

3 × カントは，人間が自ら立てた法則に，自ら従うという自律に人間の真の自由を見出したのである。人間の知識が神学的段階，形而上学的段階，検証可能な経験的事実だけから法則を引き出す実証的段階に到達すると考えたのは，コントである。

4 × 「神の見えざる手」は，アダム＝スミスのキーワードであるが，資本主義から社会主義へと移り変わる社会革命を説いたのはマルクスである。また，万人直耕は，安藤昌益の思想である。

5 × ニーチェが理想としたのは超人である。超人は，意味も目的もなく繰り返される永劫回帰の世界において，その運命を受け入れて，力強く生きる人を指す。ダス＝マンはハイデッガーのキーワードである。ハイデッガーは，自分自身の固有の存在を見失い，不特定の「ひと」に紛れ込んだ匿名の人間のあり方をダス＝マンとよんだ。

正答 2

西洋思想

近代

実践 問題 104 基本レベル

頻出度	地上★★★	国家一般職	東京都★★★	特別区★★★
	裁判所職員	国税・財務・労基	国家総合職	

問 社会契約説に関する次のＡ～Ｃの記述とそれに対応する人名の組合せとして最も適当なのはどれか。 **（裁事・家裁2010）**

Ａ：自然状態は，人々が自由，平等であり，善意と思いやりの情を持ち平和な状態である。しかし，私有財産制により，不平等な文明社会に堕落してしまった。そこで，人々が私欲による特殊意思ではない，公共の利益をめざす一般意思に基づく契約によって形成したのが国家である。

Ｂ：自然状態は，人々が自己保存を核心とする自然権を平等にもち，「万人の万人に対する戦い」の状態である。そこで，人々が平和な社会を求めて，相互の契約により自然権を放棄して形成したものが国家権力であるから，人々はその命令に服従しなくてはならない。

Ｃ：自然状態は，人々が生命・自由・財産を守る自然権を持ち，理性的な自然法に基づく平和な状態である。そこで，人々が自然権をより確実に維持するために，自然権の一部を信託することによって形成したのが国家権力であるから，人々には国家権力に対する抵抗権がある。

	Ａ	Ｂ	Ｃ
1：	ロック	ルソー	ホッブズ
2：	ロック	ホッブズ	ルソー
3：	ルソー	ホッブズ	ロック
4：	ルソー	ロック	ホッブズ
5：	ホッブズ	ロック	ルソー

直前復習

チェック欄

1回目	2回目	3回目

実践 問題 104 の解説

〈社会契約説〉

A ルソー 「特殊意思（志）」「一般意思（志）」というキーワードからルソーについての記述であることがわかる。ルソーは，自然状態にある人間は完全な自由，平等，独立を享受し，他人に対する同情と憐憫の情を持つ理想状態にあったが，私有財産制により不平等が生じて堕落してしまったとする。そして，もとの自然状態を回復するためには，個人の利己的な意思である「特殊意思」を超えた，公共の利益の実現を目指す普遍的な意思である「一般意思」が求められ，共同体構成員はかかる一般意思のみに服さねばならないと説き，人民主権および直接民主制を主張した。

B ホッブズ 「万人の万人に対する戦い」「自然権の放棄」などのキーワードからホッブズについての記述であることがわかる。ホッブズは，自然状態にある人間は自己保存の権利である自然権を平等に持つが，これを行使しようとすると相互の利益が対立・衝突して（「人は人に対して狼」になる），戦争状態に陥るとした（「万人の万人に対する戦い」）。そして，この戦争状態を回避し，平和を求めて，人々は自身の自然権を放棄し，個人あるいは集団にこれを譲渡する社会契約を結ぶとする。その結果，国民は契約によって成立した国家には絶対服従すべきと説き，結果として当時の絶対王政を擁護することとなった。主著は『リヴァイアサン』である。その表題は聖書における怪物の名に由来しており，これを国家にたとえている。

C ロック 「信託」「抵抗権」というキーワードからロックについての記述であることがわかる。ロックは，自然状態にある人間は自然権を持ち，他人の生命，財産などを侵害してはならないとする自然法のもとにあるが，自らの自然権をより確実に維持するために，自然権の一部を信託することによって社会契約を行い，国家を形成するとした。そして，為政者が信託に反して国民の生命，財産などを侵害する行動をとった場合には，これに抵抗して，新たに政府を樹立する権利（抵抗権・革命権）が国民に認められると主張した。

よって，正解は肢3である。

正答 3

西洋思想
近代

実践 問題 105　基本レベル

頻出度	地上★	国家一般職	東京都★★★	特別区★★★
	裁判所職員	国税·財務·労基	国家総合職	

問 カントの思想に関する記述として最も適当なものはどれか。

（裁判所職員2015）

1：カントは，理性の能力が及ぶ範囲を正しく理解するために，理性の吟味・検討が必要であると唱えた。その哲学は批判哲学と呼ばれる。

2：カントは，「対象が認識に従うのではなく，認識が対象に従う」という認識観を唱えた。この認識観を通じて，コペルニクス的転回が遂行された。

3：カントは，あらゆるものを徹底的に疑い，「われ思う，ゆえにわれあり」という確実な原理に達した。このような方法は方法的懐疑と呼ばれる。

4：カントは，全ての観念が経験に由来するという立場から，生まれつきの人間の心は何も書き込まれていないタブラ・ラサであると考えた。

5：カントは，正－反－合という弁証法の運動に従って認識が進展し，その最終段階である絶対精神において真理が明らかになると考えた。

チェック欄

1回目	2回目	3回目

実践 問題 105 の解説

〈カント〉

1 ○ そのとおり。カントは，人間は何を知りうるかという問いを『純粋理性批判』において展開し，自然認識の根拠と限界を探求した。カントは外からの感覚的な刺激を材料にして，これを人間の自由な思考＝主観が整理し構成することによって認識が成立するとしたが，人間の理論的認識能力は，現象の背後にある超感覚的存在である物自体は認識することはできないとする。

2 × カントは**「認識が対象に従うのではなく，対象が認識に従う」**という認識観を唱えた。従来は，最初から机という本質を持つものが存在し，それを私たちが机と認識するというのが考え方であったのを，カントは，経験的な素材（木製の高さ30センチの台がある）を人間の純粋理性が能動的に整理・構成することにより（畳の上にあるから机だ，バス停に置かれているからいすだ）と認識するとした。コペルニクス的転回とは，このようなカントの哲学の変革を，コペルニクスの地動説による天文学上の大転換にたとえたものである。

3 × 真理・原理の探究のために，あらゆるものを徹底的に疑い（方法的懐疑），**「我思う，ゆえに我あり」**との確実な原理に達したのはデカルトである。デカルトはフランスの哲学者で，近代合理論の創始者とされる。デカルトは，精神が明証的に認識したものは確実に存在すると認め，神・精神・物体という３つの実体の存在を証明した。この物体と精神はそれぞれ独立的に存在する実体であるとするデカルトの立場は，物心二元論とよばれ，そこから物体の運動を機械的に説明する機械論的自然観が成立した。

4 × 本肢はロックに関する説明である。ロックはイギリス経験論の代表的な哲学者で，デカルトの説いた神や実体についての生得観念を否定した。

5 × 本肢はヘーゲルに関する説明である。ヘーゲルはドイツの哲学者で，ドイツ観念論の完成者とされる。ヘーゲルによれば，国家こそが欲望の体系としての市民社会によって失われた人倫の最高の完成形態である。

正答 1

西洋思想
近代

実践 問題 106 基本レベル

頻出度	地上★	国家一般職	東京都★★★	特別区★★★
	裁判所職員	国税・財務・労基	国家総合職	

問 ヘーゲルの思想に関する記述として，妥当なのはどれか。 (特別区2005)

1：ヘーゲルは,「神は死んだ」と宣言し，人間が本来持っている力への意志に従って強くたくましく生きようとする超人こそ，人間がめざすべき目標であるとした。

2：ヘーゲルは，人間は，死・苦しみ・争いのような限界状況に直面することで挫折するが，同時にその中で，自己の有限性を自覚し，その有限性を自覚させるものとしての超越者に触れることができるとした。

3：ヘーゲルは，主観的な道徳と客観的な法律とが弁証法的に統一された共同体を人倫と呼び，人倫には，家族・市民社会・国家の三つの段階があり，国家が最高の人倫の形態であるとした。

4：ヘーゲルは，人間の実存を美的実存・倫理的実存・宗教的実存の三つの段階に展開させ，人間は，宗教的実存の段階において初めて単独者として真の自己を回復するとした。

5：ヘーゲルは，すべての人間が，人格の道徳的完成をめざし，各人が互いの人格を目的として尊重しあうことによって結びつく社会を「目的の王国」と呼び，人類究極の理想の社会であるとした。

チェック欄 1回目 2回目 3回目

実践 問題 106 の解説

〈ヘーゲルの思想〉

1 × 「神は死んだ」と宣言し，人間が本来持っている「力への意志」に従ってたくましく生きようとする「超人」こそが人間が目指すべき目標であるとしたのは実存主義の先駆者とされるニーチェである。ニーチェは19世紀末のヨーロッパ人が従来のキリスト教道徳などによってニヒリズム（虚無主義）に陥っていると考え，価値転換の必要性を説いた。

2 × 死，苦しみ，争いのように人間が避けることのできない人生の壁を「限界状況」とよび，これを直視して自己の非力さ，有限性を思い知ることで超越者に触れることができるとしたのは，実存主義の思想家ヤスパースである。

3 ○ ドイツ観念論哲学の完成者であるヘーゲルは，現実の社会の中に道徳や倫理が客観化された制度や組織を重視し，普遍的ではあるが抽象的である法律と，具体的ではあるが主観的である道徳が弁証法的に統一された共同体を「人倫」とよんだ。「弁証法」とは事物が発展する際の運動・展開の法則であり，人倫も家族，市民社会，国家と展開し，国家が家族と市民社会の矛盾を克服した人倫の完成形態であるとする。

4 × 人間の実存に美的実存（あれもこれも）・倫理的実存（あれかこれか）・宗教的実存（単独者として神の前に１人立つ）と３つの段階があると考え，宗教的実存を真の自己の回復としたのは，実存主義の先駆者であるキルケゴールである。

5 × 道徳的実践の場面で問題となる「人格」を重視し，各人が互いの人格を単なる手段としてではなく目的として尊重しあう理想的な社会を「目的の王国」とよんだのはドイツ観念論のカントである。

正答 3

実践 問題 107 基本レベル

頻出度	地上★★	国家一般職	東京都★★	特別区★
	裁判所職員	国税·財務·労基	国家総合職	

問 功利主義に関する次のA～Dの記述の正誤の組合せとして最も適当なものはどれか。 **(裁判所職員2014)**

A：功利主義においては，道徳だけでなく立法や行政も最大多数の最大幸福という原則に基づかなければならない。

B：ベンサムによれば，最大多数の最大幸福の実現のために制裁を科すことは，個人の快楽を妨げるため，禁止される。

C：ベンサムは，快楽の大きさをいくつかの基準によって数量的に計算し，その結果を立法や行政に役立てようとした。

D：J.S.ミルによれば，人間の快楽には質的な差異があり，人間は低級な快楽のみならず高級な快楽も追い求める存在である。

	A	B	C	D
1：	正	正	正	誤
2：	正	誤	正	正
3：	正	誤	誤	正
4：	誤	正	誤	正
5：	誤	誤	正	誤

チェック欄

1回目	2回目	3回目

実践 問題 107 の解説

〈功利主義〉

A○ そのとおり。ベンサムは，道徳および立法の究極目標を「最大多数の最大幸福」であると主張した。

B× ベンサムは，個人が自分自身の幸福追求に走って社会全体の利益を損なうことのないように，外的制裁として物理的（自然的）制裁・政治的（法律的）制裁・道徳的制裁・宗教的制裁という4つの制裁を挙げ，特に政治的（法律的）制裁を活用して，個人に快楽や苦痛を与えることで公共の利益の増進と利他主義の実現を図ろうとした。

C○ そのとおり。ベンサムは，強さや永続性といった7つの基準において，快楽を量的に計算することができるとし，これによって社会全体の幸福である「最大多数の最大幸福」が図られるとした。

D○ そのとおり。J.S.ミルは，ベンサムの考え方を修正して，快楽の質的相違に注目し，精神的な快楽を肉体的な快楽よりも上位に置き，人間はより高級な快楽を求めるべきであることを強調した。

よって，正解は肢2である。

正答 2

西洋思想
近代

実践 問題 108 基本レベル

頻出度	地上★	国家一般職	東京都★	特別区★★★
	裁判所職員	国税·財務·労基		国家総合職

問 西洋の思想家に関する記述として，妥当なのはどれか。（東京都Ⅰ類Ａ2019）

1：デカルトは，「われ思う，ゆえにわれあり」を疑うことのできない確実な真理であると考え，彼の哲学の第一原理とした。

2：ベーコンは，先入観や偏見に満ちた自然界を観察することに意味はないと考え，絶対的真理を重視する考えから，演繹法を唱えた。

3：ヘーゲルは，人倫には国家，市民社会，家族の三つの段階があり，理性的な共同体である家族を人倫の完成形であるとした。

4：カントは，ヘーゲルの歴史観を批判的に受け継いで唯物史観を提唱し，歴史は物質的生産関係を中心に発展していくとした。

5：J.S.ミルは，「満足した豚であるよりも，不満足な人間であるほうがよい」として，禁欲主義を唱えた。

チェック欄

1回目	2回目	3回目

実践 問題 108 の解説

〈西欧思想〉

1 ○ デカルトの説明として妥当である。方法的懐疑によってすべてのものを疑った結果，それでも疑いえないものとして，考えている自分の存在（精神）を確実な真理であると考え，いったん疑わしきものとして排除した個々具体的な事象を，理性を根拠に，演繹法によって証明した。

2 × 演繹法を採用したのはデカルトである。ベーコンは，先入観や偏見を４つのイドラとして退けた後，自然界を観察することにより，個々具体的な事象から普遍的な定理を導く帰納法を唱えた。

3 × ヘーゲルは，人倫の最高形態を国家であると考えた。

4 × 唯物史観を提唱し，歴史は物質的生産関係を中心に発展していくと説いたのは，マルクスである。

5 × J.S.ミルは，「満足した豚であるよりも，不満足な人間であるほうがよい」と説いたことは正しいが，禁欲主義を唱えたのではない。ミルはベンサムの唱えた功利主義を修正・発展させようとした。「禁欲主義」のキーワードに合致するのは，ヘレニズム期のストア派である。

正答 1

西洋思想
近代

実践 問題 109 基本レベル

頻出度	地上	国家一般職	東京都★★	特別区★★
	裁判所職員	国税·財務·労基	国家総合職	

問 近代における西洋の思想家に関する記述として最も妥当なのはどれか。

(国税・財務・労基2016)

1：カントは，善意志をもつ人格が，互いの人間性を尊重し合う，理想的な道徳的共同体を「目的の国」と呼び，徳と幸福とが調和した最高善の状態と考えた。さらに，この理想的な社会を世界的な規模にまで拡大し，永遠（永久）平和のための世界連邦を実現すべきであると主張した。

2：キルケゴールは，「満足した豚であるよりは不満足な人間である方がよく，満足した愚か者であるよりは不満足なソクラテスである方がよい」として，人間の幸福にとっては精神的快楽が重要だと考えた。そして，人間の精神的側面を強調した質的功利主義を主張した。

3：ヘーゲルは，人間は誰でも自由と平等を志向する共通の意志をもっており，これを体現するものが一般意志であると考えた。人々は一般意志に従って自らの自由と権利を国家に委ねるのであり，国家は人々と市民社会を統合した人倫の最高の形態であると主張した。

4：J.S.ミルは，現実の社会の変化や歴史の動きには必然性があるというベンサムの思想を引き継ぎ，いかなる理想も，その必然性に沿ったものでなければ実現されないと考えた。そして，この歴史を根本で支配しているものが，自由を本質とする理性的な精神である絶対精神であると主張した。

5：ルソーは，人間は不安や絶望を通して初めて真実の自己，すなわち実存に達すると考えた。そして，人間は神の前に単独者としてただ一人立ち，神に自己を委ねることにより，本来の自己を獲得し，宗教的実存に至ると主張した。

直前復習

チェック欄 1回目 2回目 3回目

実践 問題 109 の解説

〈近代西欧思想〉

1 ○ カントは行為の目的や結果よりも，その行為を為す動機となる**善意志**を無条件に善いものと認め，道徳の判断基準を行為を生み出した動機に求める動機説の立場をとった。また，各自がすべての人格を手段としてではなく，常に目的として尊重する理想的な人格の共同体である**「目的の王国」**を理想とした。著書『永久平和のために』では，民主的な法治国家の建設や国際法の制定，国際平和機関の設置による世界連邦の実現を説いた。

2 × 「満足した豚であるよりは不満足な人間である方がよく，満足した愚か者よりも不満足なソクラテスである方がよい」として，人間の幸福にとっては精神的快楽が重要であると考えたのは，J.Sミルである。ベンサムの説が量的功利主義とよばれるのに対し，**ミルの説は質的功利主義**とよばれる。

3 × 一般意志に従って自らの自由と権利を国家に委ねることを説いたのは，ルソーである。ヘーゲルは**人倫**を家族，市民社会，国家の３段階を経て発展すると考え，国家を人倫の最高段階とした。

4 × J.Sミルがベンサムの思想を引き継いだことは正しいが，「現実の社会の変化や歴史の動きには必然性がある」「この歴史を根本で支配しているものが，自由を本質とする理性的な精神である**絶対精神**である」との主張はヘーゲルのものである。

5 × 「人間は**神の前に単独者としてただ一人立ち**，神に自己を委ねることにより，本来の自己を獲得し，**宗教的実存**に至る」と主張したのは，キルケゴールである。

正答 1

西洋思想
近代

実践 問題 110 基本レベル

頻出度	地上★	国家一般職	東京都★★	特別区★★
	裁判所職員	国税·財務·労基		国家総合職

問 近代の哲学者の思想に関する記述として最も妥当なのはどれか。

(国税・財務・労基2012)

1：パスカルのいう「人間は考える葦である」は，人間を，一本では生きられない群生する葦にたとえることで，人間は国家や社会を離れては生きられない社会的な動物であるという考えを表したものであり，彼はこの考えをもとに，国家の成立に深くかかわる正義と友愛の徳について論じた。

2：ベーコンのいう「知は力なり」は，真理とは，実生活に役立つかどうかにかかわらず絶対的な力をもつ超越的な存在であり，先入観や偏見に満ちた自然界を観察することに意味はないとする考えを表したものである。こうした絶対的真理を重視する考えから，彼は演繹法を唱えた。

3：ルソーのいう「自然に帰れ」は，自然状態は不平等で闘争的なものであるが，政府の介入を最小限にしてそうした不平等な状態に戻ることが自由競争を生み，社会の発展につながるという考えを表したものである。この考えは，絶対王政を批判するものとして，名誉革命に影響を与えた。

4：サルトルのいう「実存は本質に先立つ」は，人間は事物のようにあらかじめ決められた本質にしたがって存在するのではなく，自らが自らの本質をつくりだしていく存在であるという考えを表したものであり，彼は，人間の自由と責任，実存の在り方を論じた。

5：ミルのいう「満足した豚であるよりも，不満足な人間であるほうがよい」は，物事に満足しきってしまうと人間は思索をやめ，本能だけで生きる愚かな存在になってしまうという考えを表したものであり，彼はこの考えを発展させ，理性によって情念や欲求を制御する禁欲主義を唱えた。

チェック欄

1回目	2回目	3回目

実践 問題 110 の解説

〈近代の西欧思想〉

1 × パスカルの「人間は考える葦である」との言葉は，人間をたやすく押しつぶされる一本の弱い葦にたとえたものである。しかし，人間はそうした宇宙における孤独で無力な存在である自分の悲惨さについて考えるところにその尊厳があり，偉大なのだとパスカルは考えた。人間を，国家や社会を離れては生きられない社会的な動物であるとし，正義と友愛の徳について論じたのはアリストテレスである。

2 × ベーコンは，中世の学問が事実を軽視し，論理を過剰に重視して現実生活に何も貢献ができなかったことを批判し，自然に対する正しい知識が自然を征服する力になると考えた。こうした考えを表しているのが「知は力なり」という言葉である。そして，自然を正しく理解するためには先入観や偏見（イドラ）を排除する必要があることを説く。このため，自然観察を重視し，そこから得られた経験から一般法則を導く帰納法を学問の方法とした。演繹法で知られるのはデカルトである。

3 × ルソーは，自然状態は人間が自由で平等な状態であったと捉え，ルソーの生きた18世紀のフランスは社会的な不平等と隷属がはびこっているとして，「自然に帰れ」と主張したのである。ルソーの思想はフランス革命に大きな影響を与えた。名誉革命は17世紀に起きているため，ルソーが生きた時代より前の出来事である。なお，イギリスでは圧政に対する抵抗権を主張したロックが名誉革命を擁護している。

4 ○ 実存主義の哲学者であるサルトルは，人間は神の被造物としてあらかじめ本質が決められたものとして存在するのではなく，人間は最初に存在し（誕生），その後で自らが自分の本質をつくりあげていく存在であると考えた。これを表しているのが「実存は本質に先立つ」との言葉である。

5 × 功利主義の哲学者であるJ.S.ミルは，快楽に質的な差異を認め，精神的な快楽が肉体的快楽よりも上位にあることを主張し，肉体的快楽に満足している豚よりも，精神的な快楽を求めるがゆえに苦しみを持つ人間であるほうがよいと考えた。また，理性によって情念や欲求を制御する禁欲主義を唱えたのは，ヘレニズム時代のストア派の創始者であるゼノンである。

正答 4

第1章 3 SECTION

西洋思想

実存主義・現代思想

必修問題 セクションテーマを代表する問題に挑戦！

これまで何回もの出題が見られた実存主義。５人の違いだけでなく，その他の思想との違いもわかるかcheck!

問 次のＡ～Ｃは，実存主義の思想家に関する記述であるが，それぞれに該当する思想家の組合せとして，妥当なのはどれか。

（特別区2019）

Ａ：実存的生き方について３つの段階を示し，第１段階は欲望のままに享楽を求める美的実存，第２段階は責任をもって良心的に社会生活を営む倫理的実存，第３段階は良心の呵責（かしゃく）の絶望の中で，神の前の「単独者」として，本来の自己を回復する宗教的実存であるとした。

Ｂ：人間の自由と責任とを強調し，実存としての人間は，自らそのあり方を選択し，自らを未来の可能性に向かって投げかけることによって，自分が何であるかという自己の本質を自由につくりあげていく存在であるとして，このような人間に独自なあり方を「実存は本質に先立つ」と表現した。

Ｃ：「存在とは何か」という根本的な問題に立ち返り，人間の存在の仕方そのものを問い直そうとした。自らの存在に関心をもち，その意味を問う人間を，現存在（ダーザイン）と呼び，人間は，世界の中に投げ出されて存在している「世界内存在」であるとした。

	A	B	C
1：	キルケゴール	ハイデッガー	ヤスパース
2：	キルケゴール	サルトル	ハイデッガー
3：	ニーチェ	ヤスパース	キルケゴール
4：	ニーチェ	サルトル	ハイデッガー
5：	サルトル	ハイデッガー	ヤスパース

Guidance ガイダンス 実存主義は５人の哲学者の特徴を把握する必要がある。そのためにはまず，それぞれの哲学者の思想における神の位置づけを把握すること。基本的には，神を要するか否かの２択。ニーチェは「神は死んだ」，キルケゴールは「神の前に立つ」。その後に現れる現代思想も，思想家とそのキーワードを覚えることが誤肢切りに必須の知識となる。

直前復習

必修問題の解説

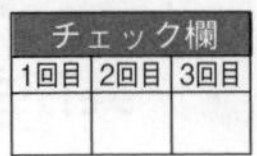

〈実存主義〉

A キルケゴール　主体性こそが真理であると語り，美的実存，倫理的実存，宗教的実存の３つの段階について述べたのはキルケゴールである。

B サルトル　サルトルは自身の著書である『実存主義とは何か』で，人間の自由な実存を「実存は本質に先立つ」と定義した。

C ハイデッガー　ハイデッガーは「存在とは何か」という存在の問いを常に抱き，世界内存在を哲学の基本概念とした。

よって，正解は肢２である。

なお，ヤスパースは挫折せざるをえない人生の壁を限界状況とよび，限界状況において明らかになる人間の無力さを有限性とよんだ。

ニーチェは伝統的な価値観や権威を否定する思想であるニヒリズムを哲学的問題として最初に取り上げ，世界は意味も目的もなく永遠に繰り返すという永劫回帰を唱えた。

正答 2

西洋思想
実存主義・現代思想

1 実存主義

現代に近づくにつれ，人間が個性を喪失し，平均化・画一化していき，疎外状況に陥ります。実存主義とは，人間の内面的な主体性を回復することでそれを乗り越えていくことを目指す考え方です。

無神論的実存主義（神の存在や信仰と無関係に実存を完成）			
	ニーチェ	ハイデッガー	サルトル
著書	**『ツァラトゥストラはかく語りき』『権力への意志』**	**『存在と時間』**	**『存在と無』『実存主義とは何か』**
キーワード	神は死んだ，永劫(えいごう)回帰 権力への意志，超人	存在論的実存主義 死への先駆的決意性	実存は本質に先立つ アンガージュマン
関連項目	ルサンチマン（怨恨(えんこん)）	ニーチェの研究	「人間は自由の刑に処せられている」

有神論的実存主義（神とのかかわりの中で実存の完成を目指す）		
	キルケゴール	ヤスパース
著書	**『死に至る病』『あれかこれか』**	**『現代の精神的状況』『実存哲学』**
キーワード	単独者として神の前に立つ	限界状況，実存的な交わり
関連項目	美的実存・倫理的実存・宗教的実存，主体的真理	ユダヤ人として受けた迫害

(1) 有神論的実存主義

① キルケゴール：『あれかこれか』『死に至る病』

自分にとっての真理（主体的真理）の重要性を主張し，美的実存，倫理的実存を経て，単独者として神の前に1人で立つこと（宗教的実存）で真の実存が完成するとします。

キルケゴールは1人で神の前に立つことを真の実存の完成とし，ヤスパースは，みんなで神の前に立つことを真の実存の完成としました。

② ヤスパース

人間には越えられない限界状況を直視すること，「実存的交わり・愛しながらの闘争」を説きました。

(2) 無神論的実存主義

① ニーチェ：『ツァラトゥストラはかく語りき』

ニヒリズムを生み出したキリスト教道徳を否定し，「神は死んだ」と主張します。そして神なき後に，権力への意志を体現する超人を真の実存，理想と考えました。

② ハイデッガー：『存在と時間』

自らの存在に関心を持ち，その意味を問う人間を「現存在」とよび，人間は世界の中に投げ出されて存在している「世界内存在」であるとした。そして死への先駆的決意性を持つことで本来の自己を取り戻し，真の実存が完成すると主張します。

③ サルトル：『存在と無』

人間は自由に自己の本質を実現するものであり，「実存は本質に先立つ」とします。またアンガージュマン（社会参加）の重要性を説きます。

2 プラグマティズム

① デューイ

プラグマティズムの大成者です。人間の知性は環境にうまく適応するための道具であると考えました（道具主義）。

3 現代思想

(1) 構造主義

① レヴィ＝ストロース（文化人類学）

人類共通の無意識的構造の存在を主張します。

② フーコー

特定の時代に成立していた知の総体的台座（エピステーメー）を発掘し，狂気・刑罰・性など，西洋文化の深層を分析し，西洋近代社会の知の構造や権力関係について批判的に探究しました。

(2) フランクフルト学派

フランクフルト学派は現代の大衆社会や西洋における理性概念（道具的理性）を批判します。ホルクハイマーとアドルノは，共著『啓蒙の弁証法』で，野蛮に対抗するはずだった近代以降の西洋文明が，管理社会・自然支配など新たな野蛮状態をもたらしている現状を指摘しました。

(3) 正義論

ロールズは，その著『正義論』において，社会契約説における「自然状態」を「原初状態」と読み替え，自由で平等な人々が全員一致で選択するであろう２つの正義の原理を導き出しました。第一原理は，各人が基本的自由への平等な権利を持たなければならないという原理であり，第二原理は，機会均等が徹底され，利益が最も不遇な人々に配分されなければならないという原理です。こうして彼は，リベラリズムの立場から社会保障の充実や所得再分配を正当化しました。

実存主義・現代思想

実践 問題 111 基本レベル

頻出度	地上★	国家一般職	東京都★★	特別区★★
	裁判所職員	国税·財務·労基		国家総合職

問 次のA～Cの思想とそれらに対応する思想家の組合せとして最も妥当なものはどれか。　(裁判所職員2021)

A：「神は死んだ」と宣言して，神に代わる人間の理想像として，より強大な者になろうとする「力への意志」を体現する「超人」の存在を説いた。

B：真なる自己にいたるには，死・苦しみ・争い・罪のような限界状況で経験する挫折と，他者との実存的な交わりが必要であると説いた。

C：「存在とは何か」という問いのもと，自らの死に向き合い，自己の有限性や個別性を受け止めることで，本来的な自己に目覚めることができると説いた。

	A	B	C
1：	ニーチェ	ヤスパース	ハイデガー
2：	ニーチェ	ハイデガー	ヤスパース
3：	ヤスパース	ハイデガー	ニーチェ
4：	ヤスパース	ニーチェ	ハイデガー
5：	ハイデガー	ヤスパース	ニーチェ

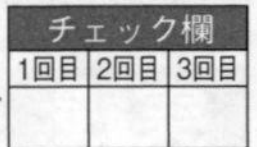

実践 問題 111 の解説

〈実存主義〉

A ニーチェ 「神は死んだ」と宣言して，人間の理想像として「超人」の存在を説いたのはニーチェである。

B ヤスパース 死・苦しみ・争い・罪のような限界状況におけるあり方を説いたのはヤスパースである。ヤスパースは，真の自己を目指す者どうしが，互いに誠実に，隠し立てなく自己を探求し，吟味しあうことを通して，実存として開明することを実存的交わりと称した。

C ハイデガー 「存在とは何か」を問う存在の問いを常に抱き，自己の死に向きあい，自己の有限性や個別性を受け止めることで，本来的な自己に目覚めることができると説いたのは，ハイデガーである。

以上から，肢1が正解である。

正答 1

第1章 SECTION 3 西洋思想

実存主義・現代思想

実践 問題 112 基本レベル

頻出度	地上★	国家一般職	東京都★★★	特別区★★★
	裁判所職員	国税·財務·労基	国家総合職	

問 近・現代の西洋の哲学者に関する記述として最も妥当なのはどれか。

（国税・財務・労基2018）

1：ヘーゲルは，社会における法と個人における道徳を統合したものを人倫と呼んだ。人倫は，家族，市民社会，国家という3段階の形を経て発展し，国家は家族と市民社会を統合したものであると考えた。

2：キルケゴールは，実存が深まっていく段階を，順に倫理的実存，美的実存，宗教的実存の三つに分け，倫理的な義務を果たそうとして自己の無力さを知った者が，刹那的な快楽を求め，神との関係から逃れることで本来の自己を回復するとした。

3：マルクスは，私有財産制度のない理想社会を描いた『ユートピア』で，生産手段を公有にして，全ての人が平等に働く社会主義を説き，農村的な協同組合を基礎単位とするファランステールという理想的な共同社会を目指した。

4：ヤスパースは，人間が限界状況に直面したときに，互いに隠し事や，偽りを持たず，心を開いて他者と語り合い，誠実に自分を伝え合う自己外化を通して，自らの限界に気付きを得て，無知の知に至ると説いた。

5：ハイデッガーは，「存在とは何か」を問いかけることができる人間の在り方を現存在と呼び，世界が存在することを見守るにすぎない「存在の牧人」を批判し，人間が主人となって存在するものを対象として扱う人間中心主義を説いた。

チェック欄

1回目	2回目	3回目

実践 問題 112 の解説

〈近現代の西洋哲学〉

1 ○ ヘーゲルの説明として妥当である。

2 × キルケゴールは，美的実存，倫理的実存，宗教的実存の順に，実存が深まっていくと考えた。最終的な宗教的な実存の段階においては，神の前にただ１人立ち，神への信仰へと飛躍する人生の段階であり，この段階で永遠の神とかかわることを絶対的目的として人間は生きていくのであって，神との関係から逃れることで本来の自己を回復するのではない。

3 × 『ユートピア』を著したのは，トマス＝モアである。また，農村的な共同組合を基礎単位とするファランステール（ファランジュ）を理想的な共同体として目指したのは，フランスの空想的社会主義者であるフーリエである。

4 × 「無知の知」は，ソクラテスのキーワードである。ヤスパースは，人間が限界状況に直面して挫折し，絶望する中で，自己の有限性を自覚し，この世界を越えた超越者（永遠の存在）へと向かって自らの生き方を決断する真の実存となる，と説いた。また，ヤスパースは，互いに隠し事や偽りを持たず，心を開いて他者と語り合うことで，自己は他者とともに存在し，他者との交わりを通して，初めて実存としての自己でありえると説いた（実存的交わり）。ヤスパースの説いていることが肢に含まれつつ，内容が異なるので，難しい部分もあるが，「無知の知」で即，誤りと判断すべき。

5 × ハイデッガーの説く「現存在」の説明は妥当であるが，ハイデッガーは著書『ヒューマニズムについて』の中で，存在するもの（存在者）を支配する従来の人間中心主義を脱却して，存在のただ中に立ち，存在のあらわれ（真理）を見守る「存在の牧人」としての人間のあり方を説いた。本肢後半の記述が，ハイデッガーの思想とは反対となっているため，妥当でない。

【ポイント】

この問題が基本レベルであるのは，ヘーゲルについての説明が基本事項であるからです。すべての選択肢の正誤が正確にわかることは必要ありません。

正答 1

第1章 SECTION ③ 西洋思想

実存主義・現代思想

実践 問題 113 基本レベル

頻出度				
	地上★	国家一般職	東京都★★	特別区★
	裁判所職員	国税·財務·労基	国家総合職	

問 近・現代の西洋の哲学者に関する記述として最も妥当なのはどれか。

（国税・財務・労基2015）

1：プラグマティズムの代表的な哲学者であるフーコーは，『言葉と物』などを著した。彼は，人は一人で存在しているのではなく，他者との関係の中で存在していることから，自分を広く社会へと関わらせること（アンガージュマン）の大切さを説いた。

2：実存主義の代表的な哲学者であるニーチェは，『ツァラトゥストラはこう語った』などを著した。彼は，ニヒリズムを説き，ヨーロッパ文明の価値の支柱であるキリスト教と対決して，「神は死んだ」と宣言し，神に代わるものとして超人を示した。

3：道具主義の代表的な哲学者であるベンサムは，『道徳および立法の諸原理序説』などを著した。彼は，人間の知性を，環境へよりよく適応するための最も優れた道具の一つであると考え，このような道具として役立つ創造的知性によって社会を改良していくことなどを主張した。

4：実証主義の代表的な哲学者であるデューイは，『哲学の改造』などを著した。彼は，最善の行為とは，できるだけ多くの人々にできるだけ多くの幸福を生み出す行為であるとし，そのような最大多数の最大幸福を社会が目指すべき目標であると考えた。

5：構造主義の代表的な哲学者であるサルトルは，『第二の性』などを著した。彼は，人間の内面的意識を拘束する社会の規範構造を明らかにすることによって，それにとらわれた自我を解放し，自由に思考する知性を備えた真の自己を回復しようとした。

チェック欄		
1回目	2回目	3回目

実践 問題 113 の解説

〈近現代の西洋哲学〉

1× フーコーの著作は『言葉と物』であるが，彼はプラグマティズムの代表的な哲学者ではない。また，アンガージュマンはサルトルが使用した用語で，自己を社会に投げ込み，自己を社会の状況の中に拘束することを指す。

2○ そのとおり。ニーチェは「神は死んだ」と語り，神なき時代のニヒリズムを克服する，生命力に満ちあふれた理想の人間のあり方として超人を唱えた。

3× ベンサムの著作は『道徳および立法の諸原理序説』であるが，道具主義の代表的な哲学者はデューイである。道具主義とは，知識は人間が行動する際に，その行動に役立つ道具であって，知識の価値はそれ自体の中にあるのではなく，実際に使用された際の結果の有用性にあるという考え方である。

4× デューイの著作は『哲学の改造』であるが，彼は道具主義の代表的な哲学者である。本肢の内容は功利主義の代表的な哲学者であるベンサムに関するものである。ベンサムは，個人の快楽（幸福）の総和である「最大多数の最大幸福」が社会全体の幸福になると説いた。

5× サルトルは実存主義の代表的な哲学者である。また，『第二の性』はサルトルのよき理解者・協力者であるボーヴォワールの著作である。なお，本肢にあるような主張を展開したのは，構造主義の代表的な哲学者であるフーコーである。フーコーは，西欧の近代社会の成立過程を批判的に考察し，権力が知識に結びつき，人間の思考を無意識のうちに支配する知の構造が形成されることを解明し，知の構造を明らかにするために，その時代の出版物や新聞などあらゆる発言を収集・分析し，その時代の人間の考え方を規定する規則を解明する「知の考古学」を唱えた。

正答 2

実存主義・現代思想

実践 問題 114 基本レベル

頻出度	地上★★★ 国家一般職 東京都★★ 特別区★★
	裁判所職員 国税·財務·労基 国家総合職

問 近現代の思想家に関する次の記述のうち，最も妥当なのはどれか。

（国税・労基2004）

1：レヴィ＝ストロースは，ファシズムに支持を与えた人々の心理と性格について大規模な調査・分析を行い，その調査結果を「権威主義的パーソナリティ」と呼んだ。また，フランクフルト学派の創始者とされている。

2：ハイデッガーは，主体性を失い平均化した「ひと（ダス＝マン）」として生きている人間が本来的自己を取り戻すには，自らが「死への存在」であることを直視する必要があると説き，20世紀思想のさまざまな領域に影響を与えた。

3：M・ミードは，南米アマゾンの原住民社会を調査し，未開社会には文化と自然を調和させる仕組みや，独特の考え方があることを発見した。また，表面的には異質に見える文明人の思考にも野生の思考と共通する普遍的な構造が存在しているとし，構造主義の創始者とされている。

4：フロイトは，個人的無意識の奥底に個人を超えた普遍的無意識の領域があると考え，それを集合的無意識と呼んだ。また，神話や宗教，未開社会の伝承などを手掛かりにし，人間の無意識の根底には人類に共通した形態をもって存在している世界があると考えた。

5：ユングは，人間の心の奥底には意識されない心のはたらきがあり，それがその人の行動に大きな影響を与えていることに着目した。心の奥底の無意識の世界を引き出す方法として用いたのが，夢の解釈と自由連想法であり，精神分析学の創始者とされている。

チェック欄		
1回目	2回目	3回目

実践 問題 114 の解説

〈現代思想〉

1 × 本肢は，フランクフルト学派第１世代のアドルノについての記述である。「フランクフルト学派」は，ドイツのフランクフルト大学社会研究所に所属する学者たちの理論と立場の総称である。フランクフルト学派は，マルクス主義的な立場から，理念的に現実を批判する批判理論を構築し，ファシズムや管理社会を批判した。第１世代にはほかにホルクハイマー，フロムなどがいる。ホルクハイマーはアドルノとともに，フランクフルト学派を代表する著作である『啓蒙の弁証法』を著した。また，第２世代には，コミュニケーション的合理性を唱え，言語を介した了解に基づき，相互調整を図ることの必要性を重視したハーバーマスがいる。

2 ○ ハイデッガーは実存主義の思想家であり，自らの来るべき死に対して責任を果たそうとして覚悟し生きていくこと（死への先駆的決意性）によって,「ひと（ダス・マン）」という堕落した状態から抜け出し，本来的自己になれるとした。

3 × 本肢は，レヴィ＝ストロースについての記述である。レヴィ＝ストロースは構造主義的文化人類学者であり，南米アマゾンの親族や神話の研究を行い，人類社会に共通する無意識的「構造」を明らかにした。なお，M.ミードも文化人類学者であるが，南太平洋の現地調査で有名である。

4 × 本肢は，フロイトではなく，フロイトの弟子にあたるユングについての記述である。ユングはフロイトの性衝動（リビドー）説に反対し，さまざまな活動に発展しうる生のエネルギーとしての原初的リビドーを考えた。また，ユングは，フロイトのいう個人的無意識の領域の，さらに深層に「集合的無意識」の領域が存在すると考えた。これは，人類の経験が遺伝した種族的記憶であり，夢や神話のうちにシンボル化されているとした。

5 × 本肢は，ユングではなくフロイトについての記述である。フロイトは，ヒステリーなどの研究を通じて人間の抑圧された性衝動（リビドー）に着目し，人間を突き動かす無意識の衝動や欲望の重要性を発見して，精神分析学の創始者となった。また，フロイトは，こうした性衝動の貯蔵庫としての「イド（ラテン語で「それ」という意味）」，親や社会から与えられた道徳的な働きとしての「超自我」，意識的・理性的な「自我」から人間の心が構成されていると考えた。

正答 2

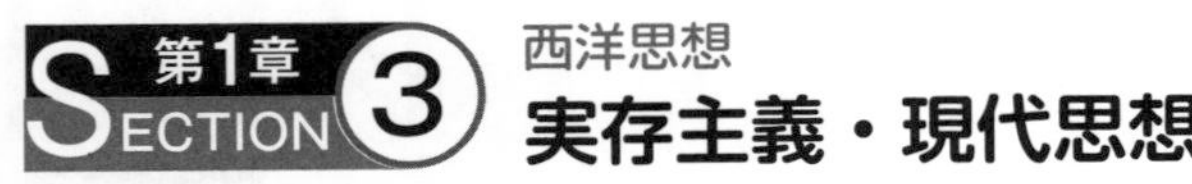

第1章 SECTION 3 西洋思想 実存主義・現代思想

実践 問題 115 応用レベル

頻出度				
地上	国家一般職	東京都★	特別区★	
裁判所職員	国税·財務·労基	国家総合職		

問 フランスの哲学者に関する記述として最も妥当なものはどれか。

（裁判所職員2018）

1：サルトルは後期フッサールの現象学に強い影響を受け，人間的主体としての身体をありのままに記述する独自の現象学を展開した。著書に『行動の構造』『知覚の現象学』などがある。

2：ベルクソンは近代の自然科学的・機械的思考方法を克服，内的認識・哲学的直観の優位を説き，生命の流動性を重視する生の哲学を主張した。著書に『創造的進化』『道徳と宗教の二源泉』などがある。

3：レヴィ＝ストロースは親族構造，分類の論理を研究，神話の構造分析を行い，構造主義人類学を確立した。著書に『狂気の歴史』『監獄の誕生』などがある。

4：メルロ＝ポンティは現象学に刺激を受け，実存主義者として戦後文学の知的指導者となる。文学者の政治参加を説いて自らも実践した。著書に『存在と無』『弁証法的理性批判』などがある。

5：ミシェル＝フーコーは『言葉と物』の刊行によって構造主義の旗手とされたが，のちにポスト構造主義者に分類されるようになる。その他の著書として『悲しき熱帯』『野生の思考』などがある。

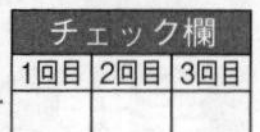

実践 問題 115 の解説

〈フランスの哲学者〉

1 × 本肢はメルロ＝ポンティの説明である。メルロ＝ポンティについては知らなくとも，本肢の説明がサルトルではないことを判断したい。

2 ○ ベルクソンの説明として妥当である。ベルクソンは固定的な物質を捉える科学的な知性に対して，流動する生の流れと一体となってそれを直観する生の哲学を説いた。

3 × レヴィ＝ストロースが親族構造や神話の構造分析を行ったことは正しいが，『狂気の歴史』『監獄の誕生』はフーコーの著書である。

4 × 本肢はサルトルの説明である。サルトルの著書である『存在と無』は，戦後のフランスに実存主義のブームを巻き起こしたもので，この中でサルトルは，人間は常に将来の可能性に向かって開かれた自由な「対自存在」であるとして，人間の自由を拘束する道徳的・宗教的権威を否定した。

5 × フーコーが『言葉と物』の刊行によって構造主義の旗手とされたこと，その後，ポスト構造主義に分類されるようになったことは正しいが，『悲しき熱帯』『野生の思考』はレヴィ＝ストロースの著作である。

正答 2

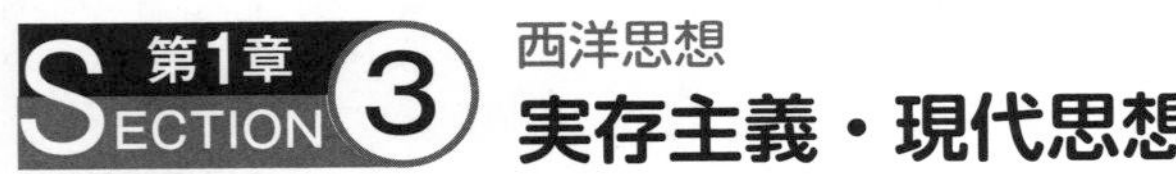

西洋思想
実存主義・現代思想

実践 問題 116 応用レベル

頻出度				
	地上★	国家一般職	東京都★★	特別区★★
	裁判所職員	国税·財務·労基	国家総合職	

問 プラグマティズムに関する記述として最も妥当なのはどれか。 （国Ⅱ2005）

1：プラグマティズムは，ナチスによるユダヤ人迫害で亡命を余儀なくされたユダヤ系の学者が中心となって，本来，野蛮に対抗するはずだった文明がかえって新たな野蛮状態をもたらしていることを指摘し，理性の再検討を提起したアメリカを代表する思想である。

2：アメリカで生み出されたプラグマティズムの提唱者は，パースである。彼は，人間は誰でも快楽を求め，苦痛を避けようとするものであり，その快楽も量的に計算でき，幸福とはこの計算による快楽の総計であると主張した。

3：ジェームズは，その著書『プラグマティズム』によってプラグマティズムを広く世界に普及させた。彼は，ある観念が真理だということは，その観念によって行動した場合に生まれる結果が，生活のなかで実際に役立つことだと考え，真理とは実生活における有用性であると主張した。

4：パース，ジェームズの影響を受け，プラグマティズムを総合したといわれるのが，マズローである。彼の考え方は，民主主義の基盤である個の確立を重視し，自己実現を通じての完全な人間の完成という個人主義的な傾向が強いという点に特色がある。

5：プラグマティズムは，ニヒリズムの克服を目指したという点でニーチェなどの実存主義と共通の基盤をもつ思想であり，この思想は，ハイデッガー，ヤスパースなどのヨーロッパ実存主義者たちの思想的基盤となった。

チェック欄		
1回目	2回目	3回目

実践 問題 116 の解説

〈プラグマティズム〉

1 × 本肢はフランクフルト学派についての記述である。フランクフルト学派とは，ドイツのフランクフルト大学社会研究所出身の社会学者の総称であり，彼らの多くは第２次世界大戦中ナチスから逃れてアメリカに亡命した。フランクフルト学派の特徴は現代の大衆社会への批判，西洋における理性概念（道具的理性）への批判にあり，フランクフルト学派を代表するホルクハイマーとアドルノは，共著『啓蒙の弁証法』において，野蛮に対抗するはずだった近代以降の西洋文明（啓蒙における理性崇拝）が，管理社会・自然支配など新たな野蛮状態をもたらしている現状を指摘した。なお，第２世代には，コミュニケーション的合理性（相互行為の調整を図るための合理性）を主張したハーバーマスがいる。

2 × プラグマティズムの提唱者がパースであるというのは正しいが，「人間は誰でも快楽を求め，苦痛を避けようとするものであり」，快楽をもたらすものが善であるという功利の原理や，「快楽も量的に計算でき」るという量的功利主義を唱えたのは，功利主義のベンサムである。幸福とはこの計算による快楽の総計であり，「最大多数の最大幸福」を実現することが政治の目的であるとする。

3 ○ ジェームズはパースの始めたプラグマティズムを確立した人として位置づけられる。ジェームズはパースが述べていた実際的効果を広くとり，観念は，それが経験のうちで有用である（つまり，広い意味で実際的効果がある）限り真理であると考えた。この考えを観念の有用性という。また，『プラグマティズム』という書名もジェームズの著作名として正しい。

4 × 「パース，ジェームズの影響を受け，プラグマティズムを総合した」といわれるのは，知性を環境に適応するための道具として捉える道具主義で有名なデューイであり，マズローではない。マズローはアメリカの心理学者であり，「自己実現の欲求」という考えを唱えた。マズローによれば，人間の欲求には階層性があり，生理的欲求，安全の欲求，所属と愛情の欲求，尊重の欲求，自己実現の欲求と広がっていく。自己実現の欲求とは，自己の潜在的可能性を最大限に実現しようとする欲求であり，この欲求はより低い欲求が満たされることによって現れてくるとされる。

5 × プラグマティズムは，19世紀後半から20世紀にかけてアメリカで生み出された思想であり，産業革命後に大きく変化を遂げた社会において新しい行動原理を示した。ヨーロッパにおける実存主義思想とは関係ない。

正答 3

第1章 SECTION 3 西洋思想

実存主義・現代思想

実践 問題 117 基本レベル

頻出度	地上★★ 国家一般職 東京都★★ 特別区★ 裁判所職員 国税·財務·労基 国家総合職

問 次のA～Cは，西洋の思想家に関する記述であるが，それぞれに該当する思想家名の組合せとして，妥当なのはどれか。 (特別区2013)

A：スイスの心理学者であり，人間の夢や妄想の中に，神話や昔話などと共通の基本的なパターンがあることを見つけ，個人的無意識の他に，人類共通の集合的無意識があると考えた。主著に「心理学と錬金術」がある。

B：ドイツの哲学者であり，コミュニケーション的合理性に注目し，相互の了解をめざす対話的な理性の可能性を追求するべきだと考えた。主著に「公共性の構造転換」がある。

C：フランスの文化人類学者であり，未開社会の調査を通じて，婚姻関係や神話などの中に，個人の主観的意識を超えた構造が存在していることを発見した。人々の思考やふるまいはこの構造によって規定されており，そのことはあらゆる人間の文化に共通していると考えた。主著に「野生の思考」がある。

	A	B	C
1：	ユング	ハーバーマス	レヴィ・ストロース
2：	ユング	ハーバーマス	フーコー
3：	フロイト	アドルノ	フーコー
4：	フロイト	アドルノ	レヴィ・ストロース
5：	フロイト	ハーバーマス	フーコー

チェック欄

1回目	2回目	3回目

実践 問題 117 の解説

〈西洋現代思想〉

A ユング　人類共通の集合的無意識があると考えたのはユングである。
フロイトは精神分析学の創始者として知られ，無意識の中に抑圧された性的欲望が神経症の原因であると考え，本人が自覚していない無意識の働きが，人間の意識や行動を動かしているとする理論を唱えた。ユングは，フロイトに師事していたが，やがて決別し，夢の分析を通じて，人間の無意識には個々人がばらばらに所有している個人的無意識のほかに，人類の間で普遍的に共有されている普遍的無意識というものがあることを説く（集合的無意識）。

B ハーバーマス　コミュニケーション的合理性に注目をしたのはフランクフルト学派の第二世代であるハーバーマスである。
フランクフルト学派を代表するホルクハイマーとアドルノは，ファシズムや管理社会の研究を通して，人間疎外や非人間的なものは近代以降に理性が道具化してしまったことにあるとし，近代理性への批判を行った。フランクフルト学派の第二世代の中心となるハーバーマスは，人間が他者とのコミュニケーションの中に生きていることを重視し，道具的理性（道具的合理性）に対し，コミュニケーション的合理性に注目し，対話的理性を追求した。

C レヴィ・ストロース　未開社会の調査を通じて，婚姻関係や神話などの中に個人の主観的意識を超えた構造が存在していることを発見したのは，文化人類学者であるレヴィ＝ストロースである。レヴィ＝ストロースは，南米の部族社会の研究を通じて，未開社会，文明社会を問わず人間社会に共通する構造を見出し，西欧文明至上主義に対する批判的視座を提示した。

以上から，肢1が正解となる。

正答 1

第1章 SECTION 3 西洋思想 実存主義・現代思想

実践 問題 118 応用レベル

頻出度	地上★	国家一般職	東京都★★	特別区★
	裁判所職員	国税·財務·労基	国家総合職	

問 西洋の思想家に関する記述として，妥当なのはどれか。（特別区2015）

1：ホルクハイマーとアドルノには，共著「啓蒙の弁証法」があり，近代化が進む中で与えられた目的を合理的に実現する手段を追求する道具としての理性を道具的理性と批判し，批判的理性の復権を唱えた。

2：レヴィナスは，「自由からの逃走」を著し，現代人は近代が理想とした自由を獲得したが，自由のもたらす孤独感と無力感に耐えられず，かえって自分を導く権威への服従を求めるようになるとした。

3：ソシュールは，「論理哲学論考」を著し，語り得ないことについては沈黙しなければならないと主張したが，後にこの立場を自己批判し，言語ゲームという概念を導入して，ことばの使用を様々な生活の仕方として捉え返した。

4：デリダは，「狂気の歴史」を著し，自由で主体的だと考えられてきた個人の思考も，歴史的・社会的に形成されてきた言語の体系によって無意識のうちに規定されているとして，言語学における構造主義の創始者となった。

5：ドゥルーズとガタリには，共著「悲しき熱帯」があり，未開社会の調査を通じて，婚姻や神話の中に主観的な意識を超えた構造やシステムが存在することを発見し，人間のふるまいや思考はこの構造によって規定されているとした。

チェック欄

1回目	2回目	3回目

実践 問題 118 の解説

〈西洋現代思想〉

1 ○ そのとおり。**ホルクハイマーとアドルノ**は，ファシズムや管理社会などに関する研究を通じて，現代理性に対し徹底的な批判を加えたフランクフルト学派である。ホルクハイマーとアドルノは共著『啓蒙の弁証法』において，野蛮に対抗するはずであった近代以降の西洋文明（啓蒙における理性崇拝）が，管理社会や自然支配などの新たな野蛮状態をもたらしている現状を指摘した。

批判的理性	既存の社会を支配する思想的な枠組みを批判し，その矛盾を明らかにする働きをする理性である。道具的理性の対義語になる。
道具的理性	近代の産業社会の進展とともに，理性は一定の目的に対する手段を判断し，最も効率的に目的を達成する方法を計算する道具になってしまっていることを表した用語である。

2 × 本肢はフランクフルト学派の第一世代とされる**フロム**に関する記述である。レヴィナスはリトアニア出身のフランスの哲学者で，『全体性と無限』の中で，他者の「顔」との倫理的出会いを突破口として，人間が倫理的主体となることを説いた。

3 × 本肢は**ウィトゲンシュタイン**に関する記述である。ソシュールはスイスの言語学者で，社会的に形成された言語習慣の体系を「ラング」，そしてそれに基づいて成立する個人の具体的な発話行為を「パロール」とよんだ。

4 × 本肢は**フーコー**に関する記述である。デリダはフランスの哲学者で，西欧哲学が構築される基礎をいったん崩し，新しい哲学を模索しようとして脱構築（デコンストラクション）を唱えた。なお，言語学において構造主義の先駆となるような考えを示したのはソシュールである。

5 × 本肢は**レヴィ＝ストロース**に関する記述である。ドゥルーズとガタリは共著『アンチ＝オイディプス』の中で，人類が築いた文明装置や国家装置を無意識の欲望を抑圧するオイディプスとよんで批判した。

正答 1

第1章 SECTION 3 西洋思想

実存主義・現代思想

実践 問題 119 基本レベル

頻出度				
	地上★★★	国家一般職	東京都★★★	特別区★★★
	裁判所職員	国税･財務･労基	国家総合職	

問 **次のA～Dの記述とそれに対応する人名の組合せとして最も妥当なものはどれか。**
（裁判所職員2023）

A：フランスの哲学者･神学者で，アフリカに渡り，現地で医療活動に従事し，「密林の聖者」と呼ばれた人物。新しい倫理の原理として，生命への畏敬を説いた。

B：アメリカの政治哲学者で，功利主義を批判して，「公正としての正義」を唱えた人物。コミュニタリアニズムの論者からは，この人物が想定する個人は社会から孤立した存在（負荷なき自我）にすぎないという批判がなされている。

C：ドイツ出身の政治哲学者で，著書に『全体主義の起源』などがある。人間の生活を，生存のために必要な「労働」，道具や作品を作る「仕事」，他者と言葉を交わし共同体を営む「活動」に区別し，「活動」の重要性を唱えた。

D：インド生まれの経済学者で，現代世界における貧困や，富の分配の不平等の問題の研究によりノーベル経済学賞を受賞した人物。福祉のあり方について，機能と潜在能力（ケイパビリティ）という考えを導入した。

	A	B	C	D
1：	シュヴァイツァー	ロールズ	アーレント	セン
2：	シュヴァイツァー	サンデル	ハーバーマス	セン
3：	シュヴァイツァー	サンデル	アーレント	ガンディー
4：	マザー ＝ テレサ	サンデル	ハーバーマス	ガンディー
5：	マザー ＝ テレサ	ロールズ	ハーバーマス	セン

チェック欄		
1回目	2回目	3回目

実践 問題 119 の解説

〈西欧現代思想〉

A シュヴァイツァー 「密林の聖者」「生命への畏敬」からシュヴァイツァーである。

B ロールズ 「公正としての正義」からロールズである。

C アーレント 『全体主義の起源』からアーレントである。

D セン 「機能と潜在能力（ケイパビリティ）」からセンである。

以上から，肢１が正解となる。

正答 1

第1章 SECTION 3 西洋思想

実存主義・現代思想

実践 問題 120 応用レベル

頻出度				
	地上	国家一般職	東京都★	特別区★★
	裁判所職員	国税·財務·労基		国家総合職

問 近現代の欧米の思想家等に関する記述として最も妥当なのはどれか。

（国家一般職2017）

1：プラグマティズムを発展させたジェームズは，真理の基準は実生活に役立つという性質を持っているとする，真理の有用性という独自の理論を打ち立てた。さらにジェームズは，この実用主義の立場から宗教の価値を論じ，科学的な思考と宗教とを調和させようとした。

2：M.ヴェーバーは，近代社会においては，官僚制の原理に基づき，反理性的なものを日常生活から排除し，巧妙に管理する仕組みにより，人間を社会に順応させるための見えない権力が働いていることを明らかにした。また，合理化が進むことでそこから解放され，無気力化が抑制されるとした。

3：ハイデッガーは，フランクフルト学派の代表的な哲学者であり，人間は，誰もが日常生活の中で個性的で独自な在り方をしているとした。そして，世の中で出会う様々な他者に関わることで，人間が死への存在であるために生じる不安が解消され，環境によりよく適応することができるとした。

4：フロムは，ヒューマニズムに基づく社会変化の観察から，伝統指向型，内部指向型，他人指向型の三類型を立てた。現代では内部指向型が支配的であり，マスメディアで喧伝されるものにより人々が不安や孤独に駆られ，身近な仲間も否定するようになると指摘した。

5：ロールズは，社会全体の効用の最大化を目指す功利主義を主張した。自己の能力や立場などを知ることができない無知のベールがかけられた原初状態においては，より質の高い精神的快楽，すなわち献身の行為を追求すべきだという正義の原理を説いた。

チェック欄

1回目	2回目	3回目

実践 問題 120 の解説

〈近現代の思想〉

1 ○ ジェームズはパースが定義したプラグマティズムを発展させ，真理は観念に属する性質ではなく，観念によって導かれた行為が有用な結果をもたらすことによって真理となると考えた。「神が存在する」という命題は，人間に精神的安らぎを与えている点で有用であり，その限りにおいて真理であるとする。

2 × M.ヴェーバーは近代社会が官僚制（ビューロクラシー）の原理に基づいていると分析した。反理性的なものを日常生活から排除し，巧妙に管理する仕組みにより人間を社会に順応させるための見えない権力が働いていることを明らかにしたのは，フーコーである。

3 × ハイデッガーはフランクフルト学派ではなく**実存主義**の思想家である。また，ハイデッガーは，人々が日常生活に埋没して，他人と同じように振る舞いながら匿名の非本来的な人間のあり方に埋没していると分析し，死への存在（常に迫り来る死の可能性と向き合いながら本来の自己にめざめていくこと）を説いた。

4 × 伝統指向型，内部指向型，他人指向型の三類型を立てたのは**リースマン**である。リースマンは，現代においては他人に同調して生きる他人指向型が支配的となっているとする。**フロム**は『自由からの闘争』で人々は自由がもたらす孤独と不安に耐え切れず，自由から逃走してナチスのファシズムによる服従や従属を自ら求めた心理を分析した。

5 × **ロールズ**は，自己の将来の能力や立場などを知ることができない無知のベールがかけられた原初状態において，その中で社会の成員の合意に基づいて承認される公正としての正義の原理を説いた。功利主義に立って精神的快楽を重視したのは**J.S.ミル**である。

正答 1

実存主義・現代思想

実践 問題 121 基本レベル

頻出度	地上	国家一般職	東京都★	特別区★
	裁判所職員	国税·財務·労基		国家総合職

問 次のA～Dは，近現代の思想家等に関する記述であるが，それぞれに該当する人名の組合せとして最も妥当なのはどれか。 (国税・財務・労基2019)

A：快楽には質の違いがあると指摘し，質の低い快楽で満足するよりも，人間としての誇りにふさわしい質の高い快楽を求めるべきだと説いた。また，人間には，他者と一体となって生きようとする社会的感情があるがゆえに，他人を思いやる良心が備わっていると考え，人間の利己的な行為を抑える制裁として，良心による内的制裁を重んじた。

B：人間は誰でも快楽を求め，苦痛を避けることから，快楽と苦痛の感覚が幸福の基準になると考えた。これを踏まえ，快楽をもたらすものを善，苦痛をもたらすものを悪と判断する原則に基づいて，個人の幸福やその総計である社会の利益を客観的に求める快楽計算を考案し，社会全体の幸福を拡大することを唱えた。

C：社会の成員に自由を平等に分配するとともに，その自由な競争がもたらす不平等を是正する原理である，公正としての正義を説いた。また，自由な競争によって生じる格差（不平等）は社会全体の繁栄につながる限りでのみ認められ，恵まれた人は福祉政策などを通じて，不遇な人の生活を改善する義務を負うとした。

D：国家が国内の産業を保護し，輸出額を増大させることで国を富ませようとする重商主義を批判し，各人が自由に自分の利益（私益）を追求すれば，結果的に社会全体の利益（公益）が増大していくと主張した。そのため，政府は警察や国防などに任務が限定された「小さな政府」を目指すべきであるとした。

	A	B	C	D
1：	ベンサム	J.S.ミル	アダム＝スミス	ロールズ
2：	ベンサム	J.S.ミル	ロールズ	アダム＝スミス
3：	ベンサム	ロールズ	J.S.ミル	アダム＝スミス
4：	J.S.ミル	ベンサム	アダム＝スミス	ロールズ
5：	J.S.ミル	ベンサム	ロールズ	アダム＝スミス

直前復習

チェック欄		
1回目	2回目	3回目

実践 問題 121 の解説

〈近現代の思想〉

A J.S.ミル　快楽の質の違いについて論じ，良心による内的制裁を重んじたのはJ.S.ミルである。

B ベンサム　快楽をもたらすものを善，苦痛をもたらすものを悪として，快楽計算を考案したのはベンサムである。

C ロールズ　公正としての正義を説き，恵まれた人が不遇な人の生活を改善する義務を負うとしたのはロールズである。

D アダム＝スミス　私益の追求が公益の増大につながるため，政府は「小さな政府」を目指すべきとしたのはアダム＝スミスである。

よって，正解は肢5である。

正答 5

第1章 SECTION 3 西洋思想

実存主義・現代思想

実践 問題 122 基本レベル

頻出度			
地上★	国家一般職	東京都★	特別区★★
裁判所職員	国税·財務·労基	国家総合職	

問 近現代の思想家に関する記述として最も妥当なのはどれか。

（国家一般職2020）

1：実存主義の代表的な思想家であるロールズは，『監獄の誕生』などを著した。彼は，近代の監獄パノプティコンは，囚人に看守の視線を内面化させ，支配に服従する従順な主体を形成するとし，権力が身体を統制するそのような仕組みは学校や工場においてもみられるとした。

2：功利主義の代表的な思想家であるＪ.Ｓ.ミルは，『功利主義』などを著した。彼は，快楽には質と量があり，量が同一でも質に差があれば，高級な快楽の方が優れているとし，また，精神的快楽は肉体的快楽よりも質的に優れているとする質的功利主義を主張した。

3：プラグマティズムの代表的な思想家であるベンサムは，『人間の条件』などを著した。彼は，人間の活動力の形態を「労働」，「仕事」，「活動」に区分し，言葉を媒介にした相互的な意思疎通により公共的な場をつくり出す「活動」を重視した。

4：批判的合理主義の代表的な思想家であるハンナ＝アーレントは，『存在と無』などを著した。彼女は，人間を規定する一般的な本質というものはなく，人間は自己の主体的な選択と決断によって生きると考え，「実存は本質に先立つ」と表現した。

5：構造主義の代表的な思想家であるフッサールは，『あれかこれか』などを著した。彼は，知性や観念は，人間が生活において実践的な問題を解決するための道具であると考え，問題解決のために知性を働かせることや自由な討論を行うことを重視した。

チェック欄		
1回目	2回目	3回目

実践 問題 122 の解説

〈近現代の思想家〉

1 × 『監獄の誕生』を著して，支配に服従する従順な主体を形成する仕組みを論じたのはフーコーである。フーコーは，近代社会の成立過程を批判的に考察し，権力が知識に結びつき，人間の思考を無意識のうちに支配する知の構造が形成されることを解明した。構造主義に近い部分もあるが，実存主義の思想家ではない。ロールズはアメリカの政治学者で，『正義論』を著し，公正としての正義を唱えた。

2 ○ 質的功利主義を唱えたミルの説明として妥当である。

3 × ベンサムは功利主義の思想家である。プラグマティズムの代表的な思想家はデューイである。また，『人間の条件』を著して人間の活動を「労働」「仕事」「活動」の3つに分けたのは，ハンナ＝アーレントである。

4 × 『存在と無』を著し，人間を規定する本質はなく，人間は自己の主体的な選択と決断によって生きるとして「実存は本質に先立つ」と表現したのは，サルトルである。批判的合理主義に立つ思想家はポパーである。

5 × 「知性や観念は，人間が生活において実践的な問題を解決するための道具である」と考えたのは，デューイである。また，『あれかこれか』は実存主義の代表的な思想家であるキルケゴールである。フッサールは現象学を唱えたドイツの哲学者。

正答 2

第1章 西洋思想

章末 CHECK ? Question

Q1 ピタゴラスは「人間は万物の尺度である」と述べ，真理の相対性を説いた。

Q2 ソクラテスは自己の無知を自覚することの大切さを説き，問答によって若者を教化した。

Q3 アリストテレスは現実の世界を超えた理想の世界があるとし，これを「イデア界」とよんだ。

Q4 ゼノンは快楽主義を唱え，その結果として得られる理想の境地を「アパテイア（不動心）」とよんだ。

Q5 デカルトは「神即自然」を唱え，宇宙全体を神と同一であるとする汎神論をとった。

Q6 ベーコンは自然観察の障害となる偏見を「イデア」とよんだ。

Q7 ロックは自然状態を「万人の万人による闘争」である「戦争状態」と捉え，自然権の信託による社会契約の必要性を説いた。

Q8 ルソーは自然状態こそが理想状態であると捉え，これに近づくには「一般意志」に絶対服従することが必要であると説いた。

Q9 モンテーニュは権力の乱用に対して「三権分立」を唱え，権力をもって権力を抑制することを説いた。

Q10 パスカルは「我何をか知る」と述べ，寛容の精神を説いた。

Q11 カントは絶対的な命令である「定言命法」を動機として行われる行為こそ善であるとした。

Q12 ヘーゲルは認識論における「コペルニクス的転回」を行い，主観と客観を弁証法的に統一した。

Q13 ベンサムは「最大多数の最大幸福」を実現するためには個々の人間の良心に訴える必要があると説いた。

Q14 自然哲学者のタレスは，万物の根源（アルケー）を「永遠に生きる火」であるとした。

Q15 マキャベリは『君主論』において人間の尊厳を自由意志に求めた。

Q16 カルヴァンは万人司祭説を説いた。

Q17 アリストテレスは知恵にすぐれた哲学者が政治を行わなければならないという哲人政治を唱えた。

Q18 ゼノンはストア派を創始し，肉体や死の恐怖にわずらわされない魂の平安（アタラクシア）を得ることを目指した。

Q19 ソクラテスは観想的生活を送ることが人間の最高の幸福であると考えた。

Q20 ベンサムは，世界全体を包括している絶対精神が，弁証法に従ってすべての事物や事象をあるべきはずのものに発展させると考えた。

A1 ×「人間は万物の尺度である」と述べて真理の相対性を説いたのはソフィストの代表であるプロタゴラスである。

A2 ○ ソクラテスは実践的教育を重視したので，著作はない。

A3 ×「イデア論」を唱えたのはアリストテレスではなくプラトンであり，アリストテレスはイデア論を批判した。

A4 × 快楽主義を唱えたのはエピクロスである。ゼノンは禁欲主義を唱えた。

A5 ×「神即自然」を唱え汎神論を説いたのはデカルトではなく，スピノザである。

A6 × ベーコンは自然観察の障害となる偏見を「イドラ」とよんだ。「イデア」はプラトンが説く真の実在のこと。

A7 × ロックは自然状態を平和状態と捉えた。戦争状態と捉えたのはホッブズである。

A8 ○ 一般意志とは公共の利益の実現を目指す普遍的意志である。

A9 × 三権分立を説いたのは，フランス啓蒙思想のモンテスキューである。

A10 × これは，モンテーニュについての記述である。パスカルは「考える葦」という言葉が有名である。

A11 ○ カントは仮言命法（条件付きの命令）ではなく定言命法（絶対的命令）を道徳法則とした。

A12 ×「コペルニクス的転回」はカントの認識論のキーワードである。

A13 ×「最大多数の最大幸福」（最も多くの人が快楽を感じている社会が最も幸せな理想的社会である）という言葉はベンサムの言葉であるが，良心を重視したのはベンサムの功利主義を継承・発展させたJ.S.ミルである。

A14 × 万物の根源（アルケー）を「永遠に生きる火」であるとしたのはヘラクレイトスである。

A15 × 人間の尊厳を自由意志に求めたのはピコ＝デラ＝ミランドラである。

A16 × 万人司祭説を説いたのはカルヴァンではなくルターである。

A17 × 哲人政治を唱えたのはプラトンである。

A18 × 魂の平安（アタラクシア）を得ることを目指したのはエピクロス派である。ストア派は外界からの刺激によって起こる感情や欲望に心を乱されない状態である不動心（アパテイア）を理想とした。

A19 × 観想的生活こそが人間の最高の幸福であると考えたのはアリストテレスである。

A20 × 絶対精神が，弁証法に従ってすべての事物や事象をあるべきはずのものに発展させると考えたのは，ドイツ観念論のヘーゲルである。

第1章

西洋思想

章末 CHECK

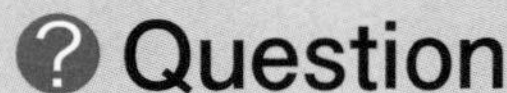

Q21 キルケゴールは有神論的実存主義者であり，人間には越えることのできない人生の壁を「限界状況」とよんだ。

Q22 ハイデッガーは「神は死んだ」と述べ，新しい価値観として「権力への意志」を唱えた。

Q23 ニーチェは，真の実存になるためには「死への存在」であることを自覚する必要があると説いた。

Q24 サルトルは，「実存は本質に先立つ」と述べ，人間は自らの本質を自由に実現できないと説いた。

Q25 パースはプラグマティズムの創始者であり，行動に対する「実際的効果」の重要性を指摘した。

Q26 ジェームズは道具主義を唱え，人間の知性は環境に適応していくための道具として存在するとした。

Q27 構造主義の創始者フーコーは南米アマゾンのインディオの親族を研究した。

Q28 アドルノは「知の考古学」を唱え，西洋近代社会の「エピステーメー」を発掘し，知と権力との結びつきを批判した。

Q29 デリダは「脱構築」を唱え，西洋哲学の伝統を批判した。

Q30 マルクスは，本来，野蛮に対抗するはずであった文明が，新たな野蛮状態をもたらしていることを指摘し，理性の再検討を提起した。

Q31 ヤスパースは，単独者として１人神の前に立つことを真の実存の完成とした。

Q32 ユングは精神分析学の創始者で，人間を突き動かす無意識の領域を発見した。

Q33 ロマン＝ロランは「生命への畏敬」を唱え，生きとし生けるものへの尊重を唱えた。

Q34 レヴィ＝ストロースは，人間の無意識の領域には「集合的無意識」が存在すると指摘した。

Q35 プラグマティズムの代表的な哲学者であるフーコーは，自分を広く社会へとかかわらせること（アンガージュマン）の大切さを説いた。

Q36 カントは「対象が認識に従うのではなく，認識が対象に従う」という認識感を唱え，これをコペルニクス的転換とよんだ。

Q37 カントは意志の他律の中に人間の尊厳を見出し，人間は理性によって道徳的な法則を立てこれに従う自由を持っていると考えた。

A21 ×「限界状況」は，キルケゴールと同じく有神論的実存主義者であるヤスパースの言葉である。

A22 ×「神は死んだ」としたのはニーチェである。

A23 × 真の実存になるために「死への存在」であることを自覚する必要があると説いたのはハイデッガーである。

A24 × サルトルは，人間は自由であり，自己の本質を自由に実現できるとした。

A25 ○ パースは「実際的効果」という観点から観念を明晰化することを説いた。

A26 × 道具主義を唱えたのはジェームズではなくデューイである。

A27 × 構造主義の創始者はレヴィ＝ストロースである。人類が共通に支配されている普遍的構造の存在を指摘した。

A28 × 西欧近代社会の知と権力の関係を批判的に検討したのはフーコーである。

A29 ○ デリダは「ロゴス中心主義的」な哲学の伝統を批判した。

A30 × 理性が新たな野蛮状態をもたらしているとして，理性の批判・検討を行ったのはフランクフルト学派のアドルノである。

A31 × 単独者として1人神の前に立つことを真の実存の完成としたのはキルケゴールである。

A32 × 精神分析学の創始者で，人間を突き動かす無意識の領域を発見したのはフロイトである。

A33 ×「生命への畏敬」は黒人への医療活動に生涯を捧げたシュヴァイツァーの言葉である。

A34 ×「集合的無意識」の存在を説くのはユングである。

A35 × フーコーはプラグマティズムの代表的な哲学者ではない。また，アンガージュマンの大切さを説いたのはサルトルである。

A36 × カントは「認識が対象に従うのではなく，対象が認識に従う」と説いた。

A37 × カントは意志の自律の中に人間の尊厳を見出した。

memo

第2章

東洋思想

SECTION

① 中国・インド思想
② 近世までの日本思想と仏教思想
③ 近代以後の日本思想

第2章　東洋思想

出題傾向の分析と対策

試験名	地　上			国家一般職（旧国Ⅱ）			東京都			特別区			裁判所職員			国税・財務・労基			国家総合職（旧国Ⅰ）		
年　度	15-17	18-20	21-23	15-17	18-20	21-23	15-17	18-20	21-23	15-17	18-20	21-23	15-17	18-20	21-23	15-17	18-20	21-23	15-17	18-20	21-23
出題数 セクション	1			2	1	2				1	1	3	1			1	1	1	1	1	5
中国・インド思想				★	★	★					★	★★				★		★		★	★★
近世までの日本思想と仏教思想						★				★		★							★		★
近代以後の日本思想	★			★									★				★				★★

（注）１つの問題において複数の分野が出題されることがあるため，星の数の合計と出題数とが一致しないことがあります。

東洋思想に関する出題は，主に日本思想と中国思想とに大別できます。このうち，日本思想は，近世の思想，近代の思想および仏教思想に関する出題がほとんどであり，中国思想は諸子百家に関する出題がほとんどです。

これまでの傾向を見ると，出題される思想家は極めて限定されており，その点では対策が立てやすいです。特に，諸子百家や仏教に関する出題はおよそ定型化されており，しかも良問が多いことから，過去問を解くだけで相当の実力を養えるはずです。ただし，仏教に関しては，特に国家総合職や国税専門官試験で難易度の高い問題も見られました。

地方上級

中部・北陸型はまれに出題が見られます。思想家名とキーワードを覚えていれば十分対応可能な基本的な内容です。一方，全国型と関東型の出題頻度は極めて低いものとなっています。

東京都

過去10年間には東洋思想の出題はありません。日本史と関連のある仏教を重点的に行うと良いでしょう。

特別区

2020年と2021年の出題は，生命倫理やインド哲学といった「現代社会」の教科書で取り扱っている内容が出題されましたが，2022年から通常の傾向に戻りました。したがって，過去問演習をしっかりやっておけば解ける基本問題を落とさないような勉強を，簡単にやっておくとよいです。

国家公務員・裁判所職員

国家公務員（大卒程度）と，裁判所職員（大卒程度）の試験は，2024（令和６）年以降，従来の出題に代えて知識分野では時事問題を中心とし，日ごろから社会情勢等に関心を持っていれば対応できるような内容となります。国家一般職・国家専門職・国家総合職・裁判所職員の大卒程度の試験で，この分野そのものに焦点をあてた出題は見られなくなるわけですが，思想の出題が残されている特別区の出題を想定して，勉強する価値があると思われる過去問を残しています。

時事と関連することはほとんどないと思いますが，ニュースで大きく取り上げられた人物などがあったら確認しましょう。

Advice アドバイス 学習と対策

諸子百家については基本的なキーワードを覚えておけば必ず得点源とすることができます。日本の思想家については，日本史，特に江戸時代の儒学・国学･洋学などの学習のうえに，思想特有のキーワードを定着させていくとよいでしょう。儒学については中国思想との関係を必ず把握し，国学は何人もの思想家がいるので整理を要します。近代以後の思想については後掲のインプットの箇所を基点として現代に至るまでさまざまな思想に触れておきたいところです。仏教については日本史でも出題されるため，必らずマスターしましょう。

第2章 1 SECTION

東洋思想
中国・インド思想

必修問題 **セクションテーマを代表する問題に挑戦！**

諸子百家の特徴を示すキーワードを覚えることが第一歩です。マスターできているかトライ！

問 中国の思想家に関する記述として，妥当なのはどれか。

（特別区2018）

1：荀子は，ありのままの世界は万物斉同であり，自由の境地に生きる者のことを真人とよび，人間の理想とした。

2：孟子は，仁義による王道政治を理想とし，覇道に頼って民衆の苦しみをかえりみない君主は天命を失って追放されるという易姓革命の思想を説いた。

3：墨子は，「人の性は悪，その善なるものは偽なり」と説き，内面的な仁よりも人々の行為を規制する社会規範としての礼を強調し，礼治主義を唱えた。

4：老子は，儒家の家族愛的な仁に対して，他者を区別なく愛する兼愛のもとに，人々が互いに利益をもたらし合う社会をめざした兼愛交利を唱えた。

5：荘子は，「大道廃れて仁義有り」と説き，人間の本来の生き方とは柔弱謙下で，無為自然に生きることを理想とした。

直前復習

Guidance ガイダンス

中国思想で出題頻度が高いのはまず諸子百家。近世までの日本思想にも強い影響を与えているうえ，用意しておけば確実に得点できるところなので，頑張ろう。

頻出度	地上★　国家一般職　東京都★　特別区★★★ 裁判所職員　国税･財務･労基　国家総合職

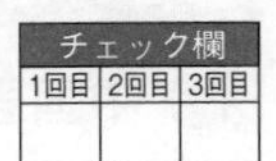

必修問題の解説

〈中国思想〉

第2章 東洋思想

1 × 「万物斉同」「真人」は荘子のキーワードである。

2 ○ 孟子の説明として妥当である。孟子は，王道政治や易姓革命のほか，性善説を唱えた。

3 × 「人の性は悪，その善なるものは偽なり」と説き，人々の行為を規制する社会規範としての礼を強調したのは，荀子である。

4 × 「兼愛」は，墨子のキーワードである。墨子は儒家の説く仁を家族愛的で差別的な愛として批判し，自他を区別しない無差別で平等な人間愛として「兼愛」を説いた。また，「兼愛」は心情的なものを超えて，互いに利益を与える「交利」によって実現されるとした。

5 × 「大道廃れて仁義有り」「無為自然」は老子のキーワードである。

■諸子百家

孔　子	仁と礼を重視し，儒家の祖となる。
孟　子	仁義による王道政治を理想とし，易姓革命を説いた。
荀　子	「人の性は悪，その善なるは偽なり」と性悪説を説いた。
老　子	「大道廃れて仁義あり」と説き，無為自然を理想とした。
荘　子	ありのままの世界は万物斉同であり，真人を理想とした。
墨　子	儒家の家族愛的な仁に対して兼愛交利を説く。

正答 2

東洋思想
中国・インド思想

1 中国思想

分類	儒家			道家		墨家	法家
思想家	孔子	孟子	荀子	老子	荘子	墨子	韓非子
キーワード	仁 徳治主義 論語	性善説 四端の心 易姓革命	性悪説 礼治主義	道 無為自然 小国寡民	真人	兼愛非攻 尚賢	信賞必罰

(1) 儒家

① 孔子

儒家を創始した孔子は，**仁**と**礼**を重視し，徳のある君主が統治する**徳治主義**を主張しました。「仁」とは人に対する親愛の情のことで，その実践内容として孔子は忠恕（ちゅうじょ）・孝悌（こうてい）を説きます。

忠	いつわりのない誠実な心	孝	子が父母や祖先に仕えること
恕（じょ）	他人を心から思いやること	悌（てい）	同郷の年長者を尊敬すること

孔子は「仁」が外面に現れた社会的規範・形式を「礼」として，行為の形式である「礼」が内面的な仁と深く結びついていることを示しました。

② 孟子

人間には生まれつき**四端の心**があるとする**性善説**を説きました。

四端の心とは，惻隠の心，羞悪の心，辞譲の心，是非の心をいいます。

惻隠の心	他人の不幸をかわいそうに思って見逃すことのできない心
羞悪の心	自分や他者の不正を恥じ，憎む心
辞譲の心	自らへりくだって他人に譲る心・他人を尊重する心
是非の心	是か非かといった善悪を判断する心

また，孟子は仁と義を重視し，仁義に基づく有徳な君主による政治（**王道政治**（おうどう））が必要であると考えました。これとは反対に，君主のための権力的な政治のあり方を覇道（はどう）政治として退けます。

> 「民の道たる，恒産ある者は恒心あり，恒産なき者は恒心なし」

③ 荀子

荀子は**「人の性は悪にして，その善なるものは偽なり」**として，**性悪説**に立ちました。荀子は人間の本能を欲望に求め，これが争い事の原因であると考えたため，「礼」

によって欲望を外側から規制し，人間の性質を矯正する必要があると説きました。

(2) 道家

① 老子

老子は,「大道廃れて仁義あり」と儒家を批判し,人為を排して自然の「道」に従って生きる**無為自然**を説き，**小国寡民**を理想としました。

② 荘子

老子の立場をさらに徹底させた荘子は，何ものにもとらわれない自由な人間を**真人**とよび，理想とします。真人とは，人為的な是非・善悪・美醜・栄辱の分別の世界を超えて，ありのままの自然の世界に随順し，万事を自然のままに委ねてはからいをすることがない人間を指します。

老子は「上善水の如し，水はあらゆるものに利益を与え，争わない。‥‥このように水は道に近いものである」と記しています。

(3) 法家思想と墨家思想

荀子の弟子である**韓非子**（かんぴし）は刑罰を伴う法によって厳しく国を治めようとする**法家思想**を大成します。墨家の祖となった**墨子**は儒家の説く仁を差別愛と批判し，**兼愛**と**非攻**を説きました。

法家思想の韓非子は荀子の性悪説を根拠にした礼治主義の影響を受けているが,「礼」ではなく，厳しい刑罰を伴う「法」で人々を支配することを主張！

(4) 新儒教

① 朱子（朱子学）

朱子は，万物は理と気によって構成されるとする**理気二元論**（りきにげんろん）を説きます。また,自己の本性に宿る理に従って欲を抑えること（**居敬窮理**（きょけいきゅうり））によって知を窮める（格物致知（かくぶつちち））ことを重視しました。

理・気	理は万物を貫く最高の秩序であり，気とは万物を構成する物質的存在とされます。

② 王陽明（陽明学）

心そのものが理である（**心即理**（しんそくり））とし，生まれながらに人間の心に備わっている良知を極めること（致良知）を目指し，**知行合一**を説きます。

東洋思想

中国・インド思想

実践 問題 123 基本レベル

頻出度	地上★	国家一般職	東京都★★	特別区★★
	裁判所職員	国税·財務·労基	国家総合職	

問 中国の思想家に関する記述として，妥当なのはどれか。 **(特別区2012)**

1：荘子は，万物斉同の境地に立ってものごとにとらわれず，自由に生きる人を真人とよび，人間の理想とした。

2：荀子は，力によって民衆を支配する政治に反対して，仁義にもとづいて民衆の幸福をはかる王道政治を説き，さらに易姓革命の思想を展開した。

3：孟子は，争乱を防ぎ世を治めるには，内面的な仁よりも人びとの行為を規制する社会規範としての礼が必要であるとし，礼治主義を唱えた。

4：老子は，儒家の家族愛的な仁に対して，自分の家族や国に限定されない無差別・平等の博愛を説き，非攻説を唱えた。

5：孔子は，「大道廃れて仁義有り」として，人間は，無為自然の道に従って生きるべきだと説き，柔弱謙下の生き方を理想とした。

チェック欄

1回目	2回目	3回目

実践 問題 123 の解説

〈中国思想〉

1 ○ 道家の思想家である**荘子**は，すべて物事に絶対的なものはなく，相対的に支えあって成り立っており，正・不正，善・悪といった判断は主観的なものであって，世の中のすべてのものは等しい価値があるとする**万物斉同**を唱えた。荘子は，万物斉同の考え方に立って，自由に生きる人を真人とよんで理想とした。

2 × 力によって民衆を支配する政治（覇道政治）に反対して，仁義に基づいて民衆の幸福を図る**王道政治**を主張したのは**孟子**である。民のための王道政治が行われていない場合には，有徳者が天の命を受けて新たな時代の天子になるという易姓革命を唱えたのも孟子である。孟子は性善説に立っている。

3 × 本肢は**荀子**の説明である。荀子は儒家の1人であるが，争乱を防ぎ世を治めるためには，孔子の説く内面的な仁ではなく，人々の行為を外側から規制する社会規範としての**礼**が必要であることを説いた。その思想の根底には人は生まれながらに悪であるとする**性悪説**がある。

4 × 儒家の家族的な仁に対して，無差別・平等の博愛を説いて非攻説を唱えたのは墨家の**墨子**（ぼくし）である。墨子は，孔子の説く仁は，身内のものだけに向けている差別愛（別愛（べつあい））であって偏っているとの批判から博愛（兼愛（けんあい））を説いた。また，春秋・戦国の混乱の世にあって，戦争は蓄積された財貨を破壊する略奪・盗賊的行為であるとして非攻を唱えた。

5 × 「大道廃れて（だいどうすた）仁義有り」とは，儒家を批判した道家の**老子**の主張である。老子は儒家が仁や礼を説くのは，本来の道を疎か（おろそ）にしているからであり，本来の道に従う無為自然の生き方を説いた。自然に従い，他者と争わない（強いより弱く，謙る（へりくだ））柔弱謙下（じゅうじゃくけんげ）の生き方を理想とした。

正答 1

第2章 SECTION 1 東洋思想

中国・インド思想

実践 問題 124 基本レベル

頻出度	地上★★★	国家一般職	東京都★★★	特別区★★★
	裁判所職員	国税·財務·労基	国家総合職	

問 中国の思想家に関する記述として，妥当なのはどれか。　(特別区2023)

1：荀子は，性悪説を唱え，基本的な人間関係のあり方として，父子の親，君臣の義，夫婦の別，長幼の序，朋友(ほうゆう)の信という五倫の道を示した。

2：墨子は，孔子が唱えた他者を区別なく愛する仁礼のもとに，人々が互いに利益をもたらし合う社会をめざし，戦争に反対して非攻論を展開した。

3：朱子は，理気二元論を説き，欲を抑えて言動を慎み，万物に宿る理を窮めるという居敬窮理によって，聖人をめざすべきだと主張した。

4：老子は，人間の本来の生き方として，全てを無為自然に委ね，他者と争わない態度が大事であり，大きな国家こそが理想社会であるとした。

5：荘子は，ありのままの世界では，万物は平等で，斉(ひと)しく，我を忘れて天地自然と一体となる境地に遊ぶ人を，大丈夫と呼び，人間の理想とした。

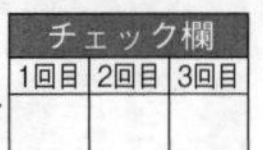

実践 問題 124 の解説

〈中国思想〉

1 × 荀子が性悪説を唱えたことは正しいが，五倫の道を示したのは孟子である。

2 × 墨子が非攻論を説いたことは正しいが，墨子は儒家の説く仁義を，肉親の愛情を重んじる差別的な愛（別愛）として批判し，兼愛を説いた。したがって，「孔子が唱えた他者を区別なく愛する仁礼のもとに」とある点が誤り。

3 ○ 朱子の説明として妥当である。「聖人をめざすべきと主張した」との部分が妥当かどうか，迷った人もいたかと思うが，他の選択肢が明らかに誤りであるので，本肢を正解としたい。

4 × 老子がすべてを無為自然に委ね，他者と争わない態度が大事であると説いたことは正しいが，理想としたのは「小国寡民」である。

5 × 荘子が，万物は平等で斉しいことを説いたことは正しいが，我を忘れて天地自然と一体となる境地に遊ぶ人を「真人」とよんだ。「大丈夫」とは，孟子が理想とした人間像である。孟子は浩然の気（自己の道徳的人格を確信し，道徳を実践しようとする力強い広大な気分）を養い，高い道徳的意欲を持つ人物を「大丈夫」とよんだ。

正答 3

東洋思想
中国・インド思想

実践 問題 125 基本レベル

頻出度	地上	国家一般職	東京都★	特別区★
	裁判所職員	国税･財務･労基	国家総合職	

問 中国の思想家に関する記述として最も妥当なのはどれか。（国家一般職2019）

1：孔子は，儒教の開祖であり，人を愛する心である仁の徳が，態度や行動となって表れたものを礼と呼び，礼によって社会の秩序を維持する礼治主義を理想とした。そして，現世で仁の徳を積み，礼をよく実践することで，死後の世界で君子になることができると説いた。

2：墨子は，道徳によって民衆を治めることを理想とする儒教を批判し，法律や刑罰によって民衆を厳しく取り締まる法治主義を主張した。また，統治者は無欲で感情に左右されずに統治を行うべきであると説き，そのような理想的な統治の在り方を無為自然と呼んだ。

3：孟子は，性善説の立場で儒教を受け継ぎ，生まれつき人に備わっている四つの善い心の芽生えを育てることによって，仁・義・礼・智の四徳を実現できると説いた。また，力によって民衆を支配する覇道を否定し，仁義の徳によって民衆の幸福を図る王道政治を主張した。

4：荘子は，儒教が重んじる家族に対する親愛の情を身内だけに偏った別愛であると批判し，全ての人が分け隔てなく愛し合う兼愛を説いた。さらに，水のようにどんな状況にも柔軟に対応し，常に控えめで人と争わない柔弱謙下の態度を持つことが，社会の平和につながると主張した。

5：朱子は，人が本来持っている善悪を判断する能力である良知を働かせれば，誰でも善い生き方ができるとして，支配階層の学問であった儒学を一般庶民にまで普及させた。また，道徳を学ぶことは，それを日々の生活で実践することと一体となっているという知行合一を主張した。

チェック欄

1回目	2回目	3回目

実践 問題 125 の解説

〈中国思想〉

1 × 仁や徳，礼の説明は正しいが，**孔子**は**徳治主義**を理想とした。徳治主義は為政者自らが徳を身につけ，人民の道徳的な自覚を促すという考えである。なお，**礼治主義**を理想としたのは**荀子**である。また，孔子の説く君子とは，学問や礼楽の教養を身につけ，知，仁，勇の徳を兼備した人格者を指す。死後の世界でなるものではない。

2 × 法律や刑罰によって民衆を厳しく取り締まる**法治主義**を説いたのは，**法家**である。また，**無為自然**を理想としたのは**老子**である。なお，老子の説く無為自然とは，小ざかしい知恵を捨てて人為的努力をやめ，自ずからそうなるようにまかせて「道」に従うことを意味する。無欲で感情に左右されずに統治を行うべき，とは老子も説いていない。

3 ○ 妥当である。**孟子**が**性善説**を唱えたのに対し，**性悪説**を唱えたのが荀子である。

4 × 別愛を批判し**兼愛**を説いたのは**墨子**である。また，柔弱謙下は**老子**が水にたとえた無為自然の道に従う生き方の理想を指す言葉である。

5 × 人が本来持っている善悪を判断する能力である**良知**を働かせれば，誰でも善い生き方ができると説いたのは**王陽明**である。王陽明は朱子の説く格物致知を批判して，良知の働きを完全に発揮させる到良知を説いたのである。また，王陽明は道徳を学ぶことは，それを日々の生活で実践することと一体となっているという**知行合一**を主張した。

正答 3

第2章 SECTION 1 東洋思想

中国・インド思想

実践 問題 126 基本レベル

頻出度				
	地上★	国家一般職	東京都★★	特別区★★
	裁判所職員	国税・財務・労基	国家総合職	

問 諸子百家に関する記述として最も妥当なのはどれか。 (国税・労基2008)

1：荀子は，孔子の教えを否定して，人間の本性は悪であるという性悪説を唱えた。人間が本能のまま行動すれば他人と争ったり，他人を憎しみ害することになるので，刑罰を用いて人々の行動を規制する必要があると説いた。

2：老子は，道徳や文化を絶対的で価値のあるものととらえ，そうしたものに自らを合わせて生きることを理想とした。また，このように絶対的で価値あるものを尊重し，素直に身を任せることが無為自然の生き方であると説いた。

3：韓非子は，利他心の欠如が社会の混乱の原因であるとして，人々が自他を区別せず，互いに利益をもたらす社会を理想とした。また，功績や名声など自己への執着から自由になり，虚心になって天地自然と一体となる生き方を理想とした。

4：墨子は，親子・兄弟の間に自然に発する親愛の情を様々な人間関係に広めていくことが仁の実践であると考えた。また，心のあり方としての仁が表にあらわれたのが礼であり，人が従うべき普遍的な決まりであると説いた。

5：孟子は，孔子の教えを発展させて，人間の本性は善であるという性善説を唱えた。また，仁義に基づいて真に民衆の幸福をはかる王道の政治を主張し，民意に背く暴君は治者の地位から追放されるという易姓革命の思想を説いた。

チェック欄

1回目	2回目	3回目

実践 問題 126 の解説

〈諸子百家〉

1 × 荀子が人間の本性は悪であるという**性悪説**を説いたことは正しい。また荀子は人間が本能のままに行動すれば社会が乱れることを指摘したが，荀子は聖人が社会秩序を維持していくために作った礼に従うことによって人間の本能を調節しなければならないとする**礼治主義**を説いた。荀子は儒家であるから，孔子の教えを否定していたわけではない。刑罰を用いて人々の行動を規制する必要があるとしたのは法家であり，特に韓非子は荀子に学び性悪説を基にして法家の思想を大成した。

2 × **老子**が最も重視したのは万物を生み出す根源となる**道**（タオ）であるが，老子は道を絶対的なものとすることも否定した。老子によれば何かを絶対化することはそれにとらわれることであり，結局のところ人知で限定することにすぎない。したがって，人知にとらわれず，作為をしないで自然の道に従いこれに素直に身を任せていくこと（**無為自然**）こそが人間本来の生き方であるとした。

3 × 本肢は**荘子**に関する記述である。荘子はすべての物事は互いに支えあって初めて成り立つものであり，互いに関係しているものを区別することは人知にとらわれた行いであるとした。したがって，人間は自己への執着から自由になり，自分も相手もともに包み込むような天地自然の中でそれと一体となって生きていくことが必要であるとした。韓非子は**法家**の大成者であり，法を定め**信賞必罰**を厳格に行っていくことで社会を治める**法治主義**を説いた。

4 × 本肢は**孔子**に関する記述である。孔子は親子や兄弟の間に自然に発する親愛の情（**忠恕**）が**仁**（心からの人間の愛）の基となるものであり，仁をさまざまな人間関係に広めていくことを説いた。また，仁の心を内に持ったうえでそれが外面に現れてくるのが礼であり，礼が人間としてのあり方を確立するために必要な決まりであるとした。墨子は，儒家の説く仁を家族を優先する差別的な愛であると批判し，すべての人を無差別に愛する兼愛を説いた思想家である。

5 ○ **孟子**は，人間は本来善に向かう心（**惻隠**の心，**羞悪**の心，**辞譲**の心，**是非**の心）を持っており，これらを育てていくことによって**仁**・**義**・**礼**・**智**の四徳を身につけることができるとする**性善説**を説いた。孟子は四徳の中で特に仁と義（正しい道にかなうこと）を重視し，これに基づき有徳の君主が政治を行う**王道政治**を理想とした。そして，人民の幸福を実現することが天命であって，これに従わない君主は追放されるという**易姓革命**（えきせい）の思想を説いた。

正答 5

第2章 SECTION 1 東洋思想

中国・インド思想

実践 問題 127 応用レベル

頻出度	地上★	国家一般職	東京都★★	特別区★★
	裁判所職員	国税·財務·労基		国家総合職

問 中国の思想家等に関する記述として最も妥当なのはどれか。

(国税・財務・労基2017)

1：韓非子は，刑罰や道徳に基づいて国家を治める法治主義を説き，為政者が褒美や罰を用いて臣下を操ることの必要性を強調した。また，戦争の理論や戦術を研究し，国が富国強兵を図る道を説いた。

2：孟子は，人間の生まれつきの本性は善であるという性善説を説いた。また，仁義の徳によって民衆の幸福を図る王道を政治の理想とし，民衆の支持を得た指導者が新しい王朝を建てる易姓革命の思想を説いた。

3：老子は，「大道廃れて仁義あり」として，他者も自分と同じ人間であることを認め，他者を愛する心を持つことを説いた。また，人間の行うべき道徳の規範として，人倫の道に沿った生き方をするよう説いた。

4：荘子は，自他を区別しない無差別平等な人間愛を持つ人間を真人と呼び，人間愛によって侵略行為を否定する非戦論を説いた。さらに，自らが蝶になった夢を見たという「胡蝶の夢」を引用して，あらゆる生き物（万物）を大切にするよう説いた。

5：荀子は，人間の心の本性は天が授けた理であるという心即理を説いた。その上で，魂の備えるべき徳が何かを知れば，徳についての知識に基づいて誰でも正しい生き方へと導かれるという知徳合一を説き，道徳の基本とした。

チェック欄

1回目	2回目	3回目

実践 問題 127 の解説

〈諸子百家〉

1 × **韓非子**は法家思想の大成者であり，刑罰や法に基づいて国家を治める**法治主義**を説いた。道徳に基づいて国家を治めることを説いたのは，儒家の孔子や孟子である。また，戦争の理論や戦術を研究するのは兵家であり，法家の思想ではない。

2 ○ **孟子の性善説**の説明として妥当である。孟子は天の意思は民衆の声に現れると説き，仁義の徳に基づいて政治を行う者が民衆の支持を受けて天子となり，新しい王朝を建てる易姓革命の思想を正当化した。

3 × **老子**は「**大道廃れて仁義あり**」と説いたことは正しいが，これは無為自然の道に従う本来的な生き方が見失われたために，仁義といった人為的な道徳によって社会を秩序づけようとする儒教が発生したのだ，との意味であり，本来的な道に従うこと（無為自然）の必要を説いたものである。他者も自分と同じ人間であることを認め，他者を愛する心を持つことを説いたのは，儒家の**孔子**である。また，人間の行うべき道徳の規範として，人倫の道に沿った生き方をするように説いたのは**孟子**である。

4 × **荘子**は**真人**を理想像としたが，真人とは人為的な善悪や是非，美醜などの区別を超えて（万物斉同），ありのままの自然を受け入れる人物である。それは無差別平等な人間愛を持つということではない。また，「**胡蝶の夢**」は荘子のキーワードであるが，これは万物斉同を象徴した夢の話であって，あらゆる生き物（万物）を大切にするように説いたものではない。

5 × **心即理**を説いたのは**王陽明**であり，**知徳合一**を説いたのは**ソクラテス**である。**荀子**は，「人の性は悪にして，その善なるものは偽なり」と性悪説を説いた儒家である。荀子は性悪説の立場から，欲に従う人民の行動を礼によって規制し，悪い本性を矯正する必要があると説いた。なお，人間の心の本性（性）は，天が授けた理であるとするのは，朱子学の**性即理**である。これに対し王陽明の説く心即理は，いきいきと働く現実の心がそのまま理であるとする。

正答 2

東洋思想
中国・インド思想

実践 問題 128 基本レベル

頻出度	地上★	国家一般職	東京都★★	特別区★★
	裁判所職員	国税·財務·労基	国家総合職	

問 中国の思想家に関する記述として最も妥当なのはどれか。（国家一般職2015）

1：孟子は，人間は生まれつき我欲を満たそうとする自己中心的な悪い性質をもっているが，それを矯正することによって四つの善い心の表れである四徳が実現され，誰でも道徳的な善い人格を完成させることができると説いた。

2：荘子は，天地万物に内在する宇宙の原理（理）と万物の元素である運動物質（気）によって世界の構造をとらえた。そして，理と一体化した理想の人格のことを君子と呼び，君子が彼の理想の生き方であった。

3：荀子は，人間は生まれながらにして善い性質をもっているが，人間の性質を更に善いものへと変えていくためには，教育・礼儀・習慣などの人為的な努力が必要であるとした。そして，このような人為的な努力を大丈夫と呼んだ。

4：朱子は，法律や刑罰によって民衆を治める法治主義の方が，仁と礼を備えた理想的な人間である真人が為政者となって道徳により民衆を治める徳治主義よりも優れたものと考え，政治の理想とした。

5：王陽明は，人間の心がそのまま理であるとし，その心の奥底に生まれながらに備わる良知のままに生きることを目指した。また，「知は行のはじめであり，行は知の完成である」と主張し，知と実践の一致を説く考えである，知行合一の立場をとった。

実践 問題 128 の解説

〈中国の思想〉

1 × **孟子**によれば，**人間の生まれつきの本性は善**である。そして，それを開花させるためには，心の中の徳の芽（四端の心）を養い，仁・義・礼・智の四徳を備えた道徳的人格を完成させることができると説く。

2 × 天地万物に内在する宇宙の原理（理）と，万物の元素である運動物質（気）によって世界の構造を捉えたのは**朱子**である。また，君子とは孔子によれば，徳を身につけて道徳的人格を完成させた人のことである。**荘子の理想とする生き方は真人**であり，真人はありのままの自然の道と一体となって生きる人のことである。

3 × **荀子**によれば，**人間の生まれついた本性は悪**であり，自己中心的な性質を持っている。したがって，この本性を社会規範としての礼に基づく教育や習慣によって矯正することで，立派な道徳的人格が完成されると説く。なお，大丈夫とは，高い道徳的意欲を持つ人物のことであり，孟子はこれを理想の人間像とした。

4 × 朱子は儒学者であって，法治主義の立場に立っていない。また，仁と礼を備えた理想的な人間である君子が為政者となって道徳により民衆を治める**徳治主義**を**孔子**が説いている。中国では宋代以後，朱子学は正統な儒学として公認され，わが国でも江戸幕府によって官学として採用された。

5 ○ そのとおり。朱子学が性即理を説くのに対して，王陽明が創始した陽明学は，人間の心がそのまま理であるという心即理を説いた。朱子学の説く性即理とは，人間の心の本性は，天が授けた理法（理）にあるが，理としての本性は，気から生まれる感情や欲求によって覆われがちなので，気の影響を取り払い，本来の理のままの本性に帰ることが修養の目的とされた。これに対し，陽明学では，感情や欲求も含めた心の動きを肯定し，心即理を唱えたのである。

正答 5

第2章 SECTION 1 東洋思想

中国・インド思想

実践 問題 129 基本レベル

頻出度	地上★★★	国家一般職	東京都★★★	特別区★★★
	裁判所職員	国税·財務·労基	国家総合職	

問 中国の思想家に関する記述として最も妥当なのはどれか。

(国税・財務・労基2023)

1：朱子は，朱子学の大成者であり，理を天地万物に内在する客観的なものとして据え，人間の本性もまた理であるという心即理を説いた。また，道徳を学ぶことは，それを日々の生活で実践することと一体となっているという知行合一を主張した。

2：韓非子は，本来利己的である人間を治めるためには，単なる心構えにすぎないような道徳性ではなく，賞罰を厳格に行い，法による政治を行うべきという法治主義を説いた。この考え方は，秦の始皇帝によって採用された。

3：孔子は，儒教の開祖であり，「大道廃れて仁義あり」として，他者を自分と同じ人間であると認めて愛する心をもつことを説いた。また，人を愛する心である仁の徳とこれが態度となって表れた礼とともに，人々は自然と調和して生きるべきと説き，この考え方を無為自然と呼んだ。

4：荀子は，性善説の立場で儒教を受け継ぎ，生まれつき人に備わっている四つの善い心の芽生えを育てることによって，仁・義・礼・智の四徳を実現できると説いた。また，この四徳を備えた理想的人間像を君子と呼んだ。

5：墨子は，孔子の礼の教えを継承しながらも，家族など身内だけを重んじる兼愛に基づく社会を目指すべきと説いた。また，戦争の理論や戦術を研究し，国が富国強兵を図る必要性を強調した。

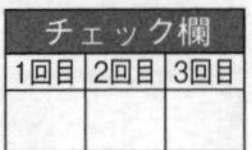

実践 問題 129 の解説

〈中国思想〉

1 × 朱子学の大成者である朱子が主張したのは「性即理」であり,「心即理」や「知行合一」は陽明学の祖である王陽明の説である。

2 ○ 韓非子による法家思想の説明として妥当である。

3 × 孔子が儒教の祖であることは正しいが,「大道廃れて仁義あり」と唱えたのは,老子である。また,「無為自然」も老子が唱えたことである。孔子は,人を愛する心である仁の徳と,これが態度になって現れた礼の一致を説いた。

4 × 性善説に立ち,四端の心を説いたのは孟子である。荀子は,孟子と同様に儒教を継承しながらも,性悪説に立ち,礼によって人々を矯正することの必要性を説いた。

5 × 墨子は,儒教の仁が身内を重んじる愛(別愛)であると批判し,人を差別しない平等の愛として兼愛を説いたのである。

正答 2

東洋思想
中国・インド思想

実践 問題 130 応用レベル

頻出度	地上★	国家一般職	東京都★★	特別区★★
	裁判所職員	国税·財務·労基	国家総合職	

問 儒教思想に関するA～Dの記述のうち，妥当なもののみを挙げているのはどれか。 （国税・労基2010）

A：中国の前漢時代には，勢力争いを続けた諸侯や権力者たちが政治の指導原理や方策を積極的に求めたことから，独創的な思想家たちが現れた。なかでも，孔子が樹立した儒教の思想は後世に大きな影響を与えたものの一つである。孔子は，自分の私欲に打ち勝ち，礼つまり社会秩序に適合することが中心的な課題であるとして，これを「義」と名付けた。

B：中国の孟子は，孔子の教えを発展させて，人間の本性は善であるという性善説を唱えた。彼は，「惻隠の心」「羞悪の心」「辞譲の心」「是非の心」が万人に備わっていると考え，この四つの心を四端と呼び，この四つの心を養い育てることによって四徳が実現できるとした。また，基本的な人間関係の在り方として五倫の道を説いた。

C：我が国の荻生徂徠は，中国の儒教の一つである朱子学の理論に基づき，人間社会においては礼儀が重視されるべきであり，その礼儀正しい行動を導く徳が敬であるとした。この敬とは，自己の内面の私利私欲を取り除き，おのれの本分を尽くすことであり，特に支配階級である武士はこれをもつことに努め，他の民衆の模範になるべきと説いた。

D：我が国の林羅山は，万物を貫く法則である理を正しく認識し，欲望を抑えて精神をつつしむことによって，心と理を一体化させることを説いた。世の中に天が高く地が低いという，万物を上下に分ける理があるように，人間社会にも同様の理があり，先天的に定められた身分の高い者，低い者といった秩序があるとした。

1：A，B
2：A，C
3：A，D
4：B，C
5：B，D

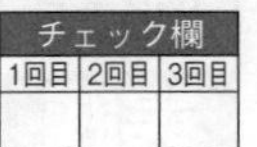

実践 問題 130 の解説

〈儒教思想〉

A × 孔子に代表される独創的な思想家たち（**諸子百家**）が活躍したのは周時代の後半から秦が中国を統一するまでの**春秋戦国時代**である。前漢時代ではない。また，孔子は心からの人間への愛である仁と，道徳的規範である礼を重視した。正しい道理にかなうことである義を重視したのは**孟子**である。

B ○ 孟子は**性善説**を唱え，人間には生まれつき惻隠，羞悪，辞譲，是非の四端の心が備わっており，これを養い育てることで仁，義，礼，智の四徳を備えた道徳的な人格を完成させることができるとした。また，君臣の義，父子の親，朋友の信，長幼の序，夫婦の別の五倫を基本的な人間関係のあり方とした。

C × 荻生徂徠は古学派の古文辞学の創始者である。**古文辞学**とは，孔子・孟子以前の制度や法などを研究して，**安天下の道（天下を安んずる道）**を明らかにしていこうとする学問である。したがって，荻生徂徠は，朱子学の理論に基づいた主張をしたわけではない。荻生徂徠は，孔子，孟子以前の古代の聖人がつくった先王の道を重んじ，これによって世を治め，民を救う「**経世済民**」を説いた。私利私欲を取り除き自己をつつしむ心である「敬」を常に心がける「存心持敬」を説いたのは林羅山である。

D ○ 朱子学を幕府の官学にする基礎をつくった林羅山は，朱子学にある理気二元論の立場から，私利私欲を去ってつつしむ心である「敬」を心がける「**存心持敬**」によって，理と心を一体化させることを説いた。また，自然に天と地の違いがあるように，人間にも身分の違いがあるので，上下・自他の差別を重んじるべきだとする「**上下定分の理**」を唱えた。

以上から，妥当なものはＢとＤであるので，正解は肢５である。

正答 5

第2章 SECTION 1 東洋思想
中国・インド思想

実践 問題 131 応用レベル

頻出度				
	地上	国家一般職	東京都	特別区★
	裁判所職員	国税·財務·労基		国家総合職

問 次の文は，古代インドの思想に関する記述であるが，文中の空所A～Dに該当する語の組合せとして，妥当なのはどれか。 (特別区2021)

紀元前15世紀頃，中央アジアから侵入してきたアーリヤ人によって，聖典「ヴェーダ」に基づく［ A ］が形成された。「ヴェーダ」の哲学的部門をなすウパニシャッド（奥義書）によれば，宇宙の根源は［ B ］，個人の根源は［ C ］と呼ばれ，両者が一体であるという梵(ぼん)我一如の境地に達することで解脱ができるとされた。

その後，修行者の中から，新たな教えを説く自由思想家たちが現れたが，そのうちの一人，ヴァルダマーナ（マハーヴィーラ）は［ D ］を開き，苦行と不殺生の徹底を説いた。

	A	B	C	D
1：	ジャイナ教	アートマン	ブラフマン	仏教
2：	ジャイナ教	アートマン	ブラフマン	ヒンドゥー教
3：	バラモン教	アートマン	ブラフマン	ジャイナ教
4：	バラモン教	ブラフマン	アートマン	ジャイナ教
5：	バラモン教	ブラフマン	アートマン	ヒンドゥー教

チェック欄		
1回目	2回目	3回目

実践 問題 131 の解説

〈古代インドの思想〉

A バラモン教　古代インドに侵入してきたアーリヤ人によって形成されたのはバラモン教である。「ヴェーダ」のうち「リグ＝ヴェーダ」は，古代インドにおける神々の賛歌を収録したものである。なお，アーリヤ人がバラモン教を成立させる過程で，インドでは司祭階級（バラモン），王族・戦士（クシャトリア），庶民（ヴァイシャ），隷属民（シュードラ）の４つの身分を基礎とするカースト（ヴァルナ）制度が成立した。

B ブラフマン　バラモン教において，宇宙の根源はブラフマンと称される。

C アートマン　個々人の根源はアートマンである。バラモン教では，現世のカルマ（業）によって，来世には自分のカルマにふさわしいものに生まれ変わるという輪廻転生の思想が生まれ，人々は生と死を無限に繰り返すため，生とは苦に満ちたものであり，解脱（げだつ）によりこの苦しみから逃れられるとする。この解脱に至るにはブラフマン（梵）とアートマン（我）が一体である梵我一如の境地に至ることが必要とされ，多くの苦行が課せられるようになった。

D ジャイナ教　苦行や不殺生を説いてヴァルダマーナが開いたのはジャイナ教である。ゴータマ＝シッダルタが創始した仏教もバラモン教の司祭や苦行を批判している。なお，ヒンドゥー教はバラモン教とインドの民間信仰などが結びついて成立したもので，特定の開祖はいない。

以上から，肢４が正解である。

【コメント】

この20年間，公務員試験で問われたことのない分野であった。世界史を大学受験で選択していた人は解答できたと思うが，捨て問題である。

正答 4

東洋思想

近世までの日本思想と仏教思想

必修問題 セクションテーマを代表する問題に挑戦！

江戸時代の思想家の名前とキーワードを覚えれば大丈夫。基本をcheck!

問 江戸時代の儒学者に関する記述として，妥当なのはどれか。

（特別区2022）

1：林羅山は，徳川家に仕え，私利私欲を抑え理にしたがう主体的な心を保持すべきという垂加神道を説いた。

2：貝原益軒は，朱子学者として薬学など実証的な研究を行い，「大和本草」や「養生訓」を著した。

3：中江藤樹は，陽明学が形式を重んじる点を批判し，自分の心に備わる善悪の判断力を発揮し，知識と行動を一致させることを説いた。

4：伊藤仁斎は，「論語」や「孟子」を原典の言葉に忠実に読む古義学を唱え，儒教の立場から，武士のあり方として士道を体系化した。

5：荻生徂徠は，古典を古代の中国語の意味を通じて理解する古文辞学を唱え，個人が達成すべき道徳を重視した。

直前復習

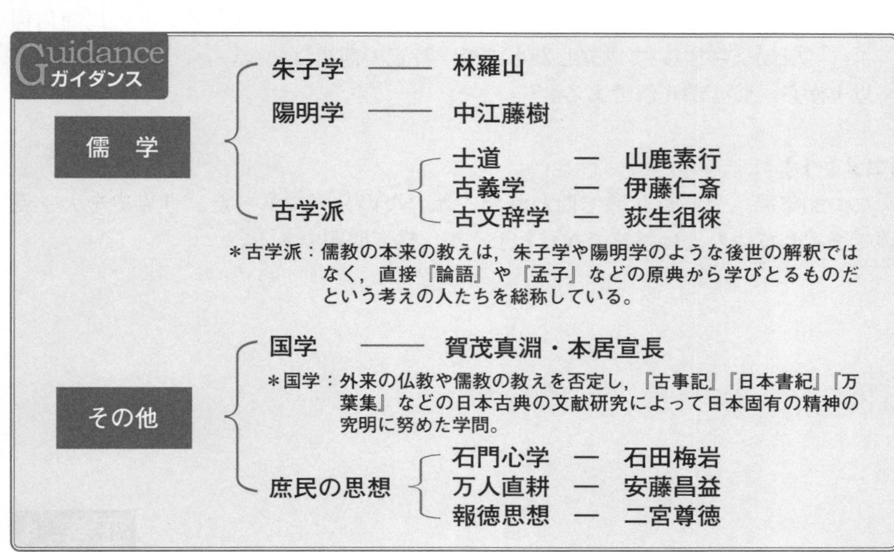

Guidance ガイダンス
儒　学
朱子学 —— 林羅山
陽明学 —— 中江藤樹
古学派
士道 — 山鹿素行
古義学 — 伊藤仁斎
古文辞学 — 荻生徂徠
＊古学派：儒教の本来の教えは，朱子学や陽明学のような後世の解釈ではなく，直接『論語』や『孟子』などの原典から学びとるものだという考えの人たちを総称している。
その他
国学 —— 賀茂真淵・本居宣長
＊国学：外来の仏教や儒教の教えを否定し，『古事記』『日本書紀』『万葉集』などの日本古典の文献研究によって日本固有の精神の究明に努めた学問。
庶民の思想
石門心学 — 石田梅岩
万人直耕 — 安藤昌益
報徳思想 — 二宮尊徳

頻出度	地上★　国家一般職★　東京都★　特別区★ 裁判所職員★★　国税·財務·労基★　国家総合職★

チェック欄		
1回目	2回目	3回目

必修問題の解説

〈江戸時代の儒学者〉

1 × 確かに，林羅山は徳川家に仕えたが，「私利私欲を抑え理にしたがう主体的な心を保持すべき」という考えは存心持敬である。**垂加神道は朱子学の一派である南学の山崎闇斎が創始したもの**で，忠実に朱子学を継承しながら，儒教と神道を融合させたものである。

2 ○ 貝原益軒の説明として妥当である。貝原益軒は，道徳や教育から薬学に至る幅広い研究を行い，日本の現実における経験を重んじた儒学を追究した。

3 × **中江藤樹は日本陽明学の祖**とされる。中江藤樹は当初，朱子学を学んだが，あらゆる場面での行為の妥当性を厳しく求める朱子学の形式主義に疑いを抱くに至り，道徳の形式よりもその精神（心）のほうが重要であり，時と処（場所），位（身分）に応じた道徳を実践していくことが大事であるとした。

4 × **伊藤仁斎**が古義学を説いたことは正しいが，**士道を説いたのは山鹿素行**である。山鹿素行は朱子学を批判して武士の日用の道徳として士道を説いたのに対し，伊藤仁斎は朱子の解釈を経ずに，『論語』『孟子』などの原典を忠実に読むことで，聖人の道を理解しようとした。その結果，仁斎が重視したのが仁と誠である。

5 × **荻生徂徠**が古典を古代の中国語の意味を通じて理解する「古文辞学」を唱えたことは正しいが，徂徠は，学問の目的は聖人・先王が立てた道に基づいて，世を治め，民を救うこと（**経世済民**）にあるとした。仁斎が誰にでもあてはまる道徳精神を追求したのに対し，徂徠はそれらを条件付ける政治や制度のあり方（安天下の道）を重視したのである。個人が達成すべき道徳を示したのではない。

正答 2

第2章 SECTION 2 東洋思想 近世までの日本思想と仏教思想

1 江戸時代の日本思想

(1) 儒学思想

思想	儒学			
思想家	林羅山（はやしらざん）	中江藤樹（なかえとうじゅ）	伊藤仁斎（いとうじんさい）	荻生徂徠（おぎゅうそらい）
キーワード	理気説（朱子学）	知行合一（陽明学）	誠は道の全体なり	先王への道
主張の特徴	幕藩体制の理論的基礎（官学）	実践を重視する学風	古義学（孔子・孟子を尊重）	古文辞学（古典研究）

① 林羅山（朱子学）

朱子学を幕府の官学とする礎をつくり，上下定分の理を唱えました。支配階級たる武士は「敬」を持ち，他の模範とならねばならないとします。

上下定分の理	自然界に，上に天と下に地があるように人間にも身分の上下の違いがあり，これに従うことが天下安泰の根本であるとします。

② 中江藤樹（日本陽明学）

日本陽明学の祖。孝（人を愛し敬うこと）が人間関係の根本にある倫理であると考えました。

③ 荻生徂徠（古文辞学）

孔子以前の古代中国の法や制度を研究して「安天下の道」を明らかにし，世を治め民を救う「経世済民」を説きました。

山鹿素行は，戦場での働きを重んじた武士道を批判し，武士の道徳的指導者としての立場を重んじる士道を説きました。

(2) その他の江戸時代の思想

① 本居宣長（国学）

『古今和歌集』の女性的な「たをやめぶり」と『源氏物語』に現れた「もののあはれ」を高く評価します。また，真心を尊ぶ生き方を日本古来の道としました。

ミニ知識　国学者の賀茂真淵は，『万葉集』の歌風である「ますらをぶり」を理想とし，平田篤胤は古道を神道と結びつける復古神道を説きました。

② 石田梅岩（石門心学）

町人の営利活動を肯定し，正直，倹約，知足安分（ちそくあんぶん）などの町人哲学を平易な言葉で説きました。

③　**安藤昌益**

武士や町人は自ら耕したり，織ったりすることをせずに農民に寄生している階級であるとして封建社会を否定し，**万人直耕**（ばんにんちょっこう）を理想とします。

④　**二宮尊徳（報徳思想）**

主君や親などの恩徳に報いる報徳思想を説き，荒廃した農村の復興に努めます。自分の経済力に応じた生活をする分度と，分度により生じた余裕を人に譲る推譲を人道であるとします。

2　仏教思想

(1)　平安時代前半の日本仏教

①　**空海：真言宗（高野山金剛峯寺）**

空海は，この世界の万物・万象は宇宙の本体である大日如来のあらわれであるとし，手に印を結び，心を一点に集中すれば，大日如来と一体化して即身成仏を遂げることができるとした。

②　**最澄：天台宗（比叡山延暦寺）**

最澄は，悟りを得る素質・能力には生来の差があるという考え方に反対して，「一切衆生悉有仏性」と唱えた。

(2)　末法思想と浄土信仰

平安時代後期には，戦乱や天災の中で人々は無常を実感し，末法思想が流行し，浄土に往生を願う浄土信仰が民衆の間に広まった。

(3)　鎌倉時代の日本仏教

①　**法然**（ほうねん）**と親鸞**（しんらん）

法然は**専修念仏**を唱え**浄土宗**を開き，弟子の親鸞は**絶対他力**と**悪人正機説**（あくにんしょうき）を唱え，浄土真宗を開きます。

②　**道元（曹洞宗**（そうとうしゅう）**）**

道元はただひたすら座禅することで悟りの境地を目指す「**只管打坐**（しかんだざ）」を主張しました。

悪人正機	自己の罪悪を自覚し，弥陀の本願にすがるしかない凡夫（悪人）こそが念仏によって救済されるという考え。

③　**日蓮（日蓮宗＝法華宗）**

法華経こそが唯一の経典だとし，題目を唱えることを説きます。激しい他宗批判を行いました。

第2章 SECTION ② 東洋思想

近世までの日本思想と仏教思想

実践 問題 132 基本レベル

頻出度	地上★	国家一般職	東京都★★	特別区★★
	裁判所職員	国税·財務·労基	国家総合職	

問 江戸時代の思想家に関する記述として，妥当なのはどれか。　　(特別区2016)

1：伊藤仁斎は，古文辞学を唱え，「六経」に中国古代の聖王が定めた「先王の道」を見いだし，道とは朱子学が説くように天地自然に備わっていたものではなく，天下を安んじるために人為的につくった「安天下の道」であると説いた。

2：荻生徂徠は，朱子学を批判して，「論語」こそ「宇宙第一の書」であると確信し，後世の解釈を退けて，「論語」や「孟子」のもともとの意味を究明しようとする古義学を提唱した。

3：本居宣長は，儒教道徳を批判し，「万葉集」の歌風を男性的でおおらかな「ますらをぶり」ととらえ，そこに，素朴で力強い「高く直き心」という理想的精神を見いだした。

4：石田梅岩は，「商人の買利は士の禄に同じ」と述べ，商いによる利益の追求を正当な行為として肯定し，町人が守るべき道徳として「正直」と「倹約」を説いた。

5：安藤昌益は，「農は万業の大本」と唱え，疲弊した農村の復興につとめ，農業は自然の営みである「天道」とそれに働きかける「人道」とがあいまって成り立つと説いた。

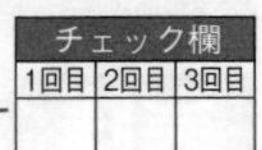

実践 問題 132 の解説

〈江戸時代の思想家〉

1 × 古文辞学を説いたのは荻生徂徠である。「先王の道」とは，天下を安んずるために人為的につくった「安天下の道」であるとする。

2 × 後世の解釈を退けて，『論語』や『孟子』のもともとの意味（古義）を究明しようとする古義学を提唱したのは，伊藤仁斎である。

3 × 『万葉集』の歌風を男性的でおおらかな「ますらをぶり」と捉えたのは，賀茂真淵である。本居宣長は『古今集』や『新古今集』の歌に見られる女性的で繊細な「たおやめぶり」とよばれる歌風を重視するとともに，『源氏物語』の研究を通して「もののあはれ」を文芸の本質として捉えた。国学の大成者でもある。

4 ○ 石田梅岩の説明として正しい。石田梅岩は神道，儒教，仏教を学び，独自の石門心学とよばれる哲学を編み出した。日常的な言葉と巧みな比喩によって町人に倫理や道徳を説いた。

5 × 疲弊した農村の復興に努め，農業を「天道」と「人道」とがあいまって成り立つと唱えたのは二宮尊徳である。安藤昌益は，徹底した平等主義から「万人直耕」を説き，上下の身分制度のある「法世」を批判した。

正答 4

実践 問題 133 基本レベル

頻出度	地上★	国家一般職	東京都★	特別区★★★
	裁判所職員	国税·財務·労基		国家総合職

問 江戸時代の思想家に関する記述として，妥当なのはどれか。 (特別区2009)

1：林羅山は，孝を単なる父母への孝行にとどまらず，すべての人間関係の普遍的真理としてとらえ，陽明学の考え方を取り入れ，すべての人間に生まれつき備わっている道徳能力としての「良知」を発揮させることが大切だと説いた。

2：石田梅岩は，「報徳思想」に基づき，自己の経済力に応じて一定限度内で生活する「分度」と，分度によって生じた余裕を将来のために備えたり，窮乏に苦しむ他者に譲ったりする「推譲」をすすめた。

3：安藤昌益は，武士など自分で農耕に従事せず，耕作する農民に寄食しているものを不耕貪食の徒として非難し，すべての人がみな直接田を耕して生活するという平等な「自然世」への復帰を主張した。

4：賀茂真淵は，古今集などに見られる女性的で優美な歌風である「たをやめぶり」を重んじ，「もののあわれ」を知り，「漢意」を捨てて，人間が生まれつき持っている自然の情けである「真心」に立ち戻ることを説いた。

5：中江藤樹は，儒学本来の教えをくみ取るには中国古代の言葉から理解すべきだと主張して「古文辞学」を大成し，儒学における道とは道徳の道ではなく，いかに安定した社会秩序を実現するかという「安天下の道」であると説いた。

直前復習

チェック欄

1回目	2回目	3回目

実践 問題 133 の解説

〈江戸時代の思想家〉

1 × 本肢は，林羅山ではなく，**中江藤樹**に関するものである。**林羅山**は**朱子学**を幕府の官学とする基礎をつくりだした朱子学者であり，自然界に天と地があるように，人間社会にも上下の区別があるとする**「上下定分の理」**を唱えた。

2 × 本肢は石田梅岩ではなく，**二宮尊徳**に関するものである。**石田梅岩**は**石門心学**を創始し，商人の営利活動に道徳性を与えて積極的に評価し**「商人の買利は士の禄に同じ」**と述べた。

3 ○ 本肢は**安藤昌益**のものである。安藤昌益はすべての人がみな直接田を耕す**「万人直耕」**の世を理想的社会とし，これを**「自然世」**とよんだ。

4 × 本肢は**本居宣長**に関するものである。国学者である**賀茂真淵**は万葉集の歌風を**「ますらをぶり」**（男性的）として重んじた。

5 × 本肢は**荻生徂徠**に関するものである。荻生徂徠は，儒学の説く道とは孔子や朱子学が説くような道徳的修身を目的とする道ではなく，天下を安泰にするための道であり，**経世済民**のために公の秩序を確立する方策として中国古典の研究を行った。**日本陽明学**の祖である**中江藤樹**は人を愛し敬う心の働きである**「孝」**をすべての人間関係の普遍的真理と捉えた。

正答 3

第2章 SECTION 2 東洋思想

近世までの日本思想と仏教思想

実践 問題 134 基本レベル

頻出度	地上★★★	国家一般職	東京都★★★	特別区★★★
	裁判所職員	国税·財務·労基	国家総合職	

問 江戸時代の思想家に関する記述として最も妥当なのはどれか。

（国家一般職2023）

1：林羅山は朱子学を学び，特に己をつつしむ敬の姿勢を重視した。また，封建社会の身分秩序を厳しく批判し，民衆の生活を安定させる経世済民を唱えるなど，平等な社会の実現を目指した。

2：本居宣長は，『万葉集』の歌風を男性的でおおらかな「たをやめぶり」と捉え，そこに理想的精神を見いだした。賀茂真淵は，『古今和歌集』や『源氏物語』にみられる女性的でやさしい歌風である「もののあはれ」を古代の精神と捉え，評価した。

3：荻生徂徠は，仏教，老荘思想，神道を取り入れた心学を提唱した。また，自分にも他人にもうそ・偽りのない純粋な心情である誠を育むためには，日常生活において他者を思いやる仁愛の心を持つことが重要であると説いた。

4：中江藤樹は，初めは朱子学を学んだが，後に陽明学に深く共鳴し，自分の心に備わる善悪を判断する良知を十分に発揮しながら，毎日の生活の中で人としての善い行いを実践する知行合一の教えを広めた。

5：二宮尊徳は『自然真営道』にて，封建社会，階級制度を厳しく批判するとともに，全ての人が農耕に従事し，あらゆる差別の無い社会である自然世への復帰を説いた。高野長英は，「農は万業の大本」と唱え，農民の自己改革を通じて農村の復興に努めた。

チェック欄		
1回目	2回目	3回目

実践 問題 134 の解説

〈江戸時代の思想家〉

1 × 林羅山は「上下定分の理（君臣上下の関係は天地間の自然を貫く道理と同じように定められている）」と説き，封建社会の身分秩序を正当化した。民衆の生活を安定させる「経世済民」を説いたのは，荻生徂徠である。

2 × 『万葉集』の自然のままの境地を古道の核心としたのは本居宣長ではなく，賀茂真淵である。賀茂真淵は万葉調の「ますらおぶり」に日本人の心の典型をみた。「たをやめぶり」は『古今集』や『新古今和歌集』の歌にみられる特徴であり，これを重視したのが本居宣長である。さらに本居宣長は『源氏物語』の研究を通じて「もののあはれ」を文芸の本質であり，人間らしい生き方の根本にあるものとした。

3 × 心学を提唱したのは石田梅岩である。また，誠を育むために仁愛の心を持つことが重要であることを説いたのは，伊藤仁斎である。

4 ○ 中江藤樹の説明として妥当である。中江藤樹は，「孝」を親子の間はもちろん，主従・夫婦・兄弟・朋友など，あらゆる人間関係を成立させる根本原理であるとした。

5 × 『自然真営道』で自然世への復帰を説いたのは安藤昌益である。また，「農は万業の大本」と唱え，農民の自己改革を通じて農村の復興に努めたのが二宮尊徳である。

正答 4

近世までの日本思想と仏教思想

実践 問題 135 応用レベル

頻出度	地上★	国家一般職	東京都★	特別区★★★
	裁判所職員	国税･財務･労基	国家総合職	

問 **日本近世の思想家に関する記述として最も妥当なのはどれか。**

(国税・労基2009)

1：賀茂真淵は，日本古来の精神を知るには，儒教や仏教の影響を受ける前の日本の古典が伝えている日本人の素朴な精神によらなければならないと説いた。人の心が外界の事物に触れたときに起こるしみじみとした感情の動きを『古事記』の中に見いだし，これを「ますらをぶり」と呼んだ。

2：本居宣長は，『万葉集』や『古今和歌集』に表現された古代の日本人の女性的で優美な歌風を「もののあはれ」と呼び，その心情を重視した。また，人間がありのままの心，素直な心で生きるためには，古代の精神である漢心(からごころ)を学ぶことが大切であると説いた。

3：石田梅岩は，神道・儒教・仏教などの教えを自身の生活体験に基づいて融合した「心学」を開いた。各人がそれぞれ自分の職業や持ち分に満足して，正直と倹約を実践して生きるべきとする町人道徳を説き，商人の利潤追求を天の理にかなったものであると肯定した。

4：安藤昌益は，日本の伝統的な心情・精神を根底に，西洋の科学・技術を受容して活用しようとする「和魂洋才」を説いた。厳しい制約を受けていた当時の農民の苦しい生活を改善するため，合理的・科学的な知識に基づいて，農業の普及活動を推進した。

5：二宮尊徳は，すべての人が直接農業に従事し，自給自足の生活を営む社会が理想であるとして，「万人直耕」を説いた。勤勉と倹約を美徳としながら，階級差別や貧富の差のない平等な社会の実現を唱え，封建的支配や身分支配を厳しく批判した。

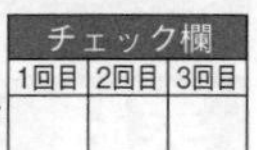

実践 問題 135 の解説

〈江戸時代の思想家〉

1 × **賀茂真淵**は，儒教や仏教の影響を受ける前の日本古来の精神を知ることを説く**古道説**を唱えた。特に『**万葉集**』を高く評価し，そこに見られる男らしくおおらかな歌風を「**ますらをぶり**」とよんで高く評価し，古代精神を賛美した。人の心が外界の事物に触れたときに起こるしみじみとした感情の動きを『源氏物語』の中に見出し，これを「もののあはれ」とよんだのは本居宣長である。

2 × 『万葉集』に代表される「ますらをぶり」と『古今和歌集』に代表される女性的で優美な歌風である「たをやめぶり」を比較し，前者を高く評価して後者を批判したのは賀茂真淵である。また**本居宣長**が学ぶことを説いた日本古代の精神は作為や偽りのない「**真心**」である。「漢心（漢意）」は仏教や儒学などの外来の思想であり，漢心を排して日本古来の道に従うことを説いた。

3 ○ **石田梅岩**は商家での奉公体験と独学で学んだ神道・儒教・仏教を基にして独自の教え（**石門心学**）を説き，正直・忍耐・倹約による自己修養を説いた。また，町人の立場から営利の追求を正当化し，庶民に大きな影響を与えた。

4 × 「**和魂洋才**」は日本の思想家に広く見られる思想であり，特に幕末に同じ意味の「**東洋道徳，西洋芸術（技術）**」を説いた人物として**佐久間象山**がいる。**安藤昌益**は『**自然真営道**』において，すべての人が自給自足し，階級差別や貧富の差のない平等な社会こそが自然の社会（**自然世**）であり，現実の封建的支配や身分支配が行われる社会を法世とよんで批判した。

5 × **二宮尊徳**が勤勉と倹約を美徳としたことは正しいが，それ以外の記述は安藤昌益のものである。二宮尊徳は世の中の多くの人々からの恩徳に報いるために勤労によって財を蓄え，分をわきまえた生活をし，財を公共に施す**報徳思想**を説き，農村の再建に尽力した。

正答 3

近世までの日本思想と仏教思想

実践 問題 136 基本レベル

頻出度 地上★ 国家一般職 東京都★ 特別区★ 裁判所職員 国税·財務·労基 国家総合職

問 次のA，B，Cは我が国の仏教思想家に関する記述であるが，該当する思想家の組合せとして最も妥当なのはどれか。 (国税・財務・労基2021)

A：信心の有無を問うことなく，全ての人が救われるという念仏の教えを説き，「南無阿弥陀仏，決定往生六十万人」と記した念仏札を配りながら，諸国を遊行して念仏を勧め，遊行上人と呼ばれた。

B：修行とは，ひたすら坐禅に打ち込むことであり，それによって身も心も一切の執着から解き放たれて自在の境地に至ることができると説き，その教えは主に地方の土豪や農民の間に広まった。主な著作として『正法眼蔵』がある。

C：身密・口密・意密の三密の修行を積むことによって，宇宙の真理である大日如来と修行者とが一体化する即身成仏を実現しようとした。また，加持祈禱(とう)によって災いを避け，幸福を追求するという現世利益の面から貴族たちの支持を集めた。

	A	B	C
1：	日蓮	栄西	行基
2：	日蓮	栄西	空海
3：	日蓮	道元	行基
4：	一遍	栄西	行基
5：	一遍	道元	空海

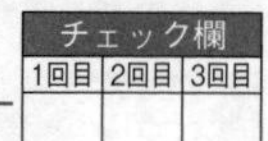

実践 問題 136 の解説

〈仏教思想〉

A 一遍　念仏札を配りながら，諸国を遊行して念仏を勧め，遊行上人とよばれたのは一遍である。一遍のキーワードは「踊り念仏」であるが，日蓮は「南無妙法蓮華経」という題目を唱える唱題による成仏を説いた人物であるので，一遍を選択したい。

B 道元　「ひたすら座禅に打ち込む」『正法眼蔵』から，曹洞宗の祖となった道元である。栄西は臨済宗の開祖である。

C 空海　三密の修行を積むことにより，宇宙の真理である大日如来と修行者が一体化する即身成仏を実現しようとしたのは，真言宗の空海である。行基は奈良時代の僧で，人々に慈悲の精神を広め，行基菩薩と尊称され，聖武天皇の尊崇を受けて，東大寺の大仏建立に参加した。

以上から，肢5が正解となる。

正答 5

近世までの日本思想と仏教思想

実践 問題 137 基本レベル

頻出度	地上★	国家一般職	東京都★	特別区★★★
	裁判所職員	国税·財務·労基		国家総合職

問 鎌倉仏教の思想に関する次のＡ～Ｃの記述中のア～ウの空欄に入る語句の組合せとして最も適当なのはどれか。 **(裁事・家裁2011)**

Ａ：法然は，自力の修行では浄土往生の不可能な煩悩に満ちた身であっても，そうしたものを救済しようとする誓いを立てた阿弥陀仏の本願を信じて，一切の自力を捨てて阿弥陀仏の名をとなえる（　ア　）により浄土往生できるとした。

Ｂ：道元は，あらゆる人は仏性をそなえているが，迷妄のためにそのことに気づかないでいるだけであるから，仏祖以来伝えられている正しい修行である（　イ　）において悟りを得られるのであり，この修行と悟りとを別のことと考えてはならないとした。

Ｃ：日蓮は，「法華経」が仏の真実の教えであり，しかも，仏の功徳はこの経典の名に集約されているから，「南無妙法蓮華経」ととなえる（　ウ　）によって仏の悟りを得られるのだが，人々が他の教えに従っていることが社会の災厄を招いているとした。

	ア	イ	ウ
1：	唱題	只管打坐	専修念仏
2：	専修念仏	只管打坐	唱題
3：	専修念仏	唱題	只管打坐
4：	唱題	専修念仏	只管打坐
5：	只管打坐	専修念仏	唱題

実践 問題 137 の解説

チェック欄		
1回目	2回目	3回目

〈鎌倉仏教〉

A 専修念仏　浄土宗を開いた法然は，阿弥陀如来の称名念仏による極楽往生を説く。具体的には，自力を捨て，阿弥陀仏の名を唱える専修念仏により浄土往生できるとした。したがって，空欄アに入る語としては専修念仏が適当である。

B 只管打坐　曹洞宗を開いた道元は，ただひたすらに座禅をなす（只管打坐）ことによって，身心脱落し，自力によって悟りを得るという教えを説いた。空欄イに入る語としては只管打坐が適当である。

C 唱題　日蓮宗（法華宗）を開いた日蓮は，法華経こそ仏法の真髄であると説き，「南無妙法蓮華経」の題目を唱え，他宗批判を強めた。題目を唱えることを，唱題という。したがって，空欄ウに入る語としては唱題が適当である。

よって，正解は肢2である。

正答 2

第2章 3 SECTION

東洋思想

近代以後の日本思想

必修問題 セクションテーマを代表する問題に挑戦！

近代以後の日本思想は出題される人物がある程度しぼられています。どれだけ基礎が定着しているかcheck!

問 近代日本の思想家に関する記述として，妥当なのはどれか。

（特別区2014）

1：福沢諭吉は，高崎藩の武士の子として生まれ，イエスと日本の「二つのＪ」に仕えることを念願し，「われは日本のため，日本は世界のため，世界はキリストのため，すべては神のため」を自らの信条とした。

2：内村鑑三は，中津藩の武士の子として生まれ，国民の一人ひとりが独立自尊の精神を持つべきであると説き，「一身独立して一国独立す」という言葉で，自主独立の精神によって日本の独立が保たれることをあらわした。

3：中江兆民は，自由民権運動の理論的指導者として活躍し，民権には為政者が上から人民に恵みを与える恩賜的民権と人民自らの手で獲得した恢復（かいふく）的民権の２種類があると説き，「社会契約論」を翻訳して東洋のルソーとよばれた。

4：幸徳秋水は，近代西洋哲学に特徴的な主観と客観とを対立的にとらえる考え方を否定し，自己と世界がわかれる前の主客未分の，渾然（こんぜん）一体となった根源的な経験を純粋経験とよんだ。

5：西田幾多郎は，近代文明が影にもつ窮乏などの矛盾の解決には社会主義の確立が必要であると論し，社会民主党を結成したが，大逆事件といわれる明治天皇の暗殺計画に関与したとの理由で逮捕され，処刑された。

直前復習

頻出度	地上★	国家一般職	東京都★★	特別区★★
	裁判所職員	国税・財務・労基	国家総合職	

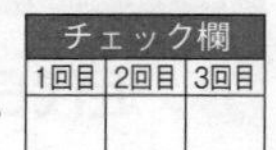

必修問題の解説

〈近代日本の思想家〉

1 × 本肢の内容は福沢諭吉ではなく，**内村鑑三**についての記述である。内村鑑三は日本を代表するキリスト者として「二つのＪ」に仕えることを主張した。非戦論（日露戦争に反対），不敬(ふけい)事件，無教会主義についても押さえておきたい。

2 × 本肢の内容は内村鑑三ではなく，**福沢諭吉**についての正しい記述である。福沢諭吉は「独立自尊」を説き，「一身独立して一国独立す」と主張した。天賦(てんぷ)人権論（人間は生まれながらにして自由・平等に生きる権利を有するという主張）についても押さえておきたい。

3 ○ **中江兆民**についての正しい記述である。「東洋のルソー」とよばれた中江兆民は，恩賜的民権と恢復的民権とを区別し，真の民権は恢復的民権であるとした。

4 × 本肢の内容は幸徳秋水ではなく，**西田幾多郎**についての記述である。西田幾多郎は主観と客観に分かれる前の「主客未分」の「純粋経験」こそが根源的な経験であるとし，西洋哲学における主観と客観との対立を克服しようとした。

5 × 本肢の内容は西田幾多郎ではなく，**幸徳秋水(こうとくしゅうすい)**についての記述である。幸徳秋水は片山潜(せん)らと社会民主党を結成し社会主義を唱えたが，大逆(たいぎゃく)事件に関与したとの理由で逮捕，処刑された。

正答 3

第2章 東洋思想

第2章 SECTION ③ 東洋思想

近代以後の日本思想

1 近代日本の思想

思想家	主　著	主張の特徴
福沢諭吉	『学問のすゝめ』	天賦人権論，独立自尊，実学
中江兆民（なかえちょうみん）	『三酔人経綸問答』	民権，自由民権の指導的理論家
内村鑑三	『余は如何にして基督教徒となりし乎』	２つのＪ（Jesus とJapan） 日露戦争と第１次世界大戦で非戦論を主張
西田幾多郎（にしだきたろう）	『善の研究』	主観と客観の区別ない純粋経験を主張
和辻哲郎	『倫理学』『古寺巡礼』	人と社会の対立の克服。 間柄的存在

(1) 啓蒙思想と自由民権思想

① 福沢諭吉

人間は生まれながらにして平等であるとする**天賦人権論**を説いて封建制度を批判しました。また，個々人が**独立自尊**の精神を持たなくてはならないとし，身を立てるには**実学**を学ぶ必要があると主張しました。

ミニ知識　福沢諭吉は，一国の独立を保つには，人々の間に独立自尊の精神が確立されなければならないと説きました。

② 中江兆民（東洋のルソー）

民権を「**恩賜的民権**（おんしてき）」（為政者が与えるもの）と「**恢復的民権**（かいふくてき）」（人民が自ら獲得するもの）に分け，「恩賜的民権」を育てて「恢復的民権」を目指すべきと主張しました。また，ルソーの『社会契約論』を翻訳し，『民約訳解』として出版。

(2) 近代的自我のめざめ

① 夏目漱石

旧来の日本人の生き方を他人本位として否定し，「**自己本位**」に生きることを説きます。「自己本位」とは，他者を省みないエゴイズムではなく，倫理性に根ざした真の自我の確立を目指すものです。こうした自我の追求を続けた末，自己を超える大きなものに身を委ねて生きようとする「**則天去私**」の考えに至りました。小説のほか，その思想は『現代日本の開花』『私の個人主義』などの講演で知られています。

② 森鴎外

個人と社会の葛藤において，あくまで自己を貫くのではなく，自己の置かれた立場を見つめて，それを受け入れることによって心の安定を得る，「諦念（レジグナチオン）」の態度が有道者の面目に近いと考えました。

(3) 日本のキリスト教思想

① 内村鑑三

無教会主義を提唱し，「二つのＪ」（イエス（Jesus）と日本（Japan））に生涯を捧げることを誓いました。また，日露戦争に際しては非戦論に立ちました。

② 新渡戸稲造（にとべいなぞう）

英語で『武士道』を著し，日本人の精神を紹介し，その中で武士道は日本を生かす精神であり，その精神こそが日本人がキリスト教を受け入れる素地になるものだと主張しました。

(4) 日本独自の哲学

① 西田幾多郎

禅の体験などから直接的，具体的かつ根本的な経験を**純粋経験**とし，純粋経験においては主観と客観との区別はないとします（**主客未分**）。そして，一切の有無の対立を超越してそれを成立させる条件である絶対無の思想に到達しました。

西田幾多郎は，『善の研究』を著し，「個人あって経験あるにあらず，経験あって個人があるのである」とします。

② 和辻哲郎

西洋近代の個人主義的倫理学を批判し，**間柄（あいだがら）的存在**という人間理解に立ち，個人と社会とを統一する独自の倫理学（人間の学）を唱えました。

(5) その他の思想家

西周（にしあまね）	西洋思想の紹介に貢献し，哲学をはじめ，主観・客観・理性・悟性など，多くの哲学用語を考案した。
柳田国男	柳田国男は農商務省の官僚として農政に携わるうちに農民生活に関心を持ち，**常民（じょうみん）**（民間伝承を保持している無名の人々）の生活文化を研究対象として，日本民俗学の創始者となった。主著は『遠野物語』『海上の道』。
折口信夫（おりぐちしのぶ）	神の原型は豊穣と光明の世界である常世（とこよ）国から定期的に村落を訪れる「まれびと（客人）」であるとする。歌人としての筆名は釈迢空。
吉野作造	民本主義を提唱して大正デモクラシーを理論的に支えた。**民本主義**は，主権が国民にあるという主張ではなく，天皇主権の明治憲法を前提としたうえで，多数の国民の政治参加を主張するものである。

近代以後の日本思想

実践 問題 138 基本レベル

頻出度				
	地上★★	国家一般職	東京都★	特別区★★
	裁判所職員	国税·財務·労基	国家総合職	

問 わが国の近代の哲学者に関する次の説明文中のA～Cの空欄に入る語句の組合せとして最も適当なのはどれか。 (裁判所職員2012)

20世紀に入ると，西洋哲学を取り入れつつ，東洋思想の伝統に根ざした独自の考えを主張する日本人の哲学者が現れ始めた。たとえば禅の影響を受けた西田幾多郎は，主体と客体とが未だ分かれない（　A　）を思索の原点とする哲学を追究した。また『「いき」の構造』の著者である九鬼周造は，自己の生やこの世界が，たくさんの可能性のうちのひとつとして今ここにあるという（　B　）に着目し，その積極的な意義を論じた。さらに和辻哲郎は，日本語の「人間」という語を例に出しながら，人間存在が，個別と社会という対立的なものの統一であることを論じ，（　C　）としての人間のありようを見つめた「人間の学としての倫理学」を，説いた。

	A	B	C
1：	間柄	偶然性	純粋経験
2：	間柄	純粋経験	偶然性
3：	純粋経験	間柄	偶然性
4：	純粋経験	偶然性	間柄
5：	偶然性	純粋経験	間柄

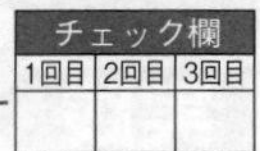

実践 問題 138 の解説

〈日本の近代思想〉

A **純粋経験**　明治時代を通じて西洋の哲学が積極的に紹介され，多くの翻訳書が出版されたが，明治の終わりから大正・昭和になると日本でも西洋哲学を批判的に検討し，独自の見解を示す哲学者が登場した。**西田幾多郎**は，禅の影響を受けて，主体（主観・認識する自己）と客体（客観・認識される対象）とが未だ分かれない状態，たとえば優れた音楽を忘我の境地で聞き入っている状態のように，主体（見る私）と客体（見られるもの）の区別・対立が描かれる以前（主客未分）の経験そのままの状態を純粋経験とよび，思索の原点とする哲学を追究した。

B **偶然性**　「いき」に注目し，これを日本民族の意識と文化を反映している言葉と考えて『「いき」の構造』を著した**九鬼周造**（くきしゅうぞう）は，自己の生やこの世界が，たくさんの可能性のうちの１つとして今ここにあるという偶然性に着目し，『偶然性の問題』においてその積極的な意義について論じている。

C **間柄**　**和辻哲郎**は，西欧近代思想が社会や人間関係をもっぱら個人や自我の独立を中心にして考察していく点を批判し，人間，個人であると同時に社会の一部（構成物）であると説く。この個別性と全体性という互いに矛盾した２つの対立的なものの統一が人間存在であり，人は常に人と人との間柄（関係）においてのみ人間たりうるとし，人間存在を間柄的存在であるとした。

よって，正解は肢４である。

正答 4

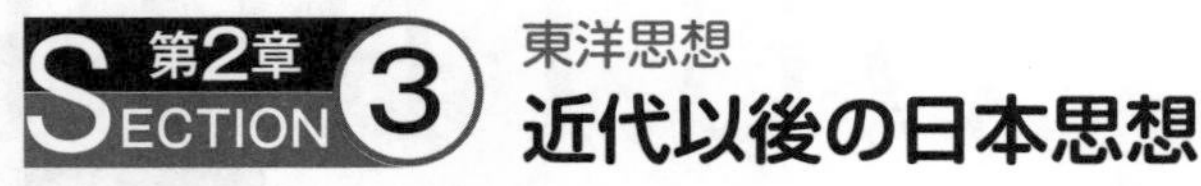

第2章 SECTION ③ 東洋思想 近代以後の日本思想

実践 問題 139 基本レベル

頻出度	地上★	国家一般職	東京都★★	特別区★★
	裁判所職員	国税·財務·労基	国家総合職	

問 **次は，我が国の近代思想に関する記述であるが，A～Dに当てはまるものの組合せとして最も妥当なのはどれか。** **(国家一般職2016)**

○明治期の思想家である［A］は，ルソーの『社会契約論』を翻訳し，『民約訳解』として出版した。そこに示された主権在民の原理や抵抗権の思想は，自由民権運動に新たな理論的基礎を与える役割を果たした。

○夏目漱石は，「日本の現代の開化は外発的である」と述べ，西洋のまねを捨て自力で自己の文学を確立しようと決意した。晩年には，自我の確立とエゴイズムの克服という矛盾に苦闘し，［B］の境地に到達したといわれている。

○西田幾多郎は，［C］において，主観（認識主体）と客観（認識対象）との二元的対立から始まる西洋近代哲学を批判し，主観と客観とが分かれていない主客未分の経験を純粋経験と呼んだ。

○大正期には大正デモクラシーと呼ばれる自由主義・民主主義的運動が展開された。［D］は，民本主義を主張し，主権が天皇にあるのか国民にあるのかを問わず，主権者は主権を運用するに際し，国民の意向を尊重し，国民の利益と幸福を目的としなければならないとした。

	A	B	C	D
1：	中江兆民	則天去私	『善の研究』	吉野作造
2：	中江兆民	諦念	『善の研究』	美濃部達吉
3：	中江兆民	諦念	『倫理学』	吉野作造
4：	内村鑑三	則天去私	『倫理学』	美濃部達吉
5：	内村鑑三	諦念	『善の研究』	吉野作造

直前復習

チェック欄

1回目	2回目	3回目

実践 問題 139 の解説

〈日本の近代思想〉

A **中江兆民**　ルソーの『社会契約論』を翻訳し，『民約訳解』として出版したのは中江兆民である。天賦人権説による人民主権や抵抗権など，フランス流の民権思想の普及活動を行い，東洋のルソーとよばれた。主著は『三酔人経綸問答』である。内村鑑三は，近代日本の代表的なキリスト者であり，アメリカから帰国した後には，無教会主義に立ち，「二つのＪ（日本とイエス）」への愛に生涯を捧げることを誓った。また，自分の信仰を「武士道に接木されたるキリスト教」と位置づけた。主著に『余は如何にして基督教徒となりし乎』がある。

B **則天去私**　夏目漱石が晩年に達した境地は「則天去私」である。「則天去私」は小さな私（自我）を去って，天（大我・自然・運命）の命ずるままに生きるという考え方。晩年の漱石が自己本位の個人主義を徹底した結果，たどり着いた境地である。一方，「諦念」は，夏目漱石とともに反自然主義の立場で余裕派とよばれた森鴎外が晩年にたどり着いた境地である。「諦念」は道理を悟って迷わない心，また，あきらめの気持ちを意味する。

C **『善の研究』**　西田幾多郎の著書は『善の研究』である。『倫理学』は和辻哲郎の著作である。西田幾多郎は主観と客観の二元的対立から始まる西欧近代哲学を批判し，主客未分の純粋経験こそが本来的な経験であり，真の実在であると考えた。一方，和辻哲郎は人間は人と人との間柄的存在であり，間柄の学として倫理学を捉えた。

D **吉野作造**　民本主義を主張したのは吉野作造である。民本主義は，主権がどこに存するのかを問うのではなく，主権の運用において民意を尊重し，民衆の福利を実現するという視点から大日本帝国憲法を可能な限りデモクラシーの方向に向けて解釈しようとするものである。

以上から，肢１が正解となる。

正答 1

第2章 SECTION ③ 東洋思想

近代以後の日本思想

実践 問題 140 基本レベル

頻出度	地上★★	国家一般職	東京都★★	特別区★★
	裁判所職員	国税·財務·労基	国家総合職	

問 我が国の思想家に関する記述として最も妥当なのはどれか。

（国税・財務・労基2013）

1：福沢諭吉は「東洋のルソー」と呼ばれ，自由民権運動の理論的指導者として活躍した。また，米国から帰国した森有礼の発議で創設された明六社の一員として，文明開化を推進し，著書『民約訳解』において，民衆は「恢復（回復）的民権」をめざすべきことを説いた。

2：内村鑑三は，著書『武士道』において，理想的な自己のあり方を追求し，どこまでも個性を尊重する「自己本位」の立場を説いた。また，自らを「永遠の不平家」と評し，日々のささいな仕事に全力で取り組む「諦念（レジグナチオン）」の境地で生きることを理想とした。

3：美濃部達吉は，天皇主権の大日本帝国憲法の下では主権在民を主張することはできないが，憲法の運用を工夫することによって民意を尊重し，デモクラシーに近づくことは可能であると考えた。そして，「民本主義」を主張し，『風土』など多数の著書を残した。

4：丸山眞男は，一般の庶民（常民）の生活・風習，受け継がれてきた民間の伝承の調査・研究を通して，日本の伝統文化を明らかにしようとした。日本の民俗学の創始者とも言われ，『菊と刀』など多数の著書を残した。

5：西田幾多郎は，著書『善の研究』において，独立した自己（主観）が自己の外にある対象（客観）を認識するといった，主観と客観との対立を前提とした西洋近代のものの見方を批判した。そして，哲学の出発点を，主観と客観とに分かれる前の「純粋経験」に求めた。

チェック欄

1回目	2回目	3回目

実践 問題 140 の解説

〈日本の近現代思想〉

1 × 「東洋のルソー」とよばれ，著書『民約訳解』において「恢復（恢復）的民権」を目指すべきことを説いたのは，中江兆民である。

2 × 『武士道』を著したのは新渡戸稲造である。また，「自己本位」を説いたのは夏目漱石であり，「諦念（レジグナチオン）」を説いたのは森鷗外である。

3 × 「憲法の運用を工夫することによって民意を尊重し，デモクラシーに近づくことは可能である」と考えたのは中江兆民である。また，「民本主義」を主張したのは吉野作造。「民本主義」とは，主権が人民にあるとの趣旨ではなく，主権を運用する場合には，人民の幸福と福利を目的とすべし，との考え方である。なお，『風土』は和辻哲郎の著書であり，美濃部達吉は「天皇機関説」を唱えた人物である。

4 × 「一般の庶民（常民）の…伝承の調査・研究」し，「日本の民俗学の創始者」とされるのは，柳田国男である。また『菊と刀』はベネディクトの著書。なお，丸山真男は，戦後の日本において民主主義の実現のために積極的な発言を行った思想家であり，いったん作為されたものも，常に空洞化し，ふたたび自然によって侵食される危険にさらされていると考えた。したがって，自由や平等，権利といったものも，不滅の価値を持ち続けるのではなく，常に崩壊の危機にさらされており，それを維持するためにはその意義を繰り返し確認していかなければならない，とする。

5 ○ 妥当である。

正答 5

第2章 SECTION ③ 東洋思想

近代以後の日本思想

実践 問題 141 基本レベル

頻出度				
	地上★	国家一般職	東京都★	特別区★
	裁判所職員	国税·財務·労基		国家総合職

問 人間と社会に関する思想についての記述として最も妥当なのはどれか。

(国税・財務・労基2014)

1：朱子は，人間としての賢明な生き方とは，世俗への執着心を捨て，身を低くして人と争わず，自然に従って生きることであると説いた。また，政治についても，君主は民衆に無用の干渉をせず，自然に任せればかえってよく治まるとし，小国寡民という村落共同体社会を理想とした。

2：福沢諭吉によれば，民権には，民衆が自ら獲得した「恢復的民権」と，為政者から与えられた「恩賜的民権」の２種類がある。そして，日本の現状を考えれば，まず立憲政治を確立し，「恩賜的民権」を次第に「恢復的民権」に育て上げることが進化の段階にかなっていると説いた。

3：和辻哲郎は，西洋近代の個人主義的人間観を批判し，著書『人間の学としての倫理学』において，個人と社会のつながりを考察した。そして，人間は孤立した個人的な存在ではなく，人と人との関係の中で生きる「間柄的存在」であると考えた。

4：ルソーによれば，人間は自然状態において，自然権を無制限に行使しようとするため，「万人の万人に対する戦い」が生じる。そこで，各人が互いに社会契約を結んで各人の自然権を１人の人間あるいは一つの合議体に譲渡して全てを任せることで，国家が成立すると説いた。

5：サルトルによれば，自己の人生は「超越者」によってあらかじめ決められているが，その責任は全て自分にある。それゆえに，自分の内側を見つめ，自分の存在とは何かについて考えることが大切であり，社会との関わりは選択的に行っていくべきであると主張した。

チェック欄

1回目	2回目	3回目

実践 問題 141 の解説

〈人間と社会に関する思想〉

1 × 本肢は朱子ではなく**老子**に関する記述である。道家の老子は「**無為自然**」を説き，人為，作為を排して自然に従って生きることを説いた。また，自給自足の村落共同社会である「小国寡民」を理想とした。**朱子**は宋代の新儒教の思想家であり，「**理気二元論**」の立場から儒学思想を体系化し，朱子学を創始した。

2 × 民権を「**恢復的民権**」と「**恩賜的民権**」とに分け，「恢復的民権」を真の民権であると考えたのは**中江兆民**である。福沢諭吉は「天賦人権論」を唱え，自由，平等に生きる権利は人間に生まれつき備わると説いた。

3 ○ **和辻哲郎**は個人と社会とを分ける西洋の人間観を批判し，人間を「**間柄的存在**」として捉え，個人と社会とのつながりを重視する独自の倫理学「人間の学」を創始した。

4 × 自然状態を戦争状態と捉え「**万人の万人に対する戦い**」と形容し，社会契約を「譲渡」契約としたのはホッブズである。**ルソー**は自然状態を理想状態とし，公共の利益の実現を目指す普遍的な意志である「**一般意志**」に従うことによって自然状態が回復されるとした。

5 × 我々は人生における克服不可能な壁である「**限界状況**」によって自己の有限性を自覚し，「超越者」に直面することになると説いたのはヤスパースである。**サルトル**は「実存は本質に先立つ」と述べ，人間にはあらかじめ決められた本質はなく，その意味で自由であると主張した。そして，責任を果たしつつ自己の本質をよりよく実現するためには「**アンガージュマン**（社会参加）」が必要であると説いた。

正答 3

第2章 SECTION ③ 東洋思想

近代以後の日本思想

実践 問題 142 基本レベル

頻出度			
地上★	国家一般職	東京都★	特別区★★★
裁判所職員	国税·財務·労基	国家総合職	

問 我が国の思想家等に関する記述として最も妥当なのはどれか。

(国税・財務・労基2020)

1：新渡戸稲造は，キリスト教に基づく人格主義的な教育を実践する中で，イエスと日本という「二つのＪ」のために生涯を捧げると誓った。また，『武士道』において，個人の内的信仰を重視し，教会の制度や形式的な儀礼にとらわれない無教会主義を説いた。

2：幸徳秋水は，社会主義思想の理論的支柱としての役割を果たし，「東洋のルソー」と呼ばれた。また，森有礼らとともに明六社を創設し，欧米視察の経験などから西洋の知識を広く紹介するとともに，封建意識の打破と我が国の近代化を目指した。

3：与謝野晶子は，雑誌『青鞜』において，「元始，女性は実に太陽であった。」と述べ，女性の人間としての解放を宣言した。また，平塚らいてうとの間で繰り広げられた母性保護論争においては，女性は母になることによって社会的存在になると主張した。

4：西田幾多郎は，独自の国文学研究に基づき，沖縄の習俗調査を行った。それにより，我が国には海の彼方の常世から神が訪れるとする来訪神信仰が息づいていることを発見し，神の原像を村落の外部からやってくる存在，すなわち「まれびと」であると考え，『遠野物語』にまとめた。

5：和辻哲郎は，人間とは，人と人との関係において存在する「間柄的存在」であると考え，倫理学とはそうした「人間」についての学であると主張した。また，自然環境と人間との関係を考察し，それを『風土』にまとめた。

チェック欄		
1回目	2回目	3回目

実践 問題 142 の解説

〈近代日本の思想家〉

1 × イエスと日本という「二つのＪ」のために生涯を捧げると誓ったのは，**内村鑑三**である。無教会主義を説いたのも内村鑑三。『武士道』は新渡戸稲造の著作として正しいが，その内容は日本人の精神を世界に紹介するために著されたものである。

2 × 「東洋のルソー」とよばれたのは，**中江兆民**である。自由民権運動の理論的指導者として活躍した。明六社の創設にかかわり，欧米視察の経験などから西洋の知識を広く紹介するとともに，封建意識の打破とわが国の近代化を目指したのは，福沢諭吉である。幸徳秋水は社会主義者として日露戦争の際に反戦論を唱え，のちに大逆事件により処刑された。

3 × 雑誌『青鞜』において，「元始，女性は実に太陽であった」と述べたのは，与謝野晶子ではなく**平塚らいてう**である。与謝野晶子と平塚らいてうの母性論争においては，与謝野晶子が，国に対し「依頼主義」である限り女性が経済的独立を果たすことは不可能だとして，母性保護を受けることに反対し，これに対して平塚は，女性は母となることで社会的・国家的存在となるため，国から経済的補助を受けることは当然だと反論した。

4 × 神の原像を村落の外部からやってくる存在，すなわち「まれびと」であると考えたのは，折口信夫である。また，『遠野物語』は**柳田国男**の主著である。西田幾多郎は，西洋哲学に特徴的な主観と客観を対立的に捉える考え方に反対し，人間経験の最も根本的なものは主客未分の純粋経験であるとした哲学者である。

5 ○ **和辻哲郎**の説明として妥当である。和辻は，西洋近代思想が，社会や人間関係をもっぱら個人や自我の独立を中心に考察していく点を批判し，人間は個人であると同時に，社会的存在であり，個別的と全体性という互いに矛盾しあった２つの契機を備えた存在であると考え，これを「間柄的存在」とよんだ。

正答 5

第2章 SECTION 3 東洋思想

近代以後の日本思想

実践 問題 143 応用レベル

頻出度 地上★★ 国家一般職 東京都★ 特別区★★ 裁判所職員 国税·財務·労基 国家総合職

問 我が国の近・現代思想に関する記述として最も妥当なのはどれか。

(国Ⅱ2009)

1：福澤諭吉は，我が国が文明開化を進める上で，西洋の近代文明がキリスト教の道徳観の上に成立していることを国民の一人ひとりが重視するべきであるとし，道徳的基盤のない新しい知識だけを重んじる教育が国民に普及することの危険性を主張した。

2：中江兆民は，人は生まれながらに自由と平等の基本的な人権を与えられているという天賦人権論を説いた。そして，人が自らの手で恢復(かいふく)的民権を獲得することは，単なる利己主義に陥るだけであるとし，為政者が上から人に恵み与える恩賜的民権を守ることが重要であるとした。

3：夏目漱石は，他人に依存せず，内面的な自己の主体性を確立するという自己本位に根ざした個人主義の実現を目指した後，こうして確立された自我の解放の必要性を主張し，研ぎ澄まされた自身の感性により物事を見つめていこうとする浪漫主義の立場をとるようになった。

4：和辻哲郎は，西洋近代の個人主義的人間観を批判し，人間は他の人間との間柄的存在として誕生するのであり，生まれたときから多様な人間関係の中で自己を意識し，ふるまい方を決定する存在であるとした。

5：柳田國男は，村落共同体に生活を営む，ごく普通の人々である常民に光を当てようと，民俗学を創始した。そして，万葉集などの古典の文献を読み解くことを通じて，常民の生活に込められた思いなど，人生の知恵を探ろうと試みた。

チェック欄		
1回目	2回目	3回目

実践 問題 143 の解説

〈日本の近現代思想〉

1 × 福沢諭吉は本肢のような主張をしていない。**福沢諭吉**は，自主独立の精神（**独立自尊**）を重んじ，「**一身独立して一国独立す**」と述べ，個人の独立が国家の独立に通じると主張した。そして，独立自尊を達成するためには，**実学**（西欧の自然科学，社会科学）を学ぶことが大切であるとした。

2 × 「**天は人の上に人を造らず人の下に人を造らずと云えり**」と述べ，**天賦人権論**を唱えたのは**福沢諭吉**である。福沢らはイギリス流の穏健な民権思想に立ち，国家の独立を第一として国権と民権の調和を図る官民調和の方向を目指して自由民権運動には批判的であったが，これに対してルソーに代表されるフランス流の急進的な民権思想の導入を図ったのが**中江兆民**である。中江兆民は，為政者が上から人民に恵み与えた民権は恩賜的民権であり，真の民権は人民が自ら勝ち取る恢復的民権でなくてはならないとしたが，当時の情勢から，恩賜的民権を守り育てることで恢復的民権に変えていくことが重要であるとした。しかし，これは，恢復的民権を獲得することは利己主義に陥ると考えたからではない。

3 × **夏目漱石**は講演「**私の個人主義**」において，「**自己本位**」を唱えたが，夏目漱石は浪漫主義に属する文学者ではなく，森鷗外とともに**余裕派**（**高踏派**）に属する文学者である。夏目漱石は内面的な自己の主体性を確立するという自己本位に根ざした個人主義の実現を目指した後，自己本位の立場を超えた「**則天去私**」の境地に達した。

4 ○ **和辻哲郎**は個人と社会を対立したものとして捉える西洋近代の個人主義的人間観を批判した。人間は個人と社会とを総合する**間柄的存在**であるとし，このような観点から「**人間の学**」とよばれる独自の倫理学を始めた。

5 × **柳田国男**が村落共同体に生活を営む，ごく普通の人々である「**常民**（じょうみん）」に光をあてて，民俗学を創始した点は正しい。しかし，柳田が光をあてた「常民」とは，文字以外の力によって生きてきた無名の人々であり，柳田は西欧化されていない日本の伝統的な農村において，口伝により伝えられてきた昔話や民話，わらべうた，伝説や行事などを収集し，そこに本来の日本文化や日本人の精神を見たのである。万葉集など古典の文献を読み解くことによって，日本人本来の心を「真心」だとしたのは，国学を大成した本居宣長である。

正答 4

第2章 SECTION 3 東洋思想
近代以後の日本思想

実践 問題 144 応用レベル

頻出度				
地上★★	国家一般職	東京都★	特別区★★
裁判所職員	国税·財務·労基	国家総合職	

問 近代の思想家に関する記述として最も適当なものはどれか。

(裁判所職員2017)

1：美濃部達吉によって唱えられた大正デモクラシーの指導的理論を民本主義という。彼の主著である『憲政の本義を説いて其の有終の美を済すの途を論ず』は，憲政擁護運動の隆盛に大きく貢献した。

2：和辻哲郎が自らの倫理学に名付けた「人間の学」とは，自己の本領に立って個性を発揮し，同時に他者の個性や生き方を認め尊重するという，エゴイズムを超える倫理の追究のことを指す。

3：西田幾多郎が自己の哲学の根本とした純粋経験における「主客未分」とは，人間は常に人と人との間柄においてのみ人間たりうるのであり，孤立した個人的な存在ではないという考えのことである。

4：柳宗悦は，大正・昭和期の民芸運動の創始者である。彼は，それまで美の対象とされていなかった民衆の日用品や，無名の職人たちの作品に固有の優れた美を見出し，その概念を「民芸」と名付けた。

5：柳田国男は，日本民俗学の創始者で，民間伝承を保持している階層の無名の人々を，英語のfolkの訳語として「まれびと」と名付けた。現在の岩手県遠野市の周辺に伝わる民間伝承を筆録した『遠野物語』のほか，日本人の祖霊信仰についてまとめた『死者の書』で知られる。

チェック欄		
1回目	2回目	3回目

実践 問題 144 の解説

〈近代日本の思想家〉

1 × 大正デモクラシーの指導的理論を**民本主義**ということは正しいが，これを唱えたのは美濃部達吉ではなく**吉野作造**である。主権が天皇にあるのか国民にあるのかを問わず，主権者は主権を運用するに際し，国民の意向を尊重し，国民の利益と幸福を目的にしなければならないとした。**美濃部達吉**は，法人としての国家が統治権の主体で，天皇は国家の最高機関とする**天皇機関説**を主張した人物である。なお，『憲政の本義を説いて其の有終の美を済すの途を論ず』は吉野作造の主著である。

2 × **和辻哲郎**が自らの倫理学に「**人間の学**」と名付けたことは正しいが，「自己の本領に立って個性を発揮し，同時に他者の生き方を認め尊重する」とは，夏目漱石が説く個人主義の説明である。夏目漱石はエゴイズムを超える倫理の追究に苦悩した。和辻哲郎は，人間とは個人であると同時に人と人との間柄的存在であるとし，**倫理学を単に個人の意識の問題として捉えるのではなく，人と人との間柄の学として捉えることが必要である**と考えたのである。

3 × **西田幾多郎**が自己の哲学の根本としたのが，**純粋経験における「主客未分」**であることは正しいが，「人間は常に人と人との間柄においてのみ人間たりうるのであり，孤立した個人的な存在ではない」とは，和辻哲郎の考えを示している。純粋経験における「主客未分」とは，文字どおり**主観と客観がまだ区別されていない具体的・直接的な経験**である。西田はこの純粋経験こそが真の実在であるとした。

4 ○ 柳宗悦（やなぎむねよし）の説明として妥当である。柳宗悦は，それまで美の対象として扱われてこなかった民衆の日用品や，無名の職人たちの作品に固有の優れた美を見出し，その概念を「民芸」と名付けた。

5 × **柳田国男が日本民俗学の創始**者であることは正しいが，民間伝承を保持している階層の無名の人々を「**常民**」と名付けた。一方，「**まれびと**」は**折口信夫が用いた言葉**である。折口信夫は，日本の神の原像を村落の外部からやってくる存在と考え，客人を意味する古語を用いて「まれびと」と名付けた。折口は，海のかなたの「常世国」から豊穣をもたらす神が「まれびと」として現世を訪れ，再び去っていくとする。なお，『遠野物語』は柳田の主著であるが『死者の書』は折口信夫の小説である。

正答 4

第2章

東洋思想

章末 CHECK

Question

Q1 儒家の祖である孔子は，一切の作為を捨てて道に従って生きることを説いた。

Q2 孟子は，人の性は悪にして，その善なるは偽なりとして性悪説を説いた。

Q3 荀子は権力によって国を治める王道政治を理想の政治のあり方とした。

Q4 老子はすべてのものは等しい価値を持ち，差別はないとする万物斉同を唱えた。

Q5 韓非子は法家の大成者であり，人間の悪しき本性を礼で治めることを説いた。

Q6 墨子は儒家思想を発展させ無差別平等の愛である「兼愛」を唱えた。

Q7 朱子が始めた朱子学では，理と気という２つの原理によって万物の現象が説明される。

Q8 王陽明は朱子学を批判し，欲を捨てて理に従って生きる「居敬窮理」を理想とした。

Q9 林羅山は江戸の朱子学者であり，朱子学を幕府の官学とする基礎をつくった。

Q10 中江藤樹は日本陽明学の創始者であり，江戸幕府の封建体制を肯定する「上下定分の理」を唱えた。

Q11 山鹿素行は中国古代の聖人の原点に直接学ぶべきとする古学の立場を提唱した。

Q12 伊藤仁斎は，儒教の教えを武士の倫理として捉え直し，士道を確立した。

Q13 荻生徂徠は古代中国の先王の道（安天下の道）を研究する古文辞学を打ち立てた。

Q14 本居宣長は「万葉集」に「ますらをぶり」の歌風を見出し，これを尊重すべきことを主張した。

Q15 石田梅岩は石門心学を創始し，報徳思想を説いた。

Q16 安藤昌益は農民こそが唯一生産的な階級であるとし，「万人直耕」を説き，「自然世」を理想とした。

Q17 二宮尊徳は「真心」を日本古来の精神として，復古神道を説いた。

Q18 佐久間象山は「東洋道徳，西洋芸術」と説き，西洋の進んだ科学技術を取り入れることの重要性を指摘した。

Q19 福沢諭吉は天賦人権論を唱え，「東洋のルソー」とよばれた。

Answer

A1 × 一切の作為を捨てて道に従って生きること（無為自然）を説いたのは，道家の老子である。孔子は仁と礼を重視した。

A2 × 性悪説に立ったのは荀子である。孟子は性善説にたち，人間には生まれもって徳の芽となる四端の心があるとする。

A3 ×「王道政治」は孟子が理想とした政治であり，仁義を備えた有徳な君主による政治を指す。

A4 × 万物斉同を唱えたのは，荘子である。

A5 × 礼による矯正を説いたのは荀子である。韓非子の大成した法家は厳しい刑罰により民衆を統治することを説く。

A6 × 墨子は儒家の説く仁愛を近親のものを重視する差別的な愛であると批判して「兼愛」を説いた。

A7 ○ 朱子は本問で挙げられている「理気二元論」と，「性即理」を唱えた。

A8 ×「居敬窮理」は朱子の言葉である。王陽明は陽明学の創始者であり，「心即理」（心そのものが理である）と説いた。

A9 ○ 林羅山は朱子学者である藤原惺窩の弟子である。

A10 × 中江藤樹は日本陽明学の創始者であり，「孝」が人間関係の根本にある道徳的原理であるとした。「上下定分の理」を唱えたのは林羅山。

A11 ○ 山鹿素行は山鹿流兵学の創始者としても有名である。

A12 × 士道を確立したのは山鹿素行である。

A13 ○ 荻生徂徠は中国古代の法，制度に基づく政治（経世済民）を理想とした。

A14 ×「万葉集」に「ますらをぶり」を見出したのは賀茂真淵。本居宣長は「古今和歌集」に見られる「たをやめぶり」を尊重した。

A15 × 石田梅岩は町人の立場を擁護し，石門心学を創始して商人の営利活動を肯定したが，報徳思想は幕末の農業指導家，二宮尊徳の思想である。

A16 ○ 安藤昌益は武士などの農民以外の階級は農民に寄生していると考えた。

A17 ×「真心」を日本古来の精神としたのは本居宣長。復古神道を説いたのは平田篤胤。

A18 ○ 佐久間象山は道徳に関しては東洋（朱子学）から学ぶことを説いた。

A19 × 福沢諭吉は天賦人権論を唱えたが，「東洋のルソー」とよばれたのは中江兆民である。

第2章 東洋思想

章末 CHECK

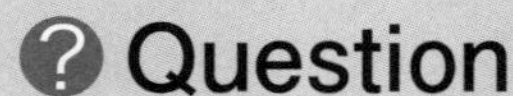

Q20 中江兆民は，権利や自由は民衆が自らの力で勝ち取るものだとする「恩賜的民権」を主張した。

Q21 キリスト者である内村鑑三は英語で『武士道』を著し，日本の精神を海外に紹介した。

Q22 和辻哲郎は「純粋経験」を根源的なものとすることで，西洋の認識論における主観と客観との対立を超克した。

Q23 西田幾多郎は人間を「間柄的存在」と捉え，個人と社会とは相対立するものではないとした。

Q24 柳田国男は，神の原型は常世国から定期的に村落を訪れる「まれびと（客人)」であるとした。

Q25 仏教の根本原理は，すべてのものは互いに関係しているという「縁起」説である。

Q26 最澄は日本天台宗の開祖であり，「三密」とよばれる修行を重視した。

Q27 空也は「市聖」とよばれ，諸国を遊行して浄土教を広めた。

Q28 法然は浄土真宗の開祖であり，専修念仏による絶対他力を唱えた。

Q29 道元は，善人よりも悪人のほうが阿弥陀仏の真の救いの対象であるとする「悪人正機説」を唱えた。

Q30 栄西は日本臨済宗の開祖であり，ただひたすら座禅する「只管打座」による「身心脱落」を求めた。

Q31 日蓮は法華経こそ仏陀の真の教えであるとした。

A20 × 「恩賜的民権」ではなく「恢復的民権」である。

A21 × これは，内村鑑三と同じく札幌農学校出身の新渡戸稲造に関する記述である。

A22 × 「主客未分」の「純粋経験」を根源的なものとしたのは西田幾多郎である。

A23 × 人間を「間柄的存在」と捉えたのは和辻哲郎である。

A24 × 神の原型を常世国から定期的に村落を訪れる「まれびと（客人）」であるとしたのは折口信夫である。柳田国男は常民の伝承などの研究を行い，日本民俗学の創始者となった人物。

A25 ○ 「無常」（すべては移りゆく）「無我」（自我は存在しない）などの仏教的考えも「縁起」に由来する。

A26 × 「三密」とよばれる修行を重視したのは真言宗の空海である。

A27 ○ 平安時代に浄土教を民衆に広めた他の僧としては，「厭離穢土，欣求浄土」（この世は穢れているので極楽浄土への往生を求めよう）を唱えた源信がいる。

A28 × 浄土真宗の開祖として絶対他力を唱えたのは親鸞である。法然は浄土宗の開祖で専修念仏を唱えた。

A29 × 「悪人正機説」を説いたのは親鸞である。

A30 × 「只管打座」は日本曹洞宗の開祖である道元の言葉である。

A31 ○ 日蓮は日蓮宗の開祖であり，法華経の題目を唱えることで即身成仏と立正安国を実現できるとした。

memo

人文科学

第3編

文学・芸術

日本の文学・芸術

SECTION

第1章 日本の文学・芸術

出題傾向の分析と対策

試験名	地上			国家一般職（旧国Ⅱ）			東京都			特別区			裁判所職員			国税・財務・労基			国家総合職（旧国Ⅰ）		
年度	15-17	18-20	21-23	15-17	18-20	21-23	15-17	18-20	21-23	15-17	18-20	21-23	15-17	18-20	21-23	15-17	18-20	21-23	15-17	18-20	21-23
出題数／セクション		1		1			2	2	2		1										
文学				★			★	★	★												
美術・伝統文化		★					★	★	★		★										

（注） １つの問題において複数の分野が出題されることがあるため，星の数の合計と出題数とが一致しないことがあります。

文学・芸術の分野は，国家総合職，国家一般職，国家専門職，裁判所職員の試験では，2012以降，出題が見られません。現在，文学・芸術からの出題が見られるのは，東京都と地方上級，国立大学法人になります。ただし，いずれの職種についても，毎年必ず文学・芸術からの出題があるわけではありません。人文科学に割り当てられた問題の中の１問分について，文学・芸術の分野から出題される年もある，という形になっています。したがって，文学・芸術ではなく，古代ギリシア思想や仏教思想，中国思想のほか，世界遺産，現代作家と作品，伝統芸能，ノーベル文学賞などの分野から出題される年もあります。なお，国家一般職では日本史の問題の中に2015年は『吾妻鏡』が，2018年には明治・大正期のわが国の文学が出題されています。また，特別区では，日本史として2020年に元禄文化における美術作品が出題されています。上記の出題数表はこうした状況を反映させたものになります。

地方上級

地方上級のA日程では，2013年は鎌倉仏教，2014年は世界遺産，2015年は近代日本思想，2016年は日本の伝統芸能（能，狂言，文楽，歌舞伎），2017年には西洋文学が出題されています。問われたのはエンデ，サン・テグジュペリ，モンゴメリー，マーク・トウェイン，ルイス・キャロルでした。2018年はミュージカルです。以後，文学・芸術の出題はありません。Ｂ日程とＣ日程に統一試験を実施する市役所では，出題されません。

東京都

東京都Ⅰ類Bでは，2010年に近代日本の美術・工芸，2011年に近代日本文学，2012年に日本文化史，2013年に24節季，2014年に古代ギリシア思想，2015年に世界遺産，2016年に古典の冒頭（枕草子，源氏物語，平家物語）が出題されています。近代日本文学や古典の冒頭は，いずれも基本的な問題でした。特に古典の冒頭については，特に対策をとらなくても正答できるものでした。2017年はルネサンス期の作品です。2019年には近代日本文学，2020年は近代日本の作曲家でした。2021年には小倉百人一首，2023年は日本の生活文化の出題で，文学・芸術の中でも，日本からの出題が多いです。

国立大学法人

2015年は中国の文学，2014年は室町時代から織豊政権期の文化，2013年は儒家と道家，2012年はモダニズム建築，2011年は近代日本文学，2010年は鎌倉仏教の思想からの出題が見られます。2017年は近代日本文学から出題されています。

Advice アドバイス 学習と対策

東京都，国立大学法人で文学・芸術からの出題が見られるとはいえ，毎年，必ず文学・芸術の分野からの出題があるわけではありません。このため，文学・芸術の学習に多くの時間を割くことは得策ではありませんが，過去に出題された典型的な問題をマスターしておくことは，本試験において１点を加点できる確率を上げることにはなります。あれこれ手を出すことなく，過去問を中心として，基本問題に正答できるようにしておきましょう。

国家公務員の新傾向を考えると，伝統芸能や世界遺産などは，思想よりも出題される可能性は高いと言えます。

第1章 1 SECTION

日本の文学・芸術
文学

必修問題 セクションテーマを代表する問題に挑戦！

代表的な近代日本文学の基本を，チェック！

問 日本の作家に関する記述として，妥当なのはどれか。

（東京都Ⅰ類B 2019）

1：武者小路実篤は，耽（たん）美派の作家の一人であり，彼の代表的な作品には，「その妹」や「和解」がある。

2：谷崎潤一郎は，耽美派の作家の一人であり，彼の代表的な作品には，「刺青」や「痴人の愛」がある。

3：芥川龍之介は，白樺派の作家の一人であり，彼の代表的な作品には，「山月記」や「李陵」がある。

4：志賀直哉は，新思潮派の作家の一人であり，彼の代表的な作品には，「人間万歳」や「暗夜行路」がある。

5：川端康成は，新感覚派の作家の一人であり，彼の代表的な作品には，「日輪」や「旅愁」がある。

直前復習

Guidance ガイダンス

古典はこれまで学校の中で学んできたこと，日常生活の中で見聞きすることなどで問題が解けるものがあれば解くというスタンスでよいだろう。近代日本文学は日本史でも出題されることから，文化潮流の流れを理解しつつ，代表的な作家の作品を覚えていこう。

頻出度	地上★	国家一般職★	東京都★	特別区
	裁判所職員	国税･財務･労基		国家総合職

必修問題の解説

チェック欄 1回目 2回目 3回目

〈近代日本文学〉

1 × 武者小路実篤は耽美派ではなく白樺派である。また『その妹』は武者小路実篤の書著として正しいが，『和解』の著者は志賀直哉である。

2 ○ 谷崎潤一郎の説明として正しい。耽美派とは，官能美・感覚美を重視する考え方である。

3 × 芥川龍之介は白樺派ではなく，新思潮派であり，代表作品は『羅生門』や『鼻』などである。『山月記』と『李陵』は中島敦の作品である。

4 × 志賀直哉は新思潮派ではなく白樺派である。また，『暗夜行路』は志賀直哉の作品として正しいが，『人間万歳』は武者小路実篤の作品である。

5 × 川端康成は新感覚派であるが，代表作は『伊豆の踊り子』である。『日輪』と『旅愁』の著者は横光利一である。

【ポイント】

本問は，武者小路実篤と志賀直哉が白樺派であること，芥川龍之介が白樺派でないことで，２択となり，川端康成の代表的作品は『雪国』や『伊豆の踊り子』であろう，ということで肢５を切りたい。

白樺派は頻出である。

正答 2

Step ステップ 文学の出題に関しては，日本を代表する作家とその意義，作品をキーワードで結びつけていくことが基本である。欲を言えば，「百聞は一見にしかず」なので，実際に代表的な作品に目を通すことで，作家の作風や作品の特徴なども理解することができるであろう。2018年には国家一般職の日本史で，明治・大正期のわが国の文学が出題されている。

日本の文学・芸術

文学

1 近世（江戸時代）の文学

(1) 江戸前期の元禄期

◆松尾芭蕉：『奥の細道』

幽玄閑寂の境地を目指す芸術性の高い句風（蕉風）を確立しました。蕉風俳諧の基調をなすのは，「さび」や，「しをり」「かるみ」「ほそみ」です。

◆井原西鶴

上方町人の生活を描いた浮世草子の作家です。好色物では『好色一代男』，町人物では『日本永代蔵』『世間胸算用』が有名です。

◆近松門左衛門

浄瑠璃本作家です。『国性爺合戦』や『曽根崎心中』が有名です。

(2) 江戸後期の化政期

◆曲亭馬琴：『南総里見八犬伝』

◆式亭三馬：『浮世風呂』

2 近代文学

(1) 明治時代以降

◆写実主義

現実をありのままに描くものです。坪内逍遙は『小説神髄』で写実主義の理念を提示し，小説『当世書生気質』を著しました。また，二葉亭四迷は『浮雲』を言文一致を志向した文体で著します。

◆擬古典主義

欧化主義に対抗して写実主義の模範を日本の古典文学に求めました。その中心は『金色夜叉』を著した尾崎紅葉と，『五重塔』を著した幸田露伴です。

樋口一葉は，その作風・文体は擬古典主義のものですが，浪漫主義の雑誌である「文学界」との関係が深い作家です。代表作に『にごりえ』『たけくらべ』があります。

◆浪漫主義

自由な精神と自我の解放を目指し，内面的真実を尊重するものです。北村透谷は「文学界」を発刊して浪漫主義の先駆となり，森鷗外が『舞姫』を，島崎藤村が『若菜集』（詩集）を著しました。

◆自然主義

人間の真実の姿を露悪的に描いたものです。島崎藤村の『破戒』，田山花袋の『蒲団』が代表的な作品です。私小説を生みました。

島崎藤村には明治維新を描いた大作『夜明け前』もあります。

◆耽美主義

美的官能性を重んじるものです。永井荷風の『すみだ川』や谷崎潤一郎の『細雪(ささめゆき)』『刺青』『痴人の愛』など。

◆余裕派（高踏派）

知識人の観点から近代的自我を描いた森鷗外と夏目漱石が代表です。森鷗外はドイツから帰国して『舞姫』を，のちに『山椒大夫』『高瀬舟』を著しました。訳詩集の『於母影(おもかげ)』も有名です。夏目漱石は『吾輩は猫である』でデビューし，初期には『坊っちゃん』などの反俗精神に満ちた作品を，後期にはエゴイズムの問題を追求した『こゝろ』などの作品を残しました。

夏目漱石は「私の個人主義」という講演で，外からの影響を受けない確固とした自己を確立することの大切さを述べ，「自己本位」を唱えました。

(2) 大正時代以降

◆新理想主義（白樺派）

理想主義的な人道主義を主張するものです。武者小路実篤は『友情』を，志賀直哉は『城の崎にて』を著しました。『暗夜行路』は志賀直哉の唯一の長編小説です。

◆新現実主義

耽美派や白樺派が見失いがちであった現実を，生活に即して冷静に観察し，その矛盾を指摘しようとしました。新思潮派が代表です。

芥川龍之介の『羅生門』『鼻』や菊池寛の『恩讐(おんしゅう)の彼方に』など。

◆芸術派（モダニズム文学）

擬人法など新しい方法を用いた前衛的な表現方法が特徴です。新感覚派がその代表です。川端康成の『伊豆の踊り子』『雪国』など。

「芸術派」には「新感覚派」のほかに「新興芸術派」があります。代表的な作家は井伏鱒二です。ユーモア小説の『山椒魚』，原爆の悲惨さを描いた『黒い雨』が代表作です。

◆プロレタリア文学

社会主義・共産主義を思想的基盤とし，プロレタリアート（無産階級）の立場に立ってその要求や現実を描き，社会革命を目指しました。大正時代に『種蒔く人』が創刊され，代表的作品は小林多喜二の『蟹工船』です。

第1章 SECTION 1 日本の文学・芸術 文学

実践 問題 145 基本レベル

頻出度	地上★	国家一般職	東京都★	特別区
	裁判所職員	国税・財務・労基		国家総合職

問 次の我が国の古典文学の一節Ａ～Ｃと，それぞれの作品名の組合せとして，妥当なのはどれか。 （東京都Ⅰ類Ｂ2016）

Ａ：「春はあけぼの。やうやうしろくなり行く，山ぎはすこしあかりて，むらさきだちたる雲のほそくたなびきたる。」

Ｂ：「いづれの御時にか，女御・更衣あまたさぶらひたまひける中に，いとやむごとなき際にはあらぬが，すぐれて時めきたまふありけり。」

Ｃ：「祇(ぎ)園精舎の鐘の声，諸行無常の響あり。娑(さ)羅双樹の花の色，盛者必衰のことはりをあらはす。奢(おご)れる人も久しからず，唯春の夜の夢のごとし。」

	Ａ	Ｂ	Ｃ
1：	土佐日記	伊勢物語	太平記
2：	土佐日記	源氏物語	平家物語
3：	枕草子	伊勢物語	太平記
4：	枕草子	源氏物語	太平記
5：	枕草子	源氏物語	平家物語

チェック欄		
1回目	2回目	3回目

実践 問題 145 の解説

〈古典文学の冒頭〉

A 枕草子 「春はあけぼの。…」は枕草子の冒頭である。

B 源氏物語 「いずれの御時にか，女御・更衣…」は源氏物語の冒頭である。

C 平家物語 「祇園精舎の鐘の声，諸行無常の響きあり。…」は平家物語の冒頭である。

よって，正解は肢5である。

なお，選択肢にある他の3つの作品の冒頭は，

・土佐日記：「男もすなる日記というものを女もしてみむとてするなり。」

・伊勢物語：「むかし，男，初冠して，平城の京春日の里にしるよしにて，狩にいにけり。」

・太平記：「蒙ひそかに古今の変化を採って安危の由来を見るに，覆って外無きは天の徳なり。名君これに体して国家を保つ。」

である。

正答 5

第1章 SECTION 1 日本の文学・芸術
文学

実践 問題 146 基本レベル

頻出度	地上★	国家一般職★	東京都★	特別区
	裁判所職員	国税·財務·労基		国家総合職

問 次のA，B，Cは，近代以降に活躍した日本の作家についての記述であるが，人名の組合せとして最も妥当なのはどれか。　（国税・労基2009）

A：明治後期の日本において主流であった自然主義に対抗し，豊かな想像力によって女性の官能美を描き出すなど，耽美的な傾向をもつ作品を発表し，悪魔主義ともいわれた。関東大震災の後，関西に移り住んで，日本の伝統文化に接するなかで日本的古典美に傾倒するようになり『春琴抄』など古典的情緒のある作品を残した。

B：白樺派の志賀直哉に傾倒したが，次第に社会主義に進み，プロレタリア文学の作家としての地位を確立した。代表作には，オホーツク海で操業する蟹工船の中で過酷な労働を強いられる労働者たちが，階級的自覚をもち，団結して雇い主との闘争に立ち上がっていく過程を描いたものがある。

C：プロレタリア文学に同調することを好まず，個性的な芸術表現を重んじる，いわゆる「新興芸術派」の一員に連なった。渓流の岩屋から出られなくなった山椒魚の狼狽ぶりや悲哀をユーモアあふれる文体で語った『山椒魚』など，「生きていく」ことを様々な題材によって表現しようとし，戦後には，戦争への怒りと悲しみを込めた作品を発表した。

	A	B	C
1：	川端康成	小林多喜二	永井荷風
2：	川端康成	徳永直	井伏鱒二
3：	谷崎潤一郎	小林多喜二	井伏鱒二
4：	谷崎潤一郎	小林多喜二	永井荷風
5：	谷崎潤一郎	徳永直	永井荷風

チェック欄

1回目	2回目	3回目

実践 問題 146 の解説

〈わが国の近代以降の作家〉

A **谷崎潤一郎** 「女性の官能美を描き出す」「**耽美的な傾向**」「**悪魔主義**」「関西に移り住んで」などのキーワードと，『**春琴抄**』という作品から，これは谷崎潤一郎の説明であることがわかる。谷崎は，東京帝国大学在学中（のちに学費未納により中退）に和辻哲郎らと第２次『新思潮』を創刊，小説『刺青』（1909年）などを発表し，**永井荷風**によって『**三田文学**』誌上で激賞されたことから文壇における新進作家としての地位を確立した。自然主義全盛時代にあって作品のストーリーを重視した反自然主義的な姿勢を貫いた。その作風から荷風とともに耽美主義を代表する作家とされ，細君譲渡事件などの反社会的傾向から悪魔主義ともよばれるが，耽美主義と悪魔主義とは必ずしも同義ではない。大正12年９月の関東大震災を期に関西に移住し（昭和25年に再上京），旺盛な創作活動を展開した。『春琴抄』は昭和８年に発表された短篇で，幼い頃に盲目となった三味線奏者・春琴に，丁稚の佐助が，春琴の顔の怪我を期に自らも盲目となりながら献身的に仕えていく物語であり，耽美主義の極致の作品とされる。

B **小林多喜二** 「社会主義に進み，**プロレタリア文学**の作家としての地位を確立」「オホーツク海で操業する蟹工船」を舞台とする作品などの説明から，これは小林多喜二の説明であり，作品は『**蟹工船**』であることがわかる。秋田県に生まれた多喜二は幼少の頃に北海道小樽に移住し，そこで青年期を過ごし，文学にめざめるとともに労働運動にも参加するようになる。昭和３年３月15日の，共産主義者達の大検挙事件（３・15事件）に取材した『一九二八年三月一五日』（昭和３年）によって特別高等警察（特高）の激憤を買った。『蟹工船』は昭和４年に発表された作品で，これによって多喜二はプロレタリア作家として注目されることになる。不敬罪，治安維持法違反などで起訴されたりしたが，昭和８年２月20日，特高に逮捕された後，築地警察署内での激しい拷問によって絶命した。

C **井伏鱒二** 「『**新興芸術派**』の一員に連なった」「戦後には，戦争への怒りと悲しみを込めた作品を発表」などの説明や『**山椒魚**』という作品から，これは井伏鱒二の説明であることがわかる。井伏鱒二は，広島県の旧家に生まれ画家を志したが断念，早稲田大学を退学した後，大正15年に『幽閉』（のちに改作して『山椒魚』として昭和４年に再発表）を発表して創作活動を開始した。昭和13年に『ジョン萬次郎漂流記』で第６回直木賞を受賞。昭和43年，広島の原爆の悲惨さを描いた『**黒い雨**』を発表，野間文芸賞を受賞した。また，この年，文化勲章を受賞した。2009年は井伏鱒二生誕100年にあたる。

正答 3

よって，正解は肢３である。

日本の文学・芸術
文学

実践 問題 147 基本レベル

頻出度	地上★	国家一般職	東京都★	特別区★★
	裁判所職員	国税·財務·労基		国家総合職

問 国風文化に関する記述として，妥当なのはどれか。　（東京都Ⅰ類A 2023）

1：国風文化とは，菅原道真による遣唐使の停止により，東アジアとの交流がとだえた結果，日本独自の文化として発展したもので，天平文化ともよばれる。

2：仮名文字の発達は，日本人の感覚や感情をいきいきと表現することを可能にし，国風文化の形成に重要な役割をはたしたとされている。

3：「古今和歌集」は藤原定家により編集され，「万葉集」と比べて素朴で力強い歌風は，古今調とよばれて長く和歌の模範となった。

4：物語文学では，皇后定子に仕えた紫式部が，宮廷生活の体験を随筆風に記した「源氏物語」を創作し，清少納言の「枕草子」とともに国風文化を代表した。

5：日記文学では，紀貫之が紀行文「更級日記」をあらわしたほか，菅原孝標の女が自らの一生を回顧して「蜻蛉日記」をあらわした。

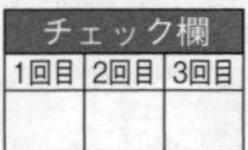

実践 問題 147 の解説

〈国風文化〉

1 × 天平文化は，奈良時代の聖武天皇の時期に見られた文化であり，国風文化は平安時代，藤原氏の摂関政治の時期に最も盛んになったことから藤原文化とよばれる。なお，国風文化は，遣唐使の廃止が契機になった，と説明されてきたが，現在は，それまで受け入れられてきた東アジアからの大陸文化を踏まえ，これに日本人の風土にあうように工夫して成立した，とする見方が一般的となっている。

2 ○ 仮名文字は国風文化の形成に重要な役割を果たしており，妥当である。

3 × 藤原定家が撰者として関与したのは「新古今和歌集」である。また，素朴で力強い歌風であるのが「万葉集」であり，「古今和歌集」は優美・繊麗な歌風を特徴とする。

4 × 皇后定子に仕え，宮廷生活の体験を随筆風に記したのが清少納言の「枕草子」である。紫式部の著した「源氏物語」は3部からなる壮大な長編物語である。

5 × 紀貫之が著したのは「土佐日記」である。また，菅原孝標の女が自らの一生を回顧して著したのが「更級日記」である。「蜻蛉日記」は藤原道綱母による。

正答 2

第1章 SECTION 1 日本の文学・芸術

文学

実践 問題 148 基本レベル

頻出度	地上★	国家一般職	東京都★	特別区
	裁判所職員	国税·財務·労基		国家総合職

問 我が国の近代文学に関する記述として，妥当なのはどれか。　(特別区2007)

1：「白樺」を創刊した武者小路実篤や志賀直哉らは，人道主義的・理想主義的な作品を発表した。

2：森鷗外は「小説神髄」を発表し，人情や世の中をありのままに描くべきだとする写実主義を唱えた。

3：「スバル」を創刊した北村透谷や島崎藤村らは，理知的な眼で現実をとらえる新現実主義の文学を創造した。

4：永井荷風や谷崎潤一郎ら「新思潮」の同人が中心となって，人間性の解放を求めるロマン主義の文学を展開した。

5：芥川竜之介や菊池寛ら耽美派の作家は，官能美・感覚美に満ちた作品を「文学界」に発表した。

チェック欄		
1回目	2回目	3回目

実践 問題 148 の解説

〈わが国の近代文学〉

1 ○ 雑誌「白樺」は武者小路実篤や志賀直哉らによって創刊された。彼らは，トルストイやロマン＝ロランなど，外国の人道主義作家の影響を受けた。武者小路実篤の代表作としては『友情』，志賀直哉の代表作としては『暗夜行路』などがある。

2 × 「小説神髄」を発表し，写実主義を唱えたのは坪内逍遙（つぼうちしょうよう）である。森鷗外は，初期は浪漫主義，のちには余裕派に属した。浪漫主義時代の作品としては『舞姫』，余裕派時代の作品としては『高瀬舟』などがある。

3 × 「スバル」は森鷗外が創刊した雑誌である。北村透谷や島崎藤村に関係する雑誌は「文学界」であり，これが浪漫主義の中心的な雑誌となった。「理知的な眼で現実をとらえる新現実主義」は芥川龍之介ら新思潮派についての説明である。

4 × 永井荷風や谷崎潤一郎は耽美派に属する。「新思潮」は芥川龍之介など，新現実主義の文学を目指した新思潮派の雑誌である。「人間性の解放を求めるロマン主義」の文学を目指してはいない。

5 × 芥川龍之介や菊池寛は新思潮派に属する。耽美派は永井荷風や谷崎潤一郎である。「文学界」は浪漫主義の雑誌である。

正答 1

第1章 SECTION 1 日本の文学・芸術

文学

実践 問題 149 応用レベル

頻出度	地上★	国家一般職	東京都★	特別区
	裁判所職員	国税·財務·労基		国家総合職

問 わが国の作家に関する記述として，妥当なのはどれか。　　（東京都2011）

1：永井荷風は，耽美派の作家の一人であり，彼の作品には「刺青」や「春琴抄」がある。

2：志賀直哉は，白樺派の作家の一人であり，彼の作品には，「生れ出づる悩み」や「或る女」がある。

3：井伏鱒二は，新興芸術派の作家の一人であり，彼の作品には，「山椒魚」や「黒い雨」がある。

4：川端康成は，新感覚派の作家の一人であり，彼の作品には，「氷壁」や「あすなろ物語」がある。

5：太宰治は，新戯作派の作家の一人であり，彼の作品には，「堕落論」や「風博士」がある。

チェック欄		
1回目	2回目	3回目

実践 問題 149 の解説

〈近代日本文学〉

1 × 永井荷風は，当初，フランス語を学び，フランスの自然主義作家のゾラに心酔し，前期自然主義の代表的な作家となった。その後，アメリカやフランスへの留学を経て，耽美派文学の中心となる。耽美派の中心となるのは永井荷風と谷崎潤一郎であるが，『刺青』や『春琴抄』は**谷崎潤一郎**の作品である。永井荷風の作品としては，『あめりか物語』『ふらんす物語』『断腸亭日乗』などがある。

2 × 志賀直哉が白樺派であることは正しいが，『生れ出づる悩み』『或る女』は同じく白樺派の**有島武郎**の作品である。志賀直哉の作品は，『城之崎にて』『暗夜航路』などがある。

3 ○ 井伏鱒二の説明として妥当である。

4 × 川端康成が新感覚派の作家であることは正しいが，『氷壁』『あすなろ物語』は**井上靖**の作品である。川端康成の作品としては『雪国』『伊豆の踊子』などがある。

5 × 太宰治が新戯作派（無頼派）であることは正しいが，『堕落論』や『風博士』は同じ新戯作派（無頼派）の**坂口安吾**の作品である。太宰治の作品としては『走れメロス』『斜陽』『人間失格』などがある。

正答 3

日本の文学・芸術
文学

実践 問題 150 基本レベル

頻出度	地上★	国家一般職	東京都★	特別区
	裁判所職員	国税·財務·労基		国家総合職

問 次の小倉百人一首の和歌ア～エの空欄Ａ～Ｄに当てはまる語句の組合せとして，妥当なのはどれか。（東京都Ⅰ類Ｂ2021）

ア：春過ぎて夏来にけらし［ A ］衣干すてふ天の香具山
イ：［ B ］山鳥の尾のしだり尾の長々し夜をひとりかも寝む
ウ：［ C ］神代も聞かず竜田川からくれなゐに水くくるとは
エ：［ D ］光のどけき春の日にしづ心なく花の散るらむ

	A	B	C	D
1：	白妙の	あしびきの	ちはやぶる	ひさかたの
2：	白妙の	たらちねの	いはばしる	あらたまの
3：	白妙の	たらちねの	ちはやぶる	ひさかたの
4：	若草の	あしびきの	ちはやぶる	ひさかたの
5：	若草の	たらちねの	いはばしる	あらたまの

チェック欄

1回目	2回目	3回目

実践 問題 150 の解説

〈小倉百人一首〉

ア 白妙の 「春過ぎて夏来にけらし白妙の衣干すてふ天の香具山」である。持統天皇の句である。

イ あしびきの 「あしびきの山鳥の尾のしだり尾の長々し夜をひとりかも寝む」である。柿本人麻呂の句である。「あしびきの」は山に関連する語句にかかる枕言葉であり，この句では山鳥にかかっている。

ウ ちはやぶる 「ちはやぶる神代も聞かず竜田川からくれなゐに水くくるとは」である。在原業平の句である。「ちはやぶる（ちはやふる）」は神にかかる枕言葉である。「（不思議なことが起きたという）神代の昔でも聞いたことがない。竜田川が（散り流れる紅葉で）真紅に水をくくり染めにするとは。」という意味である。

エ ひさかたの 「ひさかたの光のどけき春の日にしづ心なく花の散るらむ」である。紀友則の句である。「ひさかたの」は日，月，空などにかかる枕詞である。この句では（日の）光にかかっている。

以上から，肢1が正解となる。

【コメント】

競技かるたを題材にした少女マンガ『ちはやふる』が映画となるなど，小倉百人一首についても注目が集まっている中での出題であり，正答率も高かった。

正答 1

美術・伝統文化

必修問題 セクションテーマを代表する問題に挑戦！

日本史と関連するところをしっかり勉強していくことで得点力アップを図りましょう！

問 近世の日本文化の記述として，妥当なのはどれか。

（東京都Ⅰ類B2012）

1：南蛮文化は，足利義昭が始めた勘合貿易による国際的な文化交流によってもたらされた文化であり，西洋から天文学や活版印刷術などが伝えられた。

2：桃山文化は，豪華・壮大な城郭建築を代表とする華やかな文化であり，尾形光琳は城郭建築の内部を飾る障壁画で多くの作品を残した。

3：寛永文化は，桃山文化を受け継ぎ展開した江戸時代初期の文化であり，俵屋宗達は装飾画の新様式を生み出し，本阿弥光悦は陶芸や蒔絵にすぐれた作品を残した。

4：元禄文化は，寛永文化がさらに洗練された上方の文化であり，野々村仁清は琳派をおこし「燕子花図屏風」に代表される装飾性豊かな作品を残した。

5：化政文化は，庶民文化が発展した江戸時代後期の文化であり，狩野永徳は中国の写実的な花鳥画に影響を受けて四条派をおこし，明治時代まで影響を及ぼした。

直前復習

Guidance ガイダンス

2020年の特別区では，元禄文化における美術作品が日本史で出題されたように，文学・芸術からの出題がないところでも，日本史の教科書に掲載されているレベルは，日本史でも出題される。基本事項だけ集中的に取り組むことでも，得点の確率を上げることができるだろう。

必修問題の解説

チェック欄		
1回目	2回目	3回目

〈近世の日本文化〉

1 × 16世紀半ば，鉄砲やキリスト教の伝来に伴い，ポルトガルやスペインとの南蛮貿易や宣教師による布教活動が活発化した。こうした背景の中で形成されたのが南蛮文化である。**勘合貿易**は15世紀初頭に**足利義満**が始めた明との朝貢貿易であり，時代が異なる。

2 × 桃山文化は，**織田信長と豊臣秀吉の時代に花開いた文化**であり，**豪華・壮大な城郭建築を代表とする華やかな文化**であることは正しい。ただし，**尾形光琳は江戸時代の元禄文化を代表する画家**である。桃山時代に城郭建築の内部を飾る障壁画で多くの作品を残したのは，**『唐獅子図屏風』**などで知られる狩野永徳である。

3 ○ **寛永文化（江戸時代初期の文化）**の説明として妥当である。**俵屋宗達**の代表的な作品としては**『風神雷神図屏風』**，**本阿弥光悦**の代表的作品として**『舟橋蒔絵硯箱』**がある。

4 × **野々村仁清**は17世紀半ばに活躍した陶工で，京焼色絵陶器の大成者である。琳派を興し**『燕子花（かきつばた）図屏風』**に代表される装飾性豊かな作品を残したのは，尾形光琳である。

5 × **化政文化**が，**庶民文化**が**発達した江戸時代後期の文化**であることは正しい。ただし，**狩野永徳は桃山時代に多くの障壁画**を描き，**狩野派の基礎**を築いた人物である。**四条派**を興したのは**呉春**である。呉春（松村月渓）は中国の明・清時代の南宋画の影響を受けて日本で盛んになった南画や，円山応挙の写実主義を採用して，四条派を興した。

正答 3

Step ステップ
日本の芸術については，能や歌舞伎などの古典芸能から岡本太郎などの現代美術まで，多岐にわたる出題が続いている。すべてを知ったうえで試験に臨むことは無理なので，基本に忠実に過去問演習をこなし，基本的な内容と一度出題された内容については必ず解答するという方針で取り組むとよい。近年は作品そのものが写真等で出題されることはないが，実際の作品をＷｅｂ上などで鑑賞することで，記憶にも残るであろう。

第1章 SECTION 2 日本の文学・芸術

美術・伝統文化

1 日本美術

(1) 彫刻

飛鳥（あすか）文化	飛鳥寺釈迦三尊像，法隆寺金堂釈迦三尊像（金銅仏）
白鳳（はくほう）文化	薬師寺金堂薬師三尊像，薬師寺東院堂聖観音像
天平（てんぴょう）文化	興福寺八部衆像（この中の１つが阿修羅像），唐招提寺鑑真和上像
鎌倉文化	運慶・快慶による東大寺南大門金剛力士像

(2) 建築

飛鳥文化	法隆寺西院　世界最古の木造建築。
天平文化	正倉院（校倉造）
国風文化	寝殿造（貴族の住宅，白木造，檜皮葺）
鎌倉文化	天竺様〔大仏様〕の東大寺南大門，唐様〔禅宗様〕の円覚寺舎利殿
室町文化	金閣（北山文化），銀閣（東山文化），枯山水（龍安寺石庭など）
安土桃山	城郭建築（姫路城，大坂城，伏見城），茶室（妙喜庵待庵）
江戸初期	日光東照宮（権現造の神殿，陽明門），**桂離宮（数奇屋造）**

(3) 工芸品

天平文化	正倉院宝物（聖武天皇遺品，シルクロード経由のものが多い）
国風文化	蒔絵，螺鈿（らでん）

(4) 絵画

白鳳文化	高松塚古墳壁画（高句麗の影響）
国風文化	大和絵，絵巻物（大和絵と詞書）『源氏物語絵巻』『伴大納言絵詞』
鎌倉文化	似絵（大和絵の写実的な肖像画）『伝神護寺源頼朝像』『平重盛像』
室町文化	水墨画（**雪舟は日本の水墨山水画を完成**）『四季山水図巻』
安土桃山	障壁画。濃絵〔金碧画〕が中心。狩野永徳『洛中洛外図屏風』
江戸初期	狩野派（幕府の御用絵師）狩野探幽（永徳の孫）『大徳寺方丈襖絵』 装飾画の俵屋宗達『風神雷神図屏風』
元禄（げんろく）文化	土佐派（大和絵，朝廷の絵師）：土佐光起 住吉派（大和絵）：住吉如慶，住吉具慶『洛中洛外図巻』 琳　派：**尾形光琳『紅白梅図屏風』『燕子花図屏風』**
化政（かせい）文化	文人画　与謝蕪村・池大雅『十便十宜図』 写生画（京都中心）円山派：円山応挙『雪松図屏風』 四条派：呉春『柳鷺群禽図屏風』

(5) 浮世絵→西洋美術に大きな影響（ゴッホなどのジャポニスム）

元禄文化	菱川師宣（ひしかわもろのぶ）『見返り美人』（江戸で活躍）
化政文化	歌川広重（安藤広重）『東海道五十三次』『江戸名所百景』 葛飾北斎『富嶽三十六景』『北斎漫画』 東洲斎写楽（とうしゅうさいしゃらく）『三代目大谷鬼次の奴江戸兵衛』『市川鰕蔵』（大首絵） 鈴木春信『弾琴美人』　喜多川歌麿『婦女人相十品』（大首絵）

(6) 近代以後の絵画

西洋画	高橋由一	日本洋画の開拓者，純写実主義。『鮭』が代表作。
	浅井忠	自然主義的。ミレーの影響。『収穫』『春畝』，明治美術会結成。
	黒田清輝（外光派）	白馬会創立者の１人，フランスでラファエル=コランに師事。『読書』『湖畔』『舞妓』
	青木繁	ロマン主義的画風。ラファエロ前派等の影響。明治浪漫主義を代表する作家。『海の幸』（記紀神話を題材とする）
	梅原龍三郎	浅井忠とルノワールに学ぶ。華麗な色彩，のちに東洋的な絢爛豪華な画風に変わる。『紫禁城』『桜島』
	安井曾太郎	浅井忠の門下，フランスでピサロやセザンヌに傾倒。『金蓉』
	岸田劉生	フュウザン会・草土社・春陽会の各美術団体に関与。北方ルネサンスのデューラーやファン=アイクの影響。『麗子像』
日本画	草創期	狩野芳崖『悲母観音』，橋本雅邦『竜虎図』
	その後	菱田春草『落葉』『黒き猫』，下村観山『大原御幸』 横山大観『生々流転』『無我』『屈原』

2 古典芸能

能	室町期の北山文化勃興時に，観阿弥・世阿弥親子が猿楽などに幽玄美を取り入れ，室町時代に大成した歌舞劇。シテ（主役）・ワキ（脇役）・ツレ・トモ（従者）で演じられる。世阿弥の能楽論『風姿花伝』。
狂言	能の幕間に上演される滑稽なせりふ主体の劇。大名や僧侶などの権力者の風刺が主な内容。シテ（主役）・アド（脇役）などで演じられる。
浄瑠璃（じょうるり）	三味線，操り人形を用いた芝居。近松門左衛門の『国姓爺合戦』などの時代物，世話物である『曽根崎心中』などが有名。現在は「文楽」ともよばれる。
歌舞伎	阿国歌舞伎から若衆歌舞伎を経て，元禄期前後に成人男子を役者とする野郎歌舞伎として完成。

第1章 SECTION ② 日本の文学・芸術

美術・伝統文化

実践 問題 151 基本レベル

頻出度			
地上★	国家一般職★	東京都★	特別区
裁判所職員	国税·財務·労基		国家総合職

問 次のア～ウは，江戸時代の芸術家に関する記述であるが，文中の空所A～Cに該当する芸術家の組合せとして，妥当なのはどれか。 (特別区2012)

ア：[A] は，肥前有田の陶工で，上絵付けの技法による赤絵の技法を完成させた。作品に「色絵花鳥文深鉢」がある。

イ：[B] は，浮世絵において，錦絵と呼ばれる多色刷の木版画をはじめた。作品に「弾琴美人」がある。

ウ：狩野派に学んだ [C] は，洋画の遠近法を用いて立体感のある写生画を描いた。作品に「保津川図屏風」や「雪松図屏風」がある。

	A	B	C
1：	酒井田柿右衛門	鈴木春信	円山応挙
2：	酒井田柿右衛門	喜多川歌麿	伊藤若冲
3：	酒井田柿右衛門	喜多川歌麿	円山応挙
4：	野々村仁清	喜多川歌麿	円山応挙
5：	野々村仁清	鈴木春信	伊藤若冲

チェック欄

1回目	2回目	3回目

実践 問題 151 の解説

〈江戸時代の芸術家〉

A **酒井田柿右衛門**　酒井田柿右衛門は，釉（うわぐすり）を付けて焼いた上に色絵を付ける上絵付けの技法を研究し，赤絵具を基調とする赤絵を完成した。代表的な作品に**『色絵花鳥文深鉢』**がある。**野々村仁清**は，京都丹波の人で，京焼色絵陶器の大成者である。茶器や香合などに優れ，代表的な作品に**『色絵月梅文茶壷』『色絵藤花文茶壷』**などがある。

B **鈴木晴信**　18世紀後半に，紅や緑の色版を使う絵摺絵の後を受けて，多色刷極彩色の錦絵を創作して，浮世絵の黄金時代を現出した。代表的な作品に**『弾琴美人』**や**『風俗四季歌仙』**などがある。**喜多川歌麿**は，美人大首絵の新様式を開拓した浮世絵師であり，美人画の最高峰とされる。代表作に**『ポッピンを吹く女』**がある。

C **円山応挙**　応挙は狩野派に学び，洋画の遠近法を用いて立体感のある写生画を描いた。精細な自然観察に基づく新画風を開き，山水・花鳥・人物など多方面に活動し，写生画の機運を興し，日本画の近代化に貢献した。代表的作品として**『保津川図屏風』『雪松図屏風』**がある。**伊藤若冲**は，円山応挙と同時代の画家であるが，写生を唱えた人物であり，代表的作品に**『群鶏図襖』**がある。

よって，正解は肢1である。

正答 1

実践 問題 152 基本レベル

頻出度	地上★	国家一般職★	東京都★	特別区
	裁判所職員	国税·財務·労基		国家総合職

問 次のA～Cは，明治時代の絵画又は彫刻であるが，それぞれに該当する作者名の組合せとして，妥当なのはどれか。 （特別区2010）

A：鮭
B：湖畔
C：老猿

	A	B	C
1：	浅井忠	青木繁	高村光雲
2：	浅井忠	青木繁	荻原守衛
3：	浅井忠	黒田清輝	高村光雲
4：	高橋由一	黒田清輝	荻原守衛
5：	高橋由一	黒田清輝	高村光雲

チェック欄

1回目	2回目	3回目

実践 問題 152 の解説

〈近代日本美術〉

A 高橋由一　高橋由一は，明治期に活躍した洋画家で，イギリス人画家ワーグマンやイタリア人画家フォンタネージに師事した。写実的な画風が特徴で，日本近代洋画の先駆者ともいわれる。『鮭』,『花魁』などが代表作である。

浅井忠も，フォンタネージに師事した明治期の洋画家である。明治美術会の創立にかかわったほか，関西美術院を開くなど，画家としての活動だけでなく，後進の指導にも力を入れていた。『春畝』，『収穫』などが代表作である。

B 黒田清輝　黒田清輝は，ラファエル＝コランに師事した明治期の洋画家である。白馬会を創始したメンバーの１人である。「外光派」と称される，明るい色彩を用いた画風が特徴である。『湖畔』のほか，代表的作品としては，『読書』，『舞妓』などがある。

青木繁は，明治期の洋画家であり，日本の古代神話などをモチーフにした浪漫的色彩の濃い画風が特徴である。代表作には，『海の幸』，『わだつみのいろこの宮』がある。

C 高村光雲　高村光雲は，明治期に活躍した彫刻家である。設問にある『老猿』のほか，上野の西郷隆盛像などが有名である。『知恵子抄』で有名な高村光太郎は，光雲の息子である。

荻原守衛（号は碌山）も明治期の彫刻家。留学中にロダンの『考える人』に感銘を受けて彫刻家になった。代表作は『女』『文覚』などである。

よって，正解は肢５である。

正答 5

実践 問題 153 基本レベル

頻出度	地上★	国家一般職	東京都★	特別区
	裁判所職員	国税·財務·労基		国家総合職

問 日本の作曲家に関する次の記述と，それぞれに該当する人物名との組合せとして最も妥当なのはどれか。 **(東京都Ⅰ類B2020)**

A：明治12年に東京で生まれ，西洋音楽の様式を日本で最も早い時期に取り入れた作曲家である。「花」，「荒城の月」，「箱根八里」などの代表曲があり，22歳でドイツの音楽院への入学を果たすも，病気のためわずか23歳で生涯を閉じた。

B：明治11年に鳥取で生まれ，キリスト教系の学校で音楽の基礎を学び，文部省唱歌の作曲委員を務めた。「春の小川」，「朧月夜（おぼろ）」，「ふるさと」など，作詞家高野辰之との作品を多く残したとされている。

C：大正13年に東京で生まれ，戦後の日本で，オペラから童謡にいたるまで様々なジャンルの音楽を作曲した。オペラ「夕鶴」や，ラジオ歌謡「花の街」，童謡「ぞうさん」など幅広い世代に親しまれる楽曲を残した。

	A	B	C
1：	瀧（たき）廉太郎	成田為三	團（だん）伊玖磨
2：	瀧廉太郎	成田為三	中田喜直
3：	瀧廉太郎	岡野貞一	團伊玖磨
4：	山田耕筰（さく）	成田為三	中田喜直
5：	山田耕筰	岡野貞一	團伊玖磨

チェック欄		
1回目	2回目	3回目

実践 問題 153 の解説

〈日本の作曲家〉

A 瀧廉太郎 『花』,『荒城の月』,『箱根八里』は瀧廉太郎の代表曲である。

B 岡野貞一 『春の小川』,『朧月夜』,『ふるさと』など,作詞家高野辰之との作品を多く残したのは岡野貞一である。

C 團伊玖磨（だんいくま） 『夕鶴』,『花の街』,『ぞうさん』など,さまざまなジャンルで幅広い世代に親しまれる楽曲を残したのは團伊玖磨である。

以上から,正解は肢3となる。

【近代日本の作曲家】

作曲者	関連作品
山田耕筰	赤とんぼ,待ちぼうけ
成田為三	浜辺の歌,かなりや
中田喜直	めだかの学校,ちいさい秋みつけた

正答 3

実践 問題 154 基本レベル

頻出度	地上★	国家一般職	東京都★	特別区
	裁判所職員	国税･財務･労基		国家総合職

問 能又は狂言に関する記述として，妥当なのはどれか。 **（東京都2005）**

1：能は，催馬楽（さいばら）や神楽歌（かぐらうた）の流れをくみ，舞台芸術として平安時代に大成し，せりふを中心に，日常的な題材を演じる。

2：能の登場者には，シテ，ワキ，ツレがあり，シテは主役で，ワキは脇役で，ツレはシテ又はワキの供の役である。

3：世阿弥は，後白河院に庇護（ひご）され，能を大成し，能楽論書において，「あはれ」及び「をかし」を能美学の中核をなす重要な理念として説いた。

4：狂言は，猿楽や田楽の流れをくみ，能に比べて，大掛かりな舞台装置や豪華な衣装を用いる。

5：狂言は，登場者全員が「おもて」とよばれる面をつけて演じ，有名な作品には「風姿花伝」がある。

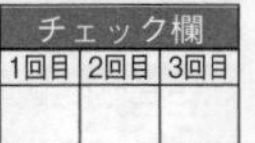

実践 問題 154 の解説

〈能と狂言〉

1 × 能は，滑稽な芸能である猿楽に農耕儀礼から生まれた田楽を取り入れ，観阿弥・世阿弥父子によって室町時代に大成された。せりふ中心ではなく，謡いと対話とが交じる歌舞劇である。日常的な題材ではなく，神話や伝説などを題材にしており，**幽玄美**を追求している。

2 ○ 能の主役をシテ，脇役をワキ，その供の役をツレまたはトモという。ちなみに狂言では主役をシテ，脇役をアドという。

3 × 世阿弥は室町幕府の３代将軍足利義満の庇護を受けた。世阿弥は**『風姿花伝』**や**『申楽談義』**などの能楽論書を著したが，その能美学の中核をなすのは「花」である。「花」とは観客の感動を呼び起こす魅力のことである。

4 × 狂言も能と同じく，猿楽や田楽の要素を取り入れているが，特に猿楽の滑稽さを中心に取り入れている。能が歌舞劇であるのに対し，狂言はせりふ中心の対話劇であり，庶民の生活を題材にした風刺性の強い喜劇である。大掛かりな舞台装置や豪華な衣装を用いるのは歌舞伎である。もともと狂言は能の演目の合間に上演されるものであったが，最近は狂言だけで上演されることも少なくない。

5 × 狂言も能も出演者が全員面をつけるわけではない。また，『風姿花伝』は世阿弥の能楽論書である『花伝書』の別称である。狂言の名作としては**『附子（ぶす）』**や**『唐相撲（とうずもう）』**などがある。

正答 2

日本の文学・芸術
美術・伝統文化

実践 問題 155 基本レベル

頻出度				
	地上★	国家一般職	東京都★	特別区
	裁判所職員	国税·財務·労基		国家総合職

問 わが国の美術・工芸に関する記述として，妥当なのはどれか。（東京都2010）

1：大和絵は，飛鳥時代に確立された絵画様式であり，高松塚古墳壁画が大和絵の代表的作品とされている。

2：奈良時代に建てられた正倉院には，聖武天皇の遺品をはじめとする宝物が納められており，西アジアの影響を受けた工芸品も残されている。

3：平安時代には寄木造による仏像がつくられるようになり，興福寺阿修羅像が寄木造の仏像の代表的作品とされている。

4：室町時代になると各地で磁器がつくられるようになり，酒井田柿右衛門は瀬戸焼を創始した。

5：蒔絵は，漆器の表面に貝殻を貼って模様をつくる技法であり，安土桃山時代に南蛮文化としてわが国にもたらされた。

チェック欄		
1回目	2回目	3回目

実践 問題 155 の解説

〈わが国の美術・工芸〉

1 × 大和絵は，平安時代の国風文化の中で生まれた絵画である。詞書と絵を織り交ぜながら人物の動きや場面の展開などを表現する絵巻物が盛んになった。『源氏物語絵巻』や『伴大納言絵詞』などが有名である。**高松塚古墳壁画は，白鳳文化（大化の改新～奈良時代が始まるまでの文化）の時代に作られたもの**である。

2 ○ 正倉院は**校倉造**（あぜくらづくり）の建築物として有名であり，その宝物には聖武天皇ゆかりの品々が保管されている。中国のみならず，紫檀木画槽琵琶や螺鈿紫檀五絃琵琶など西アジアを起源とする文物も多い。

3 × 興福寺の阿修羅像は，奈良時代に作られたものである。**乾漆造**（かんしつづくり）（麻布を重ねたものを漆で固めて形を作っていく）という製法がとられている。これに対して，寄木造（よせぎづくり）とはあらかじめパーツを作っておいて組み立てる製法である。**寄木造の手法を用いる仏師としては定朝がよく知られており，その代表作が平等院鳳凰堂の阿弥陀如来像**である。

4 × 酒井田柿右衛門（初代）は，江戸初期の有田焼（伊万里焼）の陶工で，上絵付の法を手がけ，**赤絵**の技法を完成させた。代表作に『色絵花鳥文深鉢』がある。

5 × 蒔絵は南蛮文化ではなく，日本独自の技法で，平安時代の国風文化興隆以降に特に発達した。**蒔絵**とは，漆器の表面に漆で文様などを描き，乾かないうちに金や銀の粉を蒔きつけて模様とするものである。一方，貝殻などを貼ったり，埋め込んだりして模様を作る技法を**螺鈿**（らでん）といい，これは中国から伝来した手法である。

正答 2

美術・伝統文化

実践 問題 156 基本レベル

頻出度	地上★	国家一般職	東京都★	特別区
	裁判所職員	国税･財務･労基		国家総合職

問 江戸時代の寛永期に，肥前の有田において上絵付けの技法で赤絵を完成させた人物として，妥当なのはどれか。 （特別区経験者2015）

1：古田織部
2：本阿弥光悦
3：酒井田柿右衛門
4：尾形乾山
5：野々村仁清

実践 問題 156 の解説

〈赤絵〉

1 × 古田織部は，千利休の高弟で，信長，秀吉に仕えた後，２代将軍秀忠の茶道指南役として名をはせた。

2 × 本阿弥光悦は，寛永文化を担った芸術家の一人であるが，蒔絵・陶芸・書道のほか，古典にも通じた。

3 ○ 赤絵を完成させたのは，酒井田柿右衛門である。

4 × 尾方乾山は，尾形光琳の弟で，野々村仁清に陶法を学んだ，江戸中期の陶工である。

5 × 野々村仁清は，上絵付法をもとに色絵を完成して京焼の祖となった人物である。

正答 3

第1章 SECTION 2 日本の文学・芸術

美術・伝統文化

実践 問題 157 基本レベル

頻出度				
	地上★	国家一般職	東京都★	特別区
	裁判所職員	国税･財務･労基		国家総合職

問 次のア～エの記述は，それぞれ日本の伝統芸能である歌舞伎，狂言，能，文楽のいずれかに関する記述である。各記述と伝統芸能の組合せがいずれも妥当であるのはどれか。
（地上2016）

ア：長唄が伴奏音楽として重要な役割を果たす。演技には，物語の重要な場面や登場人物の気持ちが盛り上がったときに，一旦動きを止める見得（みえ）などがある。

イ：太夫（たゆう）による語りと三味線奏者による音楽に合わせて演じられる人形劇である。人形の多くは，それぞれ三人の人形使いによって操られる。

ウ：主役であるシテと相手方であるワキを中心に物語が進行し，謡（うたい）を担当する地謡と楽器を担当する囃子（はやし）方がこれを助ける。幽玄が美的規範であり，神や幽霊などが多く登場する。

エ：対話を中心とするせりふ劇である。題材は，中世の庶民の日常生活などから採られ，人間の習性や本性を鋭く切り取って滑稽に描いている。

	ア	イ	ウ	エ
1：	歌舞伎	狂言	能	文楽
2：	歌舞伎	文楽	狂言	能
3：	歌舞伎	文楽	能	狂言
4：	能	狂言	歌舞伎	文楽
5：	能	文楽	歌舞伎	狂言

チェック欄

1回目	2回目	3回目

実践 問題 157 の解説

〈日本の伝統芸能〉

ア **歌舞伎** 「物語の重要な場面や登場人物の気持ちが盛り上がったときに，一旦動きを止める見得（みえ）」があるのは，**歌舞伎**である。歌舞伎は，三味線を中心とした伴奏で，長唄あるいは義太夫をはじめとする語り物などが入り，華やかな舞台が繰り広げられる。

イ **文楽** 「人形劇」から**文楽**であることがわかる。三味線に合わせ，語り手である大夫が浄瑠璃を語り，３人の人形使いが語りに合わせて人形を操る。江戸中期の元禄期に近松門左衛門と竹本義太夫とによって，芸術性の高いものへと発展，完成された。

ウ **能** 「シテとワキ」「謡と囃子方」「幽玄」から，**能**であることがわかる。能は，室町時代に観阿弥が将軍足利義満の支援を得て，猿楽の要素に田楽などの歌舞的要素を取り入れて芸術性を大きく高め，続く世阿弥が能を「幽玄」を理想とする歌舞主体の芸能に大成させた。

エ **狂言** 「対話を中心とするせりふ劇」「題材は，中世の庶民の日常生活などから採られ」から，**狂言**であることがわかる。狂言は中世を通じて，能と交互に同じ舞台で演じられてきたが，能が優美な象徴劇であるのに対し，狂言は写実的な演技によって，滑稽に人間の姿を描く喜劇である。その中心にあるのは「笑」であるが，人間の習性や本質などを鋭く切り取り，おおらかな「笑」や「おかしみ」にする。

よって，正解は肢３である。

正答 3

第1章 SECTION ② 日本の文学・芸術

美術・伝統文化

実践 問題 158 基本レベル

頻出度	地上★	国家一般職	東京都★	特別区
	裁判所職員	国税·財務·労基		国家総合職

問 **わが国の近代の洋画家に関するＡ～Ｃの記述とその人物名の組合せとして最も適当なのはどれか。** **（裁事・家裁2009）**

Ａ：聖護院洋画研究所や関西美術院に学んだ後，明治40年渡仏。第一次世界大戦が始まると帰国し，関西美術院で教え，二科会員ともなった。模索の時代を経て，昭和初年には独自の様式を完成した。中堅の洋画家と日本画家による清光会に参加。特に肖像画に手腕を発揮し，「金蓉」は代表作の一つである。昭和10年，帝国美術院会員となり，昭和19年に東京美術学校の教授に迎えられた。

Ｂ：明治17年に法律を学ぶためにパリに留学するが，画業を志し，ラファエル・コランに師事した。帰国後は，旧世代中心の明治美術会に対抗して白馬会を結成。明治29年から東京美術学校西洋画科で教壇に立ったほか，貴族院議員となるなど，美術行政家としても手腕を発揮した。没後，記念館が建てられ，代表作の「湖畔」（重要文化財）が収蔵されている。

Ｃ：中学を中退して洋画を学んだ。文芸誌『白樺』に掲載された美術関係記事に動かされ，自らも同誌に文章を寄せた。その後「近代というものの誘惑」を卒業したとして，西洋の古典美術に関心を深め，写実表現を研究した。大正４年，草土社を結成し，「道路と土手と塀（切通之写生）」（重要文化財）などを制作。また，娘の麗子像をしばしば描いた。

	Ａ	Ｂ	Ｃ
１：	安井曾太郎	黒田清輝	岸田劉生
２：	梅原龍三郎	青木繁	岸田劉生
３：	高村光太郎	黒田清輝	万鉄五郎
４：	梅原龍三郎	青木繁	高村光太郎
５：	黒田清輝	安井曾太郎	万鉄五郎

チェック欄		
1回目	2回目	3回目

実践 問題 158 の解説

〈近代日本の洋画家〉

A **安井曾太郎**　安井曾太郎は日本美術会の浅井忠に師事し，フランスに渡った。二科会の会員で，『金蓉』や『足を洗う女』などの作品を手がけた。『金蓉』はチャイナドレスを着た女性を描いた洋画である。梅原龍三郎は，安井と同じく浅井忠に師事し，渡仏して印象派のルノワールに学んだ。二科会の画家として活躍し，『紫禁城』や『桜島』など，東洋的な画風の作品を残した。高村光太郎は，彫刻家高村光雲の息子で，ロダンの影響を受け，『手』などの彫刻作品を手がけた。また詩人としても有名である。

B **黒田清輝**　黒田清輝は，白馬会の中心的な洋画家で，渡仏し，ラファエル＝コランに師事した。白馬会は外光派とよばれるように明るい画風が特徴である。『湖畔』『舞妓』『読書』などの名作を手がけた。青木繁は，東京美術学校で黒田清輝に学び，白馬会から出て，特異なロマン的作風で明治後期の画壇を飾った人物である。記紀から題材を取った『海の幸』や『わだつみのいろこの宮』が青木繁の代表的な作品である。

C **岸田劉生**　岸田劉生はフュウザン会や白馬会に参加し，草土社を創設した。北方ルネサンスのデューラーやファン＝アイクなどに大きな影響を受けている。『道路と土手と塀』や自分の娘をモデルにした『麗子像』の連作を手がけた。これに対して，万鉄五郎は，フュウザン会結成時に参加し，キュビスム系の独自の画風を特徴とした人物である。『日傘の裸婦』などの作品がある。

よって，正解は肢1である。

正答 1

第1章 SECTION 2 日本の文学・芸術

美術・伝統文化

実践 問題 159 基本レベル

頻出度				
地上★	国家一般職★	東京都★	特別区	
裁判所職員★	国税·財務·労基★	国家総合職★		

問 **建築物に関する次のA～Cの記述に合致するものの組合せとして妥当なものはどれか。** **(地上2010)**

A：世界最古の木造建築物であり，金門，五重塔，夢殿が配列され重要な仏像も多数蔵置されている。

B：三層の舎利殿は，寝殿造，書院造，禅宗様の仏殿風と特徴がある。戦後放火により消失し，作家三島由紀夫がこの事件を題材にして小説を書いている。

C：『源氏物語』松風の巻におけるモデルになったとも伝えられる貴族の別荘地跡である。ドイツ人の建築家ブルーノ・タウトによってヨーロッパに紹介された。

	A	B	C
1：	法隆寺	鹿苑寺金閣	日光東照宮
2：	法隆寺	鹿苑寺金閣	桂離宮
3：	法隆寺	中尊寺金色堂	東大寺
4：	東大寺	日光東照宮	桂離宮
5：	東大寺	日光東照宮	中尊寺金色堂

チェック欄

1回目	2回目	3回目

実践 問題 159 の解説

〈日本の建築〉

A 法隆寺　世界最古の木造建築物という記述から，法隆寺と想起できる。法隆寺は聖徳太子によって建立されたと伝えられており，仏教の影響の強い飛鳥文化を象徴する建造物である。建築は飛鳥時代の様式を今に伝えており，法隆寺式とよばれる伽藍配置をとる。1993年には「法隆寺地域の仏教建造物」としてユネスコの世界遺産にも登録されている。問題文中の金門，五重塔，夢殿は国宝である。

B 鹿苑寺金閣　三層の構造で，放火により焼失した事件を題材とする三島由紀夫の作品があるとの記述から，金閣であると想起できる。金閣は室町幕府第３代将軍足利義満によって建立された。室町時代の華やかな北山文化を代表する建造物であり，国の特別史跡・特別名勝である。

C 桂離宮　桂離宮は，八条宮（のち桂宮）初代智仁親王が京都下桂に営んだ別荘であるが，のちに桂宮家が断絶したことから離宮に改められた。桂離宮は数寄屋造による建築物として知られ，ブルーノ・タウトによって欧米に紹介された。現在は離宮として宮内庁が管理している。

よって，正解は肢２である。

正答 2

第1章

日本の文学・芸術

章末 CHECK　? Question

Q1 『万葉集』の歌風は優しく可憐な「たをやめぶり」である。

Q2 『古今和歌集』の代表的歌人には柿本人麻呂や山上憶良が,『新古今和歌集』の代表的歌人には小野小町がいる。

Q3 最古の作り物語は『伊勢物語』である。

Q4 『平家物語』は軍記物語で，源平両家の興亡盛衰が同列に描かれている。

Q5 「をかし」という言葉は紀貫之の『土佐日記』に由来している。

Q6 『大鏡』は道長を中心とした藤原氏全盛の時代を批判的な視点で描いた歴史物語である。

Q7 松尾芭蕉が確立した蕉風俳諧は「粋」を特徴とする。

Q8 近松門左衛門の『好色一代男』は人情本の代表作である。

Q9 観阿弥・世阿弥親子により歌舞伎が大成され，世阿弥は『風姿花伝』を著した。

Q10 坪内逍遙は理想主義的な人道主義の立場から文学を捉え,『小説神髄』や『当世書生気質』を著した。

Q11 浪漫主義時代の森鷗外の作品は『舞姫』である。

Q12 島崎藤村の作品には『破戒』『夜明け前』などがある。

Q13 谷崎潤一郎や永井荷風は写実主義の作家である。

Q14 武者小路実篤は『城の崎にて』や『細雪』を著した自然主義の作家である。

Q15 自然主義は，自己告白と客観描写によって自己の醜悪な部分まで暴露するものであり，その方向を決定づけたのは田山花袋の『蒲団』である。

Q16 岡倉天心は，日本美術を高く評価したフェノロサに認められ，代表作として漢画の手法に洋画手法を加えて描いた『悲母観音』を残した。

Q17 白馬会を創立した黒田清輝は，明るい色彩を用いたので「外光派」ともよばれた。代表作に『湖畔』がある。

Q18 高村光雲は日本画家として，横山大観とともに朦朧体という画法を試みた。『落葉』や『黒き猫』が代表作である。

Q19 歌川広重の代表作は『富嶽三十六景』であり，その中でも特に『神奈川沖浪裏』がよく知られている。

Q20 菱川師宣が木版による大量印刷の技法を確立した。菱川師宣の代表作としては『見返り美人』がある。

A1 ×『万葉集』の歌風は素朴で雄大な「ますらをぶり」。「たをやめぶり」は『古今和歌集』の歌風である。

A2 × 柿本人麻呂や山上憶良は『万葉集』の，小野小町は『古今和歌集』の代表的歌人である。

A3 × 最古の作り物語は『竹取物語』。『伊勢物語』は歌物語である。

A4 ×『平家物語』は平家一門の栄枯盛衰を描いたものである。

A5 ×「をかし」は清少納言の『枕草子』の特徴である。紀貫之の『土佐日記』は，平仮名で書かれた土佐から京への船旅の日記である。

A6 ○ ２人の老人と若侍の対談形式で物語が展開していることが特徴である。

A7 × 蕉風俳諧の特徴は「さび」「ほそみ」「しをり」「かろみ」である。

A8 ×『好色一代男』は井原西鶴の代表作。近松門左衛門は浄瑠璃本作家である。人情本としては為永春水『春色梅児誉美』が有名。

A9 × 観阿弥・世阿弥が大成したのは能である。『風姿花伝』は世阿弥のまとめた芸能論として有名である。

A10 × 坪内逍遥は写実主義を提唱している。理想主義的な人道主義に立つのは白樺派。『小説神髄』『当世書生気質』を著したことは正しい。

A11 ○ 初期の森鷗外は浪漫主義の中心となっている。

A12 ○ いずれも自然主義時代の小説である。藤村は浪漫主義の詩人でもあり，その時代の代表的作品は詩集の『若菜集』である。

A13 × 谷崎潤一郎や永井荷風は耽美主義の作家である。

A14 × 武者小路実篤は白樺派。『城の崎にて』は同じく白樺派の志賀直哉であり，『細雪』は耽美主義の谷崎潤一郎の作品である。

A15 ○ 自然主義の説明として正しい。

A16 × 本問の説明は狩野芳崖のものである。岡倉天心はフェノロサとともに東京美術学校を設立した。

A17 ○ 黒田清輝はラファエル＝コランに師事し，清新で明るい画風が特徴。『湖畔』のほか『読書』などの作品がある。

A18 × 本問の説明は菱田春草のことである。菱田春草は岡倉天心を中心とする日本美術院創立にも参加した。高村光雲は高村光太郎の父であり，高名な彫刻家。光雲の代表作は『老猿』。

A19 ×『富獄三十六景』が代表作であるのは葛飾北斎である。歌川広重の代表作は『東海道五十三次』である。

A20 ○『見返り美人』は菱川師宣の浮世絵である。

memo

第2章

西洋の文学・芸術

SECTION

第2章 西洋の文学・芸術

出題傾向の分析と対策

試験名	地上			国家一般職（旧国Ⅱ）			東京都			特別区			裁判所職員			国税・財務・労基			国家総合職（旧国Ⅰ）		
年度	15-17	18-20	21-23	15-17	18-20	21-23	15-17	18-20	21-23	15-17	18-20	21-23	15-17	18-20	21-23	15-17	18-20	21-23	15-17	18-20	21-23
出題数／セクション	1	1					1		2												
文学・美術	★								★												
建築・音楽		★					★		★												

（注）１つの問題において複数の分野が出題されることがあるため，星の数の合計と出題数とが一致しないことがあります。

文学芸術からの出題があるのは，現在，東京都と国立大学法人のみになっています。その中でも西洋の文学芸術からの出題はあまり多くありません。この10年間の東京都では，Ⅰ類Ａで2014年に19世紀の西欧絵画，2016年に世界の建築物，Ⅰ類Ｂで2015年に世界遺産，2017年にルネサンス期の作品が出題されています。いずれも，一般常識としての側面が強い問題です。国立大学法人では，2012年にモダニズム建築，2020年に西欧の作曲家，2021年に18世紀末から19世紀の西欧画家が出題されました。

ここ３年ほどは文学芸術の出題が見られない地方上級では，2017年に児童文学，2018年に代表的なミュージカルが出題されました。特別区の経験者採用も2019年までは文学芸術からの出題がありましたが，近年は出題がありません。2016年には西欧音楽が，2018年には教会建築の様式が出題されています。

東京都

近年は，日本文化からの出題が続いてきましたが，2022年にはヨーロッパの芸術に関する出題でした。日本史と世界史，地理以外の１問については，正答できる確率は低いと認識しておくとよいでしょう。

国立大学法人

西洋音楽と西欧画家が続いていますが，2013年や2016年，2019年と３年ごとに思想が出題されているので，西欧の文学芸術が毎年出題されているわけではないことに注意してください。

東京都と同様に，この分野については，既知の人物や作品について簡単に確認する程度でよいでしょう。

Advice アドバイス　学習と対策

効率よく公務員試験対策を進めるには，科目のメリハリをつけて西欧の文学芸術を捨てるという選択もありです。ただし，地方上級が第一志望の方は，世界史の選択肢に入ってくる建築様式や，ルネサンス絵画などはやっておくべきでしょう。

文学・美術

必修問題 セクションテーマを代表する問題に挑戦!

範囲は広いのですが，作家と作品名の組み合わせを知っていれば解ける問題ばかりです。

問 諸外国の文学者とその作品に関する記述として最も妥当なのはどれか。

(国税・労基2010)

1：シェイクスピアは，ヴィクトリア朝時代に活躍した劇作家であり，その卓越した人間観察眼により，産業社会において疎外された人間の深い心理描写を特徴とする多くの作品を残した。『夏の夜の夢』では，中世封建社会への郷愁を描いた。

2：カミュは，フランスの自然主義文学を代表する作家であり，『女の一生』『居酒屋』など，日常生活を通した人間の愚かさや惨めさを描いた多くの作品を残した。彼の作品は，日本の作家にも影響を与え，明治後期における自然主義文学の興隆をもたらした。

3：ドストエフスキーは，農奴解放をはじめとする近代化のための改革が行われていた過渡期のロシアで，人間の内面における心理的相克をリアリズムの手法で描いた。『罪と罰』では，老婆殺しの青年を通して人間存在の根本問題を提起した。

4：ゲーテは，ドイツの古典主義を代表する作家であるとともに，ヒューマニズムの立場から，当時のドイツを支配していたファシズムに抵抗する活動を行った。『ベニスに死す』では，独自のリアリズムの手法によって自己の精神世界を模索した。

5：魯迅は，農業に従事する傍ら，貧しい民衆とその生活に深い理解を示す多くの作品を残した。『大地』では，太平天国の乱後の新しく生まれ変わろうとする中国を舞台に，苦労の末に大地主となった農民の生き様を描いた。

頻出度	地上★	国家一般職	東京都★	特別区
	裁判所職員	国税·財務·労基		国家総合職

必修問題の解説

チェック欄		
1回目	2回目	3回目

〈諸外国の文学〉

1 × シェイクスピア（1564～1616）が活躍した当時のイギリスはエリザベス1世の治世（在位1558～1603）であり，ヴィクトリア朝とよばれた時代（1837～1901）とは異なる。また，シェイクスピアが「卓越した人間観察眼」を持ち「深い心理描写を特徴とする」としている点は正しいが，「産業社会において疎外された人間」を描いたとしている点は正しいとはいえない。「産業社会」とよべるようになるのは18世紀後半の産業革命以後のことである。なお，『夏の夜の夢』はシェイクスピアの初期の喜劇であるが「中世封建社会」との関連は特にない。

2 × カミュは20世紀のフランスを代表する**実存主義の作家**であり，19世紀後半にエミール＝ゾラが提唱した自然主義文学の代表的作家ではない。また，『女の一生』はモーパッサンの，『居酒屋』はエミール＝ゾラの代表作である。なお，フランス自然主義は明治20年代には日本にも紹介され，小杉天外，永井荷風，島崎藤村，田山花袋などに影響を与えたが，明治後期には個人の内面を深く掘り下げる「私小説」という形に変わっていった。

3 ○ ドストエフスキー（1821～1881）の生きた時代のロシアは，クリミア戦争敗北の原因を近代化の遅れと捉え，1861年に「農奴解放令」を発布したものの，それは十分な改革ではなく，社会は混乱を極めた。こうした中でドストエフスキーはロシア正教に魂の救済を訴え，人間性の複雑な真実をえぐり出し描こうとした。**『罪と罰』は『カラマーゾフの兄弟』『白痴』『悪霊』『未成年』とともにドストエフスキーの5大作品とされる。**

4 × ゲーテが生きた18世紀後半から19世紀初頭の時代には，そもそもまだファシズムは成立していない。なお，『ベニスに死す』はトーマス＝マンの作品であり，トーマス＝マンはヒトラーのファシズムに対する抵抗活動を行っている。

5 × 魯迅の生家は地主階級であった。「農業に従事」していたとは考えられない。また，「貧しい民衆～」という作品の傾向に関する説明も誤りであり，小説作品の数も多くはない。**『狂人日記』**や，本名もわからない日雇い農民・阿Qを主人公に，農民の奴隷根性を批判しつつ，辛亥革命の本質をも批判しようとした中国近代文学を代表する作品である**『阿Q正伝』**などがその代表作である。なお，**『大地』**は**パール＝バック**の作品であり，清朝末期から中華民国成立までの時代を背景として，父子三代にわたって王一家の変遷をたどる家族物語である。

正答 3

第2章 SECTION 1 西洋の文学・芸術
文学・美術

1 フランス文学

(1) ロマン主義

18世紀末から19世紀に登場した，個性や感情の優位を主張して自我の解放を目指すものです。代表的な作家には『レ・ミゼラブル』を著したユゴーがいます。

(2) 写実主義

ロマン主義に対する反動として登場し，リアリズムを追求するものです。『ゴリオ爺さん』を著したバルザックや『赤と黒』『パルムの僧院』のスタンダールが代表的作家です。バルザックの小説群は「人間喜劇」と総称されます。

補足　イギリスの写実主義作家には『二都物語』を著したディケンズがいます。

(3) 自然主義

写実主義をさらに強調し，現実を実験科学的に捉えて表現する傾向です。ゾラの『居酒屋』やモーパッサンの『脂肪の塊』『女の一生』が代表的な作品です。

補足　ノルウェーの自然主義劇作家であるイプセンは『人形の家』で女主人公のノラのめざめを描きます。これは女性の自立と解放をテーマとしています。

2 ロシア文学

◆ツルゲーネフ：農奴解放に尽力しました。『猟人日記』『父と子』
◆ドストエフスキー：『罪と罰』『カラマーゾフの兄弟』
◆トルストイ：『戦争と平和』『アンナ＝カレーニナ』が代表作。

3 ドイツ文学

18世紀後半から19世紀にかけて，ゲーテやシラーが登場します。ゲーテの『若きウェルテルの悩み』やシラーの『群盗』は「疾風怒濤（しっぷうどとう）」とよばれる文学上の革命を代表する作品として知られます。彼らはのちにドイツ古典主義文学を確立しました。

4 アメリカ文学

第１次大戦後のアメリカ文学では,「失われた世代」とよばれる,『華麗なるギャッツビー』のフィッツジェラルド，『武器よさらば』のヘミングウェイがいます。

5 西洋美術

(1) バロック

◆ルーベンス（フランドル）：劇的迫力があります。『マリー＝ド＝メディシスの生涯』
◆レンブラント（オランダ）：肖像画が有名です。『夜警』『トゥルプ博士の解剖講義』
◆ベラスケス（スペイン）：宮廷画家です。『ブレダの開城』『ラス・メニーナス』

(2) ロココ

◆ゴヤ（スペイン）：宮廷画家です。『カルロス４世一家の肖像』『着衣のマハ』

(3) 自然主義（バルビゾン派）

◆ミレー：勤労する農民を宗教的に表現しました。『落穂拾い』『晩鐘』『種蒔く人』

(4) 印象主義

◆モネ：光の色彩効果を追求しました。『印象・日の出』『ルーアン大聖堂』
◆マネ：平面的で明るい色彩が特徴です。『草上の昼食』『オランピア』
◆ドガ：踊り子の絵が有名です。『エトワール』
◆ルノワール：生命感あふれる人物画で有名です。『ムーラン・ド・ラ・ギャレット』

(5) 後期印象主義

◆セザンヌ：形態を重視した構成が特徴です。『水浴』『サント・ヴィクトワール山』
◆ゴーギャン：タヒチに移住しました。『タヒチの女たち』『黄色いキリスト』
◆ゴッホ：「炎の画家」「太陽の画家」です。『アルルの夜のカフェ』『ひまわり』

「新印象主義」を代表する画家はスーラです。代表作に『グランド・ジャット島の日曜日の午後』です。

(6) 20世紀

◆フォーヴィスム（野獣派）：マティス『ダンス』
◆キュビスム（立体派）：ピカソ『ゲルニカ』
◆シュルレアリスム（超現実主義）：ダリ『記憶の固執』
◆エコール＝ド＝パリ（パリ派）：モディリアーニ，シャガール，藤田嗣治

実践 問題 160 応用レベル

頻出度	地上★	国家一般職	東京都★	特別区
	裁判所職員	国税·財務·労基		国家総合職

問 近現代のアメリカ文学に関する記述として最も妥当なのはどれか。

（国税・労基2008）

1：ジョン・スタインベックは，生まれ育ったアメリカ西部の自然や人間を素材に，人間の生命本能に対する愛情とそれを抑圧するものへの怒りを基調とした『怒りの葡萄』を著した。他の作品に『エデンの東』などがある。

2：マーク・トウェインは，村の一少年の目を通して一人称で書かれた『トム・ソーヤーの冒険』で一躍有名作家の仲間入りをした。後期には，『十五少年漂流記』など思春期の少年の抱える孤独や葛藤を描く作品を多く発表した。

3：エドガー・アラン・ポーは，音楽的効果に優れた詩作品である『草の葉』で注目され，詩人としての地位を確立した。その後も『黄金虫』や『黒猫』など，言葉の響きを重視した多くの優れた詩作品を残した。

4：J.D.サリンジャーは，『ライ麦畑でつかまえて』において，自らの生まれ育ったアメリカ南部の田園地帯を背景に，７人兄弟からみた大人のずるさや偽善を描き出して人気を得た。他の作品に『あしながおじさん』などがある。

5：アーネスト・ヘミングウェイは，初期の作品である『老人と海』で，ハードボイルドといわれる文体を確立した。『戦争と平和』で作家としての地位を築いた後，晩年の『武器よさらば』でノーベル文学賞を受賞した。

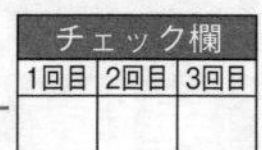

実践 問題 160 の解説

〈近現代アメリカ文学〉

1 ○ ジョン・スタインベックは，旱魃（かんばつ）と資本主義の進出とによって黄塵地帯を追われてカリフォルニアに移住した農民の死活の闘いを描いた『怒りの葡萄』（1939年）や，アメリカ社会の変遷を背景に，原罪意識からの人間の解放を旧約聖書に託して描いた『エデンの東』（1952年）などの作品が有名である。

2 × 『トム・ソーヤーの冒険』がマーク・トウェインの作品であるという点は正しいが，無人島に漂着した少年たちが力をあわせて生活していくという冒険小説の『十五少年漂流記』（原題は『二年間の休暇』＝1880年）はフランスのジュール・ヴェルヌの作品である。ヴェルヌは60編以上の空想科学小説を発表している。

3 × 『黄金虫』や『黒猫』がエドガー・アラン・ポーの作品である点は正しいが，どちらも小説であって詩作品ではない。『黄金虫』（1843年）は宝探しに暗号解きを用いた推理小説であり，『黒猫』（1843年）は怪奇小説である。ポーの詩作品としては物語詩の『大鴉』（1845年）が有名である。また，『草の葉』はアメリカの詩人ホイットマンの詩集である。

4 × Ｊ・Ｄ・サリンジャーが『ライ麦畑でつかまえて』（1951年）の作者である点は正しいが，この物語は第２次世界大戦後間もなくのアメリカを舞台に，主人公が３校目を成績不振で退学させられたことをきっかけに寮を飛び出し，実家に帰るまでニューヨークを彷徨する３日間の話である。本肢の「７人兄弟」が登場するのは同じサリンジャーの作品である『フラニーとゾーイー』である。また，『あしながおじさん』はアメリカの女流児童文学者ウェブスターの作品である。

5 × 『老人と海』（1952年）が，「失われた世代」を代表するアメリカの作家アーネスト・ヘミングウェイの作品である点は正しいが，『老人と海』は彼の初期の作品ではなく晩年の作品である。一切の感情を押し殺し事実を事実として描く「ハードボイルド」といわれる文体を用いたこと，ノーベル文学賞を受賞したこと，また『武器よさらば』（1929年）の作者であることは正しいが，『武器よさらば』は晩年の作品ではない。また，『戦争と平和』はヘミングウェイの作品ではなく，ロシアの文豪トルストイの長編小説である。

正答 1

西洋の文学・芸術
文学・美術

実践 問題 161 基本レベル

頻出度	地上★	国家一般職	東京都★	特別区
	裁判所職員	国税·財務·労基	国家総合職	

問 ヨーロッパにおけるルネサンスの時期の作品と作者の組合せとして，妥当なのはどれか。
（東京都Ｉ類Ｂ2017）

	作品	作者
1：	考える人	オーギュスト・ロダン
2：	最後の晩餐(さん)	レオナルド・ダ・ヴィンチ
3：	真珠の耳飾りの少女	ヨハネス・フェルメール
4：	ダヴィデ像	ピーテル・パウル・ルーベンス
5：	タンギー爺(じい)さん	フィンセント・ファン・ゴッホ

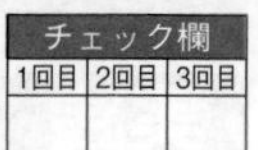

実践 問題 161 の解説

〈ルネサンス期の美術〉

ルネサンスは14世紀にイタリアに始まった文芸復興運動で，16世紀にはヨーロッパ各地に広まり，新しい潮流を生み出した。イタリアではルネサンスの最盛期にレオナルド＝ダ＝ヴィンチ，ミケランジェロ，ラファエロらが活躍した。

1× 『考える人』はフランスのロダンの彫刻作品であるが，ロダンが活躍したのは19世紀後半のことであり，ルネサンス期ではない。

2○ 『最後の晩餐』はレオナルド＝ダ＝ヴィンチの作品である。ダ＝ヴィンチはルネサンス期の三大巨匠の１人である。

3× 『真珠の耳飾りの少女』はオランダのフェルメールの作品であるが，フェルメールが活躍したのは17世紀後半のことであり，ルネサンス期ではない。

4× 『ダヴィデ像』はルーベンスではなく，ミケランジェロの彫刻作品である。ミケランジェロはルネサンス期に活躍した人物であるが，作品と作者の組み合わせが異なる。なお，ルーベンスはオランダのフランドル派の第一人者であり，バロック様式美術の第一人者である。バロック美術は17～18世紀のヨーロッパで，君主の宮廷との結びつきを強め，その権威を誇示するのに役立てられたという側面を持ち，ルネサンス期の後に登場した。

5× 『タンギー爺さん』はオランダのゴッホの作品であるが，ゴッホが活躍したのは19世紀の後半である。

正答 2

第2章 SECTION 1 西洋の文学・芸術

文学・美術

実践 問題 162 基本レベル

頻出度	地上★	国家一般職	東京都★	特別区
	裁判所職員	国税·財務·労基		国家総合職

問 次のA～Cは，西洋の画家に関する記述であるが，それぞれに該当する画家名の組み合わせとして，妥当なのはどれか。 (特別区2004)

A：オランダの画家で，絵画，素描，エッチングの作品を多く残し，光をうまく取り入れた画法で市民生活を描いた。作品には，「フランス・バニング・コック隊長の射撃隊」(通称「夜警」)や多くの自画像がある。

B：スペインの画家で，宮廷画家として活躍し，フランドル絵画とヴェネツィア絵画の画法を部分的に取り入れた。作品には，「ラス・メニーナス（女官たち)」，「ラス・イランデラス（織女たち)」がある。

C：フランドルの画家で，宮廷画家として活躍し，その作風はバロック絵画の活気のある豊かな官能的性格を有している。作品には，ホワイトホール迎賓館の天井画，フランス王ルイ13世の母マリー・ド・メディシスの宮殿を飾る彼女の一代記がある。

	A	B	C
1：	レンブラント	ベラスケス	ルーベンス
2：	レンブラント	ゴヤ	マネ
3：	ドラクロワ	ゴヤ	ルーベンス
4：	ドラクロワ	ベラスケス	ルーベンス
5：	ドラクロワ	ゴヤ	マネ

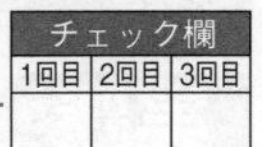

実践 問題 162 の解説

〈バロック美術の画家〉

A レンブラント 「オランダの画家」で「光をうまく取り入れた画法」で市民生活を描き，『夜警』を描いたのはレンブラントである。レンブラントはバロック絵画の代表的な画家で，ゴヤなど，後世の画家に大きな影響を与えた。

B ベラスケス 「スペインの画家」で「宮廷画家」として活躍し，『ラス・メニーナス』を描いたのはベラスケスである。ベラスケスはレンブラントと並ぶバロック絵画の代表的な画家で，ゴヤにも大きな影響を与えた。

C ルーベンス 「フランドルの画家」で「宮廷画家」として活躍し，「バロック絵画の活気のある豊かな官能的性格」を有する作品を残し，『マリー＝ド＝メディシスの生涯』を描いたのはルーベンスである。ルーベンスの作品としてはイエス・キリストの磔を題材にした『キリストの昇架』などが有名である。

よって，正解は肢１である。

なお，ドラクロワは19世紀，ロマン主義の画家で，『キオス島の虐殺』などの作品がある。ゴヤはロココ美術の画家で，レンブラントとベラスケスの影響を受け，『着衣のマハ』など多くの作品を描き，近代絵画の先駆的な役割を果した。マネは19世紀，印象主義の画家で，『笛を吹く少年』など，都会的で明るい作品を多く描いた。

【西洋美術史の流れ】

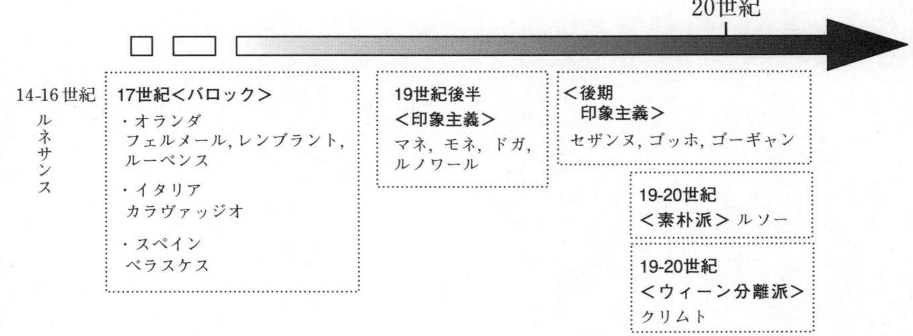

正答 1

第2章 SECTION 1 西洋の文学・芸術

文学・美術

実践 問題 163 基本レベル

頻出度	地上★	国家一般職	東京都★	特別区
	裁判所職員	国税·財務·労基		国家総合職

問 **次の文は，19世紀後半から20世紀初めのヨーロッパ美術に関する記述であるが，文中の空所A～Cに該当する語又は人物名の組合せとして，妥当なのはどれか。** （特別区2008）

［ A ］とは，主に19世紀後半のフランスで展開された絵画上の運動をいい，事物の固有色を否定し，外光の中での色彩の輝きや移ろいを効果的に描こうとした。

代表的な画家には，「睡蓮」や「積み藁」などを描いた［ B ］や，動きの瞬間的な表現に優れ，踊り子や競馬などを描いた［ C ］，子供や女性などの人物画を得意として，「ムーラン・ド・ラ・ギャレット」を描いたオーギュスト・ルノワールなどがいる。

	A	B	C
1：	野獣派	アンリ・マティス	エドガー・ドガ
2：	野獣派	ポール・セザンヌ	パウル・クレー
3：	印象派	クロード・モネ	エドガー・ドガ
4：	印象派	アンリ・マティス	エドヴァルト・ムンク
5：	立体派	クロード・モネ	パウル・クレー

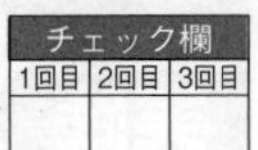

実践 問題 163 の解説

〈近代ヨーロッパ美術〉

A **印象派**　印象派はクロード・モネが『印象・日の出』という作品を発表したことから命名されたもので，主に19世紀後半のフランスで展開され，光と色彩を重視した新しい美術運動として発展した。後期印象派とともに，日本の浮世絵に大きな影響を受けている。

なお，**野獣派（フォーヴィスム）**は20世紀初頭に生まれた絵画運動のグループで，写実的な技法や明暗法を用いず，原色を駆使して平面的に描いていく抽象絵画が多い。マティスやルオーなどが代表的な画家である。立体派（キュヴィスム）は20世紀初頭に生まれた絵画運動のグループで，後期印象派のセザンヌの影響を受けたピカソやブラックが代表的な画家である。

B **クロード・モネ**　印象派の第一人者であり，作品としては『印象・日の出』や『睡蓮』などが有名である。**光と色彩を重視**し，**色調分割**という手法で独自の世界を描いた。

なお，アンリ・マティスは野獣派の代表的な画家である。原色を駆使した大胆な手法で，『赤い画室』や『ダンス』などを手がけた。ポール・セザンヌは後期印象派の画家で，「自然を円錐，円筒，球として扱う」という主張をし，『水浴』や『首吊りの家』など描いた。彼の幾何学的な画面構成はピカソに大きな影響を与えた。

C **エドガー・ドガ**　ドガは印象派の画家としてパリの踊り子や競馬場などを画題とし，『エトワール』や『洗濯女』などの作品を手がけた。

なお，パウル・クレーは**表現主義**出身の画家で，のちにカンディンスキーとともにドイツの美術学校バウハウスの教師として，抽象主義絵画の指導的な役割を果たした。代表的な作品としては『動物園』や『さわぎく』などがある。エドヴァルト・ムンクはノルウェー出身の画家で，19世紀世紀末芸術を経て，表現主義の画家に大きな影響を与えた。『叫び』は彼の代表作としてよく知られている。

よって，正解は肢３である。

正答 3

第2章 SECTION 1 西洋の文学・芸術 文学・美術

実践 問題 164 基本レベル

頻出度	地上★	国家一般職	東京都★	特別区
	裁判所職員	国税·財務·労基		国家総合職

問 ヨーロッパの芸術に関する記述として，妥当なのはどれか。

（東京都Ⅰ類Ｂ2022）

1：耽美（たんび）主義とは，美を唯一最高の理想とし，美の実現を至上目的とする芸術上の立場をいい，代表的作品にワイルドの戯曲「サロメ」がある。

2：古典主義とは，バロック式の芸術が持つ形式美や理知を尊重した芸術上の立場をいい，代表的作品にモネの絵画「積みわら」がある。

3：写実主義とは，現実をありのままに模写・再現しようとする芸術上の立場をいい，代表的作品にゴッホの絵画「ひまわり」がある。

4：印象主義とは，事物から受けた客観的印象を作品に表現しようとする芸術上の立場をいい，代表的作品にミレーの絵画「落穂（おちほ）拾い」がある。

5：ロマン主義とは，秩序と論理を重視しつつ感性の解放を目指す芸術上の立場をいい，代表的作品にフローベールの小説「ボヴァリー夫人」がある。

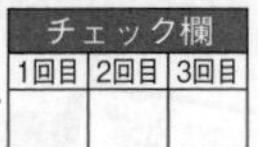

実践 問題 164 の解説

〈ヨーロッパの芸術〉

1 ○ 耽美主義の説明，ならびに代表的作品について妥当である。

2 × 古典主義が形式美や理知を尊重した立場であることは正しいが，範としたのはギリシア・ローマおよびルネサンスの美術であり，バロックやロマン主義と対立する概念である。また，モネは印象派の中心となった画家である。

3 × 写実主義の説明は正しいが，ゴッホは後期印象派を代表する作家である。

4 × 印象主義は，自然や事物から直接受ける感覚的印象をそのまま表現しようとする芸術上の潮流である。また，ミレーは自然主義（バルビゾン派）の画家である。

5 × ロマン主義は17世紀からの古典主義を否定して起こったもので，個性や自我の自由な表現を尊重し，知性よりも情緒，理性よりも想像力，形式よりも内容を重んじた。また，フローベールは写実主義文学の代表的な作家である。

正答 1

西洋の文学・芸術
建築・音楽

必修問題 セクションテーマを代表する問題に挑戦！

西欧の建築様式は，地方上級試験でも出題される。世界史の選択肢にも登場するため注意が必要である。

問 次の文は，教会建築に関する記述であるが，文中の空所Ａ～Ｄに該当する語の組合せとして，妥当なのはどれか。

（特別区経験者2018）

教会建築は，中世ヨーロッパの美術を代表するものである。

11世紀には，厚い石壁に小さな窓をもつ重厚な［ A ］様式がうみだされた。なかでも［ B ］などが有名である。

12世紀末からは，尖頭アーチと空高くそびえる塔，ステンドグラスによる窓を特徴とする［ C ］様式が出現した。パリの［ D ］はその典型である。

	A	B	C	D
1：	ゴシック	ケルン大聖堂	ビザンツ	ノートルダム大聖堂
2：	ゴシック	シャルトル大聖堂	ビザンツ	ピサ大聖堂
3：	ゴシック	ピサ大聖堂	ロマネスク	シャトル大聖堂
4：	ロマネスク	シャルトル大聖堂	ゴシック	ピサ大聖堂
5：	ロマネスク	ピサ大聖堂	ゴシック	ノートルダム大聖堂

直前復習

Guidance ガイダンス ほとんど出題のない音楽は，既知の作曲家と作品を確認すれば良い。建築様式は，実際に代表的建造物を参照すると，理解が深まる。

頻出度	地上★	国家一般職	東京都★	特別区
	裁判所職員	国税·財務·労基		国家総合職

チェック欄		
1回目	2回目	3回目

必修問題の解説

〈西欧建築様式〉

A **ロマネスク** 11世紀に登場した，厚い石壁に小さな窓をもつ重厚な建築様式はロマネスク様式である。開口部（窓）広くとることが技術上難しかったため，窓が小さく，壁も厚い。

B **ピサ大聖堂** ロマネスク建築の代表とされるのは，ピサの大聖堂である。その一部がピサの斜塔。

C **ゴシック** ロマネスク様式の後に登場したのがゴシック建築である。ゴシック建築の特徴は，尖頭アーチと空高くそびえる塔，ステンドグラスにより装飾された窓である。技術的に開口部を広くとることができるようになり，窓がステンドグラスで飾られた。また，高い尖塔からなる垂直線から生じる強い上昇効果を特徴とする。

D **ノートルダム大聖堂** ゴシック建築の代表は，パリのノートルダム大聖堂である。

以上から，肢5が正解となる。

建築様式	特徴	代表的な建築物
ビザンツ	ドームと内部のモザイク壁画が特徴。	ハギア・ソフィア （現在はモスク）
ロマネスク	厚い石壁に小さな窓をもつ重厚な様式。	ピサ大聖堂
ゴシック	尖塔アーチと空高くそびえる塔，ステンドグラスによって装飾された窓が特徴。	ケルン大聖堂 シャルトル大聖堂 ノートルダム大聖堂
ルネサンス	古代ローマを模範に均衡を重んじた様式。	サン＝ピエトロ大聖堂
バロック	豪壮・華麗な建築様式。	ヴェルサイユ宮殿
ロココ	繊細な曲線の室内装飾が特徴。	サン＝スーシ宮殿

正答 5

第2章 SECTION 2 西洋の文学・芸術

建築・音楽

1 バロックからロマン派音楽まで

音楽史の流れに乗せてまとめていくことが効果的です。

時代	作曲家	作品	特徴
バロック	声楽曲から器楽曲に中心が移る。器楽曲が多く作られた。ソナタとフーガがキーワード。バロック音楽の完成は18世紀前半ドイツ中心。		
	バッハ	マタイ受難曲，G線上のアリア，ブランデンブルク協奏曲	対位法を駆使し，フーガ形式によるポリフォニー完成。バロック音楽の完成者。
	ヘンデル	メサイア，水上の音楽	ドイツ出身。イギリスで宮廷音楽家・歌劇作曲家として活躍。
	ヴィヴァルディ	四季	協奏曲の形式を大成。
古典派	均整のとれた形式重視。ソナタ形式が確立。宮廷が活動の場。ピアノの使用。ロンド形式や歌曲形式の音楽も。		
	ハイドン	交響曲第45番「告別」	「交響曲の父」。ソナタ形式整備。100曲以上の交響曲を作曲。
	モーツァルト	フィガロの結婚，ジュピター，魔笛，トルコ行進曲，レクイエム	ザルツブルク出身。ヨーロッパ各地を演奏旅行したのちウィーンに定住。ドイツ古典音楽を確立した。
	ベートーヴェン	悲愴，月光，熱情，エリーゼのために，荘厳ミサ曲，交響曲第９番『合唱』	ウィーンで活動。人間の感情を合理的な形式で表現。古典派音楽を集大成し，ロマン派音楽への道を開いた。
ロマン派	主観的に詩的情緒を直接的に表現。個性的で自由な作風。器楽にも感情表現をより効果的にする動き。音色の取扱いを重視。		
	初期ロマン派音楽（1820年代）		
	ウェーバー	魔弾の射手	ロマン派の始祖的存在。
	シューベルト	交響曲第８番「未完成」，魔王	詩的情緒を巧みに表現した歌曲（リート）を多く遺す。
	ドイツ=ロマン派音楽（1830年代～）		
	メンデルスゾーン	無言歌集，交響曲「スコットランド」	多くの交響曲を書くほか，バッハの再評価に貢献。
	シューマン	ピアノ曲「子供の情景」，歌曲集「詩人の恋」	標題を持つピアノ曲，精緻な伴奏に特徴を持つ歌曲を主に作曲。
	フランス=ロマン派音楽（1830年代～）		
	ベルリオーズ	幻想交響曲	管弦楽の技法に優れる。

ショパン	ポロネーズとマズルカ，小犬のワルツ，ノクターン	ポーランド出身。パリで活動した。ピアノ音楽を完成させ，舞曲を芸術化した。
後期ロマン派音楽（1850年代～）		
リスト	ハンガリー狂詩曲，超絶技巧練習曲	ピアノ曲を多数作曲。“交響詩”（標題ある独立の管弦楽曲）創始。
ワーグナー	ニーベルンゲンの指環，タンホイザー，ワルキューレ	ドイツ出身。管弦楽の能力を引き出しオペラを再構成。“楽劇”（総合芸術作品であるオペラ）創始。
マーラー	交響曲第８番「千人の交響曲」，「大地の歌」	ボヘミア出身，ウィーンで活躍。時に声楽を伴う膨大な構想を持った交響曲。
ブラームス	大学祝典序曲，ハンガリー舞曲，ドイツ=レクイエム	古典主義的で構成を重視。絶対音楽を追求。バッハやベートーヴェンとともに「ドイツの３Ｂ」。オペラは作曲せず。
ロマン派オペラ（イタリア・フランス）		
ロッシーニ ヴェルディ プッチーニ ビゼー	セビリアの理髪師　ウィリアム=テル リゴレット　椿姫　仮面舞踏会　アイーダ ラ=ボエーム　トスカ　蝶々夫人 アルルの女　カルメン	

2 国民楽派

民族意識・国民意識を背景にドイツの音楽技法を学んだ各国において，自国の民謡や民族舞曲を取り上げ，民族としての音感覚を重視した国民的音楽の樹立を図る動きがロシアや東欧・北欧を中心に盛んになりました。

ロシア＊	ムソルグスキー	はげ山の一夜
ボヘミア（チェコ）	スメタナ	交響詩「わが祖国」（「モルダウ」を含む）
	ドヴォルザーク	交響曲第９番「新世界より」，「ユーモレスク」
ノルウェー	グリーグ	ペール=ギュント
フィンランド	シベリウス	フィンランディア

＊「ロシア５人組」：ムソルグスキー，ボロディン，リムスキー＝コルサコフ，バラキレフ，キュイの呼称。
チャイコフスキー（西欧派〔折衷派〕）：ロシアの民族音楽＋西欧の影響
バレエ組曲「白鳥の湖」，ピアノ協奏曲第１番など

第2章 SECTION 2 西洋の文学・芸術

建築・音楽

実践 問題 165 基本レベル

頻出度	地上★	国家一般職★	東京都★	特別区
	裁判所職員★	国税·財務·労基★	国家総合職★	

問 世界の建築物に関する記述として，妥当なのはどれか。（東京都Ⅰ類A 2016）

1：ヴェルサイユ宮殿は，18世紀にプロイセンのフリードリヒ２世によってポツダムに建造された宮殿であり，ロココ様式を代表する建築物である。

2：サグラダ・ファミリアは，19世紀に建築家アントニ・ガウディが設計した聖堂であり，着工後100年以上を経た現在もバルセロナで建造中である。

3：ハギア·ソフィアは，６世紀にローマ帝国のコンスタンティヌス１世によってローマに建造された宮殿であり，ビザンツ様式を代表する建築物である。

4：法隆寺は，８世紀に聖武天皇によって京都に建造された寺院であり，五重塔と金堂は現存する世界最古の木造建築物群として知られている。

5：ボロブドゥールは，12世紀にパリに建造されたローマ・カトリック教会の大聖堂で，ゴシック様式を代表する建築物である。

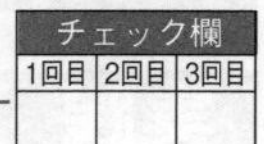

実践 問題 165 の解説

〈世界の建築物〉

1 × ヴェルサイユ宮殿は，17世紀にフランスのルイ14世がパリ近郊に完成させたバロック建築の代表である。18世紀にプロイセンのフリードリヒ2世がポツダムに建造したのは，サン＝スーシ宮殿で，ロココ式の代表的な建築物である。

2 ○ 妥当である。

3 × ハギア（聖）・ソフィアがビザンツ様式を代表する建築物であることは正しいが，これは6世紀にユスティニアヌス帝によってコンスタンティノープルに建造された聖堂である。オスマン帝国がコンスタンティノープルを支配してから，イスラームのモスクに改装されて現在に至る。

4 × 法隆寺が世界最古の木造建築物群であることは正しいが，建造は7世紀で聖徳太子による。

5 × ボロブドゥールは，ジャワ島中部にある仏教遺跡（建造は8世紀～9世紀）である。12世紀にパリに建造されたローマ・カトリック教会の大聖堂で，ゴシック様式を代表する建築物とは，ノートルダム大聖堂である。

正答 2

第2章
SECTION 2
西洋の文学・芸術
建築・音楽

実践 問題 166 基本レベル

頻出度	地上★	国家一般職	東京都★	特別区
	裁判所職員	国税·財務·労基		国家総合職

問 次の文は，西洋の音楽史に関する記述であるが，文中の空所A～Dに該当する語の組合せとして，妥当なのはどれか。 **（特別区2006）**

18世紀中ごろから19世紀初めの音楽を（　A　）と呼んでいる。この時代の作曲家に，ハイドン，（　B　），（　C　）がいる。主な作品として，ハイドンの弦楽四重奏曲「皇帝」，（　B　）の歌劇「フィガロの結婚」，（　C　）の交響曲「　D　」がある。

	A	B	C	D
1：	バロック	シューベルト	ヴィヴァルディ	田園
2：	バロック	モーツァルト	ベートーヴェン	田園
3：	ロマン派	シューベルト	ヴィヴァルディ	四季
4：	古典派	モーツァルト	ベートーヴェン	田園
5：	古典派	シューベルト	ヴィヴァルディ	四季

チェック欄		
1回目	2回目	3回目

実践 問題 166 の解説

〈西洋音楽〉

A 古典派　古典派音楽は形式を重視し，客観的，合理的な音楽を目指すものであった。主に交響曲やソナタの第１楽章に用いるソナタ形式とよばれる形式が生まれた。バロック音楽は17世紀から18世紀初頭の音楽で，それまでは声楽曲が中心であったが，この時代には器楽曲が多く作られるようになった。バッハやヘンデルが代表的な作曲家である。なお，ロマン派は19世紀の中心的な音楽で，従来の形式重視の古典派とは異なり，個性や感性を重視し，形式にとらわれず自由な作風が特徴的である。ショパンやワーグナーなどが代表的な作曲家である。

B モーツァルト　モーツァルトはオーストリアのザルツブルク生まれで，音楽家の父親とともに幼少の頃より音楽を学んだ。その先天的な音楽の才能は十分開花されたが，保守的な貴族社会では受け入れがたいものもあった。35歳の短い生涯で，600曲以上の名作を手がけている。これに対してシューベルトはロマン派の作曲家で，『菩提樹』など，600曲以上の歌曲を手がけた。

C ベートーヴェン　ベートーヴェンは交響曲第５番『運命』や交響曲第９番『合唱』などの名曲で知られている。晩年は音楽家の命である耳が聞こえなくなったが，その苦悩の中で名作を作り出した。ヴィヴァルディはバロック時代の作曲家で，ヴァイオリン協奏曲『四季』でよく知られている。

D 交響曲第６番『田園』　『田園』は標題音楽（作者があるテーマやイメージを提示し，聞かせる音楽。文学的内容や絵画的表現と結びつけたものが多い）の先駆的作品である。なお，『四季』には２つの異なる有名な作品が存在する。１つはヴィヴァルディのヴァイオリン協奏曲『四季』であり，もう１つはハイドンのオラトリオ『四季』である。

よって，正解は肢４である。

正答 4

第2章 SECTION 2 西洋の文学・芸術 建築・音楽

実践 問題 167 応用レベル

頻出度				
	地上★	国家一般職	東京都★	特別区
	裁判所職員	国税·財務·労基		国家総合職

問 次のロマン主義に関する記述のうち，下線（ア）～（オ）で妥当なものはどれか。

（地上2012）

ロマン主義は18世紀末から19世紀にかけて盛んになった芸術の思潮である。18世紀の古典主義が形式・格調・調和を，啓蒙主義が人類の普遍的な理性を重視したのに対し，ロマン主義は，(ア)個々人の感性・感情を重視し，身の回りの素材に美を見出し，目に見えたそのままに表現することを重んじた。代表的存在として，(イ)文学ではゾラ，美術ではゴッホ，音楽ではワグナーやショパンがいる。

その思潮により，芸術に表面的な変化が生じた。(ウ)文学・美術では，中世から同時代までの出来事よりも，古代ギリシャ・ローマの神話や伝説が題材として主流になる。(エ)音楽では，交響詩など，詩的，絵画的な内容を表現する標題音楽は廃れ，他の芸術や音楽外の観念のつながりがない絶対音楽が登場し，至上とされた。

ロマン主義は，(オ)自由主義運動やナショナリズムを背景として，後期には，東欧，北欧などでスメタナ，シベリウスらの音楽家を輩出した。

1：（ア）
2：（イ）
3：（ウ）
4：（エ）
5：（オ）

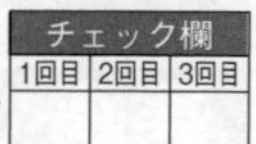

実践 問題 167 の解説

〈ロマン主義〉

ア× ロマン主義が，個々人の感性や感情を重視したことは正しいが，身の回りの素材に美を見出すのは写実主義や自然主義の特徴であって，ロマン主義の特徴とは異なる。

イ× ワグナー，ショパンはロマン主義の音楽家として正しい。ただし，ゾラは自然主義作家であり，ゴッホは印象派（後期印象派）の作家である。

ウ× ロマン主義文学は，過去に回帰して歴史や民族の伝統を尊重し，人間の個性と感情を尊重した描写が特徴である。ロマン主義美術は，文学や同時代の事件を主題として，色彩豊かに，自由な想像力で多様な美的世界を描写した。古代ギリシャ・ローマの神話や伝説を主題とするのは新古典主義である。

エ× 標題音楽は，聞き手に対して音楽外のイメージや心情を想起させるため，ムードなどを描写した器楽曲を指し，19世紀のロマン主義音楽の中で開花した概念である。絶対音楽として分類されるのは，バッハや古典派の器楽曲が代表的である。

オ○ ロマン主義は，たとえば７月革命や２月革命などの，自由主義的，国民主義的運動を背景とするものである。このようなロマン主義の特徴は，ドラクロワの描いた「民衆を導く自由の女神」などに象徴される。後期ロマン主義では，特定の国や民族をテーマとする国民楽派が成立し，本記述のスメタナやシベリウスらが代表的な作曲家とされている。

正答 5

建築・音楽

実践 問題 168 基本レベル

頻出度	地上★	国家一般職	東京都★	特別区
	裁判所職員	国税·財務·労基		国家総合職

問 次のA～Eのうち，西洋音楽の作曲家とその作品の組合せとして，妥当なのはどれか。 （特別区経験者2016）

A：W.A.モーツァルト ―― 「フィガロの結婚」
B：F.ショパン ―― 「冬の旅」
C：ヴァーグナー ―― 「ニーベルングの指環」
D：ヴェルディ ―― 「真夏の夜の夢」
E：チャイコフスキー ―― 「我が祖国」

1：A　C
2：A　D
3：B　D
4：B　E
5：C　E

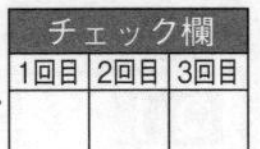

実践 問題 168 の解説

〈西欧音楽〉

A ○ 「フィガロの結婚」は，モーツァルトの作品である。

B × 「冬の旅」は，シューベルトの歌曲集である。ショパンの作品はノクターン，小犬のワルツ，マズルカ，ポロネーズなど。

C ○ 「ニーベルングの指環」は，ワーグナー（ヴァーグナー）の代表作である。

D × 「真夏の夜の夢」は，もともとはシェークスピアの喜劇であるが，これにメンデルスゾーンが曲をつけた。ヴェルディの作品には「椿姫」「アイーダ」などがある。

E × 「わが祖国」はボヘミア国民学派の祖として祖国の音楽の発展に生涯を捧げたスメタナの作品である。チャイコフスキーの作品には，「白鳥の湖」「眠れる森の美女」「くるみ割り人形」などのバレエ音楽がある。

以上から，AとCが妥当であるので，肢1が正解となる。

正答 1

第2章 西洋の文学・芸術

章末 CHECK

Q1 シェイクスピアの4大悲劇は『ハムレット』『マクベス』『桜の園』『リア王』である。

Q2 ゾラは『女の一生』で清純な地方貴族の娘の悲劇を描いた。

Q3 カミュは『異邦人』で，太陽の眩しさを理由に殺人を犯す青年を描き，現実社会における不条理を描き出した。

Q4 『白鯨』はヘミングウェイの作品である。

Q5 イプセンは『青い鳥』で真の幸福とは何かを問題とした。

Q6 『最後の審判』はダ＝ヴィンチの傑作である。

Q7 ラファエロは『アテネの学堂』でルネサンス絵画を完成させた。

Q8 デューラーは，農民の生活を克明に描いた作品を多く残し，代表的作品に『雪中の狩人』がある。

Q9 ベラスケスは光をうまく取り入れた画法を特徴とし，「光の画家」とよばれている。

Q10 『夜警』はフランドルのルーベンスが描いた。

Q11 ビザンティン様式の建築物としてはケルン大聖堂がある。

Q12 ロマネスク様式の特徴は，尖塔と大きな窓にステンドグラスで装飾が施されている点にある。

Q13 ゴシック様式の教会は重厚で，厚い石壁と小さな窓が特徴である。

Q14 バロック様式の建築物としてはサン＝スーシ宮殿がある。

Q15 モーツァルトは「交響曲の父」とよばれ，『田園』や『運命』などの作品が残る。

Q16 ワーグナーは壮大なオペラである楽劇を創始した。

Q17 ドヴォルザークは交響詩『わが祖国』を作った。

Q18 フランス印象主義のドビュッシーは『牧神の午後への前奏曲』を作曲した。

Q19 ロシア国民楽派の中で「折衷派」「西洋派」とよばれるチャイコフスキーは，バレエ曲である『白鳥の湖』や『くるみ割り人形』で有名である。

Q20 『運命』『英雄』などで有名な古典派音楽のベートーヴェンは，生命感の表現などによってロマン派音楽の先駆となった。

Answer

A1 ×『桜の園』はチェーホフの作品である。シェイクスピアの4大悲劇のあと1つは『オセロ』である。

A2 ×『女の一生』はモーパッサンの作品である。ゾラには『居酒屋』『ナナ』などの作品がある。ともに自然主義作家。

A3 ○ カミュの他の作品には『ペスト』がある。

A4 ×『白鯨』はメルヴィルの作品である。ヘミングウェイの代表作としては『老人と海』『武器よさらば』『日はまた昇る』などがある。

A5 ×『青い鳥』はメーテルリンクの作品である。イプセンは『人形の家』で女性の自立と解放についての問題を提起した。

A6 ×『最後の審判』はミケランジェロの作品である。ダ＝ヴィンチが描いたのは『最後の晩餐』。

A7 ○ ラファエロは聖母子像にも優れていた。

A8 × 農民の生活を克明に描いた作品を多く残し，代表的作品に『雪中の狩人』があるのはブリューゲルである。

A9 × 光をうまく取り入れた画法を特徴とし，「光の画家」とよばれているのはオランダのレンブラントである。ベラスケスはスペインの宮廷画家で『ラス・メニーナス』などの作品で知られる。

A10 ×『夜警』はオランダの画家レンブラントの作品である。

A11 × ビザンティン建築の代表はセント＝ソフィア大聖堂である。ケルン大聖堂はゴシック建築の代表。

A12 × 尖塔とステンドグラスはゴシック様式の特徴である。

A13 × 厚い石壁と小さな窓を特徴とする重厚な教会建築は，ロマネスク様式である。

A14 × バロック建築の代表はヴェルサイユ宮殿である。サン＝スーシ宮殿はロココ様式の代表的な建築である。

A15 ×「交響曲の父」とよばれたのはハイドンである。また，『田園』や『運命』はベートーヴェンの作品。モーツァルトの代表的作品は『フィガロの結婚』。

A16 ○ ワーグナーの代表作に『ニーベルンゲンの指輪』がある。

A17 ×『わが祖国』はスメタナの作品である。ドヴォルザークの代表的作品は『新世界より』である。

A18 ○ フランス印象主義では従来の調性音楽から離脱した音の響きを重視する。

A19 ○ チャイコフスキーに関する記述として正しい。

A20 ○ ベートーヴェンに関する記述として正しい。

INDEX

お

か

き

INDEX

へ

ほ

ま

INDEX

る

れ

ろ

わ

2024-2025年合格目標
公務員試験 本気で合格！ 過去問解きまくり！
⑥人文科学Ⅱ

2019年12月20日 第1版 第1刷発行
2023年12月15日 第5版 第1刷発行
編著者●株式会社 東京リーガルマインド
LEC総合研究所 公務員試験部

発行所●株式会社 東京リーガルマインド
〒164-0001 東京都中野区中野4-11-10
アーバンネット中野ビル
LECコールセンター 0570-064-464
受付時間 平日9：30～20：00/土・祝10：00～19：00/日10：00～18：00
※このナビダイヤルは通話料お客様ご負担となります。
書店様専用受注センター TEL 048-999-7581 / FAX 048-999-7591
受付時間 平日9：00～17：00/土・日・祝休み
www.lec-jp.com/

カバーイラスト●ざしきわらし
印刷・製本●情報印刷株式会社

ISBN978-4-8449-0770-1

LEC公開模試

多彩な本試験に対応できる

毎年、全国規模で実施するLECの公開模試は国家総合職、国家一般職、地方上級だけでなく国税専門官や裁判所職員といった専門職や心理・福祉系公務員、理系（技術職）公務員といった多彩な本試験に対応できる模試を実施しています。職種ごとの試験の最新傾向を踏まえた公開模試で、本試験直前の総仕上げは万全です。どなたでもお申し込みできます。

【2024年度実施例】

	職種	対応状況
国家総合職	法律 経済	基礎能力（択一式）試験， 専門（択一式）試験， 専門（記述式）試験， 政策論文試験
国家総合職	人間科学	基礎能力（択一式）試験， 専門（択一式）試験， 政策論文試験
国家総合職	工学	基礎能力（択一式）試験， 政策論文試験 専門（択一式）試験は，一部科目のみ対応。
国家総合職	政治・国際・人文 化学・生物・薬学 農業科学・水産 農業農村工学 数理科学・物理・地球科学 森林・自然環境 デジタル	基礎能力（択一式）試験， 政策論文試験
国家一般職	行政	基礎能力（択一式）試験， 専門（択一式）試験， 一般論文試験
国家一般職	デジタル・電気・電子 土木 化学 農学 建築	基礎能力（択一式）試験， 専門（択一式）試験
国家一般職	機械 物理	基礎能力（択一式）試験， 専門（択一式）の一部試験（工学の基礎）
国家一般職	農業農村工学 林学	基礎能力（択一式）試験

	職種	対応状況
国家専門職	国税専門官Ａ 財務専門官 労働基準監督官Ａ 法務省専門職員（人間科学）	基礎能力（択一式）試験， 専門（択一式）試験， 専門（記述式）試験
国家専門職	国税専門官Ｂ 労働基準監督官Ｂ	基礎能力（択一式）試験
裁判所職員	家庭裁判所調査官補	基礎能力（択一式）試験， 専門（記述式）試験， 政策論文試験
裁判所職員	裁判所事務官（大卒程度・一般職）	基礎能力（択一式）試験， 専門（択一式）試験， 専門（記述式）試験， 小論文試験
警察官・消防官・その他※	警察官（警視庁）	教養（択一式）試験， 論（作）文試験， 国語試験
警察官・消防官・その他※	警察官（道府県警） 消防官（東京消防庁） 市役所消防官	教養（択一式）試験， 論（作）文試験
警察官・消防官・その他※	国立大学法人等職員	教養（択一式）試験
警察官・消防官・その他※	高卒程度（国家公務員・事務） 高卒程度（地方公務員・事務）	教養（択一式）試験， 適性試験， 作文試験
警察官・消防官・その他※	高卒程度（警察官・消防官）	教養（択一式）試験， 作文試験

	職種	対応状況
地方上級・市役所など※	東京都Ⅰ類Ｂ事務（一般方式）	教養（択一式）試験， 専門（記述式）試験， 教養論文試験
地方上級・市役所など※	東京都Ⅰ類Ｂ事務（新方式）	教養（択一式）試験
地方上級・市役所など※	東京都Ⅰ類Ｂ技術（一般方式） 東京都Ⅰ類Ｂその他（一般方式）	教養（択一式）試験， 教養論文試験
地方上級・市役所など※	特別区Ⅰ類事務（一般方式）	教養（択一式）試験， 専門（択一式）試験， 教養論文試験
地方上級・市役所など※	特別区Ⅰ類心理系/福祉系	教養（択一式）試験， 教養論文試験
地方上級・市役所など※	北海道庁	職務基礎能力試験， 小論文試験
地方上級・市役所など※	全国型 関東型 中部北陸型 知能重視型 その他地上型 心理職 福祉職 土木 建築 電気・情報 化学 農学	教養（択一式）試験， 専門（択一式）試験， 教養論文試験
地方上級・市役所など※	横浜市	教養（択一式）試験， 論文試験
地方上級・市役所など※	札幌市	総合試験
地方上級・市役所など※	機械 その他技術	教養（択一式）試験， 教養論文試験
地方上級・市役所など※	市役所（事務上級）	教養（択一式）試験， 専門（択一式）試験， 論（作）文試験
地方上級・市役所など※	市役所（教養のみ・その他）	教養（択一式）試験， 論（作）文試験
地方上級・市役所など※	経験者採用	教養（択一式）試験， 経験者論文試験， 論（作）文試験

※「地方上級・市役所」「警察官・消防官・その他」の筆記試験につきましては，ＬＥＣの模試と各自治体実施の本試験とで，出題科目・出題数・試験時間などが異なる場合がございます。

最新傾向を踏まえた公開模試

本試験リサーチからみえる最新の傾向に対応

本試験受験生からリサーチした、本試験問題別の正答率や本試験受験者全体の正答率から見た受験生レベル、本試験問題レベルその他にも様々な情報を集約し、最新傾向にあった公開模試の問題作成を行っています。LEC公開模試を受験して本試験予想・総仕上げを行いましょう。

信頼度の高い成績分析

充実した個人成績表と総合成績表で あなたの実力がはっきり分かる

LEC Webサイト ▷▷ www.lec-jp.com/

情報盛りだくさん！

資格を選ぶときも,
講座を選ぶときも,
最新情報でサポートします！

最新情報

各試験の試験日程や法改正情報，対策講座，模擬試験の最新情報を日々更新しています。

資料請求

講座案内など無料でお届けいたします。

受講・受験相談

メールでのご質問を随時受付けております。

よくある質問

LECのシステムから，資格試験についてまで，よくある質問をまとめました。疑問を今すぐ解決したいなら，まずチェック！

書籍・問題集（LEC書籍部）

LECが出版している書籍・問題集・レジュメをこちらで紹介しています。

充実の動画コンテンツ！

ガイダンスや講演会動画,
講義の無料試聴まで
Webで今すぐCheck！

動画視聴OK

パンフレットやWebサイトを見てもわかりづらいところを動画で説明。いつでもすぐに問題解決！

Web無料試聴

講座の第1回目を動画で無料試聴！気になる講義内容をすぐに確認できます。

LEC全国学校案内

＊講座のお問合せ，受講相談は最寄りのLEC各校へ

LEC本校

北海道・東北

札　幌本校　☎011(210)5002
〒060-0004 北海道札幌市中央区北4条西5-1　アスティ45ビル

仙　台本校　☎022(380)7001
〒980-0022 宮城県仙台市青葉区五橋1-1-10　第二河北ビル

関東

渋谷駅前本校　☎03(3464)5001
〒150-0043 東京都渋谷区道玄坂2-6-17　渋東シネタワー

池　袋本校　☎03(3984)5001
〒171-0022 東京都豊島区南池袋1-25-11　第15野萩ビル

水道橋本校　☎03(3265)5001
〒101-0061 東京都千代田区神田三崎町2-2-15　Daiwa三崎町ビル

新宿エルタワー本校　☎03(5325)6001
〒163-1518 東京都新宿区西新宿1-6-1　新宿エルタワー

早稲田本校　☎03(5155)5501
〒162-0045 東京都新宿区馬場下町62　三朝庵ビル

中　野本校　☎03(5913)6005
〒164-0001 東京都中野区中野4-11-10　アーバンネット中野ビル

立　川本校　☎042(524)5001
〒190-0012 東京都立川市曙町1-14-13　立川MKビル

町　田本校　☎042(709)0581
〒194-0013 東京都町田市原町田4-5-8　MIキューブ町田イースト

横　浜本校　☎045(311)5001
〒220-0004 神奈川県横浜市西区北幸2-4-3　北幸GM21ビル

千　葉本校　☎043(222)5009
〒260-0015 千葉県千葉市中央区富士見2-3-1　塚本大千葉ビル

大　宮本校　☎048(740)5501
〒330-0802 埼玉県さいたま市大宮区宮町1-24　大宮GSビル

東海

名古屋駅前本校　☎052(586)5001
〒450-0002 愛知県名古屋市中村区名駅4-6-23　第三堀内ビル

静　岡本校　☎054(255)5001
〒420-0857 静岡県静岡市葵区御幸町3-21　ペガサート

北陸

富　山本校　☎076(443)5810
〒930-0002 富山県富山市新富町2-4-25　カーニープレイス富山

関西

梅田駅前本校　☎06(6374)5001
〒530-0013 大阪府大阪市北区茶屋町1-27　ABC-MART梅田ビル

難波駅前本校　☎06(6646)6911
〒556－0017 大阪府大阪市浪速区湊町1-4-1
大阪シティエアターミナルビル

京都駅前本校　☎075(353)9531
〒600-8216 京都府京都市下京区東洞院通七条下ル2丁目
東塩小路町680-2　木村食品ビル

四条烏丸本校　☎075(353)2531
〒600-8413　京都府京都市下京区烏丸通仏光寺下ル
大政所町680-1　第八長谷ビル

神　戸本校　☎078(325)0511
〒650-0021 兵庫県神戸市中央区三宮町1-1-2　三宮セントラルビル

中国・四国

岡　山本校　☎086(227)5001
〒700-0901 岡山県岡山市北区本町10-22　本町ビル

広　島本校　☎082(511)7001
〒730-0011 広島県広島市中区基町11-13　合人社広島紙屋町アネクス

山　口本校　☎083(921)8911
〒753-0814 山口県山口市吉敷下東 3-4-7　リアライズⅢ

高　松本校　☎087(851)3411
〒760-0023 香川県高松市寿町2-4-20　高松センタービル

松　山本校　☎089(961)1333
〒790-0003 愛媛県松山市三番町7-13-13　ミツネビルディング

九州・沖縄

福　岡本校　☎092(715)5001
〒810-0001 福岡県福岡市中央区天神4-4-11　天神ショッパーズ福岡

那　覇本校　☎098(867)5001
〒902-0067 沖縄県那覇市安里2-9-10　丸姫産業第2ビル

EYE関西

EYE 大阪本校　☎06(7222)3655
〒530-0013　大阪府大阪市北区茶屋町1-27　ABC-MART梅田ビル

EYE 京都本校　☎075(353)2531
〒600-8413　京都府京都市下京区烏丸通仏光寺下ル
大政所町680-1　第八長谷ビル

【LEC公式サイト】www.lec-jp.com/

LEC提携校

＊提携校はLECとは別の経営母体が運営をしております。
＊提携校は実施講座およびサービスにおいてLECと異なる部分がございます。

北海道・東北

八戸中央校【提携校】 ☎0178(47)5011
〒031-0035 青森県八戸市寺横町13 第1朋友ビル 新教育センター内

弘前校【提携校】 ☎0172(55)8831
〒036-8093 青森県弘前市城東中央1-5-2
まなびの森 弘前城東予備校内

秋田校【提携校】 ☎018(863)9341
〒010-0964 秋田県秋田市八橋鯲沼町1-60
株式会社アキタシステムマネジメント内

関東

水戸校【提携校】 ☎029(297)6611
〒310-0912 茨城県水戸市見川2-3092-3

所沢校【提携校】 ☎050(6865)6996
〒359-0037 埼玉県所沢市くすのき台3-18-4 所沢K・Sビル
合同会社LPエデュケーション内

東京駅八重洲口校【提携校】 ☎03(3527)9304
〒103-0027 東京都中央区日本橋3-7-7 日本橋アーバンビル
グランデスク内

日本橋校【提携校】 ☎03(6661)1188
〒103-0025 東京都中央区日本橋茅場町2-5-6 日本橋大江戸ビル
株式会社大江戸コンサルタント内

東海

沼津校【提携校】 ☎055(928)4621
〒410-0048 静岡県沼津市新宿町3-15 萩原ビル
M-netパソコンスクール沼津校内

北陸

新潟校【提携校】 ☎025(240)7781
〒950-0901 新潟県新潟市中央区弁天3-2-20 弁天501ビル
株式会社大江戸コンサルタント内

金沢校【提携校】 ☎076(237)3925
〒920-8217 石川県金沢市近岡町845-1 株式会社アイ・アイ・ピー金沢内

福井南校【提携校】 ☎0776(35)8230
〒918-8114 福井県福井市羽水2-701 株式会社ヒューマン・デザイン内

関西

和歌山駅前校【提携校】 ☎073(402)2888
〒640-8342 和歌山県和歌山市友田町2-145
KEG教育センタービル 株式会社KEGキャリア・アカデミー内

中国・四国

松江殿町校【提携校】 ☎0852(31)1661
〒690-0887 島根県松江市殿町517 アルファステイツ殿町
山路イングリッシュスクール内

岩国駅前校【提携校】 ☎0827(23)7424
〒740-0018 山口県岩国市麻里布町1-3-3 岡村ビル 英光学院内

新居浜駅前校【提携校】 ☎0897(32)5356
〒792-0812 愛媛県新居浜市坂井町2-3-8 パルティフジ新居浜駅前店内

九州・沖縄

佐世保駅前校【提携校】 ☎0956(22)8623
〒857-0862 長崎県佐世保市白南風町5-15 智翔館内

日野校【提携校】 ☎0956(48)2239
〒858-0925 長崎県佐世保市椎木町336-1 智翔館日野校内

長崎駅前校【提携校】 ☎095(895)5917
〒850-0057 長崎県長崎市大黒町10-10 KoKoRoビル
minatoコワーキングスペース内

沖縄プラザハウス校【提携校】 ☎098(989)5909
〒904-0023 沖縄県沖縄市久保田3-1-11
プラザハウス フェアモール 有限会社スキップヒューマンワーク内

※上記は2023年10月1日現在のものです。

書籍の訂正情報について

このたびは，弊社発行書籍をご購入いただき，誠にありがとうございます。
万が一誤りの箇所がございましたら，以下の方法にてご確認ください。

1 訂正情報の確認方法

書籍発行後に判明した訂正情報を順次掲載しております。
下記Webサイトよりご確認ください。

www.lec-jp.com/system/correct/

2 ご連絡方法

上記Webサイトに訂正情報の掲載がない場合は，下記Webサイトの入力フォームよりご連絡ください。

lec.jp/system/soudan/web.html

フォームのご入力にあたりましては，「Web教材・サービスのご利用について」の最下部の「ご質問内容」に下記事項をご記載ください。

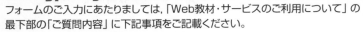

- 対象書籍名（○○年版，第○版の記載がある書籍は併せてご記載ください）
- ご指摘箇所（具体的にページ数と内容の記載をお願いいたします）

ご連絡期限は，次の改訂版の発行日までとさせていただきます。
また，改訂版を発行しない書籍は，販売終了日までとさせていただきます。

※上記「2ご連絡方法」のフォームをご利用になれない場合は，①書籍名，②発行年月日，③ご指摘箇所，を記載の上，郵送にて下記送付先にご送付ください。確認した上で，内容理解の妨げとなる誤りについては，訂正情報として掲載させていただきます。なお，郵送でご連絡いただいた場合は個別に返信しておりません。

送付先：〒164-0001 東京都中野区中野4-11-10 アーバンネット中野ビル
株式会社東京リーガルマインド 出版部 訂正情報係

- 誤りの箇所のご連絡以外の書籍の内容に関する質問は受け付けておりません。
  また，書籍の内容に関する解説，受験指導等は一切行っておりませんので，あらかじめご了承ください。
- お電話でのお問合せは受け付けておりません。